Las más bellas páginas de Amor y Pasión de la Literatura

- ANTOLOGÍA -

**EDITORIAL OVEJA NEGRA
QUINTERO EDITORES**

1ª edición: mayo de 2002

© de la selección e introducciones: EON, 2002.
© de los libros publicados por Editorial La Oveja Negra Ltda., desde 1977 a 2002
editovejanegra@yahoo.es
Cra. 14 Nº 79 - 17 Bogotá, Colombia
© de los demás libros, corresponde a cada editor citado en la antología

© Editorial La Oveja Negra Ltda., 2007
editovejanegra@yahoo.es
Cra. 14 Nº 79 - 17 Bogotá, Colombia

© Quintero Editores Ltda., 2007
quinteroeditores@hotmail.com
Cra. 4A Nº 66 - 84 Bogotá, Colombia

ISBN: **978-958-06-1005-2**

Preparación editorial: Yenny Rubio
                           Verónica Cárdenas
                           Jackeline Linda Álvarez
                           Juan Carlos Acosta

Impreso por: Editorial Buena Semilla.

Impreso en Colombia - Printed in Colombia

NOTA DEL EDITOR

Esta antología de páginas de amor y de pasión de la literatura clásica y moderna no es más que un breve concierto musical, un aliento, un divertimento entre romántico y pasional de brevísimas páginas de amor. Para facilitarle al lector la selección presentada se eligieron algunos libros representativos de las diversas épocas de la literatura y por tanto su orden es cronológico, lo cual permite, conocer la evolución de los temas del amor en la literatura con el paso de los siglos.

De cada autor se resalta algunos datos biográficos que le facilitarán a usted como lector recordar o conocer los momentos más determinantes de sus autores. Y un breve comentario sobre el libro o sobre el pasaje extractado de cada obra.

LAS MAS BELLAS PÁGINAS DE AMOR Y PASIÓN DE LA LITERATURA es una invitación para leer páginas de amor y retornar a la lectura completa de novelas de amor. Solo se incluyeron en esta selección extractos amorosos de 100 obras.

Desde autores y libros clásicos hasta nuestros contemporáneos. Faltarían otras 3.000 páginas para tener una visión universal de las páginas de amor.

En toda selección al elegir siempre se sacrifican otras opciones. Elegir es una norma en el amor, se elige al ser amado y se renuncia a otros amores.

El lector encontrará en ésta Antología extractos de novelas fabulosas que hoy ya casi nadie lee. Famosas en sus generaciones como Dafnis y Cloé de Longo, La Regenta de Clarín, Ana Karenina de Tolstoi o La Condición Humana de Malraux. Lamentablemente hoy casi olvidadas, pues con frecuencia los editores ponemos de moda novelas o autores contemporáneos pasajeros que suplen o reemplazan las obras imperecederas, que dejan así de leerse. Quién se divierte hoy con un libro de Homero? Sólo los letrados.

Por tanto, esta Antología le permitirá leer o releer pasajes inolvidables de amor y de pasión, de autores que nunca deberían faltar en una buena biblioteca personal.

AGRADECIMIENTOS

*Para la selección de autores y libros,
la Editorial agradece el valioso aporte de:*

BEATRIZ CABALLERO
JUAN GUSTAVO COBO BORDA
JOSÉ MARÍA ESPARZA ZABALEGUI
ISABEL NAVARRETE
CARLOS ORLANDO PARDO
CARLOS EDUARDO QUINTERO DÍAZ
GERMAN SANTAMARÍA
CLAUDIA HELENA SERRANO ESCOBAR
JORGE VELÁSQUEZ OCHOA
CLARA VENTURA BELLA
JAIRO ZUÑIGA ESCOBAR

CONTENIDO

NOTA DEL EDITOR 5

LA BIBLIA (a.C.)
Cantar de los cantares de Salomón 17

LONGO (s. III a.C.)
Dafnis y Cloe 21

PLATÓN (428/7-348/7 a.C.)
Diálogos, El banquete 23

EURÍPIDES (480-406 a. C)
Hipólito 29

ANÓNIMO. LAS MIL Y UNA NOCHES (s. IX-XIV)
Historia del Rey Shahriyar
y de su hermano Shaḣzaman 31

BÉROUL (1150-?)
Tristán e Iseo 41

GIOVANNI BOCCACCIO (1313-1375)
El decamerón 49

MIGUEL DE CERVANTES SAAVEDRA (1547-1616)
La Gitanilla 53

WILLIAM SHAKESPEARE (1654-1616)
Romeo y Julieta 59

MADAME DE LA FAYETTE (1634-1693)
La princesa de Cléves 65

JEAN RACINE (1639-1699)
Fedra. 71

ABATE PRÉVOST (1697-1763)
Manon Lescaut 75

PIERRE CHODERLOS DE LACLOS (1741-1803)
Las amistades peligrosas 79

JOHANN WOLFGANG GOETHE (1749-1832)
Penas del joven Werther 89

RENÉ CHATEAUBRIAND (1768-1848)
Atala 99

STENDHAL (1783-1842)
Rojo y negro 103

ALESKSANDR PUSHKIN (1799-1837)
La hija del capitán 109

HONORÉ DE BALZAC (1799-1850)
Eugenia Grandet 117

PROSPER MÉRIMÉE (1803-1870)
Carmen 123

EDGAR ALLAN POE (1809-1849)
Eleonora 127

ALFRED DE MUSSET (1810-1857)
Las dos amantes 133

CHARLOTTE BRONTË (1816-1855)
Jane Eyre 137

IVÁN S. TURGUÉNIEV (1818-1883)
Primer amor 141

GUSTAVE FLAUBERT (1821-1880)
Madame Bovary 145

JUAN VALERA (1824-1905)
Pepita Jiménez 153

WILKIE COLLINS (1824-1889)
La dama de blanco 159

ALEJANDRO DUMAS (1824-1895)
La Dama de las Camelias 165

CAMILO CASTELO BRANCO (1825-1890)
Amor de perdición 169

LEV TOLSTOI (1828-1910)
Ana Karenina 173

PEDRO ANTONIO DE ALARCÓN (1833-1891)
Cuentos amatorios 179

JORGE ISAACS (1837-1895)
María 181

ÉMILE ZOLA (1840-1902)
Naná 189

BENITO PÉREZ GALDÓS (1843-1920)
Marianela 195

EÇA DE QUEIROZ (1845-1900)
El primo Basilio 201

EMILIA PARDO BAZÁN (1851-1921)
Sara y Agar 207

LEOPOLDO ALAS "CLARÍN" (1852-1901)
La regenta 213

KNUT HAMSUN (1859-1952)
Victoria 217

ANTÓN CHÉJOV (1860-1904)
La dama del perrito 225

RABINDRANATH TAGORE (1861-1941)
Mi bella vecina 233

JOSÉ MARÍA VARGAS VILA (1863-1933)
Flor de fango 239

MIGUEL DE UNAMUNO (1864-1936)
La tía tula 243

JOSÉ ASUNCIÓN SILVA (1865-1896)
De sobremesa 251

RAMÓN DEL VALLE-INCLÁN (1866-1936)
Sonata de estío 255

ENRIQUE GÓMEZ CARRILLO (1873-1927)
El Japón heróico y galante 261

COLETTE (1873-1954)
La gata 271

THOMAS MANN (1875-1955)
La engañada 277

JAMES JOYCE (1882-1941)
Dublineses 281

DAVID H. LAWRENCE (1885-1930)
El amante de lady Chatterley 295

BORIS PASTERNAK (1890-1960)
El doctor Jivago 301

HENRY MILLER (1891-1980)
Trópico de cáncer 307

PEARL S. BUCK (1892-1973)
Ven, amada mía 311

ANDRÉ BRETON (1896-1966)
Nadja 315

GIUSEPPE TOMASI DI LAMPEDUSA (1896-1957)
El profesor y la sirena 319

FEDERICO GARCÍA LORCA (1898-1936)
Bodas de sangre 325

MARGARET MITCHELL (1900-1949)
Lo que el viento se llevó 331

ANDRÉ MALRAUX (1901-1976)
La condición humana 341

MARGUERITE YOURCENAR (1903)
Memorias de Adriano 345

ANAÏS NIN (1903-1977)
Diario V 349

RAYMOND RADIGUET (1903-1923)
El Diablo en el cuerpo 353

PABLO NERUDA (1904-1973)
Para nacer he nacido 363

JOÃO GUIMÃRAES ROSA (1908-1967)
Gran Sertón 365

SIMONE DE BEAUVOIR (1908-1986)
Todos los hombres son mortales 369

JUAN CARLOS ONETTI (1909)
Cuando entonces 379

EDUARDO CABALLERO CALDERÓN (1910-1997)
Hablamientos y pensadurías 383

ERNESTO SÁBATO (1911)
El túnel 387

LAWRENCE DURRELL (1912-1990)
Justine 391

JORGE AMADO (1912-2001)
Doña Flor y sus dos maridos 395

MARGUERITE DURAS (1914-1995)
El amante 399

JULIO CORTÁZAR (1914-1984)
Rayuela 403

CARSON McCULLERS (1917-1967)
La balada del café triste 409

JUAN JOSÉ ARREOLA (1918-2001)
Confabulario personal 413

MARIO BENEDETTI (1920)
La tregua 417

PIER PAOLO PASOLINI (1922-1975)
Actos impuros 425

MICHEL TOURNIER (1924)
Medianoche de amor 431

JOSÉ DONOSO (1924)
El lugar sin límites 439

CORÍN TELLADO (1927)
Tu pasado me condena 445

ALICIA YÁNEZ COSSÍO (1928)
La casa del sano placer 451

GUILLERMO CABRERA INFANTE (1929)
La Habana para un infante difunto 457

MILAN KUNDERA (1929)
La broma 463

TOM WOLFE (1930)
Todo un hombre 471

SUSAN SONTAG (1933)
El amante del volcán 475

FERNANDO DEL PASO (1935)
Noticias del imperio 481

MARIO VARGAS LLOSA (1936)
La fiesta del chivo 487

ANTONIO SKARMETA (1940)
Ardiente paciencia 493

ISABEL ALLENDE (1942)
La casa de los espíritus 499

VALERIO MASSIMO MANFREDI (1943)
Aléxandros 505

MEMPO GIARDINELLI (1947)
Santo oficio de la memoria 511

ÁNGELES MASTRETTA (1949)
Mujeres de ojos grandes 517

LAURA ESQUIVEL (1950)
Como agua para chocolate 523

MARCELA SERRANO (1951)
Nosotras que nos queremos tanto 529

AMY TAN (1952)
El Club de la Buena Estrella 533

GIOCONDA BELLI (1952)
La mujer habitada 539

DAI SIJIE (1954)
Balzac y la joven costurera china 545

ROSA MONTERO (1955)
Amor ciego 549

ALMUDENA GRANDES (1960)
Malena es un nombre de tango 553

LUCÍA ETXEBARRIA (1966)
Beatriz y los cuerpos celestes 559

Bibliografía 563

Devuélvemela

Una vieja leyenda sánscrita cuenta que, después de hacer al hombre, el Creador tomó la redondez de la luna, las curvas del reptante, la ligereza de las hojas, el llanto de las nubes, la crueldad del tigre, el tenue fulgor del fuego, la frialdad de las nieves y la cháchara del grajo, e hizo a la mujer para a continuación presentársela al hombre. Al cabo de tres días, el hombre dijo al Todopoderoso: «La mujer que me has dado parlotea sin cesar, no me deja nunca en paz, exige mucha atención, ocupa todo mi tiempo, llora por nada y siempre está ociosa. Quiero que te la vuelvas a llevar». Así que el Todopoderoso se la volvió a llevar.

Pero muy pronto el hombre regresó y le dijo: «Ella solía bailar y cantar, y mirarme por el rabillo del ojo, y le gustaba jugar. Se me arrimaba cuando tenía miedo, su risa sonaba como una música, y era muy hermosa a la vista. Devuélvemela». Y el Todopoderoso se la devolvió. Pero, tres días más tarde, el hombre volvió a entregársela al Todopoderoso, pidiéndole que se la quedara. «No —dijo el Señor—. No quieres vivir con ella y tampoco sin ella. Tendrás que arreglártelas como puedas».

Manuela Dunn Mascetti

 ## LA BIBLIA
(a.C.)

La Biblia hebrea es el Antiguo Testamento aceptada por el judaísmo. Se leyó a partir del año 106 d. C. Consta de 24 libros, a ella se le adicionó el Nuevo Testamento, que consta de 27 escritos.
«El cantar de los cantares de Salomón» es el canto al amor, como la vivencia más profunda del ser humano.

CANTAR DE LOS CANTARES DE SALOMÓN

 A AMADA
1.¡Oh, si él me besara con besos de su boca! Porque mejores son tus amores que el vino. A más del olor de tus suaves ungüentos, tu nombre es como ungüento derramado; por eso las doncellas te aman. Atráeme; en pos de ti correremos. El rey me ha metido en sus cámaras; nos gozaremos y alegraremos en ti; nos acordaremos de tus amores más que del vino; con razón te aman.

Morena soy, oh hijas de Jerusalén, pero codiciable como las tiendas de Cedar, como las cortinas de Salomón. No reparéis en que soy morena, porque el sol me miró. Los hijos de mi madre se airaron contra mí; me pusieron a guardar las viñas; y mi viña, que era mía, no guardé. Hazme saber, oh tú a quien ama mi alma, dónde apacientas, dónde sesteas al mediodía; pues ¿por qué había de estar yo como errante junto a los rebaños de tus compañeros?

CORO

Si tú no lo sabes, oh hermosa entre las mujeres, ve, sigue las huellas del rebaño, y apacienta tus cabritas junto a las cabañas de los pastores.

EL AMADO

A yegua de los carros de Faraón te he comparado, amiga mía. Hermosas son tus mejillas entre los pendientes, tu cuello entre los collares. Zarcillos de oro te haremos, tachonados de plata.

2. Yo soy la rosa de Sarón, y el lirio de los valles.

Como el lirio entre los espinos, así es mi amiga entre las doncellas.

Como el manzano entre los árboles silvestres, así es mi amado entre los jóvenes; bajo la sombra del deseado me senté, y su fruto fue dulce a mi paladar. Me llevó a la casa del banquete, y su bandera sobre mí fue amor. Sustentadme con pasas, confortadme con manzanas; porque estoy enferma de amor. Su izquierda esté debajo de mi cabeza, y su derecha me abrace. Yo os conjuro, oh doncellas de Jerusalén, por los corzos y por las ciervas del campo, que no despertéis ni hagáis velar el amor, hasta que quiera.

LA AMADA

¡La voz de mi amado! He aquí él viene saltando sobre los montes, brincando sobre los collados. Mi amado es semejante al corzo, o al cervatillo. Helo aquí, está tras nuestra pared, mirando por las ventanas, atisbando por las celosías. Mi amado habló, y me dijo: Levántate, oh amiga mía, hermosa mía, y ven. Porque he aquí ha pasado el invierno, se ha mudado, la lluvia se fue; se han mostrado las flores en la tierra, el tiempo de la canción ha venido, y en nuestro país se ha oído la voz de la tórtola. La higuera ha echado sus higos, y las vides en cierne dieron olor; levántate, oh amiga mía, hermosa mía ven. Paloma mía, que estás en los agujeros de la peña, en lo escondido de escarpados parajes, muéstrame tu rostro, hazme oír tu voz; porque dulce es la voz tuya, y hermoso tu aspecto. Cazadnos las zorras, las zorras pequeñas, que echan a perder las viñas; porque nuestras viñas están en cierne.

Mi amado es mío, y yo suya; él apacienta entre lirios. Hasta que apunte el día, y huyan las sombras, vuélvete, amado mío; sé semejante al corzo, o como el cervatillo sobre los montes de Beter.

3. Por las noches busqué en mi lecho al que ama mi alma; lo busqué, y no lo hallé. Y dije: Me levantaré ahora, y rodearé por la ciudad; por las calles y por las plazas buscaré al que ama mi alma; lo busqué, y no lo hallé. Me hallaron los guardas que rondan la ciudad. Y les dije: ¿Habéis visto al que ama mi alma?

Apenas hube pasado de ellos un poco, hallé luego al que ama mi alma; lo así, y no lo dejé, hasta que lo metí en casa de mi madre, y en la cámara de la que me dio a luz.

EL AMADO

Yo os conjuro, oh doncellas de Jerusalén, por los corzos y por las ciervas del campo, que no despertéis ni hagáis velar al amor, hasta que quiera.

4. He aquí que tú eres hermosa, amiga mía; he aquí que tú eres hermosa; tus ojos entre tus guedejas como de paloma; tus cabellos como manada de cabras que se recuestan en las laderas de Galaad. Tus dientes como manadas de ovejas trasquiladas, que suben del lavadero, todas con crías gemelas, y ninguna entre ellas estéril. Tus labios como hilo de grana, y tu habla hermosa; tus mejillas, como cachos de granada detrás de tu velo. Tu cuello, como la torre de David, edificada para armería; mil escudos están colgados en ella, todos escudos de valientes. Tus dos pechos, como gemelos de gacela, que se apacientan entre lirios. Hasta que apunte el día y huyan las sombras, me iré al monte de la mirra, y al collado del incienso. Toda tú eres hermosa, amiga mía, y en ti no hay mancha. Ven conmigo desde el Líbano, oh esposa mía; ven conmigo desde el Líbano. Mira desde la cumbre de Amana, desde la cumbre de Senir y de Hermón, desde las guaridas de los leones, desde los montes de los leopardos.

Prendiste mi corazón, hermana, esposa mía; has apresado mi corazón con uno de tus ojos, con una gargantilla de tu cuello. ¡Cuán hermosos son tus amores, hermana, esposa mía! ¡Cuánto mejores que el vino tus amores, y el olor de tus ungüentos que todas las especias aromáticas! Como panal de miel destilan tus labios, oh esposa; miel y leche hay debajo de tu lengua; y el olor de tus vestidos como el olor del Líbano. Huerto cerrado eres, hermana mía, esposa mía; fuente cerrada, fuente sellada. Tus renuevos son paraíso de granados, con frutos suaves, de flores de alheña y nardos; nardo y azafrán, caña aromática y canela, con todos los árboles de incienso; mirra y áloes, con todas las principales especias aromáticas. Fuente de huertos, pozo de aguas vivas, que corren del Líbano.

Levántate, Aquilón, y ven, Austro; soplad en mi huerto, despréndanse sus aromas. Venga mi amado a su huerto, y coma de su dulce fruta.

LONGO
Grecia (s. III a. C.)

Poeta nacido en Lesbos. Su obra Dafnis y Cloe *es una excelente novela de la antigüedad clásica. Según el traductor de obra y escritor español Juan Valera, es mejor que Homero porque éste es insufrible con su* Iliada *y* Odisea *sólo leída por doctos algo pedantes.*

Dafnis y Cloe, en un estilo sencillo, algo excepcional en la literatura griega, y con realismo describe el primer amor, el descubrimiento del sexo de dos pastores, Dafnis y Cloe. Una novela bucólica, campesina e idílica.

DAFNIS Y CLOE

Tenía Dafnis por vecino a un labrador propietario, llamado Cromis, sujeto ya de edad madura, quien había traído de la ciudad a una mujercita, linda, de pocos años, con gustos más delicados y más cuidadosa de su persona que las campesinas. Esta tal, que se llamaba Lycenia, con ver de diario a Dafnis cuando llevaba por las mañanas las cabras al pasto, y cuando por la noche las recogía a la majada, entró en codicia de tomarlo por amante, engatusándolo con regalillos, y tan acechona anduvo que consiguió hablar con él a solas, y le dio una flauta, un panal de miel y un zurrón de piel de venado, si bien se avergonzó y vaciló en declararse, conjeturando que él amaba a Cloe, al verle siempre tan empleado en servirla.

Al principio, sólo presumió esta inclinación por risas y señas que sorprendió entre ambos; pero luego pretextó como Dafnis, sin refrenar su alegría, como cabrerillo cándido y rapaz enamorado, se arrodilló a los pies de Lycenia y le suplicó que cuanto antes le enseñase aquel oficio para ejercerlo luego con Cloe. Y como si fuera algo de raro y revelado por el cielo lo que Lycenia le había de enseñar, prometió darle en pago un chivo, quesos frescos de nata y hasta la cabra misma. Halló Lycenia aquella liberalidad pastoril más sencilla y grata de lo que presumía, y empezó en seguida a instruir a Dafnis. Mandóle que volviese a sentarse a la verita de ella; que le diese besos, tales y tantos como él solía dar; que mientras la besaba la abrazase, y, por último, que se tendiese a la larga. Luego que se sentó, y que besó, y que se tendió, habiéndose cerciorado ella de que todo estaba alerta y en su punto, hizo que él se levantase de un lado, y se deslizó con suma destreza debajo de él, poniéndolo en el camino por tanto tiempo buscado en balde.

Después nada hubo fuera de lo que se usa. La naturaleza misma enseñó a Dafnis lo demás.

Terminada la lección amatoria, Dafnis, que guardaba su candor pastoril, quiso correr en busca de Cloe para hacer con ella lo que acababa de aprender, harto temeroso de que con la tardanza se le olvidase; pero Lycenia lo contuvo diciendo:

—Otra cosa te importa saber, ¡oh, Dafnis! A mí, como soy mujer, no me hiciste daño alguno, porque ya otro hombre me enseñó el oficio, y tomó mi doncellez en pago; pero Cloe, cuando luchare contigo esta lucha, gemirá, llorará y derramará sangre cual si estuviese herida. No por ello te asustes, sino cuando la persuadas a que se preste a todo, tráetela a este sitio, para que, si grita, nadie la oiga; si llora, nadie la vea, y si derrama sangre, se lave en la fuente. No te olvides, por último, de que yo te he hecho hombre antes de Cloe.

PLATÓN
Grecia (428/7-348/7 a.C.)

Platón, tal vez el filósofo griego de mayor influencia en el pensamiento occidental, nació en Atenas, de familia noble. Inició escribiendo poesía, pero alrededor de los veinte años se dedicó a la filosofía al conocer a Sócrates, con quien se vinculó hasta el final de su vida cuando fue juzgado y condenado en Grecia en 399. Platón desarrolló las teorías de Sócrates, creando doctrinas propias. Fundó la Academia, escuela de libre educación, a la cual pertenecieron, entre otros, Aristóteles, discípulo suyo y Teeteto, fundador de los conceptos básicos de la geometría. En los años tardíos de su vida viajó extensamente por Egipto e Italia meridional. Entre sus obras más famosas figuran La República, Diálogos, Las leyes y Apología de Sócrates, *escritas en forma de diálogo y en muchas de las cuales Sócrates aparece como figura principal.*

En El banquete, *Platón define el amor como la virtud más noble que puede alcanzar el hombre y el medio, mediante el cual le es posible vivir honestamente, Tales ideas se exponen por medio del diálogo entre personajes ilustres, invitados con motivo de un banquete ofrecido para el poeta trágico Agatón.*

DIÁLOGOS
EL BANQUETE

uando nació Afrodita, los dioses celebraron un banquete, entre ellos estaba también el hijo de Metis (la Prudencia), Poro (el Recurso). Una vez que terminaron de comer, se presentó a mendigar, como era natural al celebrarse un festín, Penía (la Pobreza) y quedóse a la puerta. Poro, entretanto, como estaba embriagado de néctar —aún no existía el vino—, penetró en el huerto de Zeus y en sopor de la embriaguez se puso a dormir. Penía entonces, tramando, movida por su escasez de recursos, hacerse un hijo de Poro, del Recurso, se acostó a su lado y concibió al Amor. Por esta razón el amor es acólito y escudero de Afrodita, por haber sido engendrado en su natalicio, y a la vez enamorado por naturaleza de lo bello, por ser Afrodita también bella. Pero, como hijo que es de Poro y de Penía, el Amor quedó en la situación siguiente: en primer lugar es siempre pobre y está muy lejos de ser delicado y bello, como lo supone, el vulgo, por el contrario, es rudo y escuálido, anda descalzo y carece de hogar, duerme siempre en el suelo y sin lecho, acostándose al sereno en las puertas y en los caminos, pues por tener la condición de su madre es siempre compañero inseparable de la pobreza. Mas por otra parte, según la condición de su padre, acecha a los bellos y a los buenos, es valeroso, intrépido y diligente; cazador temible, que siempre urde alguna trama; es apasionado por la sabiduría y fértil en recursos: filosofa a lo largo de toda su vida y es un charlatán terrible, un embelesador y un sofista. Por su naturaleza no es inmortal ni mortal, sino que un mismo día a ratos florece y vive, si tiene abundancia de recursos, a ratos muere y de nuevo vuelve a revivir gracias a la naturaleza de su padre. Pero lo que se procura, siempre se desliza de sus manos, de manera que no es pobre jamás el Amor, ni tampoco rico. Se encuentra en el término medio entre la

sabiduría y la ignorancia. Pues he aquí lo que sucede: ninguno de los dioses filosofa ni desea hacerse sabio, porque ya lo es, ni filosofa todo aquel que sea sabio. Pero a su vez los ignorantes ni filosofan ni desean hacerse sabios, pues en esto estriba el mal de la ignorancia: en no ser ni noble, ni bueno, ni sabio y tener la ilusión de serlo en grado suficiente. Así, el que no cree estar falto de nada no siente deseo de lo que no cree necesitar.

—Entonces, ¿quiénes son los que filosofan, Diotima —le dije yo—, si no son los sabios ni los ignorantes?

—Claro es ya incluso para un niño —respondió— que son los intermedios entre los unos y los otros, entre los cuales estará también el Amor. Pues es la sabiduría una de las cosas más bellas y el Amor es amor respecto de lo bello, de suerte que es necesario que el Amor sea filósofo y, por ser filósofo, algo intermedio entre el sabio y el ignorante. Y la causa de estas tendencias ingénitas en él es su origen, pues es hijo de un padre sabio y rico en recursos y de una madre que no es sabia y carece de ellos. La naturaleza, pues, de ese genio, ¡oh querido Sócrates!, es la que se ha dicho; y en cuanto a esa idea errónea que te forjaste sobre el Amor no es extraño que se te ocurriera. Tú te imaginaste, al menos me lo parece según puedo colegir de tus palabras, que el Amor era el amado y no el amante. Por este motivo, creo yo, te parecía sumamente bello el Amor, porque lo amable es lo que en realidad es bello, delicado, perfecto y digno de ser tenido por feliz y envidiable. En cambio, el amante tiene una naturaleza diferente, que es tal como yo la describí.

Entonces yo le dije:

—Admitido, extranjera. Dices bien, pero siendo el Amor así, ¿qué utilidad tiene para los hombres?

—Esto es precisamente lo que voy a intentar explicar a continuación —me respondió—. Es por una parte el Amor en sí y en su origen tal y como se ha dicho, y por otra es amor de las cosas bellas, como tú dices. Pero si alguien nos preguntase: ¿Respecto de qué es el Amor de las cosas bellas, oh Sócrates y tú, Diotima? O así, con mayor claridad, el amante de las cosas bellas las desea: ¿qué desea?

—Que lleguen a ser suyas —le respondí yo.

—Pero todavía requiere tu respuesta la siguiente pregunta: ¿Qué le sucederá a aquél que adquiera las cosas bellas?

—No tengo todavía muy a la mano una respuesta para esta pregunta —le contesté yo.

—Pues bien —dijo ella—, suponte que, cambiando los términos y empleando en vez de bello bueno, se te preguntase: Veamos, Sócrates, el amante de las cosas buenas, las desea: ¿qué desea?

—Que lleguen a ser suyas —le contesté.

—¿Y qué le sucederá a aquél que adquiera las cosas buenas?

—Esto te lo puedo responder con mayor facilidad —le dije— será feliz.

—En efecto —replicó—; por la posesión de las cosas buenas los felices son felices, y ya no se necesita agregar esta pregunta: ¿Para qué quiere ser feliz el que quiere serlo?, sino que parece que la respuesta tiene aquí su fin.

—Es verdad lo que dices —le repliqué.

—Pues bien, ese deseo y ese amor, ¿crees que es una cosa común a todos los hombres y que todos quieren que las cosas buenas les pertenezcan siempre? ¿Qué respondes?

—Eso mismo —le dije—, que es algo común a todos.

—¿Por qué entonces, Sócrates —me dijo—, no afirmamos que todos los hombres aman, si es verdad eso de que todos aman las mismas cosas siempre, sino que decimos que unos aman y otros no?

—También a mí —le contesté— me extraña eso.

—Pues no te extrañe —dijo—. El motivo de ello es que hemos puesto aparte una especie de amor y la llamamos amor, dándole el nombre del todo, mientras que con las restantes empleamos nombres diferentes.

—¿Me puedes poner un ejemplo?— le pregunté.

—El siguiente. Sabes que el concepto de «creación» es algo muy amplio, ya que ciertamente todo lo que es causa de que algo, sea lo que sea, pase del no ser al ser es «creación», de suerte que todas las actividades que entran en la esfera de todas las artes son creaciones y los artesanos de éstas, creadores o «poetas».

—Es verdad lo que dices.

—Pero, sin embargo —prosiguió Diotima—, sabes que no se les llama poetas, sino que tienen otros nombres, y que del concepto total de creación se ha separado una parte, la relativa a la música y al arte métrica, que se denomina con el nombre del todo. «Poesía», en efecto, se llama tan sólo a ésta, y a los que poseen esa porción de «creación», «poetas».

—Dices la verdad —dije.

—Pues bien, así ocurre también con el amor. En general todo deseo de las cosas buenas y de ser feliz es amor, ese *Amor grandísimo y engañoso para todos*. Pero unos se entregan a él de muy diferentes formas, en los negocios, en la afición a la gimnasia, o en la filosofía, y no se dice que amen, ni se les llama enamorados. En cambio, los que se encaminan hacia él y se afanan según una sola especie detentan el nombre del todo, el de amor, y sólo de ellos se dice que aman y que son amantes.

—Es muy probable —le dije yo— que digas la verdad.

—Y corre por ahí un dicho —continuó— que asegura que los enamorados son aquellos que andan buscando la mitad de sí mismos, pero lo que yo digo es que el amor no es de mitad ni de todo, si no se da, amigo mío, la coincidencia de que éste sea de algún modo bueno, ya que aun sus propios pies y sus propias manos están dispuestos a amputarse los hombres, si estiman que los suyos son malos. No es, pues, según creo, lo propio de uno mismo a lo que siente apego cada cual, a no ser que se llame a lo bueno, por un lado, particular y propio de uno mismo y a lo malo, por otro, extraño.

Pues no es otra cosa que el bien lo que aman los hombres. ¿Tienes acaso otra opinión?

—¡Por Zeus! Yo no —le respondí.

—¿Entonces —dijo ella— se puede decir así, sin más, que los hombres aman lo bueno?

—Sí —respondí.

—¿Y qué? ¿No ha de añadirse —dijo— que aman también poseer lo bueno?

—Ha de añadirse.

—¿Y no sólo poseerlo, sino también poseerlo siempre?

—También se ha de añadir eso.

—Luego, en resumidas cuentas, el objeto del autor es la posesión constante de lo bueno.

—Es completamente cierto —respondí— lo que dices.

—Pues bien —dijo Diotima—, ya que el amor es siempre esto, ¿de qué modo deben perseguirlo los que lo persiguen y en qué acción, para que su solicitud y su intenso deseo se pueda llamar amor? ¿Qué acción es por ventura ésta? ¿Puedes decirlo?

—No, por supuesto —le dije—. En otro caso, Diotima, no te hubiera admirado por tu sabiduría ni hubiera venido con tanta frecuencia a verte con el fin de aprender eso mismo.

—Pues bien —replicó—, yo te lo diré. Es esta acción la procreación en la belleza tanto según el cuerpo como según el alma.

EURÍPIDES
Grecia (480-406 a. C.)

Nació probablemente en Salamina. Renovó la tragedia griega acentuando la caracterización del personaje central. Aunque escribió más de 92 obras, sólo se preservaron 17, las más famosas *Medea*, *Electra* y *Las Troyanas*.

En *Hipólito*, éste, hijo del rey Teseo, rinde culto a la diosa Artemisa y como castigo la diosa Afrodita le urde una tragedia: Fedra, su madrastra, se enamora de Hipólito y lo acosa para que duerma con ella. El monólogo de Hipólito en contra de las mujeres es propicio para esta antología.

HIPÓLITO

IPÓLITO. —Oh Zeus, ¿por qué bajo los rayos del sol has hecho que existieran las mujeres, metal de falsa ley para los hombres? Si querías propagar la raza humana, debía ésta no nacer de las mujeres, sino que los mortales, ofrendando en tus templos el oro, el hierro, el bronce, adquirieran la simiente de hijos, según su ofrenda cada uno; y vivieran en casas, libres, sin mujeres. Por un hecho está claro que son un mal aciago: el propio padre que les dio el ser y las crió, les da una dote y las aleja de la casa para librarse de un gran mal. Y el marido, que recibe en su casa a ese ser de desgracia, se alegra, llena de joyas a su bella estatua, le da hermosos vestidos: ¡desgraciado, ha arrojado la dicha de su casa! Es un fatal dilema: el que, alegre, emparienta con gente rica, tiene una esposa amarga; y el que casa con una que sea buena, pero de padres pobres, con su virtud intenta compensar su infortunio. Mejor le va al que nada tiene y en su casa se sienta una mujer simple e inútil. La odio, si es sabia; al menos en mi casa no quiero que haya una que sepa más de lo que le conviene a una mujer.

Afrodita infunde la maldad más a las sabias; en cambio, la carente de recursos, por su corto entendimiento queda alejada del pecado. Ninguna sierva debía acercarse a la mujer; bestias mudas debían vivir con ellas para que no pudieran dirigirse a nadie ni recibir contestación. Ahora, dentro de casa, estas malvadas urden tramas, y las siervas las sacan de la casa.

Y ahora tú así, mujer vil, has venido a unirme al lecho casto de mi padre; con agua clara he de purificarme lavando mis oídos. ¿Cómo podría ser yo un malvado si de sólo oír esto, me considero impuro? Sábelo bien, mujer: te salva mi piedad; si no me hubieras sorprendido con juramentos a los dioses, nada me detendría de contárselo a mi padre. Ahora voy a alejarme del palacio mientras Teseo esté de viaje; en silencio mantendré mi boca. Y cuando vuelva con mi padre contemplaré con qué ojos le miráis tú y tu señora y sabré todo tu impudor por experiencia.

¡Oh, muráis todas! Jamás he de saciarme de odiar a las mujeres, aunque alguien diga que lo repito siempre; pues también ellas siempre son malvadas. ¡O que alguien las enseñe a que sean castas, o que me dejen injuriarlas siempre!

ANÓNIMO
LAS MIL Y UNA NOCHES (s. IX-XIV)

Las mil y una noches *es la obra inmortal de la literatura árabe. La encantadora Scheherezada, de acuerdo con su hermana menor Doniazada, inventa historias e historietas para distraer a su esposo, el rey Shahriyar, aplazando así la muerte que decretó, como venganza por la infidelidad de otra esposa anterior.*

Aquel «rey entre los reyes de Sassán, en las islas de la India y de la China», que mandaba degollar a todas sus jóvenes esposas en la mañana siguiente a la noche única que pasaba con ellas. Scheherezada consigue librarse de la terrible sentencia —y salvar para siempre a las demás hijas de los musulmanes— manteniendo despierta la curiosidad del vengativo esposo con la intriga de sus cuentos, cuyo desenlace cuida de aplazar de una noche para otra hasta mil y una.

HISTORIA DEL REY SHAHRIYAR Y DE SU HERMANO EL REY SHAHZAMAN

Se contaba, y Dios es el más sabio, que en la época antigua y en los tiempos que ya han transcurrido, exist i ó un rey perteneciente a la dinastía de los monarcas sasánidas, que reinaba en las islas de la India y de la China. Tenía un ejército, auxiliares, sirvientes y criados, así como dos hijos, uno mayor y otro menor. Ambos eran valientes caballeros, pero el mayor era mejor que el menor a este respecto. Reinó en el país, gobernó con justicia a sus siervos y fue muy querido por la gente de su país y de su reino. Su nombre era Shahriyar, y su hermano menor se llamaba rey Shahzaman, rey de Samarcanda, en Persia. Así se mantuvieron las cosas en los países de ambos; los dos monarcas gobernaban sus reinos, fueron juntos con sus súbditos durante veinte años, logrando para ellos las máxima felicidad y dicha.

En estas circunstancias deseó el hermano mayor ver al menor y ordenó a su ministro que emprendiera el viaje y lo trajera consigo. El ministro obedeció y se puso en marcha hasta llegar felizmente a la presencia del hermano. Entonces lo saludó y le informó que su hermano sentía añoranza de él y deseaba que lo visitara. El rey Shahzaman se mostró dispuesto a obedecer y preparó el viaje; hizo sacar sus tiendas, sus camellos, sus mulos, sus sirvientes y sus auxiliares y confió el gobierno del país a su ministro. Salió entonces en dirección al país de su hermano, pero al llegar la medianoche recordó que había olvidado algo en su palacio y emprendió el regreso. Al entrar al palacio encontró a su esposa duermiendo en su propia cama abrazada a un esclavo negro. Al ver esto, el mundo se oscureció ante su vista y se dijo así mismo: «Si esto ha sucedido de esta manera cuando yo acabo de salir de la ciudad, ¿de qué no hubiera sido capaz esta mujer adúltera cuando yo estuviera con mi hermano durante una larga temporada?» Entonces desenvainó su espada y mató a los dos en la cama. Regresó inmediatamente y ordenó emprender la marcha, viajando hasta llegar a la ciudad de su hermano. Éste se alegró de su venida y salió a recibirlo, saludándolo y sintiéndose muy feliz de su mutuo encuentro. Mandó adornar la ciudad y se sentó a su lado para charlar alegremente. Pero el rey Shahzaman recordaba lo que le había sucedido con su mujer, por lo que sentía una gran tristeza, su rostro había adquirido un color amarillento y su cuerpo estaba débil. Cuando su hermano vio esto,

lo achacó al hecho de que estuviera separado de su país y de su reino y lo dejó tranquilo, sin preguntar nada. Pero cuando hubieron transcurrido unos días, le dijo:
—Hermano mío, estás débil y pálido.
Shahzaman le respondió:
—Hermano mío, tengo una herida en mi corazón.
Pero no le explicó lo que le había pasado con su esposa. Entonces le dijo Shahriyar:
—Quiero que vengas conmigo de caza. A lo mejor se alegra tu ánimo.
Pero Shahzaman rehusó y su hermano se fue solo de caza. En su palacio había ventanas que daban a los jardines de su hermano, y Shahzaman se puso a mirar por ellas; de pronto, se abrió la puerta del palacio y salieron veinte doncellas y veinte esclavos. En medio de ellos marchaba la esposa de su hermano, que era una mujer muy bella. Avanzaron hasta llegar a una fuente, allí se desnudaron y se sentaron unos con otras. Entonces la mujer del rey dijo:
—¡Masud!
Se dirigió ella a un esclavo negro, se abrazaron y él la poseyó. Lo mismo hicieron los otros esclavos con las doncellas, continuando los abrazos, los besos y todo lo demás hasta que se aproximó el día. Cuando el hermano del rey vio esto se dijo: «Por Dios, mi desgracia es menor que ésta.» Y perdió importancia para él su pena y su tristeza, ya que pensaba: «Esto es peor que lo que me ha sucedido a mí». Por ello volvió a comer y beber. Después de estos acontecimientos regresó su hermano de su partida de caza y se saludaron. El rey Shahriyar miró a su hermano el rey Shahzaman y observó que había recuperado su color, que su rostro estaba sonrosado y que comía con buen apetito, mientras que antes apenas probaba bocado. Se maravilló y le dijo:
—Hermano mío, antes tenías el rostro amarillento, pero ahora has recuperado el color. Dime qué te ha pasado.

Le respondió Shahzaman:

—Te diré por qué cambié de color, pero dispénsame de explicarte por qué lo he recuperado.

Le dijo entonces Shahriyar:

—Explícame entonces la causa de tu cambio de color y de que estuvieras débil, para que te pueda oír.

Le dijo Shahzaman:

—Hermano mío, cuando enviaste a tu ministro a pedirme que viniera a visitarte, preparé mis cosas y salí de la ciudad. Luego recordé que me había dejado en el palacio esa ristra de perlas que te he regalado y regresé. Encontré a mi mujer durmiendo con un esclavo negro en mi propia cama: los maté a los dos y me vine a verte, sin dejar de pensar en todo eso. Esta es la causa de que cambiara de color y estuviera débil. En lo que respecta a cómo he recuperado el color, dispénsame de explicártelo.

Cuando, su hermano oyó estas palabras le dijo:

—Por Dios, te conjuro a que me expliques la causa por la que has recuperado el color.

Le refirió entonces Shahzaman todo lo que había visto, y Shahriyar dijo a su hermano Shahzaman:

—Me propongo verlo con mis propios ojos.

Le dijo su hermano Shahzaman:

—Di que te vas de caza, ocúltate en mis habitaciones y podrás comprobar y ver todo con tus propios ojos.

El rey ordenó inmediatamente organizar la expedición y salieron los soldados y las tiendas a las afueras de la ciudad. El rey salió también e hizo plantar las tiendas, diciendo a sus criados:

—Que no entre nadie.

Luego se disfrazó y salió a escondidas en dirección al palacio, en el que se encontraba su hermano. Se sentó junto a la ventana que daba al jardín durante un rato, hasta que entraron las doncellas y su señora con los esclavos e hicieron lo mismo que había explicado su hermano, continuando así hasta el momento de la oración de la tarde. Cuando Shahriyar vio esto, le abandonó la razón y dijo a su hermano Shahzaman:

—Ven conmigo. Vayámonos sin rumbo fijo, ya que no necesitamos ser reyes, hasta que veamos si a alguien le ha sucedido lo mismo que a nosotros, pues para nosotros es mejor morir que vivir.

Shahzaman se mostró de acuerdo y ambos salieron por una puerta secreta del palacio, y viajaron sin cesar durante días y noches hasta llegar a un árbol situado en medio de un prado, en el que había una fuente al lado del mar salado. Bebieron de aquella fuente y se sentaron a descansar. Cuando hubo transcurrido una hora el mar empezó a agitarse y surgió de él una columna negra que ascendía hacia el cielo y se dirigía hacia aquel prado. Cuando vieron eso, sintieron miedo y se subieron a la copa del árbol, que era muy alto, y se pusieron a mirar lo que sucedía. La columna era un genio, de estatura alta, ancho de cara y de espaldas, que llevaba sobre su cabeza un arcón. Subió por la playa y se dirigió al árbol en el que se habían refugiado, sentándose a su sombra. Abrió el arcón y extrajo de él una caja. Luego abrió ésta y de ella salió una muchacha bellísima que resplandecía como si fuera el sol cuando emite sus rayos. Es como dice el poeta:

Brilló en medio de la oscuridad y apareció el día;
las auroras se apoderan de su luz.
Cuando ella aparece los soles toman su resplandor,
pero las lunas se desvanecen.
Todas las criaturas se postran ante ella en
el momento en que se muestra, y todos los velos se
descubren.
Si los relámpagos de su mirada te miran,
aunque sea un instante, tus lágrimas
caen como lluvia torrencial.

Cuando el genio la miró le dijo:

—Señora de las mujeres libres, a la que rapté en la noche de tu boda, quiero dormir un poco.

Luego el genio puso su cabeza sobre sus rodillas y se echó a dormir. Ella alzó su rostro hacia la copa del árbol y vio a los dos reyes que se encontraban sobre este árbol. Levantó de sus rodillas la cabeza del genio y la colocó en el suelo. Se puso en pie bajo el árbol y les dijo por señas:

—Bajad y no temáis a este *ifrit*.

Le respondieron:

—Por Dios, dispénsanos de esto.

Ella les conminó:

—¡Por Dios os digo que bajéis! Si no, despertaré al *ifrit* y os matará con la más horrible de las muertes.

Tuvieron miedo y bajaron a su encuentro. Ella se alzó y les dijo:

—¡Alanceadme fuertemente con vuestras lanzas! Si no lo hacéis, despertaré al *ifrit*.

Sobrecogido de miedo, el rey Shahriyar le dijo a su hermano el rey Shahzaman:

—Hermano, haz lo que te ha ordenado.

Respondió Shahzaman:

—No lo haré si no empiezas tú.

Ambos, entonces, comenzaron a hacerse guiños, incitándose mutuamente a poseerla. Ella les dijo:

—No os veo más que hacer guiños. Si no pasáis a la acción despertaré al *ifrit*.

Entonces, por miedo al genio, hicieron lo que ella les había ordenado. Cuando terminaron, les dijo:

—¡Bien!

Sacó entonces de su bolsillo una bolsa, de la que extrajo un collar formado por quinientos setenta anillos, y les dijo:

—¿Sabéis que es esto?

Respondieron:

—No lo sabemos. Ella les dijo:

—Todos los dueños de estos anillos han hecho conmigo lo mismo sin que lo supiera este cornudo de *ifrit*. Dadme vuestros anillos, ya que vosotros sois los últimos. Le dieron dos anillos que llevaban en sus manos, y ella les dijo:

Este *ifrit* me raptó en la noche de mi boda; luego me puso en una caja, colocó la caja en el interior del arcón, lo cerró con siete cerrojos y me depositó en lo más profundo del mar rugiente y azotado por las olas. Pero es bien sabido que cuando una mujer de las nuestras quiere algo, nada en el mundo se lo puede impedir. Como dijo alguien:

No creáis a las mujeres ni confiéis en sus promesas.
Su satisfacción o su cólera dependen de su sexo.
Muestran un amor engañoso, pero la perfidia
es lo que llena sus vestidos.
Acuérdate de la historia de José y muéstrate
precavido ante sus añagazas.
¿No ves que el demonio expulsó a Adán del paraíso
por causa de ellas?

Al oír sus palabras, los dos hermanos sintieron un gran asombro y se dijeron:

—Si éste es un *ifrit* y lo que le ha sucedido es peor que lo que nos ha pasado a nosotros, podemos darnos por satisfechos.

Entonces se alejaron del lugar donde se encontraba la muchacha y emprendieron el regreso hacia la ciudad del rey Shahriyar; entraron en su palacio y éste hizo cortar el cuello de su esposa, así como también los de las doncellas y esclavos. A partir de entonces, todas las veces que el rey Shahriyar tomaba a una muchacha virgen, le hacia perder su virginidad y la mataba al terminar la noche. Esta situación no se alteró durante tres años; el pueblo clamaba y huía con sus hijas, por lo que no quedó en aquella ciudad ni una sola doncella que pudiera soportar el asalto. Luego el rey ordenó a su ministro que le trajera una muchacha de acuerdo con su costumbre; el ministro salió en su busca, pero no fue capaz de encontrarla. Se dirigió entonces a su casa, encolerizado, derrotado y temeroso de lo que el rey le pudiera hacer. El ministro tenía dos hijas muy bellas: la mayor se llamaba Shahrazad y la menor Dunyazad. La mayor había leído libros, historias y gestas de los reyes antiguos, así como las crónicas de las naciones del pasado. Se decía que había reunido mil libros de historia relativos a los pueblos, reyes y poetas de la antigüedad. Le dijo su padre:

—¿Qué te pasa que te veo cambiado, como si estuvieras preocupado y triste? Sobre esto alguien dijo un poema:

A quien esté preocupado, dile:
la preocupación no dura.
Las alegrías terminan igual que las tristezas.

Cuando el ministro oyó a su hija decir estas palabras, le explicó lo que le había sucedido con el rey desde el principio hasta el fin. Shahrazad le dijo entonces:

—¡Por Dios, padre mío! Cásame con este rey: viviré o serviré de rescate a las hijas de los musulmanes y seré la causa de su salvación.

El ministro le respondió:

—¡Por Dios!, no corras nunca ese riesgo.

Ella le dijo:

—No hay otra solución.

EPÍLOGO

(Noche 1001)

[...] Durante todo este tiempo Shahrazad había tenido tres varones con el rey. Cuando hubo terminando esta historia se puso en pie, besó el suelo ante el monarca y le dijo:

—Rey del Tiempo, el único de esta época y de esta era. Soy tu esclava y desde hace mil y una noches te he ido explicando los relatos de los que nos han precedido y las exhortaciones morales de los antiguos. ¿Puedo expresar un deseo ante tu Majestad?

—Pide para que te pueda dar, Shahrazad —respondió el monarca.

Ella entonces llamó a las nodrizas y a los eunucos y les ordenó:

—Traed a mis hijos.

Volvieron rápidamente con ellos. Eran tres varones: uno andaba, otro gateaba y el tercero aún era un niño de pecho. Cuando se los trajeron, Shahrazad los tomó y los puso ante el rey. Besó el suelo y le dijo:

—Rey del Tiempo, éstos son tus hijos. Te pido que me libres de la muerte por deferencia a estos niños. Si me matas, ellos se quedarán huérfanos y ninguna mujer se ocupará adecuadamente de su educación.

Entonces el rey se echó a llorar, abrazó a sus hijos contra su pecho y dijo:

—Shahrazad, ¡por Dios!, ya te había perdonado antes de que vinieran estos niños, porque había visto que eres casta, pura, noble y temerosa de Dios. Que Dios te bendiga a ti, a tu padre, a tu madre y a todos tus antepasados y descendientes. Ante Dios atestiguo que te libraré de cualquier cosa que pueda hacerte daño.

Ella besó las manos y los pies, se alegró mucho y le dijo:

—Dios prolongue tu vida y aumente tu prestigio y tu honor.

La alegría se difundió por el palacio real y pronto fue conocida en toda la ciudad. Fue una noche excepcional, como ningún humano ha visto en toda su vida: su color fue más blanco que la luz del día. Por la mañana el rey amaneció feliz, lleno de ganas de hacer el bien. Mandó llamar a todos sus soldados y comparecieron. Regaló un magnífico y lujoso traje de corte a su ministro, el padre de Shahrazad, y le dijo:

—Que Dios te proteja por tener una hija noble como mi esposa, que ha sido la causa de que yo me arrepintiera de haber matado a las hijas del pueblo, pues he visto que es noble, pura, casta e inocente. Gracias a ella Dios me ha bendecido con tres varones. Gloria a Dios por estos dones preciosos.

A continuación regaló vestidos honoríficos a todos los ministros, príncipes y grandes señores del reino. Ordenó adornar la ciudad durante treinta días y ninguno de los habitantes de la ciudad tuvo que pagar ninguno de estos gastos, porque todos ellos se financiaron a cargo del tesoro privado del rey. La ciudad fue engalanada con todo lujo y de una manera sin precedentes.

Sonaron los tambores, se tocaron las flautas y los juglares hicieron sus juegos. El rey distribuyó regalos con generosidad y dio limosna a todos los pobres y necesitados, mostrándose liberal con el resto de sus súbditos y habitantes del reino. Tanto él como su pueblo vivieron con felicidad, contento, alegría y gozo, hasta que llegó el que destruye todos los deleites y separa a las comunidades humanas.

Gloria a Aquél a quien no destruye el paso del tiempo, Aquél a quien no afectan los cambios, Aquél a quien no preocupan las circunstancias, el Único Perfecto. La bendición y la paz sean sobre el representante de Su presencia y sobre el elegido de Su creación, nuestro señor Muhammad, señor de la humanidad, a través de quien suplicamos a Dios tener un buen fin. La gloria se debe a Dios, Señor de los Mundos.

BÉROUL
Francia (1150-?)

La obra de Béroul está escrita en idioma oil, variante del normando. Del autor sólo se conoce que es un escritor medieval que recogió la leyenda oral y popular en Francia y se sumó a las diversas versiones de autores de su época como Thomas y Elihart Von Oberg.

Tristán e Iseo *trata el amor cortés. La relación amorosa de Iseo, esposa del rey Marco, con su sobrino. El Rey, oculto en un árbol, presencia una cita. Surgen las sospechas, intrigas y el juicio a Iseo por adulterio. Tristán, quien disfrazado de leproso, carga en sus espaldas a Iseo para atravesar un río, permite que ella sin mentir con sorna, afirme en el juicio:* «Juro por Dios [...] que entre mis muslos no entró hombre, salvo el leproso que hizo de montura y me trasladó a esta orilla del vado, y el rey Marco, mi marido».

TRISTÁN E ISEO

Señora, dice, «ese ciclatón
va a ensuciarse horriblemente.
El terreno está lleno de fango:
Estoy disgustado y muy pesaroso
de que pueda salpicar vuestros vestidos.
Sonríe Iseo, que no era cuitada,
guíñale un ojo y, atenta, lo mira:

comprendió el pensamiento de la reina.
Poco más abajo, junto a un espino,
hacia un vado se dirigen él y Andret,
y por allí pasaron bastante limpios.
En la otra orilla quedóse Iseo sola.
Frente al vado era enorme la aglomeración:
los dos reyes y todos sus barones.
¡Escuchad qué destreza la de Iseo!
Sabía bien que la estaban observando
los que se hallaban al otro lado del Mal Paso.
Se ha acercado a su palafrén,
recoge los flecos de su gualdrapa
y anudólos por cima de los arzones.
Ningún escudero, ningún caballerizo
los habría alzado mejor para [evitar] el barrizal,
ni los habría dispuesto con tal maestría.
Mete las correas bajo la silla
la bella Iseo, quita el petral
el palafrén, y lo deja sin freno.
Se recoge el vestido con una mano
y sujeta la fusta con la otra.
Se acercó luego al vado con el palafrén,
le arreó con la fusta,
y así pasa [el bruto] al otro lado del marjal.
La reina era el centro de las miradas
de cuantos están en la otra orilla.
Los preclaros reyes quedaron atónitos
y todos los otros que lo vieron.
La reina llevaba vestidos de seda,
que habían sido traídos de Bagdad
y forrados de blanco armiño.
Pellizón y brial arrastraban larga cola.

Sobre los hombros le caen los cabellos,
trenzados con [cintas de] lino e [hilo de] oro fino.
Un aro de oro llevaba en la cabeza,
que daba vuelta entera a su frente,
sonrosada, llena de frescor y claridad.
Así se dirige hacia la pasarela:
«Quiero hacer contigo un trato».
—Reina noble, de encumbrada cuna,
iré a ti sin excusa,
pero ignoro qué quieres decir.
—No quiero mancharme de fango los vestidos:
harás de asno para trasladarme
suavecito sobre la plancha.
—¡Cómo!, exclama, «noble reina,
no me requiráis para esta tarea:
soy leproso, jorobado y contrahecho».
—Aprisa, contesta ella, «colócate un poco.
¿Crees que tu mal vaya a contagiarme?
No tengas miedo, no lo hará.
—¡Dios mío!, exclama, «¿por qué será
que, hablando con ella, no siento mal?»
Se apoya a menudo en su muleta.
«¡Ea, leproso! ¡Eres corpulento!
Vuelve tu cara hacia allá y tu espalda hacia acá:
montaré como un escudero.»
Y, entonces, sonrió el enfermo,
se pone de espaldas, y monta ella.
Todos los observan, reyes y condes.
Sostiene sus piernas sobre el bordón:
alza un pie y posa el otro;
simula a menudo que se cae
y hace muchas muecas de sentir dolor.

La hermosa Iseo lo encabalgó,
pierna acá, pierna allá.
Dicen unos a otros: «Mirad ahí,
. . . .
ved a la reina cabalgando
sobre un leproso que suele cojear.
Poco le falta para caer de la plancha,
lleva su muleta apoyada en la cadera.
Vayamos al encuentro del leproso,
a la salida de este lodazal.»
Hacia él corrieron los donceles.
. . . .
El rey Arturo se acerca al mismo sitio,
y todos los demás, en fila.
El leproso, con la cabeza agachada,
llegó al otro lado, a tierra firme.
Iseo se deja descolgar.
El leproso se dispone a dar la vuelta
y, al marchar, pide en pago
a la hermosa Iseo comida para esa noche.
Arturo comenta: «Bien se la ha ganado.
¡Ea, reina dádsela!».

«Prestadme atención, hermosa Iseo,
y oíd la declaración que os exige:
que Tristán no tuvo con vos amor
de lascivia o de adulterio,
sino sólo aquél que debía profesar
a su tío y a la esposa de éste.

— «Señores», responde ella, «por la gracia de Dios,
santas reliquias veo aquí.

Escuchad lo que por ellas voy a jurar,
a fin de que tenga el rey todas las garantías:
juro por Dios y San Hilario,
por estas reliquias y este santo cofre,
por todas las que aquí no están,
y todas las que existen en el mundo,
que entre mis muslos no entró hombre,
salvo el leproso que hizo de montura
y me trasladó a esta orilla del vado,
y el rey Marco, mi marido.
A ellos dos excluyo de mi juramento,
pero no excluyo a ningún otro.
De dos no me es posible exculparme:
del leproso y del rey Marco, mi esposo.
El leproso ha estado entre mis piernas
. . . .
Si alguien quiere que haga más,
aquí estoy, toda dispuesta.»
Todos los que la han oído jurar
no pueden aguantar más [sin decir]:
«¡Dios!», dice cada cual, «ha jurado con coraje
y, en igual medida, se ha ajustado a derecho!
Ha incluido más de lo que pedían
y reclamaban los traidores:
no necesita [aportar] más justificación
que la que habéis oído, nobles y plebeyos,
salvo respecto al rey y a su sobrino.
Ha jurado y dado su palabra
de que entre sus muslos no entró otro
que el leproso que la pasó
ayer, a eso de tercia, al otro lado del vado,
y el rey Marco, su marido.

¡Mal haya quien desde hoy sospeche de ella!».
El rey Arturo se puso en pie
y declaró al rey Marco,
de forma que todos los barones lo oyeron:
«Rey, hemos presenciado la exculpación,
la hemos escuchado y entendido.
Guárdense ahora los traidores
Denoalain, Ganelón
y el malvado Gondaine,
de intentar siquiera el gesto de hablar.
Mientras vivan en este país,
ni paz ni guerra me impedirían,
en cuanto oyera nuevas
de la hermosa reina Iseo,
acudir a toda espuela
a sostenerla en estricta justicia
— «¡Señor».—« responde ella—, «os lo agradezco!»
Los tres son aborrecidos por la corte.
Las cortes se separan y se van.
La hermosa Iseo, de rubia cabellera,
expresa al rey Arturo toda su gratitud.
«Señora», contesta él, «os garantizo
que no hallaréis a nadie que haga de vos,
mientras yo tenga salud y vida,
el más leve comentario, si no es amistoso.
¡Malos designios tuvieron los felones!
Ruego al rey, vuestro esposo,
con toda lealtad y mi mayor estima,
que sobre vos jamás crea a un traidor».
Contestó el rey Marco: «Y, si llegara a hacerlo
de ahora en adelante, censuradme.»
Ya se ha separado el uno del otro,

cada cual regresa a su reino:
el rey Arturo se encamina a Durham,
el rey Marco permaneció en Cornualles,
y Tristán se queda, sin inquietarse...

GIOVANNI BOCCACCIO
Italia (1313-1375)

Escritor italiano nacido en París. Hijo legítimo de un mercader y de una dama francesa. En 1330 fue educado doctamente en la Corte de Nápoles como aprendiz de mercader. Allí estudió derecho canónico. Amigo personal de Petrarca. El municipio de Florencia le encargó escribir una crítica profunda sobre La Divina Comedia *de Dante. En 1340 su padre tuvo una quiebra bancaria en Florencia donde debió radicarse su hijo. Murió en Certaldo, acosado por sus escrúpulos religiosos y su vida bohemia, en casa de sus abuelos.*

En el proemio de su Decamerón *dedica su libro a las mujeres que sufren caídas de amor. Es un clásico universal que gira alrededor del amor y no propiamente el platónico. El libro lo conforman cien cuentos siendo diez los narradores: siete damas jóvenes y tres caballeros de la burguesía que se encierran en una quinta cercana a Florencia, aislándose así de la peste que azota la ciudad, y se cuentan entre sí las historias. Cada uno narra un cuento diario.*

EL DECAMERÓN

Doña Filippa, encontrada por su marido con un amante, llamada a juicio, con una pronta y divertida respuesta consigue su libertad y hace cambiar las leyes. Ya se callaba Fiamenta y todos reían aún del ingenioso argumento usado por Scalza para ennoblecer sobre todos los otros a los Baronci, cuando la reina mandó a Filostrato que novelase; y él comenzó a decir:

Valerosas señoras, buena cosa es saber hablar bien en todas partes pero yo juzgo que es buenísimo saber hacerlo cuando lo pide la necesidad; la que también supo hacer una noble señora sobre la cual entiendo hablaros que no solamente a diversión y risa movió a los oyentes sino a sí misma se desató de los lazos de una infamante muerte, como oiréis.

En la ciudad de Prato había antes una ley, ciertamente no menos condenable que dura que, sin hacer distinción, mandaba que igual fuera quemada la mujer que fuese por el marido hallada en adulterio con algún amante como la que por dinero con algún otro hombre fuese encontrada. Y mientras había esta ley sucedió que una noble señora, hermosa y enamorada más que ninguna otra, cuyo nombre era doña Filippa, fue hallada en su propia alcoba una noche por Rinaldo de los Pugliesi, su marido, en brazos de Lazzarino de los Guazzagliotri, joven hermoso y noble de aquella ciudad, a quien ella como a sí misma amaba y era amada por él; la cual cosa viendo Rinaldo, muy enfurecido, a duras penas se contuvo de echarse encima de ellos y matarlos, y si no hubiese sido porque temía de sí mismo, siguiendo el ímpetu de su ira lo habría hecho. Sujetándose, pues, en esto, no se pudo sujetar de querer que lo que a él no le era lícito hacer lo hiciese la ley pratense, es decir, matar a su mujer. Y por ello, teniendo para probar la culpa de la mujer muy convenientes testimonios, al hacerse de día, sin cambiar de opinión, acusando a su mujer, la hizo demandar. La señora, que de gran ánimo era, como generalmente suelen ser quienes enamoradas están de verdad, aunque desaconsejándoselo muchos de sus amigos y parientes, decidió firmemente comparecer y mejor querer, confesando la verdad, morir con valiente ánimo que vilmente, huyendo, ser condenada al exilio por rebeldía y declararse indigna de tal amante como era aquel en cuyos brazos había estado la noche anterior. Y muy bien acompañada de mujeres y de hombres, por todos exhortada a que negase, llegada ante el podestá, preguntó con firme gesto y con segura voz qué quería de ella. El podestá, mirándola y viéndola hermosísima y muy admirable en sus maneras, y de gran ánimo según sus palabras testimoniaban, sintió compasión de ella, temiendo que fuera a confesar una cosa por la cual tuviese él que hacerla morir si quería conservar su reputación. Pero no pudiendo dejar de preguntarle aquello de que era acusada, le dijo:

—Señora, como veis, aquí está Rinaldo, vuestro marido, y se querella contra vos, a quien dice que os ha encontrado en adulterio con otro hombre, y por ello pide que yo, según una ley que hay dispone, haciéndoos morir os castigue; pero yo no puedo hacerlo si vos no confesáis, y por ello cuidaos bien de lo que vais a responder, y decidme si es verdad aquello de que vuestro marido os acusa. — La señora, sin amedrantarse un punto, con voz asaz placentera repuso: —Señor, es verdad que Rinaldo es mi marido y que la noche pasada me encontró en brazos de Lazzarino, en los que muchas veces he estado por el buen y perfecto amor que le tengo, y esto nunca lo negaré. Pero, como estoy segura que sabéis, las leyes deben ser iguales para todos y hechas con consentimiento de aquéllos a quienes afectan; cosas que no ocurren con ésta que solamente obliga a las pobrecillas mujeres, que mucho mejor que los hombres podrían satisfacer a muchos; y además de esto, no ya ninguna mujer, cuando se hizo, le prestó consentimiento sino que ninguna fue aquí llamada; por las cuales cosas merecidamente puede decirse que es mala. Y si queréis en perjuicio de mi cuerpo y de vuestra alma ser ejecutor de ella, a vos lo dejo; pero antes de que procedáis a juzgar nada, os ruego que me concedáis una pequeña gracia, que es que preguntéis a mi marido si yo, cada vez y cuantas veces él quería, sin decirle nunca que no, le concedía todo de mí misma o no. —A lo que Rinaldo, sin esperar a que el podestá se lo preguntase, prestamente repuso que sin duda alguna su mujer siempre que él la había requerido le había concedido cuanto quería. —Pues, —siguió rápidamente la señora— yo os pregunto, señor podestá, si él ha tomado de mí siempre lo que ha necesitado y le ha gustado, ¿que debía hacer yo (o debo) con lo que sobra? ¿Debo arrojarlo a los perros? ¿No es mucho mejor servírselo a un hombre noble que me ama más que a sí mismo que dejar que se pierda o se estropee? —Estaban allí para semejante interrogatorio de tan famosa señora casi todos los pratenses reunidos, los cuales, al oír tan aguda respuesta, en seguida, luego de mucho reír, a una voz gritaron que la señora tenía razón y decía bien; y antes de que se fuesen de allí, exhortándoles a ello el podestá, modificaron la cruel ley y dejaron que solamente se refiriese a las mujeres que por dinero faltasen contra sus maridos. Por la cual cosa Rinaldo, quedándose confuso con tan loca empresa, se fue del tribunal; y la señora, alegre y libre, del fuego resucitada, a su casa se volvió llena de gloria.

🌿 *MIGUEL DE CERVANTES SAAVEDRA* 🌿
España (1547-1616)

Miguel de Cervantes y Saavedra, hijo del cirujano Rodrigo de Cervantes, nació en Alcalá de Henares. Fue paje del cardenal Acquaviva. Estudió en Madrid y participó como soldado de Felipe II bajo el mando de don Juan de Asturias en la batalla de Lepanto. Quedó herido e inutilizable su brazo izquierdo. Se le llamó «el manco de Lepanto». Al regresar vencedor a España, lo apresaron los piratas berberiscos y permaneció de esclavo del Virrey de Argelia hasta que los padres trinitarios pagaron el rescate cinco años después.

Escribió doce novelas ejemplares. Una de las más famosas es La gitanilla. En ésta abundan rasgos realistas. Narra la historia de los amores entre la gitana Preciosa y el joven caballero Juan de Cárcamo, que culmina en un final feliz.

LA GITANILLA

Sucedió, pues, que la mañana de un día que volvían a Madrid a coger la garrama con las demás gitanillas, en un valle pequeño que está obra de quinientos pasos antes que se llegue a la villa vieron un mancebo gallardo y ricamente aderezado de camino. La espada y daga que traía eran, como decirse suele, una ascua de oro; sombrero con rico cintillo y con plumas de diversos colores adornado. Repararon las gitanillas en viéndole, y pusiéronsele a mirar muy despacio, admiradas de que a tales horas un tan hermoso mancebo estuviese en tal lugar, a pie y solo. Él se llegó a ellas, y hablando con la gitana mayor, le dijo:

—Por vida vuestra, amiga, que me hagáis placer que vos y Preciosa me oyáis aquí aparte dos palabras, que serán de vuestro provecho.

—Como no nos desviemos mucho ni nos tardemos mucho, sea en buena hora —respondió la vieja.

Y llamando a Preciosa, se desviaron de las otras obra de veinte pasos, y así en pie, como estaban, el mancebo les dijo: —Yo vengo de manera rendido a la discreción y belleza de Preciosa que, después de haberme hecho mucha fuerza para excusar llegar a este punto, al cabo he quedado más rendido y más imposibilitado de excusallo. Yo, señoras mías (que siempre os he de dar este nombre, si el cielo mi pretensión favorece), soy caballero, como lo puede mostrar ese hábito —y apartando el herreruelo, descubrió en el pecho uno de los más calificados que hay en España—; soy hijo de Fulano —que por buenos respetos aquí no se declara su nombre—; estoy debajo de su tutela y amparo; soy hijo único, y el que espera un razonable mayorazgo. Mi padre está aquí en la corte pretendiendo un cargo, y ya está consultado, y tiene casi ciertas esperanzas de salir con él. Y con ser de la calidad y nobleza que os he referido, y de la que casi se os debe ya de ir trasluciendo, con todo eso, quisiera ser un gran señor para levantar a mi grandeza la humildad de Preciosa, haciéndola mi igual y mi señora. Yo no la pretendo para burlarla, ni en las veras del amor que la tengo puede caber género de burla alguna; sólo quiero servirla del modo que ella más gustare: su voluntad es la mía. Para con ella es de cera mi alma, donde podrá imprimir lo que quisiere: y para conservarlo y guardarlo no será como impreso en cera, sino como esculpido en mármoles, cuya dureza se opone a la duración de los tiempos.

Si creéis esta verdad, no admitirá ningún desmayo mi esperanza; pero si no me creéis, siempre me tendrá temeroso vuestra duda. Mi nombre es este —y díjoselo—; el de mi padre ya os lo he dicho; la casa donde vive es en tal calle, y tiene tales y tales señas; vecinos tiene de quien podréis informaros, y aun de los que no son vecinos también: que no es tan oscura la calidad y el nombre de mi padre y el mío que no le sepan en los patios de palacio, y aun en toda la corte.

Cien escudos traigo aquí en oro para daros en arra y señal de lo que pienso daros; porque no ha de negar la hacienda el que da el alma.

En tanto que el caballero esto decía, le estaba mirando Preciosa atentamente, y sin duda que no le debieron de parecer mal ni sus razones ni su talle; y volviéndose a la vieja, le dijo:

—Perdóneme, abuela, de que me tomo licencia para responder a este tan enamorado señor.

—Responde lo que quisieres, nieta —respondió la vieja— que yo sé que tienes discreción para todo.

Y Preciosa dijo:

—Yo, señor caballero, aunque soy gitana, pobre y humildemente nacida, tengo un cierto espiritillo fantástico acá dentro, que a grandes cosas me lleva. A mí ni me mueven promesas, ni me desmoronan dádivas, ni me inclinan sumisiones, ni me espantan finezas enamoradas; y aunque de quince años (que, según la cuenta de mi abuela, para este San Miguel los haré), soy ya vieja en los pensamientos y alcanzo más de aquello que mi edad promete, más por mi buena natural que por la experiencia. Pero con lo uno o con lo otro sé que las pasiones amorosas en los recién enamorados son como ímpetus indiscretos que se hacen salir a la voluntad de sus quicios; la cual, atropellando inconvenientes, desatinadamente se arroja tras su deseo, y pensando dar con la gloria de sus ojos, da con el infierno de sus pesadumbres. Si alcanza lo que desea, mengua el deseo de la posesión de la cosa deseada, y quizás abriéndose entonces los ojos del entendimiento se vee ser bien que se aborrezca lo que antes se adoraba.

Este temor engendra en mí un recato tal que ningunas palabras creo y de muchas obras dudo. Una sola joya tengo, que la estimo en más que a la vida, que es la de mi entereza y mi virginidad, y no la tengo de vender a precio de promesas ni dádivas, porque, en fin, será vendida, y si puede ser comprada, será de muy poca estima; ni me la han de llevar trazas ni embelecos: antes pienso irme con ella a la sepultura, y quizás al cielo, que ponerla en peligro que quimeras y fantasías soñadas la embistan o manoseen. Flor es la de la virginidad que, a ser posible, aun con la imaginación no había de dejar ofenderse. Cortada la rosa del rosal, ¡con qué brevedad y facilidad se marchita! Éste la toca, aquél la huele, el otro la deshoja, y, finalmente, entre las manos rústicas se deshace. Si vos, señor, por sola esta prenda venís, no la habéis de llevar sino atada con las ligaduras y lazos del matrimonio; que si la virginidad se ha de inclinar, ha de ser a este santo yugo; que entonces no sería perderla, sino emplearla en ferias que felices ganancias prometen. Si quisiéredes ser mi esposo, yo lo seré vuestra; pero han de preceder muchas condiciones y averiguaciones primero. Primero tengo de saber si sois el que decís; luego, hallando esta verdad, habéis de dejar la casa de vuestros padres y la habéis de trocar con nuestros ranchos y tomando el traje de gitano, habéis de cursar dos años en nuestras escuelas, en el cual tiempo me satisfaré yo de vuestra condición y vos de la mía; al cabo del cual, si vos os contentáredes de mí y yo de vos, me entregaré por vuestra esposa; pero hasta entonces tengo de ser vuestra hermana en el trato y vuestra humilde en serviros. Y habéis de considerar que en el tiempo de este noviciado podría ser que cobrásedes la vista, que ahora debéis de tener perdida, o, por lo menos, turbada, y viésedes que os convenía huir de los que ahora seguís con tanto ahínco; y cobrando la libertad perdida, con un buen arrepentimiento se perdona cualquier culpa. Si con estas condiciones queréis entrar a ser soldado de nuestra milicia, en vuestra mano está, pues faltando alguna dellas no habéis de tocar un dedo de la mía.

 Pasmóse el mozo a las razones de la Preciosa, y púsose como embelesado, mirando al suelo, dando muestras que consideraba lo que responder debía. Viendo lo cual Preciosa, tornó a decirle:

—No es éste caso de tan poco momento que en los que aquí nos ofrece el tiempo pueda ni deba resolverse; volveos, señor a la villa, y considerad despacio lo que viéredes que más os convenga, y en este mismo lugar me podéis hablar todas las fiestas que quisiéredes, al ir o venir de Madrid.

A lo cual respondió el gentilhombre:

—Cuando el cielo me dispuso para quererte, preciosa mía, determiné de hacer por ti cuanto tu voluntad acertase a pedirme, aunque nunca cupo en mi pensamiento que me habías de pedir lo que me pides; pero pues es tu gusto que el mío al tuyo se ajuste y acomode, cuéntame por gitano desde luego, y haz de mí todas las experiencias que más quisieres; que siempre me has de hallar el mismo que ahora te significo. Mira cuándo quieres que mude el traje, que yo querría que fuese luego; que con ocasión de ir a Flandes engañaré a mis padres y sacaré dineros para gastar algunos días, y serán hasta ocho los que podré tardar en acomodar mi partida. A los que fueron conmigo yo los sabré engañar de modo que salga con mi determinación. Lo que te pido es (si es que ya puedo tener atrevimiento de pedirte y suplicarte algo) que, si no es hoy, donde te puedes informar de mi calidad y de la de mis padres, que no vayas más a Madrid, porque no querría que algunas de las demasiadas ocasiones que allí pueden ofrecerse me saltease la buena ventura que tanto me cuesta.

—Eso no, señor galán —respondió Preciosa—; sepa que conmigo ha de andar siempre la libertad desenfadada, sin que la ahogue ni turbe la pesadumbre de los celos; y entienda que no la tomaré tan demasiada que no se eche de ver desde bien lejos que llega mi honestidad a mi desenvoltura; y en el primero cargo en que quiero estaros es en el de la confianza que habéis de hacer en mí. Y mirad que los amantes que entran pidiendo celos, o son simples, o confiados.

WILLIAM SHAKESPEARE
Inglaterra (1564-1616)

Nació en Stratford-on-Avon. Su vida es prácticamente desconocida. Algo autodidacta. Su nombre figura en un registro eclesiástico de Worcester que atestigua su matrimonio a los 18 años con Anne Hathaway de 26 años y familia acomodada. Cinco meses más tarde se registró el bautizo de su hija Susana y en 1585, el de los gemelos. En 1594 hizo parte de la compañía de teatro Lord Chamberlain. Su entierro data del 25 de abril de 1616 en la parroquia donde nació.

Romeo y Julieta *es la obra más clásica de la literatura de amor. Julieta, a los 14 años, disfruta del amor inmenso de Romeo. La enemistad inexplicable entre las familias de los enamorados desencadena una tragedia.*

ROMEO Y JULIETA

ESCENA II

Jardín de Capuleto

ROMEO. —¡Qué bien se burla del dolor ajeno quien nunca sintió dolores...! *(Pónese Julieta a la ventana).* ¿Pero qué luz es la que asoma por allí? ¿El sol que sale ya por los balcones de oriente? Sal, hermoso sol, y mata de envidia con tus rayos a la luna, que está pálida y ojerosa porque vence tu hermosura cualquier ninfa de tu coro. Por eso se viste de amarillo color. ¡Qué necio el que se arree con sus galas marchitas! ¡Es mi vida, es mi amor el que aparece! ¿Cómo podría yo decirla que es señora de mi alma? Nada me dijo. Pero ¿qué importa? Sus ojos hablarán, y yo responderé. ¡Pero qué atrevimiento es el mío, si no me dijo nada! Los dos más hermosos luminares del cielo la suplican que les sustituya durante su ausencia. Si sus ojos resplandecieran como astros en el cielo, bastaría su luz para ahogar los restantes como el brillo del sol mata el de una antorcha. ¡Tal torrente de luz brotaría de sus ojos, que haría despertar a las aves a media noche y entonar su canción como si hubiese venido la aurora! Ahora pone la mano en la mejilla. ¿Quién pudiera tocarla como el guante que la cubre?

JULIETA. —¡Ay de mí!

ROMEO. —¡Habló! Vuelvo a sentir su voz. ¡Ángel de amores que en medio de la noche te me apareces, cual nuncio de los cielos a la atónita vista de los mortales, que deslumbrados le miran traspasar con vuelo rapidísimo las esferas, y mecerse en las alas de las nubes!

JULIETA. —¡Romeo, Romeo! ¿Por qué eres tú Romeo? ¿Por qué no reniegas del nombre de tu padre y de tu madre? Y si no tienes valor para tanto, ámame, y no me tendré por Capuleto.

ROMEO. —¿Qué hago, seguirla oyendo o hablar?

JULIETA. —No eres tú mi enemigo. Es el nombre de Montesco, que llevas. ¿Y qué quiere decir Montesco? No es pie ni mano ni brazo, ni semblante ni pedazo alguno de la naturaleza humana. ¿Por qué no tomas otro nombre? La rosa no dejaría de ser rosa, y de esparcir su aroma, aunque se llamase de otro modo. De igual suerte, mi querido Romeo, aunque tuviese otro nombre, conservaría todas las buenas cualidades de su alma, que no le vienen por herencia. Deja tu nombre, Romeo, y en cambio de tu nombre, que no es cosa alguna sustancial, toma toda mi alma.

ROMEO. —Si de tu palabra me apodero, llámame tu amante, y creeré que me he bautizado de nuevo, y que he perdido el nombre de Romeo.

JULIETA. —¿Y quién eres tú que, en medio de las sombras de la noche, vienes a sorprender mis secretos?

ROMEO. —No sé de cierto mi nombre, porque tú aborreces ese nombre, amada mía, y si yo pudiera, lo arrancaría de mi pecho.

JULIETA. —¿Cómo has llegado hasta aquí, y para qué? Las paredes de esta puerta son altas y difíciles de escalar, y aquí podrías tropezar con la muerte, siendo quien eres, si alguno de mis parientes te hallase.

ROMEO. —Las paredes salté con alas que me dio el amor, ante quien no resisten aun los muros de roca. Ni siquiera a tus parientes temo.

JULIETA. —Pocas palabras son las que aún he oído de esa boca, y sin embargo te reconozco. ¿No eres Romeo? ¿No eres de la familia de los Montesco?

ROMEO. —No seré ni una cosa ni otra, ángel mío, si cualquiera de las dos te enfada.

JULIETA. —Si te encuentran, te matarán.

ROMEO. —Más homicidas son tus ojos, diosa mía, que las espadas de veinte parientes tuyos. Mírame sin enojos, y mi cuerpo se hará invulnerable.

JULIETA. —Yo daría un mundo porque no te descubrieran.

ROMEO. —De ellos me defiende el velo tenebroso de la noche. Más quiero morir a sus manos, amándome tú, que esquivarlos y salvarme de ellos, cuando me falte tu amor.

JULIETA. —¿Y quién te guió aquí?

ROMEO. —El amor que me dijo dónde vivías. De él me aconsejé, él guió mis ojos que yo le había entregado. Sin ser nauchero, te juro que navegaría hasta la playa más remota de los mares por conquistar joya tan preciada.

JULIETA. —Si el manto de la noche no me cubriera, el rubor de virgen subiría a mis mejillas, recordando las palabras que esta noche me has oído. En vano quisiera corregirlas o desmentirlas...

¡Resistencias vanas! ¿Me amas? Sé que me dirás que sí, y que yo lo creeré. Y sin embargo, podrías faltar a tu juramento, porque dicen que Jove se ríe de los perjurios de los amantes. Si me amas de veras, Romeo, dilo con sinceridad, y si me tienes por fácil y rendida al primer ruego, dímelo también, para que me ponga esquiva y ceñuda, y así tengas que rogarme. Mucho te quiero, Montesco, mucho, y no me tengas por liviana, antes he de ser más firme y constante que aquellas que parecen desdeñosas porque son astutas. Te confesaré que más disimulo hubiera guardado contigo, si no me hubieses oído aquellas palabras que, sin pensarlo yo, te revelaron todo el ardor de mi corazón. Perdóname, y no juzgues ligereza este rendirme tan pronto. La soledad de la noche lo ha hecho.

ROMEO. —Júrote, amada mía, por los rayos de la luna que plantean la copa de estos árboles...

JULIETA. —No jures por la luna, que en su rápido movimiento cambia de aspecto cada mes. No vayas a imitar su inconstancia.

ROMEO. —¿Pues por quién juraré?

JULIETA. —No hagas ningún juramento. Si acaso, jura por ti mismo, por tu persona que es el dios que adoro y en quien he de creer.

ROMEO. —¡Ojalá que el fuego de mi amor...!

JULIETA. —No jures. Aunque me llene de alegría el verte, no quiero esta noche oír tales promesas que parecen violentas y demasiado rápidas. Son como el rayo que se extingue, apenas aparece. Aléjate ahora: quizá cuando vuelvas haya llegado a abrirse, animado por las brisas del estío, el capullo de esta flor. Adiós, ¡y ojalá aliente tu pecho en tan dulce calma como el mío!

ROMEO. —¿Y no me das más consuelo que ése?

JULIETA. —¿Y qué otro puedo darte esta noche?

ROMEO. —Tu fe por la mía.

JULIETA. —Antes te la di que tú acertaras a pedírmela. Lo que siento es no poder dártela otra vez.

ROMEO. —¿Pues qué? ¿Otra vez quisieras quitármela?

JULIETA. —Sí, para dártela otra vez, aunque esto fuera codicia de un bien que tengo ya. Pero mi afán de dártelo todo es tan profundo y tan sin límite como los abismos de la mar. ¡Cuanto más te doy, más quisiera darte!... Pero oigo ruido dentro. ¡Adiós! No engañes mi esperanza... Ama, allá voy... Guárdame fidelidad, Montesco mío. Espera un instante que vuelvo en seguida.

ROMEO. —¡Noche, deliciosa noche! Sólo temo que, por ser de noche, no pase todo esto de un delicioso sueño.

JULIETA. —*(Asomada otra vez a la ventana)*. Sólo te diré dos palabras. Si el fin de tu amor es honrado, si quieres casarte, avisa mañana al mensajero que te enviaré, de cómo y cuándo quieres celebrar la sagrada ceremonia. Yo te sacrificaré mi vida e iré en pos de ti por el mundo.

AMA. —*(Llamando dentro)*. ¡Julieta!

JULIETA. —Ya voy. Pero si son torcidas tus intenciones, suplícote que...

AMA. —¡Julieta!

JULIETA. —Ya corro... Suplícote que desistas de tu empeño, y me dejes a solas con mi dolor. Mañana irá el mensajero...

ROMEO. —Por la gloria...

JULIETA. —Buenas noches.

ROMEO. —No. ¿Cómo han de ser buenas sin tus rayos? El amor va en busca del amor como el estudiante huyendo de sus libros, y el amor se aleja del amor como el niño que deja sus juegos para tornar al estudio.

JULIETA. —*(Otra vez a la ventana)*. ¡Romeo! ¡Romeo! ¡Oh, si yo tuviese la voz del cazador de cetrería, para llamar de lejos a los halcones! Si yo pudiera hablar a gritos, penetraría mi voz hasta en la gruta de la ninfa Eco, y llegaría a ensordecerla repitiendo el nombre de mi Romeo.

ROMEO. —¡Cuán grato suena el acento de mi amada en la

apacible noche, protectora de los amantes! Más dulce es, que música en oído atento.

JULIETA.—¡Romeo!

ROMEO.—¡Alma mía!

JULIETA —¿A qué hora irá mi criado mañana?

ROMEO.—A las nueve.

JULIETA.—No faltará. Las horas se me harán siglos hasta que ésa llegue. No sé para qué te he llamado.

ROMEO.—¡Déjame quedar aquí hasta que lo pienses!

JULIETA.—Con el contento de verte cerca me olvidaré eternamente de lo que pensaba, recordando tu dulce compañía.

ROMEO.—Para que siga tu olvido no he de irme.

JULIETA.—Ya es de día. Vete... Pero no quisiera que te alejaras más que el breve trecho que consiente alejarse al pajarillo la niña que lo tiene sujeto de una cuerda de seda, y que a veces lo suelta de la mano, y luego lo coge ansiosa, y lo vuelve a soltar...

ROMEO.—¡Ojalá fuera yo ese pajarillo!

JULIETA.—¿Y qué quisiera yo sino que lo fueras? Aunque recelo que mis caricias habían de matarte. ¡Adiós, adiós! Triste es la ausencia y tan dulce la despedida, que no sé cómo arrancarme de los hierros de esta ventana.

ROMEO. —¡Que el sueño descanse en tus dulces ojos y la paz en tu alma! ¡Ojalá fuera yo el sueño, ojalá fuera yo la paz en que se duerme tu belleza! De aquí voy a la celda donde mora mi piadoso confesor, para pedirle ayuda y consejo en este trance.

MADAME DE LA FAYETTE
Francia (1634-1693)

Marie-Madelaine Pioche de la Vergue, nombre de soltera, nació en París de familia culta de la pequeña nobleza. Su pretendiente afectó sus sentimientos al enamorarse de su madre. Como dama de honor de la Reina, «se concretó» su boda con un hombre mayor que poseía un castillo y fortuna... El conde de La Fayette. A falta de amor, ella derivó hacia la vida mundana. Dedicó sus últimos años a su reconciliación espiritual.

La princesa de Clèves es una novela de amor. La señorita de Chartres se casa con un hombre por quien no siente atracción, pero el matrimonio suele ser el camino que lleva hacia el amor. Al ser pretendida luego por el señor Nemours, le confiesa a su marido este amor, el cual la conduce a un desenlace trágico.

LA PRINCESA DE CLÉVES

Nadie se atrevía a pensar en la señorita de Chartres por temor a disgustar al rey o pensando fracasar ante una persona que había concebido esperanzas de casarse con un príncipe de sangre. Al señor de Clèves no lo detuvo ninguna de estas consideraciones. La muerte del duque de Nevers, su padre, que aconteció por entonces, lo dejó enteramente libre de seguir su inclinación, y tan pronto como hubo transcurrido el luto, no pensó más que en la manera de casarse con la señorita de Chartres. Era feliz al proponérselo, en un momento en que lo ocurrido había alejado a los demás pretendientes, y en el que estaba casi seguro de que no le negarían su mano.

Lo que empañaba su alegría era el temor de no serle agradable, y hubiera preferido la felicidad de gustarle, a la certidumbre de casarse con ella sin ser amado. El caballero de Guisa le había hecho sentirse algo celoso, pero como sus celos habían sido motivados más por el mérito de este príncipe que por el comportamiento de la señorita de Chartres, pensó solamente en intentar averiguar si era lo bastante feliz como para que ella aprobase sus designios. No la veía más que en los aposentos de las reinas y en las reuniones, y era difícil hablarle en privado. Encontró, sin embargo, la manera de hacerlo, y le habló de sus intenciones y de su amor con todo el respeto imaginable; la instó a que le hiciese conocer sus sentimientos hacia él, y le dijo que los que tenía hacia ella eran de tal naturaleza que lo harían eternamente desgraciado si obedecía únicamente por deber a la voluntad de su señora madre.

Como la señorita de Chartres tenía un corazón muy noble y muy bueno, agradeció conmovida la manera de proceder del señor de Clèves. Este agradecimiento dio a su respuesta y a sus palabras cierta dulzura, que bastaba para dar esperanzas a un hombre tan perdidamente enamorado como el príncipe, de modo que consideró satisfechos parte de sus deseos.

La señorita de Chartres dio cumplida cuenta a su madre de esta conversación, y ella le dijo que había tanta nobleza y tan buenas cualidades en el señor de Clèves, y mostraba tanta discreción para ser un hombre de su edad, que si se sentía inclinada a casarse con él, lo consentiría con alegría. La señorita de Chartres contestó que ella también veía sus cualidades, y que incluso se casaría con él con menos repugnancia que con otro, pero que no sentía por su persona ninguna inclinación especial.

Al día siguiente, el príncipe hizo que alguien le hablase a la señora de Chartres; ésta aceptó la proposición que se le hacía, y al darle a su hija el príncipe de Clèves, no temió darle un marido que no pudiese amar. Se concertaron las cláusulas del contrato, le hablaron al rey y todo el mundo se enteró.

El señor de Clèves se sentía feliz sin estar, no obstante, satisfecho. Veía con tristeza que los sentimientos de la señorita de Chartres no iban más allá de la estima y del agradecimiento, y no podía jactarse de que ocultase otros más gratos, puesto que la relación que mantenían le permitía exteriorizarlos sin herir su extrema modestia. No había día en que no se quejase de ello.

—¿Será posible —le decía— que pueda no ser feliz casándome con vos?

Sin embargo, la verdad es que no lo soy. No sentís por mí sino una especie de bondad, que no puede satisfacerme; no tenéis mi impaciencia, ni inquietud, ni desazón; mi pasión no os conmueve más de lo que lo haría un vínculo basado únicamente en las ventajas de vuestra fortuna y no en los encantos de vuestra persona.

—Es injusto que os quejéis —le respondió ella—, no sé qué podéis desear además de lo que hago, y me parece que el decoro no permite que haga otra cosa.

—Es verdad —replicó él— que veo con vos ciertas apariencias que me harían muy dichoso si hubiera algo detrás de ellas, pero no es el decoro lo que os retiene, al contrario, es lo único que os hace hacer lo que hacéis. No consigo ganarme ni vuestro afecto ni vuestro corazón, y mi presencia no os produce placer ni turbación.

—No podéis dudar —contestó ella— de que me da alegría veros, y me sonrojo tan a menudo viéndoos, que no podéis dudar tampoco de que vuestra presencia me turba.

—No me engaño en lo que se refiere a vuestro rubor —respondió él—, obedece a un sentimiento de modestia y no a un impulso de vuestro corazón y no me enorgullezco de él más de lo que debo. La señorita de Chartres no sabía qué contestar, y estas sutilezas estaban por encima de sus conocimientos. El señor de Clèves veía claramente cuán lejos estaba de abrigar por él los sentimientos que hubieran podido satisfacerlo, puesto que le resultaba evidente que ni siquiera los entendía.

El caballero de Guisa regresó de su viaje pocos días antes de la boda. Habían surgido tantos obstáculos insuperables a su proyecto de casarse con la señorita de Chartres que no hubiera podido vanagloriarse de lograrlo, y, sin embargo, se afligió sobremanera al ver que iba a ser la mujer de otro. Este dolor no apagó su pasión, y siguió igual de enamorado. La señorita de Chartres no había ignorado los sentimientos de este príncipe hacia ella. Él le hizo saber a su regreso la causa de la extrema tristeza que se reflejaba en su rostro. Era tanto su mérito, y tenía tantos encantos, que era difícil hacerlo desgraciado sin tener compasión de él. Así pues, no podía ella por lo menos detenerla, pero esta compasión no la incitaba a otros sentimientos: le contaba a su madre la tristeza que le causaba el afecto de este príncipe.

La señora de Clèves admiraba la sinceridad de su hija y la admiraba con razón, pues jamás nadie ha tenido sinceridad tan grande ni tan espontánea, pero no se admiraba menos que su corazón permaneciese imperturbable, tanto más cuanto que veía que el príncipe de Clèves, al igual que los otros, no había conseguido enamorarla. Fue éste el motivo por el que se esforzó en unirla a su marido y en hacerle comprender lo que debía a la inclinación que había sentido por ella antes de conocerla, y al amor de que había hecho prueba prefiriéndola a otros partidos, en un momento en que nadie osaba pensar en ella.

Se concluyó la boda y la ceremonia se celebró en el Louvre, y por la noche el rey y la reina fueron a cenar a casa de la señora de Chartres con toda la corte, siendo recibidos con una magnificencia extraordinaria. El caballero de Guisa no osó distinguirse de los demás no asistiendo a la ceremonia, pero fue tan incapaz de dominar su tristeza que era fácil percatarse de ella.

El señor de Clèves no encontró que la señorita de Chartres hubiese cambiado de sentimientos al cambiar de apellido; su condición de marido le dio los mayores privilegios, pero no le dio otro lugar en el corazón de su mujer. De esta suerte, a pesar de ser su marido, no dejó de ser su amante, porque siempre tenía algo que desear además de la posesión, y aunque vivían en perfecta armonía, él no era totalmente feliz. Seguía sintiendo por ella una pasión violenta e inquieta que turbaba su dicha, los celos no tenían parte alguna en esta turbación: nunca un marido ha estado tan lejos de sentirlos, ni una mujer tan lejos de motivarlos. Estaba en medio de la corte, expuesta a todas las miradas, iba todos los días a los aposentos de las reinas y al de Madame. Todos los hombres jóvenes y galantes la veían allí, y en casa del duque de Nevers, su cuñado, cuyos salones estaban abiertos a todo el mundo; pero ella tenía un aire que inspiraba tanto respeto, y que parecía estar tan lejos de todo galanteo, que el mariscal de Saint-Adré, aunque atrevido y apoyado por el favor del rey, estaba prendado de su belleza, sin osar mostrárselo más que por sus atenciones y su cortesía. Varios eran los que estaban en la misma situación, y la señora de Chartres unía a la discreción de su hija una conducta tan de acuerdo con el decoro que contribuía a hacerla aparecer como una mujer imposible de alcanzar.

JEAN RACINE
Francia (1639-1699)

Dramaturgo francés nacido en La Ferte-Milon-Aisne. Educado en la escuela jansenista de Port-Royal. Escribió once tragedias de amor y sacrificio, tomando sus argumentos de la antigüedad clásica. La violencia de las pasiones recrea el mundo mitológico y legendario de Grecia.

Fedra es la cumbre de obra dramática de Racine. Fedra ama a Hipólito, hijastro de su esposo, y confiesa este amor a su nodriza. Cuando le anuncian que Teseo, su esposo, murió en la guerra, declara su amor a Hipólito. Al desmentirse la muerte de Teseo, con autorización de la malvada Fedra, la nodriza calumnia a Hipólito de haber sido amante de Fedra. Teseo maldice a Hipólito e invoca al dios Neptuno para su venganza. En la escena seleccionada Fedra le revela a Hipólito que lo ama.

FEDRA

ACTO SEGUNDO

Escena V

IPÓLITO. —Veo el prodigioso efecto de vuestro amor. Aunque muerto, Teseo está presente ante vuestros ojos. Su amor invade para siempre vuestra alma.

FEDRA. —Sí, príncipe; languidezco, ardo por Teseo. Lo amo,

no tal como lo han visto los infiernos, veleidoso adorador de mil objetos diversos que va a deshonrar el lecho de los muertos; sino fiel, soberbio, un poco salvaje, encantador, joven, llevándose todos los corazones tras sí, tal como pintan a nuestros dioses o tal como os veo a vos. Tenía vuestro porte, vuestros ojos, vuestro lenguaje. Ese noble pudor que sonrojaba su cara cuando atravesó las olas de nuestra Creta, digno objeto de los deseos de las hijas de Minos. ¿Qué hacíais vos entonces? ¿Por qué Grecia reunió a lo mejor de los héroes sin contar con Hipólito? ¿Por qué, demasiado joven aún, no pudisteis entonces entrar en el bajel que lo llevó a nuestras orillas? Por vos habría parecido el gigante de Creta, a pesar de todos los laberintos de su vasto retiro. Para guiaros por el incierto camino, mi hermana hubiera armado vuestra mano con el hilo fatal; pero no, para ese designio me hubiese adelantado yo. Desde luego, el amor me hubiese inspirado esa idea. Hubiese sido yo, príncipe; habría sido yo, que con útil socorro os hubiera guiado por el vericueto del laberinto. ¡Qué cuidados me hubiese costado esa encantadora cabeza! Vuestra amante no hubiera confiado bastante en un hilo. Compañera del peligro que os era preciso buscar, yo misma hubiera querido marchar ante vos. Y Fedra, descendiendo con vos al laberinto, hubiese sido hallada junto a vos o perdida.

HIPÓLITO. —¡Dioses! ¿Qué es lo que oigo? Señora, ¿olvidáis que Teseo es mi padre y que es vuestro esposo?

FEDRA. —¿Qué os hace juzgar que he perdido la memoria, príncipe? ¿Habría perdido yo la noción de mi honor?

HIPÓLITO. —Señora, perdonad. Confieso, enrojeciendo, que interpretaba torcidamente un inocente discurso. Mi vergüenza no puede sostener vuestra mirada y voy...

FEDRA. —¡Ah, cruel! ¡Demasiado me has entendido! Te he dicho lo bastante para sacarte del error. ¡Y bien! Ya conoces a Fedra con toda su furia: amo. No pienses que desde el momento en que te amo me presento ante mí misma como inocente, ni que me apruebo, ni que una blanda complacencia nutra el veneno de un loco amor que enturbia mi razón. Infortunado objeto de venganzas celestes, yo me aborrezco más aún de lo que tú me detestas. Los dioses son testigos, esos dioses que han encendido en mi seno un fuego que es fatal a mi sangre. Esos dioses que han tenido a gloria el seducir el corazón de una débil mortal. Recuerda tú mismo el pasado.

Era poco el huirte. Te he echado cruelmente. He querido parecerte odiosa e inhumana. Para resistirte mejor, he buscado tu odio. ¿De qué me han servido mis inútiles manejos? Tú me odiabas más y yo no te amaba menos. Tus desdichas te prestaban nuevos encantos. He languidecido, me he secado en el fuego de mis lágrimas. Es suficiente que me mires para convencerte, si es que tus ojos pueden mirarme un momento. ¿Qué es lo que digo? Esta confesión que acabo de hacerte, esta vergonzosa confesión, ¿crees que es voluntaria? Temblando por mi hijo, al cual no puedo traicionar, sólo venía a pedirte que no lo odiaras. ¡Débiles propósitos de un corazón demasiado lleno del que ama! ¡Ay de mí! ¡No he podido hablarte más que de ti mismo! ¡Vengáte, castígame por tan odioso amor! ¡Muéstrate digno hijo del héroe que te dio la vida y libra al universo de un monstruo que te irrita! ¡La viuda de Teseo osa amar a Hipólito! Créeme, este espantoso monstruo no debe escapársete. Mira mi corazón. Es aquí donde tu mano debe herir. Impaciente ya de expirar su ofensa, siento que ante tu brazo se adelanta. ¡Hiere! O si lo crees indigno de tus golpes, si tu odio no quiere darme tan dulce suplicio, si tu mano no quiere mancharse con sangre tan vil, a falta de tu brazo, préstame tu espada. ¡Dame!

ABATE PRÉVOST
Francia (1697-1763)

Antoine François Prévost nació en Hesdin, Francia. Región y ciudad burguesa y la familia de alta burguesía, crearon el espacio socio-familar del escritor en el que mejor se condensaron las contradicciones del siglo de «las luces». Se escapó de la autoridad y del bienestar paterno y cayó en manos del ejército, de quien huía, se volvió luego jesuita en 1720 y finalmente ingresó de benedictino. Duró sólo ocho años, pues en 1728 colgó los hábitos y viajó a Inglaterra y Holanda donde vivió una vida intensa, y luego se convirtió en protestante. En 1734 le pidió clemencia al Papa. Volvió a tomar los hábitos y, ya religioso de nuevo, se lió con los filósofos, en especial con Voltaire. Acabó siendo un cura aburguesado.

Manon Lescaut representa el bien y el mal, la doble moral, las pasiones, los amores infelices; Manon es un sinónimo de ramera.

MANON LESCAUT

Yo había señalado ya la fecha de mi partida de Amiens. ¡Triste sino el mío, desde un principio! ¿Por qué no la señalaría para un día antes o después? Ya que de haberla fijado para un día antes habría llegado a casa de mis padres cargado con el tesoro inapreciable de mi inocencia y mi virtud. La víspera misma del día en que debía partir, paseándome con mi amigo, que se llamaba Tibergo, vimos cómo llegaba el coche de Arras, y sólo lo seguimos hasta la posada donde suelen detenerse estos vehículos. Sólo la simple curiosidad nos empujó a ello. Apeáronse algunas mujeres que en seguida desaparecieron, pero una de ellas, muy joven, quedó en el patio, mientras un hombre de edad avanzada se ocupaba de su equipaje. Me pareció la muchacha más bella del mundo y sentí un extraño estremecimiento que sacudió todo mi ser; yo, cuya formalidad y buenas costumbres admiraba todo el mundo; yo que jamás me había detenido a mirar a una mujer con mediana intención, me hallé de pronto inflamado por un misterioso e inefable delirio. Tenía el defecto temperamental de la timidez y me desconcertaba con harta facilidad; sin embargo, en aquel instante, lejos de verme detenido por aquella mi debilidad, decidí resueltamente avanzar hacia la bella desconocida, que tan vivamente perturbaba mi corazón.

Era más joven que yo, pero me pareció que recibía mis galanterías sin turbarse en exceso. Le pregunté qué la llevaba a Amiens y si poseía amistades o relaciones allí. Contestóme ingenuamente que iba enviada por sus progenitores, a fin de ingresar en un convento y profesar como religiosa. Mientras ella hablaba, el amor, que se había adueñando impetuoso de mi corazón, habíame abierto los ojos de tal modo que juzgué aquel propósito suyo como un golpe venenoso y mortal asestado a mis deseos. La pasión que, en un instante, se había desatado como un alud en mi alma, me hizo tan elocuente, que le hablé de un modo que le hice comprender en seguida mis verdaderas intenciones y mis sinceros sentimientos, pues ella, al parecer, poseía mucha más experiencia que yo. Según confesó, era enviada al claustro contra su voluntad, evidentemente para evitar una incipiente y natural inclinación al placer, que ya se había manifestado en ella y que luego constituyó la causa de todas sus desdichas y las mías. Por supuesto, combatí como mejor supe la cruel intención de sus padres, y debía hacerlo con todas las razones que me inspiró mi naciente amor, ya que ella vaciló, mirándome con curiosidad y ternura. No pareció mostrar enojo ni desdén. Me dijo, tras un corto silencio, que presagiaba su desdicha, pero que sin duda aquélla debía ser la ruta que le marcaba su estrella, puesto que no disponía de ningún medio para evitarlo. La infinita dulzura de su mirada, el aire encantador de melancolía con que ella pronunciara estas palabras, o, mejor quizá, la fuerza de mi propio destino, que me arrastraba sin remedio a la perdición, no me permitieron ni por un momento dudar de mi respuesta. Le juré ardientemente que, si confiaba en mi honor, mi palabra y la ternura que inspiraban sus palabras a mi pobre corazón, estaba completamente dispuesto a sacrificarlo todo, incluso mi vida, por librarla del tiránico mandato de sus padres y hacerla feliz. Después, a lo largo del tiempo, me he preguntado una y mil veces las posibles causas de mi audacia y la extraña facilidad con que en aquellos momentos me expresé; pero creo que no merecería la pena juzgar el amor como una auténtica divinidad si a menudo no obrasen tales milagros en un hombre por natural tímido y corto. Mi bella desconocida sabía muy bien que un hombre, a mi edad, no es capaz de mentir, y me confesó que, si podía hallar un medio para ponerla en libertad, ella se consideraría en deuda conmigo y me debería algo que estimaba más que la propia vida. Le repetí una vez más que estaba dispuesto a intentarlo todo, cualquier cosa por arriesgada que fuese, mas como, por otro lado, mi poca experiencia no podía procurarme de momento los necesarios medios para ayudarla y servirla, tenía que limitarme por fuerza a aquella sola afirmación, lo cual, a decir verdad, no era de mucha utilidad ni para ella ni para mí. Como en aquel instante llegara su viejo Argos, mis esperanzas se habrían evaporado como el humo en el aire si ella no me hubiera demostrado suficiente ingenio para compensar con creces la deficiencia del mío. Sorprendióme en gran manera que, a la llegada de su acompañante, tuviera la osadía y la imaginación de encontrar una salida llamándome primo, y que, sin el menor síntoma de azoramiento o torpeza, hablara de que había tenido la suerte de hallarme en Amiens, dejando para el día siguiente la ceremonia de su entrada en el convento al objeto de tener el placer de cenar conmigo. Por mi parte, comprendí bien pronto el verdadero alcance de su salida, y le propuse que se alojara en una posada cuyo dueño era conocido por haber sido en un tiempo cochero de la casa de mi padre.

La conduje yo mismo allí, mientras el viejo acompañante se limitaba a lanzar sordos gruñidos de mal humor y reticencia, y mi amigo Tibergo, sin comprender una sola palabra de todo aquello, nos seguía sin despegar sus labios. Entretenido en curiosear el patio, no había oído nada respecto de nuestra anterior conversación, y, como yo tenía mis razones para desconfiar de su severidad, me deshice de él como mejor pude, dándole un encargo. Así fue como, al llegar a la posada en unión de la bella muchacha, pude experimentar por vez primera en mi vida los mil sentimientos de placer de los que mi corazón jamás se había formado idea. En seguida advertí que yo era menos niño de lo que sospechaba, y mi corazón se estremecía en deliciosas sensaciones que pronto corrieron por mis venas, sumiéndome en una especie de delirio que me impedía hablar y que sólo podía expresar de algún modo en mis ojos.

Ella me dijo que se llamaba Manon Lescaut, y parecía estar muy satisfecha del efecto que sus encantos habían producido en mí; creí notar que estaba asimismo no menos emocionada que yo, y me confesó sinceramente que me encontraba agradable y que me agradecía el deberme su libertad. Quiso saber quién era yo, y cuando se lo dije sus ojos brillaron de alegría, pues, siendo ella de cuna vulgar, pareció también muy halagada con la idea de haber conquistado a un hombre de mi alcurnia. Entonces buscamos el medio de poder ser el uno del otro.

PIERRE CHODERLOS DE LACLOS
Francia (1741-1803)

Pierre Choderlos de Laclos, militar, político, autor de esta única novela. Laclos estuvo al servicio del duque de Orléans, a cuyo lado vivió la oposición política vinculada a la masonería. Exiliado en Londres, regresó a París como director del Journal des Jacobins. Encarcelado en 1793, fue liberado luego de un año, escapando a la guillotina. Murió al servicio de Bonaparte en Nápoles.

Su novela ha sido considerada un clásico del erotismo, la intriga y la mentira. La marquesa de Merteuil y el vizconde de Valmont son sus personajes centrales. Éstos y otros personajes, como Cecilia y Danceny, tienen en mente acostarse entre sí por razones todas diferentes al amor.

LAS AMISTADES PELIGROSAS
CARTA XCVI

El vizconde de Valmont a la marquesa de Merteuil

Apostaría a que vmd. ha estado esperando todos los días después de su aventura, a que yo la cumplimentase y elogiase; no dudo que mi largo silencio la habrá incomodado un poco; ¿pero qué quiere vmd.? Yo he pensado siempre que cuando sólo hay que alabar a una mujer, se puede dejar esto a su cuidado y ocuparse de otra cosa. Doy a vmd., sin embargo, las gracias por lo que a mí me toca, y la enhorabuena por lo que hace a vmd. Quiero aun convenir, para hacer a vmd. enteramente feliz, en que por esta vez ha sobrepujado mis esperanzas. Veamos después de esto si por mi parte he llenado las suyas. No pretendo hablar de la señora Tourvel, porque le desagrada su lento modo de proceder, como que vmd. sólo quiere ir a cosa hecha, fastidiándola todo lo que sigue la marcha ordinaria. Yo, por el contrario, nunca he tenido más placer que el que experimento en estas pretendidas lentitudes. Sí, me gusta ver y considerar a esta mujer prudente metida, sin percibirlo, en un camino en que no puede volver atrás, y cuya rápida y peligrosa pendiente la arrastra a pesar suyo, y la obliga a seguirme. Espantada allí del peligro que la amenaza, quisiera detenerse, y no puede; y aunque, por su cuidado y destreza, acorte sus pasos, es necesario que éstos se sucedan. Algunas veces, no atreviéndose a mirar el peligro, cierra los ojos, y dejándose ir se abandona a mi dirección. Un nuevo temor reanima a menudo sus esfuerzos, y en su mortal horror intenta todavía deshacer el camino, agota sus fuerzas para trepar penosamente por él durante un corto espacio, y bien pronto un mágico poder la vuelve a poner más cerca del peligro, que en vano ha querido evitar. Viendo entonces que yo soy su única guía y apoyo, sin cuidar ya de reconvenirme sobre una caída inevitable, me pide sólo que la retarde. Fervientes súplicas, humildes ruegos, y cuanto los mortales poseídos del miedo ofrecen a la Divinidad, todo se dirige a mí; ¿y quiere vmd. que sordo a sus súplicas, y destruyendo yo mismo el culto que me tributa, emplee en precipitarla el poder que invoca para que la sostenga? ¡Ah! Déjeme vmd. a lo menos el tiempo de observar estos tiernos combates entre el amor y la virtud.

¡Y qué! ¿Cree vmd. que el mismo espectáculo que le hace ir corriendo precipitadamente al teatro, y que aplaude vmd. allí con furor, es menos interesante en la realidad? ¿Y piensa vmd. que aquellos sentimientos que vmd. escucha con entusiasmo, y que inspira un alma pura y tierna, que teme la felicidad que apetece, y no deja de defenderse, aun cuando cese de resistir, no son apreciables sino para el que los causa? He aquí, sin embargo, he aquí los deliciosos placeres que esta celestial mujer me ofrece diariamente. ¡Y vmd. me echa en cara que saboreo sus dulzuras! ¡Ah! Tiempo vendrá en que, tarde o temprano, envilecida por su caída, no sea ya para mí sino una mujer ordinaria.

Pero al mismo tiempo que estoy hablando a vmd. de la señora de Tourvel, me olvido de que no quería hacer a vmd. conversación de ella. Yo no sé qué poder me une y me arrastra hacia ella sin cesar, aun cuando la ultrajo. Alejemos esta idea peligrosa, y vuelva yo a ser yo mismo para tratar de otro asunto más alegre, de su pupila de vmd., ahora ya mía; y espero que en esto va vmd. a conocer mi carácter. Como hace algunos días que me trata mejor mi tierna devota, y que por lo mismo me ocupo menos de ella, había observado que la señorita Volanges era ciertamente muy bonita, y que si era una gran tontería enamorarse de ella como Danceny, no era quizá menor la de no buscar cerca de ella una distracción que mi soledad me hacía necesaria. Me pareció justo también que yo recibiera el premio de los trabajos que me tomaba por ella. Además me acordé que vmd. me la había ofrecido antes que Danceny tuviese ninguna pretensión, y me creí con derecho a reclamar un bien que él no poseía sino porque yo lo había rehusado y abandonado. La bonita cara de la muchacha, su fresca boca, su aire aniñado, y aun su torpeza, fortificaban estas sabias reflexiones; por consiguiente, me resolví a obrar, y el éxito ha coronado mi empresa.

Ya la imagino a vmd. examinando de qué medio me habré valido para suplantar al amante querido; qué género de seducción podría convenir a la edad de esta joven y a su inexperiencia. Quiero ahorrar a vmd. ese trabajo, diciéndole que no he empleado ninguno. Mientras que vmd., manejando con destreza las armas de su sexo, triunfaba por su astucia, yo, dando al hombre sus derechos imprescriptibles, subyugaba por autoridad. Seguro de apoderarme de la presa si podía acercarme a ella, todo mi ardid se dirigía a esto, y ni siquiera merece el nombre de artificio el que empleé para lograrlo. Me aproveché de la primera carta que recibí de Danceny para empleé en aparentar que no encontraba arbitrio para ello; fingí tomar parte en esta impaciencia, que yo mismo hacía nacer, y después de haber causado el mal, indiqué el remedio.

Una de las puertas del cuarto en que duerme la señorita da a un corredor; pero su madre, como era justo, había cogido la llave. Sólo se trataba de apoderarse de ella, y nada había más fácil. Yo no pretendía disponer de ella sino dos horas, y estaba cierto de tener otra semejante. Entonces correspondencias, entrevistas, citas nocturnas, todo venía a ser cómodo y seguro. Con todo, ¿lo creería vmd? La tímida muchachita tuvo miedo, y se negó. Otro se hubiera desconsolado, pero yo no vi en esto sino la ocasión de un placer más vivo. Escribí a Danceny quejándome de esta repulsa, y lo hice tan bien que el pobre atolondrado no cesó hasta que hubo logrado, y aun exigido de su cortejo, que accediese a mi solicitud y se entregase enteramente a mi discreción. Confieso a vmd. que me alegraba mucho de haber cambiado así de papel, y que el joven hiciese por mí lo que él creía que haría por él. Esta idea redoblaba a mis ojos el precio de la aventura; por esta razón luego que tuve en mis manos la preciosa llave, me apresuré a hacer uso de ella. Esto era la noche última.

Después de haberme asegurado de que todo estaba tranquilo en la quinta, armado de mi linterna sorda, y vestido según la hora y las circunstancias lo exigían, fui a hacer mi primera visita a su pupila de vmd. Yo lo había dispuesto todo, sirviéndome de ella misma para entrar sin ruido. Estaba en su primer sueño, de modo que llegué hasta su cama sin que despertase. Traté al principio de ir más adelante, y hacer un ensayo que pudiese pasar por sueño. Pero, temiendo el efecto de la sorpresa, y del ruido que se hubiera seguido a ella, preferí despertar con precaución a la hermosa durmiente, y logré por este medio prevenir el grito que temía.

Después de haber calmado sus primeros temores, como yo no había ido allí para parlar, me tomé algunas libertades. Sin duda no la han enseñado en el convento a cuántos peligros está expuesta la tímida inocencia, y todo lo que tiene que guardar para no ser sorprendida; porque mientras que ponía toda su atención en defenderse de un beso, que no era más que un falso ataque, dejó lo restante sin defensa.

¡Qué ocasión para malograrla! Mudé de dirección, y tomé puesto inmediatamente. Entonces estuvimos a pique de perdernos ambos: la muchachita espantada quiso gritar de buena fe; mas, por fortuna, los llantos ahogaron su voz.

Cogió también el cordón de la campanilla; pero detuve con destreza su brazo a tiempo, diciéndole: «¿Qué quiere vmd. hacer? ¿Quiere vmd. perderse para siempre? ¿Qué me importa a mí que vengan? ¿Y a quién podrá vmd. persuadir de que yo no estoy aquí sin su consentimiento? ¿Quién, si no vmd., puede haberme suministrado el medio para introducirme aquí? Y esta llave que vmd. me ha dado, y que yo no he podido tener sin vmd., ¿se encargará vmd. de decir qué destino tenía?» Esta corta arenga, aunque no calmó el dolor ni la cólera, produjo, sin embargo, la sumisión. No sé si yo hablaba con elocuencia; a lo menos es cierto que no tenía el aire ni la actitud de un hombre elocuente, porque hallándome con una mano ocupada por la fuerza, y la otra por el amor; ¿cómo podía pretender yo ni cualquier otro orador hablar con gracia en una situación semejante? Si vmd. se la pinta bien, convendrá a lo menos que era favorable al ataque; pero yo no entiendo absolutamente nada ; y como vmd. dice, la mujer más sencilla, una pupila, me lleva como un niño. Esta, aunque afligida, conoció que era necesario tomar un partido y entrar en composición; y viéndome inexorable, y que sus súplicas no me hacían mella, fue necesario pasar a las ofertas. Vmd. creerá que he vendido muy caro este importante puesto, pues no, porque lo prometí todo por un beso. Es cierto que, después de haberlo dado no cumplí mi oferta; pero tenía para ello poderosas razones. Como no estábamos convenidos en si lo había de recibir de grado o por fuerza, regateamos tanto, que al fin nos pusimos de acuerdo para un segundo, y éste se había dicho que sería recibido. Entonces cogiendo sus tímidos brazos, y estrechándola con uno de los míos cariñosamente, recibió en fin el dulce beso, de tal modo que el amor no hubiera podido ejecutarlo mejor.

Tanta buena fe merecía recompensa, y así accedí inmediatamente a su solicitud. Retiré la mano; pero no sé por qué casualidad me hallé yo mismo en su lugar. Vmd. me supondrá muy apresurado y activo, ¿no es cierto? Pues nada menos que eso, porque ya he dicho a vmd. que me agradan las lentitudes. Una vez seguro de llegar, ¿a qué apresurar el viaje?

Hablando con seriedad, me alegraba mucho de observar por una vez el poder de la ocasión, y la hallé aquí desnuda de todo socorro extraño. Con todo, ella tenía que luchar con el amor, y con el amor sostenido por el pudor o la vergüenza, y fortificando sobre todo por el mal humor y grande incomodidad que yo le había causado. La ocasión era única, se ofrecía y se presentaba siempre; pero el amor estaba muy distante. Para asegurar mis observaciones, yo tenía la malicia de no emplear más fuerza que las que ella podía combatir. Sólo cuando mi encantadora enemiga, abusando de mi facilidad, estaba para escapárseme, la contenía, sirviéndome del mismo temor cuyos buenos efectos había ya experimentado.

Pues vea vmd., sin valerme de otros medios, ni practicar más diligencias, la tierna y cariñosa muchachita olvidó sus juramentos, cedió por el pronto, y al fin consintió, aunque a esto se siguiesen inmediatamente las reconvenciones y las lágrimas, que ignoro si eran verdaderas o fingidas; pero, como sucede siempre, cesaron luego que me ocupé de darle un nuevo motivo. Finalmente, de debilidad en reconvención, y de reconvención en debilidad, no nos separamos sino satisfechos el uno del otro, y de acuerdo para la cita de esta noche.

No he vuelto a mi cuarto hasta el amanecer, y aunque estaba rendido y falto de sueño, sin embargo, lo he sacrificado todo por el placer de hallarme esta mañana al almuerzo, pues me gustan con pasión las caras de la mañana siguiente. Vmd. no puede formarse idea de la que tenía esta jovencita. Turbación en sus ademanes, dificultad para andar, los ojos siempre bajos ¡y tan hinchados y abatidos! ¡Su cara redonda se había alargado tanto! Nada había más gracioso; y por la primera vez su madre, alarmada de esta extraordinaria mutación, le manifestaba un interés demasiado tierno; ¡y la presidenta también que se apresuraba a ir al lado de ella! ¡Oh!, por lo que toca a estos cuidados, no son sino prestados; día vendrá en que podrán dárselos, y éste no está lejos. Adiós, mi querida amiga.

En la quinta de..., a 1 de octubre de 17...

CARTA XCII

Cecilia Volanges a la marquesa de Merteuil

¡Ay, Dios mío, marquesa, cuán afligida estoy, y cuán desgraciada soy! ¿Quién me consolará en mis penas? ¿Quién me aconsejará en el embarazo en que me hallo? Es el señor Valmont... ¡y Danceny! No, la idea de Danceny me desespera... ¿Cómo se lo contaré a vmd.? ¿Cómo se lo diré?... Yo no sé que hacer. Sin embargo, mi corazón está repleto... y es necesario que me franquee con alguno, y vmd. es la única a quien puedo dirigirme, y en quien me atrevo a confiar. ¡Vmd. es tan buena para mí!, pero ahora no debe serlo, pues no lo merezco; qué digo, no lo deseo. Todos me han manifestado mucho interés hoy... y todos han aumentado mi dolor. Yo sentía esto tanto más cuanto no merecía que se interesasen por mí. Repréndame vmd. por el contrario; regáñeme bien; pues soy culpable, pero después sea mi libertadora. Si vmd. no tuviere la bondad de aconsejarme, moriré de pesadumbre.

Sepa vmd., pues... Mi mano tiembla, como vmd. ve, no puedo casi escribir, mi cara está encendida como un fuego... ¡Ah!, es el rubor. Pues bien, lo sufriré, y éste será el primer castigo de mi culpa. Sí, todo se lo diré a vmd.

Sabrá vmd. que el señor Valmont, que hasta aquí me ha entregado las cartas del señor Danceny, halló de repente mucha dificultad en eso, y quiso tener una llave de mi cuarto. Puedo asegurar a vmd. que yo no quería; pero él llegó hasta escribir a Danceny, y éste consintió; y como a mí me cuesta tanto trabajo negarle la más ligera cosa, con especialidad después de que mi ausencia lo ha hecho tan desgraciado, acabé por acceder a ello. No preveía yo la desgracia que podía sucederme.

Ayer el señor Valmont se sirvió de esta llave para entrar en mi cuarto, cuando yo estaba durmiendo, y tan lejos de esperarlo, que al despertar me causó mucho miedo; pero como me habló inmediatamente, lo reconocí y no grité; además de que se me ocurrió por lo pronto que quizá vendría a traerme alguna carta de Danceny. Estaba él bien distante de esto. Un momento después quiso abrazarme; y mientras que yo me defendía, como era natural, se manejó tan bien que yo no hubiera querido por todas las cosas de este mundo... Pero él quería antes un beso. Fue necesario condescender. ¿Qué había de hacer? Tanto más cuanto que, tratando yo de tocar la campanilla, no sólo no pude, sino que él tuvo buen cuidado de decirme que si venía alguno, sabría bien echarme la culpa de todo; y en efecto era muy fácil, a causa de esta llave. Después no se retiró ya. Quiso un segundo; pero éste, no sabía yo lo que era, me turbó enteramente. Y después era todavía peor que antes. ¡Oh!, ciertamente que es una maldad. En fin, después... Vmd. me eximirá de contarle lo demás; pero yo soy la mujer más infeliz del mundo.

Lo que más me echo en cara, y lo que es necesario sin embargo referir a vmd., es que tengo miedo de no haberme defendido tanto como podía. Aseguro a vmd. que yo no sé cómo esto sucedió, porque no quiero a Valmont, antes bien lo detesto; y hubo momentos, no obstante, en que estuve como si lo amase... Vmd. puede juzgar bien que esto no me impedía decirle siempre que no; pero yo conocía que no obraba como decía, y esto era como a pesar mío, y además, ¡yo estaba también tan turbada! ¡Si es siempre tan dificil defenderse como esto, es necesario estar bien acostumbrada a ello! Es verdad que Valmont tiene un modo de insinuarse que no se sabe qué hacer para contestarle. En fin, creerá vmd. que casi sentí que se fuese, y que tuve la debilidad de consentir en que volviese esta noche, lo que me desconsuela también más que todo lo restante. ¡Oh! A pesar de esto, prometo a vmd. que le impediré que venga. Apenas había salido cuando conocí que había hecho muy mal en prometérselo: por esta razón he estado llorando sin cesar. ¡Danceny con especialidad es el que me causaba más pena! Todas las veces que pensaba en él, mis lágrimas se redoblaban hasta el punto de sofocarme, y pensaba siempre...; y aun ahora ve vmd. el efecto en mi carta empapada en lágrimas. No, no me consolaré jamás, aunque no fuese más que por él... En fin, yo no podía ya, y por consiguiente no pegué los ojos en toda la noche. Y esta mañana, cuando me levanté y me miré al espejo, daba miedo, tan mudada estaba.

Mi madre lo percibió luego que me vio, y me preguntó lo que tenía. Yo me eché a llorar al instante. Creía que me iba a regañar, y quizá eso me hubiera causado menos dolor; pero, al contrario, me habló con dulzura. Yo casi no la merecía. Me dijo que no me afligiese así; ella ignoraba el motivo de mi pena. ¡Que me pondría mala! Hay momentos en que quisiera estar muerta. Yo no pude sufrir más. Me arrojé entre sus brazos, sollozando y diciéndole: ¡Ah, madre mía!, su hija de vmd. es muy desdichada. Ella no pudo menos de llorar un poco, y todo esto no ha hecho más que aumentar mi pesadumbre: por fortuna no me preguntó el motivo de mi desgracia, pues no hubiera sabido qué responderle. Suplico a vmd. me escriba lo más pronto posible, porque no tengo valor para pensar en nada y no hago más que afligirme. Tenga vmd. a bien dirigirme su carta por medio del señor Valmont; pero le suplico a vmd. que, en caso de que le escriba al mismo tiempo, no le diga nada de cuanto le he referido.

Me ofrezco a la disposición de vmd. con la más sincera amistad, y soy su más humilde y obediente servidora. No me atrevo a firmar esta carta.

En la quinta de..., a 1 de octubre de 17...

JOHANN WOLFGANG GOETHE
Alemania (1749-1832)

Johann Wolfgang Goethe nació en Frankfurt del Main. Hijo del consejero imperial Johann Caspar Goethe, recibió en su juventud una esmerada educación. Marchó en 1765 a Leipzig con el objeto de estudiar Derecho. Allí vivió durante tres años. Goethe fue un hombre de intensa vida amorosa. Frédérique Brion en Estrasburgo, Charlotte Kestner en Wetzlar, Lili Schönemann en Frankfurt son nombres de mujeres que amó apasionadamente. Se enamoró de Charlotte von Stein, esposa de un oficial de la corte, y mantuvo esta relación durante más de diez años. El autor murió en Weimar.

Novela epistolar, *Penas del joven Werther* causó un enorme impacto entre la juventud europea de la época, pues anunciaba ya al héroe romántico que busca la autenticidad en los sentimientos antes que en la razón, y que se enfrenta por ello, aun a costa de su vida, al mundo que le rodea. Entre los más célebres lectores de *Werther* figura Napoleón, quien confesó a Goethe haber leído la novela hasta siete veces.

PENAS DEL JOVEN WERTHER

Cuando yo era más joven, dijo, no me gustaba nada tanto como leer novelas. Dios sabe qué placer me causaba el pasar todo un domingo en un rincón solitario, tomando parte en la dicha o en los infortunios de miss Jenny. Yo no niego que este género de lectura no tenga todavía para mí algunos atractivos; pero como en el día son muy cortos los momentos libres que me quedan para tomar un libro, es preciso, a lo menos, que, cuando puedo hacerlo, éste sea de mi gusto. El autor que yo prefiero es aquél en donde encuentro las gentes de mi clase y todo lo que me rodea; aquél, cuyas relaciones son tan interesantes a mi corazón, como mi vida interior que, sin ser un paraíso, viene a ser, sin embargo, para mí, un manantial de indecible felicidad.

Yo hice esfuerzos para ocultar la emoción que me causaban sus palabras; pero no fue por mucho tiempo porque al oírla hablar del Vicario de Wakefield, y de con una precisión y una verdad conmovedoras, no pude contenerme, y me puse a disertar con entusiasmo, y como transportado fuera de mí mismo.

Solamente cuando Carlota dirigió la palabra a sus dos compañeras, fue cuando yo me percibí que ellas estaban allí, con los ojos desmesuradamente abiertos, pero como si no estuviesen. La prima me miró con aire malicioso y socarrón; pero hice como si no la viera.

En seguida se habló sobre el placer del baile: —«¿Será un defecto esta pasión? —preguntó Carlota—. Yo os confesaré francamente —añadió— que no conozco nada superior al baile. Cuando yo tengo alguna pena que me contraría, y quiero disiparla, me siento al piano, me pongo a tocar una contradanza, y en seguida todo me pasa».

¡Con qué avidez miraba yo sus hermosos ojos negros! ¡Con qué ardor contemplaba sus labios sonrosados, sus frescas mejillas tan animadas, sintiéndome como encantado mientras que estaba hablando! Sumido como en un éxtasis de admiración por lo sublime y exquisito que ella decía, me sucedía a menudo no oír las palabras que ella pronunciaba, ni fijar mi atención en los términos con que se expresaba. ¡Ah!, tú que me conoces, comprendes bien lo que pasaba en mí. En una palabra, yo bajé del carruaje como un sonámbulo y continué andando como un hombre extraviado fluctuando en un mar de ensueños; y cuando llegamos a la puerta de la casa en donde era la reunión, no sabía dónde estaba. Tan absorta estaba mi imaginación, que ni me percibí del ruido de la música que se hacía oír en la sala de baile brillantemente iluminada. Los dos caballeros, Audrán y un tal N. N. (¿cómo es posible retener en la memoria todos esos nombres?), que eran las parejas de baile de la prima y de Carlota, nos recibieron al apearnos del coche y se apoderaron de sus damas, y yo conduje la mía a la sala del baile.

Se empezó a bailar un minué en el que nos entrelazábamos los unos con los otros; yo saqué a bailar a una señorita, luego a otra, y me impacientaba al ver que precisamente eran las más feas las que no podían resolverse a dar la mano para concluir. Carlota y su caballero empezaron a bailar una inglesa; ¡cuán grande fue mi placer, como debes figurarte, cuando le tocó venir a hacer figura delante de mí! ¡Es preciso verla bailar para admirarla! Su corazón, su alma entera, todo su cuerpo guardan una armonía perfecta; son tan libres, tan sueltos sus movimientos, que parece que en esos momentos ella ni ve, ni siente, ni piensa en otra cosa en el mundo; y se diría que en aquellos momentos todo se desvanece y desaparece ante sus ojos.

Yo la comprometí para la segunda contradanza pero ella me prometió la tercera, diciéndome con el mayor desembarazo que a ella le gustaba mucho bailar las alemanas: «Aquí se acostumbra y es moda, me dijo, el que para las alemanas cada uno conserve su pareja; pero mi caballero valsa mal, y me dispensará con mucho gusto, si yo lo dejo y lo dispenso de ello. Vuestra pareja está poco al corriente de ese baile, y no se cuida tampoco de aprenderlo: yo he notado en las inglesas que vos valsabais muy bien: proponed a mi caballero que os ceda su turno de vals, y yo haré la misma petición a vuestra pareja». Yo le di la mano en señal de que aceptaba el convenio, y en seguida quedó arreglado que su caballero entretendría durante el baile a mi pareja.

Se empezó el baile: en un principio nos entretuvimos en hacer varias figuras con los brazos; ¡qué gracia, qué soltura en todos sus movimientos! Cuando se llegó al vals y empezamos a dar vueltas los unos alrededor de los otros, como los globos celestes, como había pocos bailarines que estuviesen bien al corriente, al principio hubo una confusión extraordinaria. Nosotros tuvimos la prudencia de dejarlos desenredarse poco a poco, y los más torpes abandonaron la partida; entonces nos apoderamos nosotros del salón y empezamos a bailar con nuevo ardor. Audrán y su pareja fueron los únicos que continuaron valsando con nosotros. Jamás me había yo sentido tan ágil; ya no era un hombre. ¡Tener entre sus brazos a la más amable de las criaturas...! ¡Volar con ella como un torbellino que presagia una tempestad...! ¡Ver pasar todo, eclipsarse todo ante mis ojos y alrededor de mí...! ¡Sentir...! ¡Oh amigo mío!, si debo de ser franco te diré que entonces hice el juramento de no permitir nunca que una joven que yo amase y sobre la que tuviese algunos derechos valsase con ningún otro hombre que conmigo, ¡aunque para impedirlo, tuviese yo el riesgo de perecer mil veces! Creo que tú me comprendes.

Para tomar aliento y descansar un poco, dimos algunas vueltas por la sala, paseándonos, y ella se sentó en seguida. Yo le ofrecí dos naranjas que había podido reservar porque ya no había ninguna en el aparador, y fueron perfectamente recibidas en medio de aquel calor; yo estaba enajenado, pero una indiscreta vecina que se hallaba al lado de Carlota me daba una puñalada en el corazón cada vez que aceptaba un casco de naranja que ésta le ofrecía.

En la tercera contradanza inglesa formábamos la segunda pareja. Al recorrer toda la columna, Dios sabe con qué delirio seguía yo todos sus pasos, cómo me embriagaba mirando sus ojos negros en los que se veía brillar el placer en toda su pureza. Nos tocó hacer figura delante de una mujer que sin estar en su primera juventud, me había llamado la atención por su agradable fisonomía; esta mujer miró a Carlota sonriéndose y amenazándola con un dedo, pronunciando dos veces, al pasar, el nombre de Alberto, en un tono significativo.

—¿Quién es ese Alberto, le dije yo a Carlota, si no es indiscreto el preguntarlo?

Iba a responderme en el momento en que fue preciso separarnos para formar la gran cadena y me pareció ver en su frente un aire pensativo, cuando volví a pasar delante de ella.

—«¿Por qué os lo ocultaré?—me dijo al darme la mano para el paseo—; Alberto es un hombre honrado con quien estoy comprometida».

Esta no era una noticia nueva para mí, porque sus amigas me lo habían dicho durante el camino, pero ahora, después que habían bastado algunos momentos para hacérmela tan cara y apreciable, estas palabras me transtornaron como si yo hubiera recibido un golpe inesperado. Esta noticia fatal me perturbó completamente y su recuerdo me puso como atontado, en términos que ni sabía lo que hacía ni en dónde estaba, y este olvido de mí mismo fue tan grande que no supe ni pude hacer a tiempo la figura que me tocaba, y de tal modo introduje la confusión en el baile, que fue preciso que Carlota con toda su presencia de espíritu me tomase por la mano como a un niño y me sacase de aquella confusión, para poder restablecer el orden.

No se había concluido todavía el baile, cuando empezaron a menudear más fuertes y deslumbradores los relámpagos que hacía largo tiempo iluminaban de tiempo en tiempo el horizonte, y que yo había reputado siempre como simples exhalaciones de calor; y los estampidos del trueno, prolongándose, cubrían los acordes de la orquesta. Tres mujeres, atemorizadas, se salieron de la contradanza, y sus caballeros se fueron en pos de ellas; el desorden se hizo general, y la música dejó de tocar. Cuando sobreviene un accidente en medio de una partida de placer, y se apodera de los concurrentes instantánea y súbitamente un profundo terror, la impresión que produce y el pánico que causa son mucho más fuertes que en otras circunstancias; en primer lugar, por el contraste que resulta, que se hace sentir con tanta violencia, y luego, porque hallándose nuestros sentidos más agitados, más avivados y excitados, y por consiguiente, en disposiciones más impresionables que en el estado ordinario, reciben más fácilmente una emoción rápida e imprevista; y todos los aspavientos, todos los gestos y ademanes grotescos que yo vi hacer a muchas mujeres debo atribuirlos a estas causas. Las más juiciosas se hicieron en un rincón, con la espalda vuelta a la ventana y tapándose los oídos con las manos; otras, puestas de rodillas delante de aquéllas ocultaban sus cabezas en sus regazos; metiéndose una de ellas entre otras dos, abrazaba y besaba a una hermanita suya, llorando a lágrima viva. Algunas querían regresar inmediatamente a sus casas; otras, completamente aturdidas y sin saber lo que hacían, no tenían ya bastante serenidad ni firmeza de espíritu para hacerse respetar y reprimir las libertades que se tomaban nuestros jóvenes calaveras, que se mostraban muy solícitos y presurosos en recoger de los labios de las bellas atemorizadas los fervientes ruegos que dirigían al cielo.

Una parte de los hombres se había salido de la sala de baile y bajado al patio para fumar tranquilamente. El resto de la concurrencia siguió a la dueña de la casa que tuvo la excelente idea de hacernos pasar a otra sala cerrada con contraventanas y cortinas. Apenas nos hallábamos reunidos allí, Carlota formó un círculo con las sillas, rogó a todos que se sentasen, y propuso un juego de prendas.

Al oír esta proposición vi a muchos de nuestros lechuguinos fruncir alegremente sus labios con la esperanza, sin duda, de obtener un beso para desempeñar la prenda. Luego que todos estuvieron sentados:—«Vamos a jugar —dijo Carlota— al juego de la "Cuenta". Escuchad y tened cuidado: yo voy a recorrer el círculo de derecha a izquierda, y al pasar delante de cada uno deberá nombrar el número que le toca, pero como al vuelo y sin titubear; el que lo yerre, o se equivoque o vacile, recibirá un bofetón; y así seguiremos contando hasta mil». —¡Oh, qué bella estaba en esos momentos...! Empezó a dar vueltas alrededor del círculo con sus brazos tendidos, y empezó a contar el primero, uno; dos, el segundo; tres, el siguiente y así los demás sucesivamente; en seguida empezó a dar vueltas con mayor viveza, el primero yerra el número y... paff, recibe un bofetón; el que está a su lado se echa a reír y tampoco dice su número, y... paff, recibe otro bofetón. La velocidad se aumenta y los bofetones menudean, yo por mi parte recibí dos que me parecieron dados con mayor fuerza que a los demás, lo que me causó una gran satisfacción y alegría secreta. Una risa general, un alegre e indescriptible barullo pusieron fin a este juego, mucho antes de haber llegado al número de mil. Cada cual se acercó al objeto que le interesaba y yo seguí a Carlota a la sala de baile al ver que la tempestad había pasado. Mientras llegábamos me dijo en el camino: —«Los bofetones los han hecho olvidar la tormenta y disipado el miedo, y todo lo demás». —Yo no pude responderle, y ella continuó: —«Yo era en otro tiempo, una de las más medrosas, y echándola de valiente para animar a las otras he logrado realmente, no tener ya miedo».

—En seguida nos asomamos a la ventana. Todavía se oía a lo lejos el rugido del trueno; una lluvia bienhechora habría reanimado la Naturaleza, y un aire puro y fresco nos traía los balsámicos perfumes que se desprendían de todas las plantas. Apoyada sobre su codo, con ademán pensativo, sus miradas recorrían toda la campiña; después fijó su vista en el cielo, luego en mí y yo vi en ese momento inundados sus ojos de lágrimas, puso su mano en la mía y exclamó *¡Oh, Klopstock!* Yo me acordé inmediatamente de aquella oda divina que ocupaba en este momento su imaginación y su pensamiento, y me sentí arrastrado por el torrente de sensaciones exquisitas y delicadas en que me había sumergido esta sola palabra. Me sentía vencido; me incliné sobre su mano, se la besé bañándola con las lágrimas deliciosas que se desprendían de mis ojos y estuve un gran momento contemplando los suyos... ¡Klopstock, noble poeta!... ¡Genio sublime!, ¿por qué no has podido ver tu apoteosis en estas miradas? ¡Ojalá que no vuelva yo a oír jamás tu nombre tan a menudo profanando, durante mi vida!

19 de junio

¿Adónde llegaba yo con mi relación? Te aseguro que yo mismo lo ignoro; todo lo que sé es que cuando yo me acosté eran las dos de la mañana. ¡Ah!, si hubiese estado a tu lado, en lugar de escribir, te habría estado hablando, probablemente hasta el amanecer.

No te he contado todavía lo que pasó cuando volvimos del baile, y hoy no tengo tiempo suficiente para hacerte una relación detallada. El sol salía con toda su majestad e iluminaba el bosque. Se veían brillar las extremidades de las ramas y en las hojas de los árboles las gotas de la lluvia o del rocío, y el verdor de los campos era más fresco y vivo. Nuestras dos compañeras dormían, y ella me preguntó si yo no quería hacer otro tanto. —«Si tenéis sueño, me dijo, no andéis con cumplimientos conmigo». —¿Dormir, dormir yo mientras vea esos ojos abiertos?—le respondí clavando fijamente mi mirada en la suya—; me sería imposible el cerrar los míos. Y, en efecto, ambos a dos permanecimos despiertos hasta llegar a su puerta. Una criada vino a abrirla sin ruido, y habiéndola interrogado, le respondió que su padre y los niños dormían todos profundamente. Yo me separé de ella después de haberle pedido permiso para volver a verla aquel mismo día; ella me lo otorgó, y después he vuelto a verla. Desde ese día el sol, la luna, las estrellas pueden salir y ponerse cuando y como quieran, porque yo no sé ya cuándo es de día, ni de noche; cuándo hace sol o hace luna, pues para mí ha desaparecido el universo entero.

21 de junio

Mis días son tan felices como los que Dios reserva y hace gozar a sus escogidos; sucédame lo que quiera, en adelante, yo no podré decir a lo menos que no he conocido el gozo y la alegría, el gozo y la alegría más puros de esta vida. Tú conoces mi Wahlheim; en él me he instalado definitivamente. Desde aquí no tengo que andar más que una media legua para ir a casa de Carlota, en la cual me siento en mí mismo; disfruto de toda la dicha que les es permitida gozar a los hombres. ¿Cómo hubiera yo podido imaginar, cuando hacía la adquisición de Wahlheim, y lo tomaba como objeto de mis paseos, que se hallaba situado tan cerca del paraíso? ¡Cuántas veces, al andar errante y sin objeto por sus inmediaciones bien fuese por la cumbre de la montaña, o por la llanura del valle, o bien más allá del río, he dirigido mi vista a ese pabellón que encierra hoy día el objeto de todos mis deseos!

RENÉ CHATEAUBRIAND
Francia (1768-1848)

Francisco Renato Augusto de Chateaubriand nació en Saint-Malo, Bretaña, hijo del conde de Chateaubriand y Susane Apolline de Bedée. En 1791 viajó a Norteamérica tratando de descubrir el paso del noroeste hacia el polo. Luego del encarcelamiento de Luis XVI, Chateaubriand se unió al ejército de los príncipes de Coblenza para restaurar la monarquía en Francia, pero tuvo que exiliarse en Inglaterra por siete años, hasta que Bonaparte ejerció el poder en Francia. En 1792 se casó con Celeste Buisson de la Vigne —matrimonio establecido por la familia—. Posteriormente, su relación con Charlotte Ives, una de varias amantes, terminó cuando ella se enteró de que Chateaubriand estaba casado. En 1814 fundó con dos socios más el diario Le Conservateur. Ejerció numerosos cargos políticos, entre otros secretario de embajada (1804), ministro de Francia, embajador en Berlín y Londres (1821, 1822) y ministro de asuntos extranjeros (1814).

Atala es, como explica Chateaubriand, «la epopeya del hombre de la naturaleza», que ilustra con la masacre de los Natchez de Luisiana en 1727. La novela narra el amor de dos indígenas en medio del desierto. Aquéllos se comunican en su lengua natal, al igual que en lenguas europeas. El autor utilizó este mecanismo para presentar a la cultura europea una civilización enteramente diferente a la suya. En Atala, Chateaubriand ilustra el elemento primitivo en *el hombre y su capacidad de razonar, exaltando la «naturaleza bella». De igual manera, defiende el cristianismo que cataloga como «poético y moral». Originalmente Atala se publicó como parte de su obra célebre* El genio del cristianismo.

ATALA

Cierta noche en que los muscogulgos habían establecido su campo a la entrada de un bosque, me hallaba sentado cerca del fuego de la guerra, con el cazador que me vigilaba, cuando de improviso llegó a mi oído el leve roce de un vestido sobre la hierba, y vi a una mujer, medio encubierta, que vino a sentarse a mi lado. Las lágrimas rodaban por sus mejillas, y un pequeño crucifijo de oro brillaba sobre su pecho, al resplandor del fuego. Aunque su hermosura no era extremada, advertíase en su semblante cierto sello de virtud y amor, cuyo atractivo era irresistible y al cual unía las más tiernas gracias: sus miradas respiraban una exquisita sensibilidad y una profunda melancolía, y su sonrisa era celestial.

Al verla, me di a pensar que era la virgen de los últimos amores, virgen que el cielo envía al prisionero para rodear de encantos su tumba. En esta persuasión, le dije con voz trémula, y con una agitación que no procedía del temor a la hoguera: «¡Virgen! Digna eres de los primeros amores; que no has sido formada para los últimos. Los movimientos de un corazón que en breve cesará de latir, responderían harto mal a las palpitaciones del tuyo. ¿Cómo hermanar la muerte con la vida? Tú me harías amar demasiado la existencia: ¡sea, pues, otro hombre más virtuoso que yo, y únanse la liana y la encina en largos abrazos!»

La misteriosa joven me respondió: «No soy la virgen de los últimos amores. ¿Eres cristiano?» Yo le repliqué que no había sido infiel a los genios tutelares de mi cabaña. Al oír estas palabras, la india hizo un involuntario movimiento, y me dijo: «Deploro que seas un vil idólatra. Mi madre me ha hecho cristiana; *Atala* es mi nombre, y soy hija de Simagan, el de los brazaletes de oro, el caudillo de los guerreros que te rodean. Nos dirigimos a Apalachucla, donde serás arrojado a la hoguera». Esto diciendo, Atala se levantó y se ocultó a mi vista.

¡Inexplicable contradicción del corazón humano! Yo, que tanto había deseado decir las cosas del misterio a la mujer a quien amaba ya como al sol, turbado y mudo a la sazón, hubiera preferido ser arrojado a los cocodrilos de la fuente, a encontrarme solo con Atala. La hija del desierto se sentía no menos confusa que su prisionero, y ambos guardábamos un profundo silencio, pues los genios del amor nos habían dejado sin palabras; al fin, Atala, haciendo un esfuerzo, dijo: «¡Guerrero! Estás ligeramente preso, y puedes huir sin dificultad.» Al oír tales razones mi lengua recobró su soltura y respondí: «¡Ligeramente preso, oh mujer!...» Y no supe terminar la frase. Atala me replicó, después de algunos momentos de duda: «¡Sálvate!» Y me desató del tronco del árbol. Yo tomé la cuerda, y la puse en la mano de la joven extranjera obligando a sus hermosos dedos a cerrarse sobre ella, gritando: «¡Tómala, tómala! Eres un insensato —me dijo Atala con turbado acento—. ¡Desventurado! ¿Ignoras que te aguarda una hoguera? ¿Qué pretendes? ¿Has olvidado que soy la hija de un respetable saquem?» «Hubo un tiempo —le respondí con lágrimas— en que fui llevado también por mi madre en una piel de castor. Mi padre era dichoso dueño de una hermosa cabaña, y sus rebaños bebían en las aguas de mil torrentes; ahora, empero, vago por la tierra sin patria ni hogar. Cuando deje de existir, ningún amigo acudirá a cubrir con un puñado de hierba mi cadáver, para preservarlo de las moscas. Los restos de un extranjero sin fortuna a nadie interesan».

Mis palabras enternecieron a Atala, cuyas lágrimas se confundían con las aguas de la fuente. «¡Ah! —repuse con viveza—, ¡si tu corazón hablase como el mío! ¿No es libre el desierto? ¿No tienen los bosques recónditos albergues que nos oculten? ¿Necesitan acaso los hijos de las cabañas de muchas cosas para ser felices? ¡Oh tú, más hermosa que el primer sueño del esposo! ¡Oh, querida mía! No temas seguir mis pasos».

Estas fueron mis palabras. Atala me respondió con ternura: «¡Joven amigo mío! Has aprendido la lengua de los blancos, y no es difícil engañar a una india». «¡Cómo! —exclamé— ¡me apellidas tu joven amigo! ¡Ah! Si un pobre esclavo...» «¡Sí, sí —replicó, inclinándose en mi pecho—, un pobre esclavo...» Yo repliqué con vehemencia: «¡Prenda de tu fe me sea un beso!» Atala escuchó mi ruego: yo quedé suspenso de sus labios como un cervatillo parece pender de las flores de liana de rosado color, que ase con delicada lengua en las faldas de la montaña.

STENDHAL
Francia (1783-1842)

Su nombre de pila Henri Beyle lo cambió por Stendhal. Nació en Grenoble, pueblo que consideraba un estercolero. Ordenó que en la lápida de su tumba se dijera que había nacido en Milán, Italia, pero no en Francia. En síntesis, nada de sí mismo le satisfacía. A su padre lo vería como un monstruo y a una hermana como «la soplona»; a su preceptor, un perfecto «granuja». Su primer empleo fue de secretario en el Ministerio de la Guerra. Se unió a las tropas de Napoleón. Acusado de sedición, huyó a Italia. Expulsado de Milán por la policía austriaca. Sus fracasos amorosos siempre lo perturbaban. Viajó a París, donde murió de apoplejía.

ROJO Y NEGRO

Al dejar el salón, sobre la medianoche, Julián tuvo tiempo de decirle a su amiga:

—No nos veremos esta noche. Su marido sospecha algo. Juraría que la carta que estaba leyendo mientras suspiraba es una carta anónima.

Menos mal que Julián se había encerrado con llave en su habitación. La señora de Rênal tuvo la loca idea de creer que aquella advertencia no era más que un pretexto para no verla. Perdió completamente la cabeza y, a la hora de costumbre, se acercó a su puerta. Julián, que oyó ruido en el pasillo, apagó su lámpara al instante. Trataban de abrir la puerta: ¿sería la señora de Rênal o un marido celoso?

Al día siguiente muy temprano, la cocinera, que protegía a Julián, le trajo un libro en cuyas tapas leyó las siguientes palabras en italiano: *Guárdate allá, página 130.*

Julián se estremeció ante tal imprudencia. Buscó la página 130 y en ella encontró, cogida con un alfiler, la siguiente carta, escrita a toda prisa, bañada en lágrimas y sin ninguna ortografía. Por lo general, la señora de Rênal escribía muy bien; le conmovió aquel detalle, haciéndole olvidar su tremenda imprudencia. «No quisiste recibirme esta noche. Hay momentos en que me parece no haber leído nunca el fondo de tu alma. Tus miradas me asustan. Tengo miedo de ti. ¡Dios mío! ¿Me has amado alguna vez? Si no es así, ojalá mi marido descubra nuestros amores y me encierre en una prisión eternamente, en el campo, lejos de mis hijos. Dios quizá lo quiera así. Yo pronto moriría, pero tú serías un monstruo.

¿Ya no me quieres? ¿Estás harto de mis locuras, de mis remordimientos, impío? ¿Quieres perderme? Te será fácil hacerlo. Ve y enseña esta carta a todo Verrières. O no, basta con que se la enseñes al señor Valenod. Dile que te amo; pero no, no pronuncies semejante blasfemia, dile que te adoro, que la vida sólo empezó para mí en el momento en que te conocí. Dile que en los ratos más locos de mi juventud nunca soñé tan siquiera con la dicha que te debo. Por ti he sacrificado mi vida, por ti sacrifico mi alma. Tú sabes que también sacrifico mucho más.

Pero ¿acaso entiende de sacrificios ese hombre? Dile, díselo para que se irrite, que desafío a todos los malvados como él y que tan sólo existe en el mundo una desgracia para mí: la de ver cambiar al hombre que me retiene en vida. ¡Qué dicha sería para mí perderla, ofrecerla en sacrificio y no temer ya por mis hijos!

No lo dudes, querido amigo, si es verdad que hay una carta

anónima, proviene de ese ser odioso que, durante seis años, me persiguió con su gruesa voz (contándome sus hazañas a caballo), con su fatuidad y con la enumeración de todas sus cualidades.

¿Existe esa carta anónima? Malvado, eso es lo que yo quería discutir contigo. Pero no, creo que has hecho bien. Apretándote entre mis brazos quizá por última vez, nunca hubiera podido discutir fríamente, como lo hago ahora estando sola. A partir de este momento, nuestra felicidad no será tan fácil. ¿Será esto una contrariedad para ti? Sí, en los días en que no hayas recibido ningún libro entretenido del señor Fouqué. El sacrificio está ya decidido: mañana, haya o no carta anónima, yo también le diré a mi marido que he recibido una, que tenemos que encontrar un pretexto posible, forrarte de oro y enviarte sin tardar a casa de tus padres.

¡Estaremos separados quince días, amigo querido, un mes, quizás! Quiero ser justa contigo: sé que tú también sufrirás igual que yo. Pero en fin, es la única manera de arreglar el efecto producido por esa dichosa carta anónima. No es la primera que ha recibido mi marido sobre mí. ¡Pero cómo me reía yo entonces!

Mi objetivo consiste en hacerle creer a mi marido que la carta proviene del señor Valenod; no dudo además de que éste sea el autor. Si te marchas de casa, instálate en Verrières. Haré de manera que a mi marido se le ocurra la idea de pasar allí quince días, para probar a los murmuradores que no existe ninguna clase de frialdad entre él y yo. Una vez en Verrières, trata de hacer amistad con todo el mundo, incluso con los liberales. Sé que todas las señoras te buscarán.

No vayas a enfadarte con el señor Valenod, ni a cortarle las orejas, como decías un día; al contrario, sé muy amable con él, hazle toda clase de zalamerías. Lo esencial es que en Verrières llegue a creerse que vas a entrar en su casa o en cualquier otra, de profesor de sus hijos.

Eso, mi marido no lo consentirá jamás. Y aunque lo consintiera, por lo menos vivirías en Verrières y yo podría verte algunas veces. Mis hijos, que tanto te quieren, también irían a verte. ¡Santo Dios! Creo que quiero más a mis hijos porque ellos te quieren también... ¡Qué remordimiento! ¿Cómo acabará todo esto...? Me pierdo y divago...

En fin, ya sabes la conducta que tienes que seguir: sé amable, educado, no seas despectivo como todos esos groseros personajes, te lo pido de rodillas, ya que ellos van a ser los árbitros de nuestra suerte. No dudes un instante de que mi marido obrará respecto a ti conforme se lo dicte la *opinión pública*.

Tú me vas a proporcionar la carta anónima que necesito. Ármate de paciencia y coge un par de tijeras. Recorta en un libro las palabras que verás en la carta que incluyo a continuación: pégalas con cola en la hoja de papel azulado que te envío. Ese papel proviene del señor Valenod. Puede que registren tu habitación, así que quema las páginas del libro que hayas mutilado. Si no encuentras las palabras apropiadas enteras, ten la paciencia de formarlas letra por letra. Para ahorrarte trabajo, he hecho una carta anónima muy corta. ¡Ay, Dios mío!, si es que ya no me quieres, como me temo, la mía debe parecerte bien larga...»

CARTA ANÓNIMA

«Señora:

Estamos al tanto de todas sus idas y venidas. Pero las personas que tienen interés en reprimirlas, ya han sido advertidas. Por un resto de amistad hacia usted, la invito a deshacerse totalmente del «aldeano». Si es usted lo bastante prudente para hacerlo, su marido creerá que la advertencia recibida es falsa y lo dejaremos en su error. Piense usted que poseo su secreto: tiemble, desgraciada. Desde ahora tendrá usted que andar recto delante de mí...»

«En cuanto hayas acabado de pegar las palabras que componen esta carta (¿no reconoces la manera de hablar del director?), sal de tu cuarto y pasea por la casa, yo te encontraré. Voy a ir al pueblo y regresaré con cara de inquietud. La verdad es que estaré inquieta, y mucho. ¡Dios mío, cuánto estoy arriesgando! Y todo eso porque has creído adivinar que había una carta anónima. Finalmente, con cara descompuesta, le daré a mi marido la carta diciéndole que un desconocido me la entregó. Tú, vete a pasear con los niños por el camino de los grandes bosques y no vuelvas hasta la hora de comer.

Desde lo alto de las rocas, podrás ver la torre del palomar. Si nuestros asuntos van bien, pondré un pañuelo blanco; en el caso contrario, no habrá nada.

¿Encontrará tu corazón ingrato la manera de decirme que me quiere antes de marcharte de paseo? Pase lo que pase, puedes estar seguro de una cosa: yo no sobreviviría ni un sólo día a nuestra separación definitiva. ¡Qué mala madre soy! Acabo de escribir dos palabras tontamente, Julián. No las siento. Sólo las he escrito para que tú no me censures. Ahora que puedo perderte ¿para qué disimular? Sí, aunque mi alma me parezca atroz, no quiero mentir al hombre que adoro. Ya he mentido demasiado en esta vida. Ve, te perdono aunque ya no me quieras. No tengo tiempo de releer mi carta. La vida es poca cosa a mis ojos si tengo que pagar con ella los días felices que acabo de pasar en tus brazos. Tú ya sabes que me costarán mucho más».

ALEKSANDR PUSHKIN
Rusia (1799-1837)

Aleksandr S. Pushkin nació en Moscú. En su aristocrática familia aprendió muy temprano a leer y escribir en francés. Pushkin se vio envuelto en la vida de la corte en San Petersburgo debido a su matrimonio con Natalia Nikolaievna Goncharova, mujer de gran atractivo. El ocho de febrero de 1837 tuvo que batirse a duelo con George D´Anthes, un oficial de origen francés que cortejaba a su esposa. Pushkin cayó mortalmente herido y falleció dos días después.

La hija del capitán (1836) trata de la rebelión campesina de Emelian Pugáchov. La mejor novela de Pushkin. En ella se conjugan admirablemente la concisión del estilo con las pasiones tormentosas que se suceden y con la evocación de un marco histórico dominado por la insurrección de los campesinos.

LA HIJA DEL CAPITÁN

EL AMOR

Muchacha, muchacha hermosa,
no te cases, no te cases joven,
escucha el consejo de tus padres
que son los que en verdad te aman.
Guarda tu buen sentido y discreción

que ésa será tu mejor dote.
Si encuentras otro mejor que yo,
me olvidarás;
Si encuentras otro peor que yo,
me recordarás.

Canción popular

Al recobrar el sentido no pude, durante algún tiempo, recordar lo sucedido. Estaba tendido en una cama, en una habitación desconocida, y sentía una gran debilidad. A mi lado se hallaba Savélich, vela en mano, y alguien deshacía cuidadosamente el vendaje que ceñía mi pecho y mi hombro. Poco a poco se me aclararon las ideas y me acordé del duelo y comprendí que estaba herido. En aquel instante rechinó la puerta y una voz como un susurro, que al oírla me hizo estremecer, inquirió:

—¿Qué? ¿Cómo sigue?

—Igual —respondió Savélich dando un suspiro—; lleva cinco días sin recobrar el conocimiento.

Quise darme una vuelta en la cama, pero no pude.

—¿Dónde estoy? ¿Quién hay aquí? —pregunté, haciendo un esfuerzo.

María Ivánovna se acercó al lecho e inclinándose hacia mí, dijo:

—¿Cómo se siente?

—Doy gracias a Dios —contesté con voz débil—; ¿es usted María Ivánovna? Dígame... —no pude seguir y callé.

Savélich, aliviado, volvió a suspirar. La alegría se reflejaba en su rostro.

—¡Ha vuelto en sí! ¡Ha vuelto en sí! —repetía—. ¡Gracias a ti, Señor de los cielos! ¡Ay, Piotr Andréyevich, qué susto me has dado! ¿Te sientes bien? ¡Se dice pronto, cinco días!...

María Ivánovna interrumpió sus exclamaciones diciendo:

—No le hables mucho, Savélich; todavía está muy débil.

Y, saliendo despacito, cerró con cuidado la puerta.

Mis pensamientos comenzaron a agitarse. Resultaba, pues, que estaba en casa del comandante y que me cuidaba María Ivánovna. Quise hacerle a Savélich algunas preguntas, pero el viejo meneó rápidamente la cabeza y se tapó los oídos. Cerré despechado los ojos y pronto reanudé el sueño.

Cuando desperté llamé a Savélich y, en lugar suyo, vi ante mí a María Ivánovna, que me saludaba con voz angelical. Imposible describir la dulce emoción que me embargó en ese instante. Cogí su mano, la estreché contra mí y, enternecido, la cubrí de lágrimas. Masha no la retiró..., y, de repente, aplicó los labios a mi mejilla y sentí un beso ardiente y puro. Una oleada de fuego recorrió mi cuerpo.

—¡Amor mío! ¡María adorada! —exclamé—. ¡Sé mi esposa! ¡Hazme feliz!

—Cálmese, por amor de Dios; todavía corre peligro..., puede abrírsele la herida. Cuídese, aunque sólo sea por mí.

Dicho esto se retiró, dejándome extasiado.

La dicha me hizo revivir. ¡Será mía! ¡Me ama! Este pensamiento llenaba todo mi ser.

Desde aquel momento, paulatinamente, fui mejorando. Me hacía las curas el barbero de la fortaleza, pues no había otro médico, a pesar de lo cual, gracias a Dios, no se daba tono. Mi juventud y mi naturaleza apresuraron mi convalecencia. Me cuidaba toda la familia del comandante. María Ivánovna no se separaba de mi lado. Como es de suponer, a la primera ocasión reanudé la declaración interrumpida, y María Ivánovna me escuchó con menos impaciencia, y me confesó que su corazón se sentía inclinado hacia mí, y que sus padres, naturalmente, se alegrarían de su felicidad.

—Pero piénsalo detenidamente —añadió—: ¿no habrá, por parte de tu familia, algún obstáculo?

Me quedé pensativo. Del cariño que me profesaba mi madre no tenía la menor duda; pero conociendo las ideas y el carácter de mi padre, estaba seguro de que mi amor no iba a conmoverlo demasiado, y que lo consideraría un capricho de juventud.

Así se lo confesé sinceramente a María Ivánovna; pero resolví, sin embargo, escribir a mi padre una carta lo más elocuente posible, pidiéndole su bendición paterna. Le enseñé la carta a María Ivánovna, a quien le pareció tan persuasiva y patética, que no dudó del éxito, y se abandonó a las dulces emociones de su tierno corazón con toda la fe de su juventud y de su amor.

Con Shvabrin me reconcilié en los primeros días de mi convalecencia. En cuanto a Iván Kusmich, reprendiéndome por el duelo, me dijo:

—Amigo Piotr Andréyevich, debería arrestarte; pero ya has recibido tu castigo. Por lo que toca a Alexéi, lo tengo en la panadería, bajo vigilancia, y su espada la tiene guardada bajo llave Vasilisa Yegórovna. Que piense en lo que hizo y que se arrepienta.

Yo me sentía demasiado feliz para albergar en mi corazón sentimientos hostiles y, así, decidí interceder por Shvabrin, que fue puesto en libertad por el bueno del comandante, de acuerdo con su esposa. Shvabrin vino a verme y me manifestó su profundo pesar por lo que había ocurrido entre nosotros, reconociendo que toda la culpa había sido suya, y me rogó que olvidase lo pasado. Como no soy rencoroso por naturaleza, le perdoné sinceramente nuestra disputa y la herida que me había hecho. Ya que su calumnia había nacido del amor propio despechado y del desdén de Masha, absolví magnánimamente a mi rival. Pronto me recuperé y así pude trasladarme a mi casa. Aguardaba con impaciencia la contestación a la carta que había enviado, sin atreverme a abrigar esperanzas, y tratando de ahogar mis tristes presentimientos. Por fin, una mañana entró Savélich en mi cuarto con una carta. La cogí temblando. La dirección, escrita de puño y letra de mi padre, me anunciaba, por ello, algo trascendental, pues las cartas ordinarias que me dirigían las escribía mi madre, aunque él siempre añadía al final algunos renglones. Permanecí largo rato, sin abrir el sobre, leyendo la solemne dirección: «A mi hijo Piotr Andréyevich Griniov. Provincia de Oremburgo. Fortaleza de Belogórskaya», intentando adivinar por los rasgos de la letra la disposición de ánimo con que había sido escrita.

Me decidí, por fin, a abrirla, y ya en las primeras líneas comprendí que todo se iba al diablo. La carta decía así:

Querido hijo mío:
Tu carta, en la que nos solicitas la bendición y el consentimiento para casarte con María Ivánovna, hija de Mirónov, llegó a nuestras manos el día 15 de este mes. No sólo no estoy dispuesto a darte mi bendición ni mi consentimiento, sino que pienso ir hasta allí a darte tu merecido como a un chiquillo por tus majaderías, sin tener en cuenta para nada tu grado de oficial, pues has demostrado que todavía no eres digno de llevar la espada al cinto para utilizarla en defensa de la patria, y no para batirte en duelo con otro calavera como tú. Voy a escribir inmediatamente a Andréi Kárlovich para decirle que te traslade de la fortaleza de Belogórskaya a cualquier otro sitio más lejano para que te dejes de tonterías. Tu madre, al enterarse de tu duelo y de que habías sido herido, enfermó de pena y sigue en cama. ¿Qué va a ser de ti? Pido a Dios que te corrijas, aunque no me atrevo a esperar nada de su gran misericordia.

Tu padre, A. G.

La lectura de esta carta despertó en mí sentimientos diversos. Las abundantes frases crueles de mi padre me hirieron profundamente. El desdén con que hacía mención de María Ivánovna me parecía tan inconvincente como injustificado. La idea de que fuese trasladado de la fortaleza de Belogórskaya me llenó de espanto; pero lo que más me atormentaba de todo era la enfermedad de mi madre. Me indigné con Savélich, pues seguro que por él se habían enterado mis padres del duelo.

Paseando arriba y abajo por mi estrecha habitación, me paré delante suyo y, mirándole con aire amenazador, le dije:

—Por lo visto no te ha bastado que por tu culpa me hirieran y haya estado un mes entero con un pie en la sepultura; necesitabas también matar a mi madre.

—¡Señor! —exclamó casi sollozando—, ¿qué estás diciendo? ¿Que soy yo el causante de tu herida? ¡Dios es testigo de que corría a poner mi pecho entre ti y la espada de Alexéi Ivánich! ¡La maldita vejez me lo impidió! Y ¿qué es lo que le he hecho yo a tu madre?

—¿Qué le has hecho? —le respondí—. ¿Quién te mandó que me descubrieras? ¿Te han designado, acaso, para que me espíes?

—¿Que te he descubierto? —contestó Savélich con lágrimas en los ojos—. ¡Bendito sea Dios, rey de los cielos! Mira, haz el favor de leer lo que me escribe el señor; entérate de cómo te he descubierto.

Y sacando del bolsillo una carta, leyó lo que sigue:

¿No te da vergüenza, viejo zorro, haciendo caso omiso a mis órdenes terminantes, no haberme dicho nada de mi hijo Piotr Andréyevich? He tenido que enterarme de sus locuras por extraños. ¿Así cumples tus obligaciones y la voluntad de tu señor? Te voy a mandar, viejo zorro, a cuidar cerdos por haberme callado la verdad, y por complicidad con el muchacho. Te ordeno que al recibo de la presente me escribas comunicándome su estado de salud actual, que, según me dicen, ha mejorado, y en qué sitio tiene la herida y si lo han curado bien.

Era evidente que Savélich decía la verdad y que lo había

ofendido injustamente con mis reproches y sospechas, y aunque le pedí perdón, el pobre viejo estaba desconsolado.

—¡He llegado a mis años para esto! —repetía—. ¡Esta es la recompensa que recibo de mis señores! ¡Soy... un viejo zorro, y sirvo para guardar cerdos y, además, he sido el causante de tu herida!... ¡No, querido Piotr Andréyevich! ¡No soy yo el culpable sino ese maldito *monsieur* que te ha enseñado a manejar la espada, como si haciendo molinetes con ella y pateando en el suelo se pudiera librar uno de un mal hombre! ¡Para eso había que traer a ese *monsieur* y gastarse el dinero! ¿Quién pudo, entonces, informar a mi padre de lo sucedido? ¿El general? El general, al parecer, no se preocupaba mucho de mí y, además, Iván Kusmich no había creído necesario hablarle de mi duelo. Me perdía en conjeturas; pero mis sospechas recaían en Shvabrin, por ser él el único a quien resultaba provechosa la denuncia, ya que podría tener como resultado mi traslado de la fortaleza y mi ruptura con la familia del comandante.

Fui a contarle todo a María Ivánovna, a quien encontré en el vestíbulo. Al verme, exclamó:

—¿Qué ha ocurrido? ¡Qué pálido está!

—¡Todo ha terminado! —contesté entregándole la carta de mi padre. Palideció ella a su vez y, después de leerla, me la devolvió con mano temblorosa y voz entrecortada.

—Está visto que éste es mi destino... Tus padres no me quieren en la familia. ¡Hágase la voluntad de Dios! Él sabe, mejor que nosotros, lo que nos conviene. No podemos hacer nada, Piotr Andréyevich...

—¡No puede ser! —exclamé tomándola de las manos —. Té me amas; yo estoy dispuesto a todo. Vamos a arrojarnos a los pies de tus padres; son gente sencilla y no son orgullosos ni duros de corazón...Nos bendecirán; nos casaremos..., y, con el tiempo, estoy seguro, iremos a suplicarle a mi padre; mi madre intercederá por nosostros y él me perdonará...

—No, Piotr Andréyevich —contestó Masha—; yo no me

casaré contigo sin que tus padres bendigan nuestra unión. No habría felicidad para ti si no recibieses su bendición. Resignémonos a la voluntad de Dios. Y cuando encuentres a la que te está destinada, si la quieres..., que el Señor te proteja, Piotr Andréyevich, yo tendré para vosotros dos...

HONORÉ DE BALZAC
Francia (1799-1850)

Nació en Tours. Su padre era jefe de intendencia militar. Estudió en la Sorbona viviendo en una buhardilla de París, con privaciones. Se dice que para engañar el hambre dibujaba en la mesa platos con sus manjares. Se asoció con su impresor y quebró en 1828. Triunfó en vida en la literatura. Escribió más de 100 obras. Dandi enamorado y amante de la vida lujosa. Amado por muchas mujeres, pero su gran amor fue la condesa ucraniana Evelina Hanska, con quien se casó al final de sus días. Murió el 18 de agosto de 1850.

EUGENIA GRANDET
AMORES DE PROVINCIA

En la pura y monótona vida de las jóvenes, llega un momento delicioso en que el sol derrama sus rayos en el alma, en que la flor les expresa pensamientos, en que las palpitaciones del corazón comunican al cerebro su cálida fecundidad y funden las ideas en un vago deseo. ¡Día de inocente melancolía y de suaves goces! Cuando los niños comienzan a ver, sonríen; cuando una muchacha entrevé el sentimiento en la naturaleza, sonríe como sonreía cuando era una niña. Si la luz es el primer amor de la vida, ¿no es acaso el amor la luz del corazón? El momento de ver claro en las cosas de aquí abajo había llegado para Eugénie.

Como era madrugadora, como todas las muchachas provincianas, se levantó temprano, rezó sus oraciones y comenzó la tarea de su arreglo personal, ocupación que en adelante iba a tener para ella un sentido. En primer lugar peinó sus cabellos castaños, se hizo sus gruesas trenzas y las enrolló encima de la cabeza con sumo cuidado, evitando que se le escapasen los pelos de las mechas, e introdujo en su peinado una simetría que realzaba el tímido candor de su rostro armonizando la sencillez de los accesorios con la ingenuidad de sus rasgos. Al lavarse varias veces las manos en el agua pura que le endurecía y enrojecía la piel, contempló sus redondos y hermosos brazos y se preguntó qué haría su primo para tener las manos tan suaves y tan blancas, y las uñas tan bien cuidadas. Se puso medias nuevas y sus mejores zapatos, y se anudó los cordones sin pasarlos por los ojetes. Finalmente, deseando por primera vez en su vida parecer hermosa, conoció la dicha de tener un vestido nuevo bien hecho y que le favoreciese.

Cuando terminó su tocado oyó las campanadas del reloj de la parroquia y se extrañó de no contar más que siete. El deseo de tener todo el tiempo necesario para vestirse bien le había hecho levantarse demasiado temprano, y como desconocía el arte de retocar diez veces un bucle y de estudiar el efecto, Eugénie se cruzó buenamente de brazos, se sentó en la ventana, contempló el patio, el jardín estrecho y las altas terrazas que lo dominaban; paisaje melancólico y limitado, pero que no estaba desprovisto de las misteriosas bellezas propias de los lugares solitarios o de la naturaleza agreste.

Junto a la cocina había un pozo rodeado de un broncal y con la polea sostenida en un brazo de hierro curvado, recubierto éste con una parra de pámpanos marchitos enrojecidos, agotados por el sol; desde allí el tortuoso sarmiento llegaba a la pared y, adhiriéndose a ella, corría a lo largo de la casa hasta terminar en una leñera donde la leña estaba ordenada con tanta exactitud como pueden estar los libros de un bibliófilo. El suelo del patio presentaba esas tonalidades negruzcas que producen con el tiempo los musgos y las hierbas por falta de movimiento. Los espesos muros mostraban su vestidura verde, ondeada por largas líneas oscuras. Por último, los ocho escalones que había en el fondo del patio, y que conducían a la puerta del huerto, estaban desunidos y sepultados bajo plantas altas, como la tumba de un caballero enterrado por su viuda en tiempo de las cruzadas. Encima de un poyo de piedra carcomida se elevaba una reja de madera, medio caída de puro vetusta, pero a la cual se unían gustosamente numerosas plantas trepadoras. Por ambos lados de la puerta de claraboya penetraban las ramas retorcidas de dos manzanos achaparrados. Tres avenidas paralelas, enarenadas y separadas por macizos cuyas tierras estaban rodeadas de un seto de boj, componían este jardín que estaba limitado, al pie de la terraza, por un cobertizo de tilos. En un extremo había frambuesos, en el otro un inmenso nogal que inclinaba sus ramas hasta el despacho del tonelero.

Una luminosidad pura y el hermoso sol de otoño, propio de las orillas del Loira, comenzaban a disipar la veladura que la noche imprime en los pintorescos objetos, en los muros y en las plantas que poblaban el jardín y el patio.

Eugénie encontró encantos totalmente nuevos en el aspecto de aquellas cosas que hasta entonces habían sido tan vulgares para ella. Mil pensamientos confusos nacían en su alma y crecían a medida que crecían fuera los rayos del sol. Sintió, en fin, ese placer vago e inexplicable que envuelve al ser moral igual que una nube envolvería al ser físico. Sus reflexiones armonizaban con los detalles de este singular paisaje, y las armonías de la naturaleza.

Cuando el sol alcanzó el muro sobre el cual caía una mata de culantrillo de espesas hojas y matizados colores como la pechuga de las palomas, celestiales rayos de esperanza iluminaron el porvenir para Eugénie, la cual, desde aquel día, se complacía en mirar aquel muro con sus pálidas flores, sus campanillas azules y sus secas hierbas que le traían un recuerdo gracioso como los de la infancia. El ruido que cada hoja producía en aquel sonoro patio al desprenderse de su rama daba una respuesta a las secretas preguntas de la muchacha, que hubiera permanecido allí todo el día sin darse cuenta del paso de las horas.

Después llegaron los tumultuosos impulsos del alma. Se levantaba con frecuencia, se ponía ante el espejo y se miraba, como un actor de buena fe que contempla su obra para criticarse y decirse injurias a sí mismo.

«¡No soy bastante hermosa para él!»

Tal era el pensamiento de Eugénie, pensamiento humilde y fértil en sufrimientos. La pobre muchacha no se hacía justicia; pero la modestia, o mejor el temor, es una de las primeras virtudes del amor. Eugénie pertenecía a ese tipo de jóvenes de constitución fuerte, como suelen ser en las familias pequeño-burguesas, y de belleza que suele parecer vulgar; pero aunque se pareciese a la Venus de Milo, sus formas se hallaban ennoblecidas por la suavidad del sentimiento que purifica a la mujer y le da una distinción desconocida para los escultores antiguos. Tenía una cabeza enorme, la frente masculina, pero delicada, del Júpiter de Fidias, y ojos grises en los cuales su casta vida imprimía una luz radiante. Los rasgos de su cara redonda, en otro tiempo fresca y rosada, estaban un poco abultados como consecuencia de una viruela lo bastante benigna como para no haberle dejado huellas, pero que había destruido la lozanía de su piel, la cual, sin embargo, era aún suficientemente suave y fina para que el casto beso de su madre dejase en ella una pasajera marca roja.

Su nariz era un poco gruesa, pero estaba en armonía con su boca de color rojo claro y con sus labios, muy estriados, llenos de amor y de bondad. Su cuello tenía una redondez perfecta. Su bien torneado busto, cuidadosamente velado, atraía las miradas y la hacía soñar; carecía sin duda de la gracia del artificio indumentario, mas para los conocedores la falta de flexibilidad de su elevado talle debía ser un encanto. Eugénie, alta y robusta, no tenía la belleza que agrada a la gente; pero era hermosa con esa hermosura fácil de reconocer, y que sólo enamora a los artistas. El pintor que busca en la Tierra un tipo de la celestial pureza de María, que busca en toda naturaleza femenina los ojos modestamente altivos adivinados por Rafael, y las líneas vírgenes debidas al azar de la concepción, pero que sólo una vida cristiana y púdica pueden conservar o adquirir; ese pintor, enamorado de tan raro modelo, hubiera encontrado inmediatamente en el rostro de Eugénie la nobleza innata que ella ignoraba; hubiese visto bajo su tranquila frente un mundo de amor, y en el trazado de sus ojos, en la disposición de sus párpados, un algo divino.

Sus rasgos, los contornos de su cabeza que nunca habían sido alterados por el placer, parecíanse a las líneas del horizonte que tan suavemente se dibujaban en la lejanía de los lagos tranquilos. Esta fisonomía tranquila, coloreada y rodeada de un resplandor como una hermosa flor recién abierta, era como un descanso para el alma, comunicaba el encanto de la conciencia que en ella se reflejaba y atraía la mirada.

Eugénie se encontraba aún en la vertiente de la vida en que florecen las ilusiones infantiles y en que se cogen las margaritas con un gozo que más tarde se hace desconocido. Por eso se decía al contemplarse, sin saber aún lo que era el amor:

«¡Soy demasiado fea, no se fijará en mí!»

PROSPER MÉRIMÉE
Francia (1803-1870)

Nació en París. Estudió con ahínco la literatura clásica, el griego, el arte y la arqueología. Alcanzó el grado de oficial de la Legión de Honor. Inspector de los monumentos históricos de Francia. Senador, miembro de la Academia Francesa. Murió en Cannes.

Su novela Carmen ha sido cantada como ópera en todos los escenarios y teatros del mundo. Como una cigarrera, gitana, nómada pasional, seductora, mujer libre..., Carmen Jones, con sus castañuelas, es la mujer fatal que enloquece a los hombres.

CARMEN

armencita —le pregunté— ¿Ya no me quieres? No despegó los labios. Estaba sentada sobre una estera con las piernas cruzadas y trazaba rayas en el suelo con el dedo.

—Cambiemos de vida, Carmen —le dije en tono suplicante—. Vamos a vivir a cualquier lugar donde no nos separemos nunca. Ya sabes que, no lejos de aquí, tenemos ciento veinte onzas enterradas al pie de un roble... Además, aún contamos con fondos en casa del judío Ben José.

Ella sonrió y me dijo:

—Primero yo y tú después. Sé que así ha de ocurrir.

—¡Reflexiona! —proseguí—. Se me está agotando la paciencia y el valor. Decide lo que quieras; yo tomaré mi propia decisión.

La dejé y fui a pasearme junto a la ermita. Encontré rezando al ermitaño. Aguardé a que terminara su plegaria. Yo hubiera querido rezar, pero no podía.

Cuando se levantó me acerqué a él:

—Padre —le dije—, ¿quiere usted rezar por alguien que se halla en grave peligro?

—Rezo por todos los afligidos —respondió.

—¿Puede decir una misa por un alma que tal vez va a comparecer ante su Creador?

—Sí —contestó mirándome fijamente.

Y como si hubiera notado algo extraño en mi aspecto:

—Me parece que lo he visto a usted antes —intentó hacerme hablar.

Puse una moneda sobre su banco.

—¿Cuándo dirá la misa? —le pregunté.

—Dentro de media hora. El hijo del posadero vendrá a ayudar. Pero dígame, joven, ¿hay algo que le atormente la conciencia? ¿Quisiera oír los consejos de un cristiano?

Me sentía al borde de las lágrimas. Le dije que volvería y salí a escape. Fui a echarme sobre la hierba hasta que oí la campana. Entonces me acerqué, pero permanecí fuera. Cuando la misa hubo terminado, regresé a la venta. Esperaba que Carmen hubiera huido; que cogiera mi caballo y hubiera escapado. Pero la encontré allí. No quería que se llegara a decir que yo la había amedrentado. En mi ausencia deshizo el ruedo de la falda para sacar el plomo. Ahora, ante una mesa, escrutaba en una jofaina llena de agua el plomo que había fundido y que acababa de echar allí. Tan absorta estaba en su hechicería que de momento no advirtió mi llegada. Unas veces tomaba un trozo de plomo y lo hacía girar ante sus ojos con una expresión de tristeza, o canturreaba algunas de sus tonadas mágicas que invocan a María de Padilla, la amante de don Pedro, que fue, según dicen, la *Bari Cralisa* o gran reina de los gitanos.

—Carmen —le dije— ¿Quieres venir conmigo?

Se levantó, apartó la jofaina y se puso la mantilla sobre la cabeza, como preparándose a partir. Me trajeron el caballo, ella montó a la grupa y nos alejamos.

—Así, pues, Carmen mía —le dije, tras haber recorrido un buen trecho—, decidiste acompañarme, ¿verdad?

—Te acompaño a la muerte, sí. Pero ya no viviré más contigo.

Atravesábamos una cañada solitaria. Detuve el caballo.

—¿Aquí? —preguntó ella.

Y se apeó de un salto. Se quitó la mantilla, la arrojó a sus pies y permaneció inmóvil, con una mano sobre la cadera, mirándome con fijeza.

—Quieres matarme, bien se ve —dijo—. Está escrito. Pero no me harás ceder.

—Te lo suplico —le rogué—, sé razonable. ¡Escúchame! Olvidaré todo lo pasado. Y sin embargo, sabes que fuiste tú quien me perdió, que por ti me he convertido en un ladrón y asesino. ¡Carmen! ¡Mi Carmen! ¡Deja que te salve y que me salve contigo!

—José —repuso—, me pides algo imposible. Ya no te amo. Tú me amas aún y por eso quieres matarme. Podría engañarte todavía con cualquier mentira, pero ya no quiero tomarme esa molestia. Todo ha terminado entre nosotros. Como eres mi *rom* tienes derecho a matar a tu *romí*. Pero Carmen será siempre libre.

Cañí nació
y morirá *cañí*.

—¿Amas a Lucas? —le pregunté.

—Sí. Lo he amado, como a ti, un momento; acaso menos que a ti. Ahora no amo a nadie. Más bien me odio por haberte amado.

Me eché a sus pies, le tomé las manos y las regué con mis lágrimas. Le recordé todos los momentos felices que habíamos pasado juntos. Le ofrecí seguir siendo bandido para complacerla.

Todo, Señor, todo se lo ofrecí con tal de que me quisiera todavía.

Ella me respondió:

—Amarte es imposible. Vivir contigo, no lo quiero.

El furor se apoderó de mí. Saqué el cuchillo. Hubiera deseado que tuviera miedo, que pidiera perdón. Pero aquella mujer era un demonio.

—Por última vez —grité—. ¿Vas a quedarte conmigo?

—¡No! ¡No y no! —exclamó ella, golpeando el suelo con el pie.

Y quitándose del dedo una sortija que yo le había regalado, la arrojó a un matorral.

La herí dos veces con el cuchillo del Tuerto, que había cogido al romperse el mío. Cayó a la segunda puñalada sin lanzar un grito. Aún me parece estar viendo sus grandes ojos negros que me miraban fijamente; después fueron velándose y se cerraron. Permanecí abatido durante más de una hora junto al cadáver. Después recordé que Carmen me había dicho a menudo que le gustaría ser enterrada en el bosque. Cavé una fosa con el cuchillo y la deposité allí. Busqué largo rato el anillo y cuando por fin lo encontré lo metí en la fosa junto con una crucecita. Tal vez hice mal. A continuación monté a caballo y me dirigí al galope a Córdoba, donde me dí a conocer en el primer cuerpo de guardia. Declaré que había matado a Carmen, pero no quise indicar dónde la enterré. El ermitaño era un santo. ¡Rezó por ella! Dijo una misa por su alma... ¡Pobre criatura! Los culpables son los *calés*, por haberla educado de ese modo.

EDGAR ALLAN POE
Estados Unidos (1809-1849)

Nació en Boston, hijo de actores pobres. Adoptado por el comandante John Allan de cuyo apellido hizo su segundo nombre. A los 14 años se enamoró de Helen Stanard, madre de un condiscípulo. Diez años más tarde se casó con su prima de 13 años Virginia Clemm. Poe se debilitó por su alcoholismo y el opio. Su esposa murió de tuberculosis. El escritor se reencontró con su amor de joven, Elmira. Murió en Baltimore.

La celebridad de Poe es reconocida por sus cuentos. Su personaje Auguste Dupin es el paradigma del detective. Sus temas preferidos, la muerte y la mujer.

«ELEONORA»

ogidos de la mano, por aquel bosque, durante quince años, vagué yo con Eleonora antes de que el amor penetrase en nuestros corazones. Fue una tarde, hacia el final del tercer lustro de su vida y del cuarto de la mía, cuando nos sentamos enlazados en mutuo abrazo, bajo aquellos árboles que semejaban serpientes mirando hacia las aguas del Río del Silencio para contemplar en ellas el reflejo de nuestras imágenes. Nada nos dijimos durante el resto de aquel dulce día; y nuestras palabras, incluso al día siguiente, fueron escasas y temblorosas. Habíamos atraído al dios Eros desde aquellas ondas y sentíamos que había encendido dentro de nosotros las ardientes almas de nuestros antepasados. Las pasiones que durante siglos distinguieron a nuestra estirpe llegaban en tropel con todas sus fantasías que las habían hecho notables, y todas ellas, en unión, formaron un delicioso viento sobre el Valle del Césped Multicolor. Todas las cosas cambiaron. Extrañas y brillantes flores semejantes a estrellas brotaron en árboles que jamás habían conocido flores hasta entonces.

Los matices de la verde alfombra se hicieron mucho más intensos; y cuando una por una, las blancas margaritas se fueron marchitando, crecieron en su lugar de diez en diez los asfódelos color rubí. Y la vida se alzó en nuestros senderos; porque el alto flamenco, no visto allí hasta entonces, en compañía de otros resplandecientes pájaros, desplegaba ante nosotros su plumaje escarlata. Los peces de oro y plata llenaron el río, de cuyo seno salió poco a poco un murmullo que fue ampliándose en arrulladora melodía más divina que la del arpa de Eolo y más suave que toda cosa, excepto la voz de Eleonora. Y entonces, también, una copiosa nube que habíamos contemplado en las regiones del Véspero, salió flotando de allí, resplandeciente en carmesí y oro, y colocándose pacíficamente sobre nosotros, fue descendiendo día por día, más cerca y más cerca, hasta que sus bordes tocaron la cima de las montañas transformando toda su oscuridad en magnificencia, y encerrándonos, como para siempre, dentro de una mágica prisión de grandeza y gloria.

El hechizo de Eleonora era el de los serafines; pero ella era una doncella sin artificio, tan inocente como la breve vida que había vivido entre las flores. Ningún engaño disfrazaba el fervor del amor que animaba su corazón, y examinaba conmigo sus más íntimos escondrijos mientras paseábamos juntos por el Valle del Césped Multicolor discurriendo sobre los poderosos cambios que últimamente se habían operado allí.

Finalmente, tras hablarme un día, toda llorosa, del último y triste cambio que había de sobrevenir a la Humanidad, desde entonces sólo pensó en aquel doloroso tema, mezclándolo en todas nuestras conversaciones, al igual que aparecen en los cantos del bardo de Schiraz repetidas las mismas imágenes una y otra vez a cada impresionante variación de la frase. Ella ha visto que el dedo de la Muerte se posaba sobre su pecho, y que, como lo efímero, había sido creada perfecta en su belleza sólo para morir; pero los terrones de la tumba, para ella, sólo residían en una consideración que me reveló una tarde, al anochecer, junto a las riberas del Río del Silencio. Se afligía al pensar que después de haberla enterrado en el Valle del Césped Multicolor yo abandonaría para siempre aquellos felices lugares, concediendo el amor que ahora era suyo tan apasionadamente, a alguna otra joven del mundo exterior y vulgar. Y acto seguido me arrojé a los pies de Eleonora jurando por ella y por el cielo que jamás me uniría en matrimonio con ninguna hija de la Tierra, y que, en modo alguno, me mostraría desleal con su cara memoria ni con el recuerdo del profundo afecto con que ella me había hecho tan feliz. Y apelé al Todopoderoso Ordenador del Universo como testigo de la piadosa solemnidad de mi juramento. Y la maldición que invoqué de Él y de ella, santa del Elíseo, si yo traicionaba aquella promesa, implicaba un castigo cuyos espantosos horrores no es posible explicar aquí. Los brillantes ojos de Eleonora brillaron mucho más cuando escuchó mis palabras. Y suspiró hondo como si hubiesen retirado de su pecho un peso mortal. Y tembló y lloró amargamente. Pero aceptó aquel juramento (pues, ¿qué era, sino una niña?) que hizo más leve para ella su lecho de muerte. Me dijo, no muchos días después, mientras moría pacíficamente, que, por lo que yo había hecho para consolar su espíritu ella velaría por mí después de su partida; y que si le fuese permitido, volvería a mí visiblemente, durante las veladas nocturnas; pero que si esto estaba fuera del alcance de las almas en el Paraíso, al menos me daría frecuentes señales de su presencia, suspirando sobre mí con la brisa de la tarde o llenando el aire que yo respirase con el perfume de los incensarios de los ángeles. Y con estas palabras en sus labios entregó su vida inocente, poniendo término a la primera época de la mía.

Hasta ahora he hablado fielmente. Pero cuando paso la barrera en el sendero del Tiempo formada por la muerte de mi amada, y comienzo la segunda era de mi existencia, siento que una sombra pesa sobre mi cerebro y pongo en duda la perfecta lucidez del recuerdo. Pero permitidme continuar... Los años fueron transcurriendo pesadamente y yo continué viviendo en el Valle del Césped Multicolor; pero se había producido un segundo cambio en todas las cosas. Las flores parecidas a estrellas se marchitaron en los troncos de los árboles, y ya no crecieron más. Y uno por uno, los asfódelos color rubí también se marchitaron. Y allí brotaron, en su lugar, de diez en diez, oscuras violetas parecidas a ojos que se retorcían angustiosamente y siempre estaban cargadas de rocío. Y la vida se fue de nuestros senderos. Porque el alto flamenco ya no desplegó su plumaje escarlata delante de nosotros, sino que emprendió el vuelo, tristemente, desde el valle a las montañas, en compañía de todos los demás maravillosos pájaros con los que había llegado. Y los peces de oro y plata partieron, nadando por la estrecha garganta hacia el extremo más bajo de nuestra heredad y nunca más embellecieron el río con su presencia. Y la arrulladora melodía que había sido más dulce que el arpa de Eolo y más divina que toda cosa, excepto la voz de Eleonora, se fue extinguiendo poco a poco, en murmullos que cada vez se fueron haciendo más débiles, hasta que la corriente volvió a adoptar la solemnidad de su profundo silencio. Y después, finalmente, la copiosa nube se alzó abandonando la cima de las montañas a su antigua umbría y volvió a caer en las regiones del Véspero llevándose consigo todas las suntuosas y áureas magnificencias, lejos del Valle del Césped Multicolor.

Aun así, las promesas de Eleonora no fueron olvidadas; porque pude oír el sonido de los incensarios de los ángeles; y siempre flotaba sobre el valle una oleada de perfume santo.

Y en las horas de soledad, cuando mi corazón latía angustiosamente, los vientos que acariciaban mi frente llegaban hasta mí envueltos en suaves suspiros. Vagos murmullos henchían el aire de la noche. Y una vez —¡Oh, sólo una vez!—, desperté de un sopor que se parecía al adormecimiento de la misma muerte, cuando sentí la presión de unos inmateriales labios sobre los míos.

* * *

Me encontré en una ciudad extraña donde todas las cosas pudieron servir para borrar de mi memoria los dulces sueños que había gozado tanto tiempo en el Valle del Césped Multicolor. La pompa y el fausto de una corte soberbia, y el alocado estrépito de las armas, el fantástico hechizo de una mujer..., aturdieron y embriagaron mi cerebro. Pero como hasta entonces mi alma se había mostrado fiel a sus juramentos, las señales de la presencia de Eleonora continuaban apareciendo en las silenciosas horas de la noche. Súbitamente cesaron todas aquellas manifestaciones, y el mundo se oscureció ante mis ojos.

Quedé horrorizado a causa de los pensamientos que me abrumaron, y a causa de las espantosas tentaciones que me acosaron. Porque llegó desde un país lejano y desconocido a la alegre corte del rey a quien yo servía, una doncella cuya belleza rindió mi corazón desde el primer momento, y ante cuyo escabel me prosterné sin resistencia alguna, abrumado por la adoración amorosa más servil y ardiente. ¿Qué era, en efecto, mi pasión por la niña del valle en comparación con el fervor, el delirio y el éxtasis de adoración que exaltaba mi espíritu, que vertía lágrimas a los pies de la espiritual Ermengarde? ¡Oh..., qué maravillosa era la seráfica Ermengarde! Y en aquel pensamiento no había espacio para ninguna mujer más. ¡Oh, cuán divino era el ángel de Ermengarde! Cuando yo miraba a lo más profundo de sus soñadores ojos, sólo pensaba en ellos, y en «ella».

Me casé; no temí al castigo que había invocado; y su amargura no me visitó. Y una vez, sólo una vez, en el silencio de la noche, penetraron por mi celosía los hondos suspiros que me habían desamparado; y se modularon en familiar y dulce voz que dijo:

—¡Duerme en paz! Porque el Espíritu del Amor reina y gobierna, y al recibir en tu corazón a una mujer como Ermengarde quedas absuelto, por razones que se te darán a conocer en el cielo, de tus juramentos para con Eleonora.

ALFRED DE MUSSET
Francia (1810-1857)

Ante todo, un poeta francés. Alfred de Musset nació en París. Narrador y dramaturgo de considerable importancia en Francia en el siglo XIX. Escribió piezas cortas adaptadas en su época a la escena y en su tono burlesco.

Su novela Las dos amantes es la incertidumbre de elegir entre las mujeres que ama. ¿Renuncia a la una o a la otra? Dos caminos: «La una es la alegría y el placer; la otra, el amor». ¿Cuál debe elegir? ¿Cuál conduce a la dicha?

LAS DOS AMANTES

Creéis, señora, que sea posible estar enamorado a la vez de dos personas? Si alguien me hubiera hecho esta pregunta, yo habría respondido que no. Y, sin embargo, así le ha sucedido a un amigo mío, cuya historia voy a contaros para convenceros.

Generalmente, cuando se trata de justificar dos amores simultáneos, se recurre a los contrastes. Una es alta, otra es baja; una tiene quince abriles, otra ha cumplido los treinta, y en fin, se pretende probar que dos mujeres de edad, tipo y caracteres distintos pueden inspirar a la vez dos pasiones distintas también. Para justificar mi caso, ni siquiera tengo ese pretexto en mi favor, pues las dos mujeres a que me refiero hasta se parecían un poco. Verdad que la una era casada y la otra viuda; la una rica y la otra pobre; pero contaban casi los mismos años y las dos eran menudas y morenas.

Aunque ni hermanas ni primas, tenían cierto aire de familia: los mismos ojos negros y grandes, la misma gentileza. Eran dos hembras semejantes. No os asustéis de que las llame así. En esta historia no ha de haber ninguna mala interpretación.

De ellas, os he dicho, una era rica y otra era pobre. Ahora comprenderéis por qué razón a Valentín le gustaban las dos. También creo haberos dicho que una era casada y otra era viuda. La marquesa de Parnes (la casada) era hija de un marqués y se había casado con otro marqués, y, lo que es mejor, tenía una gran fortuna; y, lo que aún es muchísimo mejor, gozaba de absoluta libertad, porque su marido se hallaba en Holanda retenido por sus asuntos. Aún no contaba veinticinco años, y se consideraba la reina de un pequeño reino al final de la Calzada de Antín. El cual reino consistía en un palacete de gran elegancia, que se alzaba entre un patio señorial y un hermoso jardín, postrer capricho de su suegro, que fue, hasta morir, gran señor y distinguido libertino. A decir verdad, la casa denunciaba los gustos de su antiguo dueño, y más bien parecía propia para galantes aventuras y fiestas que para servir de retiro a una mujer casada y joven, apartada del mundo durante la ausencia de su marido. En medio del jardín había un pabellón redondo, independiente de la casa, con una pequeña escalinata y una sola y amplia estancia, lujosamente dispuesta con femenil refinamiento. La marquesa de Parnes, tenida por virtuosa y discreta, moraba en la casa y no iba jamás al pabellón. Sin embargo, algunas veces se veía luz en él. Noble concurrencia, convites como a tal corresponde, pulidos pisaverdes y elegantes lechuguinos, numerosos criados y, en fin, un tren de lujo y de opulencia era lo que encerraba el palacio de la marquesa, la que, con una educación perfecta, había acrecentado sus dones. Poseyéndolo todo, de todo disfrutaba, sin aburrirse nunca. La indispensable tía de estos casos la acompañaba a todas partes. Cuando se hablaba de su marido, decía que estaba para volver, pero nadie lo creía.

Madame Delaunay (la viuda), siendo muy joven perdió a su marido, y vivía, con su madre, de una pequeña pensión con grandes trabajos conseguida y apenas suficiente. Ocupaba un piso tercero en la calle del Plato de Estaño, y se pasaba el día junto a la ventana bordando, única cosa que sabía hacer. Como veis, su educación había sido muy descuidada. Una salita era todo su patrimonio. A las horas de comer sacaban una mesa de nogal, relegada al pasillo durante el resto del día, y por la noche extendían un armario-cama de dos lechos. Aparte de esto, todo el modesto moblaje era objeto de una escrupulosa limpieza.

Madame Delaunay gustaba, a pesar de lo dicho, hacer vida de sociedad. Algunas antiguas amistades de su marido daban pequeñas reuniones, a las que asistía ataviada con un traje de organdí muy transparente. Como los pobres no gozan del veraneo, aquellas reuniones íntimas duraban todo el año. Ser joven y guapa, pobre y honrada, no es un mérito tan grande como se cree, pero es un mérito.

Al deciros que Valentín amaba a dos mujeres a la vez no he pretendido decir que amase a las dos por igual. Podría salir del paso argumentando que amaba a la una y deseaba a la otra; pero no quiero recurrir a estas sutilezas, que después de todo no significarían otra cosa sino que deseaba a las dos. Prefiero relatar sencillamente lo que pasaba en su corazón.

La causa de que comenzase a frecuentar estas dos casas fue únicamente la ausencia de los dos maridos. Nada tan cierto como que la apariencia de conseguir fácilmente una cosa, aunque realmente no sea más que una apariencia, seduce siempre a los pocos años. Valentín fue recibido en casa de la marquesa de Parnes nada más que porque ésta recibía a todo el mundo; para ello bastó que lo presentase un amigo. En cuanto a su entrada en casa de Mme. Delaunay, también había sido cosa fácil, aunque no tan rápida. Como Valentín iba a todas partes, la encontró en una de esas pequeñas reuniones de que acabo de hablaros. La vio, se fijó en ella, la sacó a bailar y, en fin, un buen día encontró el modo de ir a su casa para llevarle un libro recién publicado que ella quería leer. Hecha la primera visita, no se necesita un pretexto para volver, y al cabo de tres meses ya se es de la casa; esto pasa siempre.

CHARLOTTE BRONTË
Gran Bretaña (1816-1855)

Nació en Thornton. Hija de un pastor evangélico de origen humilde y hermana de la escritora Emily (Cumbres Borrascosas). Sus otras dos hermanas mayores murieron de niñas de tuberculosis. Charlotte trabajó de institutriz; se enamoró del director de la escuela donde trabajaba de profesora. Luego se dedicó a la literatura. Nueve meses antes de morir se casó.

Jane Eyre es un relato romántico que se asemeja a la cenicienta. Su protagonista se educa en un orfelinato, se enamora ardientemente del padre de la niña que cuida, un hombre rico, y cuando va a casarse se revela el secreto que éste oculta perversamente a su primera mujer que trató de asesinar.

JANE EYRE

Tú—dije— ¿favorita del señor Rochester? ¿*Tú*, investida con el poder de agradarlo? ¿*Tú*, importarle de alguna manera? Vamos, me repugna tu insensatez.

Has hallado placer en muestras casuales de preferencia, muestras equívocas, viniendo de un caballero de buena familia, un hombre de mundo, a una novicia y subordinada. ¿Cómo te has atrevido? ¡Pobre tonta crédula! ¿Ni por amor propio has podido ser más sensata?

Esta mañana has repasado la breve escena de anoche, ¡esconde la cara de vergüenza! ¿Conque dijo algo sobre tus ojos? ¡Ciega inexperta! ¡Levanta los párpados pesados para contemplar tu execrable insensatez! No le conviene a ninguna mujer que la adule un superior que no puede tener intención de casarse con ella; y es una locura por parte de todas las mujeres fomentar dentro de ellas un amor secreto que, si no es correspondido ni conocido, devorará la vida de la que se alimenta, y si es correspondido, la atraerá, al estilo del *ignis fatuus*, a lugares cenagosos de donde no puede salir.

Escucha tu sentencia, entonces, Jane Eyre. Mañana, colócate un espejo delante y dibuja con tiza tu propia imagen, fielmente, sin atenuar ni un defecto; no omitas ninguna línea imperfecta y no corrijas ninguna irregularidad, y escribe debajo «Retrato de una institutriz, huérfana, pobre y fea»Después, coge un trozo de suave marfil (tienes uno en tu caja de dibujo) y tu paleta y mezcla los colores más frescos, claros y suaves, elige tus pinceles más delicados de pelo de camello y dibuja cuidadosamente el rostro más bello que puedas imaginar. Coloréalo con los tonos más suaves y las sombras más dulces, según la descripción que de Blanche Ingram hiciera la señora Fairfax. Recuerda los rizos de ébano, los ojos orientales... ¿Qué? ¿Usarás de modelo los del señor Rochester? ¡Orden en la sala! ¡No toleraré gimoteos, ni sentimentalismos, ni lamentaciones! sino sólo buen sentido y resolución. Recuerda las líneas majestuosas y armoniosas, el busto griego; que se vean el precioso brazo torneado y la mano delicada; no olvides la sortija de brillantes ni la pulsera de oro; reproduce fielmente la ropa: encajes etéreos y raso lustroso, fular elegante y rosa dorada, y llámalo «Blanche, una dama distinguida».

Cuando, en el futuro, se te ocurra pensar que te aprecia el señor Rochester, saca estos dos retratos y compáralos, diciendo: "Es probable que el señor Rochester consiguiera el amor de esta noble dama si se lo propusiera. ¿Es probable que pierda el tiempo pensando en esta obra, plebeya, indigente e insignificante?"

Así lo haré», resolví, y después de tomar esta decisión, me serené y me quedé dormida. Fui fiel a mi palabra. Una hora o dos fueron suficientes para dibujar con carbón mi propio retrato y, en menos de quince días, había acabado la miniatura de marfil de una Blanche Ingram imaginaria.Era una hermosa cara y, cuando la comparé con la cabeza de carbón, el contraste era tan grande como pudiera desear mi autodominio. Me beneficié de la tarea: había mantenido ocupadas mi cabeza y mis manos, y había dado fuerza y firmeza a las impresiones que quería imprimir para siempre en mi corazón.

Poco tiempo después, tuve ocasión de felicitarme por la tarea de sana disciplina a la que había sometido mis sentimientos; gracias a ella, pude enfrentarme a los sucesos posteriores con una serenidad, que, de no estar preparada, habría sido incapaz siquiera de aparentar externamente.

IVÁN S. TURGUÉNIEV
Rusia (1818-1883)

Iván Serguéievich Turguéniev nació en Oriol. Hijo de grandes terratenientes, se educó en las universidades de Moscú y San Petersburgo y completó estudios en la de Berlín entre 1838 y 1841. Asistido de la cantante Pauline Viardot, el gran amor de su vida, Turguéniev murió en Bougival.

Su obra más célebre es Primer amor, en ella patentiza la delicadeza y el encanto de su estilo hecho de alusiones y muestra su sutileza en la descripción de sentimientos. En la figura del padre que aparece en Primer amor Turguéniev hizo una transposición de su padre real, muerto cuando él era un adolescente. Con los años, el escritor vio agrandarse el recuerdo de su progenitor y le rindió homenaje en esta bella historia. En toda la literatura de amor, Zenaida, coqueta, hermosa y apasionada, junto con Voldeman, de sólo 16 años, marcan un hito como es el nacimiento del primer amor, súbito y apasionado.

PRIMER AMOR

Mi «pasión» empezó ese día. Recuerdo que sentí algo parecido a lo que debe sentir un hombre que ha encontrado un empleo: dejé de ser simplemente un joven adolescente para convertirme en un enamorado. He dicho anteriormente que desde aquel día empezó mi pasión. Podría añadir que mis sufrimientos también empezaron ese mismo día. Sufría en ausencia de Zenaida. Mi mente no podía fijarse en nada y todo se me caía de las manos. Durante días enteros pensaba obstinadamente en ella... Sufría..., pero en su presencia me sentía más aliviado. Tenía celos, comprendía que era poca cosa para ella, me enfadaba tontamente y tontamente me humillaba. A pesar de todo, una fuerza irresistible me llevaba hacia ella, y cada vez que traspasaba el umbral de su casa sentía una bocanada de felicidad. Zenaida comprendió en seguida que estaba enamorado, y yo no pensé nunca en ocultarlo. Ella se reía de mi pasión, jugaba conmigo, me mimaba y me hacía sufrir. Es dulce ser la única fuente, la causa tiránica e inapelable de las más grandes dichas y de la desesperación más honda de otro ser, y yo era, en manos de Zenaida, como la blanda cera.

    Hay que decir que no era el único que se había enamorado de ella. Todos los hombres que visitaban su casa estaban locos por Zenaida y ella los tenía a todos a sus pies. Le divertía inspirarles unas veces confianza y otras, dudas, y manipularlos según su capricho (a esto llamaba «hacer que los hombres choquen los unos contra los otros»), y ellos no pensaban hacer resistencia y se sometían con gusto. En todo su ser, lleno de vitalidad y belleza, había una mezcla de astucia y despreocupación, de afectación y sencillez, de calma y vivacidad. Sobre todo lo que hacía o decía, sobre cada movimiento suyo lleno de fina y delicada gracia, sobre todo su ser se traslucía una fuerza original y juguetona. Su cara también cambiaba constantemente, como en un juego incesante: casi al mismo tiempo expresaba ironía, seriedad y apasionamiento. Pasaban sin cesar por sus ojos y labios los más diversos, inestables y fugaces sentimientos, como sombra de nubes en un día de sol y viento.

    Cada uno de sus admiradores le era necesario. Belovsorov, a quien llamaba «mi animal», o simplemente «mío», se hubiera dejado gustoso prender fuego por ella. No esperando nada de sus capacidades mentales y demás virtudes, le propuso, sin embargo, casarse con él, insinuando que lo de los otros sólo eran palabras. Maidanov respondía a la vena poética de su alma. Hombre bastante frío, como casi todos los escritores, trataba obstinadamente de convencerla —probablemente también a sí mismo— de que la adoraba. La cantaba en versos interminables y se los declamaba con entusiasmo poco natural, pero sincero. Ella lo compadecía, y a la vez se burlaba un poco de él. No le creía demasiado y, después de haber escuchado atentamente sus expansiones, le obligaba a leer algo de Pushkin, para despejar el aire, como decía. Lushin, hombre mordaz, aparentemente cínico y médico de profesión, la conocía mejor que todos y la amaba más que ninguno, aunque a sus espaldas y en presencia de él, ella lo injuriaba. Lo respetaba, pero no le hacía ninguna concesión y, algunas veces con un deleite especial y maligno, le hacía sentir que él también estaba en sus manos.

—Soy una coqueta, no tengo corazón, soy una actriz —le dijo una vez delante de mí.

GUSTAVE FLAUBERT
Francia (1821-1880)

Nació en Roma, en el hospital francés donde su padre era el cirujano jefe. Adolescente se enamoró de un amor imposible, Madame Schlesinger, once años mayor que él. A los 23 años sufrió un síncope, o epilepsia; abandonó sus estudios de Derecho y se dedicó a la literatura. De nuevo se enamoró de una mujer mayor, Louise Colet. Murió de hemorragia cerebral.

Emma Rouault, hija de granjero, educada en un convento, está casada con el médico Bovary. Ya casada se enamora románticamente de un joven, Léon, y luego cae en brazos del sibarita y solterón Boulanger. Planea fugarse con él a París y aquél desiste, sumiéndola en un despecho y enfermedad. Reencuentra a Léon y es ahora su amante, pero su vida desordenada la obliga a buscar usureros, pues Léon, con frialdad, no la respalda económicamente. Ante la indiferencia de su amante, por su desesperada situación económica, opta por el suicidio para sorpresa de su marido.

MADAME BOVARY

Según iba andando, se preguntaba: «¿Y qué le digo? ¿Cómo voy a empezar?» Y a medida que avanzaba, iba reconociendo los matorrales, los árboles, los juncos del ribazo y la silueta del castillo que se divisaba a lo lejos. Revivía las sensaciones de aquellos primeros días de amor y su pobre corazón agobiado se esponjaba placenteramente dentro de ellas.

Un viento tibio le acariciaba el rostro. La nieve se convertía, al fundirse, en gotas que caían una a una de los brotes surgidos en la hierba.

Se metió, como antaño, por la puertecita del parque y entró al patio principal, flanqueado por una doble fila de frondosos tilos, cuyas largas ramas se columpiaban silbando. Todos los perros a una empezaron a ladrar dentro de la perrera y el eco de sus ladridos resonó sin que nadie apareciera.

Subió la escalera ancha y recta con barandillas de madera que llevaba al pasillo aquel de losas polvorientas al que daban varias habitaciones seguidas, como en los monasterios o las hospederías. La de Rodolphe era la última del fondo a la izquierda. Cuando estuvo delante de ella, al poner la mano en el pestillo, notó que las fuerzas la abandonaban de pronto. Temía que pudiera no estar y casi lo deseaba, a pesar de que era ya su sola esperanza, la última oportunidad de salvación que le quedaba.

Se concentró unos instantes y al fin, armándose de valor al acordarse de lo apremiante del caso, empujó la puerta y entró.

Rodolphe estaba sentado ante el fuego con los pies apoyados en el reborde de la chimenea, fumando su pipa.

Al verla se puso bruscamente de pie.

—Pero ¡si eres tú! —dijo.

—Sí, yo misma. Es que verás, Rodolphe, necesito consultarte una cosa.

Y, a pesar de los esfuerzos que hacía, le costaba un trabajo horrible despegar los labios.

—No has cambiado nada —dijo él—. Sigues tan encantadora como siempre.

—Sí —repuso ella con amargura—, pobres encantos los míos, que sólo sirvieron para que los despreciaras.

Rodolphe se metió en explicaciones sobre su proceder, pero se perdía en vaguedades, incapaz de inventar una disculpa valedera.

Emma se dejaba acunar por sus palabras, o mejor dicho por su voz y la visión de su persona, hasta tal punto que fingió creer — o quién sabe si no lo creería de verdad— el pretexto con que justificó su ruptura: se trataba de un secreto del cual dependían la honra y hasta la vida de una tercera persona.

—¡Ya da igual! —dijo ella mirándolo con tristeza—. ¡Después de lo que he sufrido!

—¡Así es la vida! —replicó él con tono filosófico.

—¿Te ha ido a ti bien, por lo menos, desde que me dejaste?

—Pues mira, ni bien ni mal.

—Puede que hubiera sido mejor no separarnos.

—Puede que sí.

—¿Lo crees en serio? —preguntó ella acercándose.

Y luego, tras un suspiro:

—¡Ay, Rodolphe, si tú supieras! No sabes bien lo que yo te he querido.

En ese momento, le cogió una mano y se quedaron un rato así con los dedos enlazados, como aquel primer día de la feria agrícola. Él, por amor propio, luchaba contra la tentación de enternecerse. Pero ella se echó en sus brazos, y le decía:

—¿Cómo crees que iba a poder vivir sin ti? La felicidad envicia demasiado. No sabía qué hacer, creí que me moría. Ya te lo contaré. ¡Y tú huyéndome!

Porque, efectivamente, llevaba tres años evitando cuidadosamente encontrarse con ella, llevado por esa cobardía típica del sexo fuerte. Y Emma seguía hablando y haciendo gestos deliciosos con la cabeza, zalamera como una gata en celo.

—¡A que tienes amores con otras mujeres!, anda, confiésalo. Si, además, no me extraña y me pongo en su caso. Las habrás seducido como a mí, porque eres un hombre de verdad, porque todo lo que hace falta para despertar amor lo tienes tú. Pero ¿verdad que vas a volver conmigo? ¡Cuánto nos vamos a querer ahora! Mira qué feliz soy, ¿no ves cómo me río? Pero di algo.

Estaba irresistible con aquella mirada empañada por las lágrimas que temblaban como agua de tormenta en un cáliz azul.

La sentó sobre sus rodillas y empezó a acariciarle con el envés de la mano aquellas crenchas de pelo liso en las que espejeaba, a la luz del crepúsculo, un rayo de sol postrero, a manera de flecha de oro. Tenía la frente inclinada. Rodolphe empezó a besarle los párpados despacito, a flor de labios.

—Pero ¡tú has estado llorando! —dijo—. ¿Por qué has llorado?

Emma rompió a sollozar. Rodolphe lo tomó por una explosión de amor, y el hecho de que se callara lo achacó a un resto de vergüenza, así que exclamó:

—¡Perdóname! Ninguna mujer me gusta como tú. He sido un necio y una mala persona. Pero te quiero y no podré dejarte de querer jamás. ¿Qué te pasa? Dímelo.

Se había puesto de rodillas.

—¡Estoy en la ruina, Rodolphe!, eso es lo que me pasa. ¿Me puedes prestar tres mil francos?

Él se incorporó y su rostro tomó una expresión grave.

—Pero es que..., es que... —balbuceaba.

—Mi marido, ¿sabes? —se apresuró a continuar ella—, había puesto toda su fortuna en manos de un notario y él se escapó con todo. Tuvimos que pedir dinero prestado, los clientes no pagaban. Pero tenemos varias liquidaciones pendientes, es un apuro de momento, nos van a pagar. El caso es que hoy estamos amenazados de embargo, total por tres mil francos, ya ves, es una cosa urgente, los necesito ahora mismo, así que me acordé de ti, de nuestra amistad, y por eso he venido.

Rodolphe de repente se había puesto muy pálido.

«¡Ah, vamos! —pensaba—. Es por eso por lo que ha venido». Luego dijo con toda parsimonia.

—Pues lo siento, querida señora, pero no los tengo.

No era mentira. Si los hubiera tenido probablemente se los hubiera dado, a pesar de lo enojoso que resulta llevar a cabo este tipo de buenas acciones: de todas las borrascas que pueden caer sobre el amor ninguna más fría y arrasadora que una exigencia monetaria.

Emma se quedó mirándolo durante unos instantes.

—¡Ah, no los tienes! —Y repetía—: ¡Conque no los tienes...! Podía haberme ahorrado esta última vergüenza. ¡No me has querido nunca! ¡Eres igual que todos!

Se estaba traicionando, labrando su perdición.

Rodolphe la interrumpió para decirle que él también andaba en apuros.

—¡Pobre! —dijo Emmma—¡Què pena me das! Sí, una pena horrible.

Se había quedado con los ojos fijos en una escopeta forrada de plata que brillaba colgada de la panoplia.

—Pero cuando uno es pobre, la culata de sus escopetas no la forra de plata. Ni se compra uno un reloj de mesa con incrustaciones de concha, ni le pone silbatos de esmalte a sus fustas ni tantos dijes al reloj de bolsillo

Iba señalando y tocando los objetos a que aludía

—¡No le falta nada, hasta una licorera tiene en su habitación! Y te mimas, vives a cuerpo de rey, tienes un castillo, tierras, granjas, organizas cacerías, haces viajes a París.

Había sobre el reborde de la chimenea unos gemelos de camisa y Emma los cogió:

—¡Sólo con esto —exclamó—, con la más insignificante de estas bagatelas, se podría hacer dinero! Pero ¡guárdatelos, que no me hacen falta!

Los tiró lejos y la cadenita de oro que los unía se rompió contra la pared.

—Yo, en cambio, te habría dado todo lo que tuviera, todo lo habría vendido por ti, me habría puesto a trabajar o habría salido a pedir limosna por los caminos, simplemente por una sonrisa tuya, por una mirada, por oírte decir «gracias». Y tú ahí tan repantigado y tan tranquilo en tu butaca, por si no fuera bastante lo que ya me has hecho sufrir. Si no hubiera sido por ti, habría podido vivir tan contenta, y lo sabes. ¿Qué necesidad tenías de meterte en mi vida? ¿O lo hiciste por una apuesta? Pero no, me amabas, decías que me amabas... Y todavía, hace sólo unos momentos... ¡Ay, cuánto mejor hubiera sido que me echaras! Todavía tengo en las manos el calor de tus besos, y ahí mismo, encima de la alfombra me has jurado amor eterno. Me lo has hecho creer todo. Me embarcaste durante dos años en el más dulce y magnífico de los sueños. ¿Es que ya no te acuerdas de nuestros planes de viaje? Pero, ay, tu carta me hizo pedazos el corazón, ¡qué carta aquélla! Y ahora, cuando acudo a él, a este hombre que es rico, libre y dichoso, para implorar una ayuda que cualquier desconocido se brindaría a prestar, cuando vuelvo a traerle suplicante toda mi ternura, me rechaza porque tener eso le costaría ¡tres mil francos!

—¡No los tengo! —respondió Rodolphe con esa perfecta calma tras la que se escudan las iras reprimidas. Emma salió. Las paredes se bamboleaban, el techo se le iba a caer encima. Volvió a recorrer la larga avenida y sus pies tropezaban con los montones de hojas secas que el viento barría. Por fin llegó a la zanja que había ante la verja. De tanta prisa como tenía por abrir, se rompió las uñas contra el cerrojo.

Luego, cuando había andado unos cien pasos, se detuvo sin aliento, a punto de desfallecer. Miró hacia atrás y vio por última vez el castillo impasible con su parque, sus jardines, los tres patios y todas aquellas ventanas de la fachada.

Estaba hundida en el estupor y no tenía más conciencia de sí misma que el latido de sus venas. Le parecía oírlo escapándose a llenar el campo, como una música ensordecedora.

El suelo era más blando que un oleaje debajo de sus pies y le parecía que contra ellos, como inmensas olas pardas, venían a romper los surcos. Todo el caudal de recuerdos y pensamientos que había dentro de su cabeza se escapaba a la vez y de un solo golpe, como las mil chispas de un espectáculo de fuegos artificiales. Veía a su padre, veía el despacho de Lheureux, el cuarto que tenían allá en aquella casa, otro paisaje. Se sentía enloquecer, tuvo miedo y logró rehacerse un poco, aunque la verdad es que no se aclaraba del todo. La causa del horrible estado en que se hallaba, es decir, la cuestión del dinero, se le había borrado. No sufría más que de amor, y sentía que el alma se le iba por ese recuerdo, de la misma manera que sienten los heridos cuando agonizan que la vida se les escapa por la llaga que les sangra.

JUAN VALERA
España (1824-1905)

Juan Valera y Alcalá Galiano nació en Córdoba, de familia aristocrática. Humanista sin par. Estudió Leyes en la universidad de Granada y se graduó de Abogado en la universidad de Madrid. Secretario del Congreso y miembro de la Real Academia de la Lengua. Senador vitalicio y diplomático, viajó por Europa y América. Embajador de Washington. Murió ciego.

En Pepita Jiménez, esta joven viuda, encarna el culto al amor y a una mujer bella entre las bellas que desata pasiones simultáneas en Pedro, el padre, y en Juan, el hijo.

PEPITA JIMÉNEZ

30 de mayo

Dios me ha dado fuerzas para resistir y he resistido. Hace días que no pongo los pies en casa de Pepita, que no la veo.

Casi no tengo que pretextar una enfermedad, porque realmente estoy enfermo. Estoy pálido y ojeroso; y mi padre, lleno de afectuoso cuidado, me pregunta qué padezco y me muestra el interés más vivo.

El reino de los cielos cede a la violencia, y yo quiero conquistarle. Con violencia llamo a sus puertas para que se me abran.

Con ajenjo me alimenta Dios para probarme, y en balde le pido que aparte de mí ese cáliz de amargura; pero he pasado y paso en vela muchas noches, entregado a la oración, y ha venido a endulzar lo amargo del cáliz una inspiración amorosa del espíritu consolador y soberano.

He visto con los ojos del alma la nueva patria, y en lo más íntimo de mi corazón ha resonado el cántico nuevo de la Jerusalén celeste.

Si al cabo logro vencer, será gloriosa la victoria; pero se la deberé a la Reina de los Ángeles, a quien me encomiendo. Ella es mi refugio y mi defensa; torre y alcázar de David, de que penden mil escudos y armaduras de valerosos campeones; cedro del Líbano, que pone en fuga a las serpientes. En cambio, a la mujer que me enamora de un modo mundanal procuro menospreciarla y abatirla en mi pensamiento, recordando las palabras del Sabio y aplicándoselas.

Eres lazo de cazadores, la digo; tu corazón es red engañosa, y tus manos redes que atan: quien ama a Dios huirá de ti, y el pecador será por ti aprisionado.

Meditando sobre el amor, hallo mil motivos para amar a Dios y no amarla.

Siento en el fondo de mi corazón una inefable energía que me convence de que yo lo despreciaría todo por el amor de Dios: la fama, la honra, el poder y el imperio. Me hallo capaz de imitar a Cristo; y si el enemigo tentador me llevase a la cumbre de la montaña y me ofreciese todos los reinos de la tierra porque doblase ante él la rodilla, yo no la doblaría; pero cuando me ofrece a esta mujer, vacilo aún y no le rechazo. ¿Vale más esta mujer a mis ojos que todos los reinos de la tierra; más que la fama, la honra, el poder y el imperio?

¿La virtud del amor, me pregunto a veces, es la misma siempre, aunque aplicada a diversos objetos, o bien hay dos linajes y condiciones de amores? Amar a Dios me parece la negación del egoísmo y del exclusivismo. Amándole, puedo y quiero amarlo todo por Él, y yo no me enojo ni tengo celos de que Él lo ame todo. No estoy celoso ni envidioso de los santos, de los mártires, de los bienaventurados, ni de los mismos serafines. Mientras mayor me represento el amor de Dios a las criaturas y los favores y regalos que les hace, menos celoso estoy y más le amo, y más cercano a mí le juzgo, y más amoroso y fino me parece que está conmigo. Mi hermandad, mi más que hermandad con todos los seres, resalta entonces de un modo dulcísimo. Me parece que soy uno con todo, y que todo está enlazado con lazada de amor por Dios y en Dios.

Muy al contrario, cuando pienso en esta mujer y en el amor que me inspira. Es un amor de odio que me aparta de todo menos de mí. La quiero para mí, toda para mí y yo todo para ella. Hasta la devoción y el sacrificio por ella son egoístas. Morir por ella sería por desesperación de no lograrla de otra suerte, o por esperanza de no gozar de su amor por completo, sino muriendo y confundiéndome con ella en eterno abrazo.

Con todas estas consideraciones procuro hacer aborrecible el amor de esta mujer; pongo en este amor mucho de infernal y de horriblemente ominoso; pero como si tuviese yo dos almas, dos entendimientos, dos voluntades y dos imaginaciones; pronto surge dentro de mí la idea contraria; pronto me niego lo que acabo de afirmar, y procuro conciliar locamente los dos amores. ¿Por qué no huir de ella y seguir amándola sin dejar de consagrarme fervorosamente al servicio de Dios? Así como el amor de Dios no excluye el amor de la patria, el amor de la humanidad, el amor de la ciencia, el amor de la hermosura en la naturaleza y en el arte, tampoco debe excluir este amor, si es espiritual e inmaculado. Yo haré de ella, me digo, un símbolo, una alegoría, una imagen de todo lo bueno y hermoso. Será para mí como Beatriz para Dante, figura y representación de mi patria, del saber y de la belleza.

Esto me hace caer en una horrible imaginación, en un monstruoso pensamiento. Para hacer de Pepita ese símbolo, esa vaporosa y etérea imagen, esa cifra y resumen de cuanto puedo amar por bajo de Dios, en Dios y subordinándolo a Dios, me la finjo muerta, como Beatriz estaba muerta cuando Dante la cantaba.

Si la dejo entre los vivos, no acierto a convertirla en la idea pura, y para convertirla en idea pura, la asesino en mi mente.

Luego la lloro, luego me horrorizo de mi crimen, y me acerco a ella en espíritu, y con el calor de mi corazón le vuelvo la vida, y la veo, no vagarosa, diáfana, casi esfumada entre nubes de color de rosa y flores celestiales, como vio el feroz Gibelino a su amada en la cima del Purgatorio, sino consistente, sólida, bien delineada en el ambiente sereno y claro, como las obras más perfectas del cincel helénico; como Galatea, animada ya por el efecto de Pigmalión, y bajando llena de vida, respirando amor, lozana de juventud y de hermosura, de su pedestal de mármol.

Entonces exclamo desde el fondo de mi conturbado corazón: «Mi virtud desfallece; Dios mío, no me abandones. Apresúrate a venir en mi auxilio. Muéstrame tu cara y seré salvo.»

Así recobro las fuerzas para resistir a la tentación. Así renace en mí la esperanza de que volveré al antiguo reposo no bien me aparte de estos sitios.

El demonio anhela con furia tragarse las aguas puras del Jordán, que son las personas consagradas a Dios. Contra ellas se conjura el infierno y desencadena todos sus monstruos. San Buenaventura lo ha dicho: «No debemos admirarnos de que estas personas pecaron, sino de que no pecaron». Yo, con todo, sabré resistir y no pecar. Dios me protege.

6 de junio

¡Ojalá no hubiera ido!

Pepita estaba sola. Al vernos, al saludarnos, nos pusimos los dos colorados. Nos dimos la mano con timidez, sin decirnos palabra.

Yo no estreché la suya; ella no estrechó la mía, pero las conservamos unidas un breve rato.

En la mirada que Pepita me dirigió nada había de amor, sino de amistad, de simpatía, de honda tristeza.

Había adivinado toda mi lucha interior; presumía que el amor divino había triunfado en mi alma; que mi resolución de no amarla era firme e invencible.

No se atrevía a quejarse de mí; no tenía derecho a quejarse de mí; conocía que la razón estaba de mi parte. Un suspiro, apenas perceptible, que se escapó de sus frescos labios entreabiertos, manifestó cuánto lo deploraba.

Nuestras manos seguían unidas aún. Ambos mudos. ¿Cómo decirle que yo no era para ella ni ella para mí; que importaba separarnos para siempre?

Sin embargo, aunque no se lo dije con palabras, se lo dije con los ojos. Mi severa mirada confirmó sus temores; la persuadió de la irrevocable sentencia.

De pronto se nublaron sus ojos; todo su rostro hermoso, pálido ya de una palidez traslúcida, se contrajo con una bellísima expresión de melancolía. Parecía la madre de los dolores. Dos lágrimas brotaron lentamente de sus ojos y empezaron a deslizarse por sus mejillas.

No sé lo qué pasó en mí. ¿Ni cómo describirlo, aunque lo supiera?

Acerqué mis labios a su cara para enjugar el llanto, y se unieron nuestras bocas en un beso.

Inefable embriaguez, desmayo fecundo en peligros invadió todo mi ser y el ser de ella. Su cuerpo desfallecía y la sostuve entre mis brazos.

Quiso el cielo que oyésemos los pasos y la tos del padre Vicario que llegaba, y nos separamos al punto.

Volviendo en mí, y reconcentrando todas las fuerzas de mi

voluntad, pude entonces llenar con estas palabras, que pronuncié en voz baja e intensa, aquella terrible escena silenciosa:

—¡El primero y el último!

Yo aludía al beso profano; mas, como si hubieran sido mis palabras una evocación, se ofreció en mi mente la visión apocalíptica en toda su terrible majestad. Vi al que es por cierto el primero y el último, y con la espada de dos filos que salía de su boca me hería en el alma, llena de maldades, de vicios y de pecados.

Toda aquella noche la pasé en un frenesí, en un delirio interior, que no sé cómo disimulaba.

Me retiré de casa de Pepita muy temprano.

En la soledad fue mi mayor amargura.

Al recordarme de aquel beso y de aquellas palabras de despedida, me comparaba yo con el traidor Judas, que vendía besando, y con el sanguinario y alevoso asesino Joab cuando, al besar a Amasá, le hundió el hierro agudo en las entrañas.

Había incurrido en dos traiciones y en dos falsías.

Había faltado a Dios y a ella.

Soy un ser abominable.

WILKIE COLLINS
Gran Bretaña (1824-1889)

Wilkie Collins nació en Londres, hijo de un destacado pintor paisajista. A sus veinticuatro años escribió la biografía de su padre. Contemporáneo de Charles Dickens y su amigo cercano, Collins, en vida, disfrutó del éxito literario. Fue reconocido como padre y maestro de la novela policiaca.

En La dama de blanco, *los siniestros manejos de Sir Percival y su cómplice el conde Fosco obligan a Laura y a su hermanastra Marian a confusas situaciones en las que se mezcla «la dama de blanco», joven parecida o exacta a Laura.*

LA DAMA DE BLANCO

PRIMERA ÉPOCA

Limmeridge House, 8 de noviembre

Esta mañana partió Mr. Gilmore.

Había empezado a desconfiar de mí misma, en este complicado y lamentable asunto, cuando advertí mi ignorancia acerca de la fuerza de la infortunada pasión de Laura. Esa delicadeza, ese autodominio y ese sentido del honor que me habían impulsado hacia el pobre Hartright, eran precisamente las cualidades que más obrarían sobre Laura. No obstante, hasta que no me abrió su corazón, no sospeché su nuevo sentimiento. Creí que el tiempo y la voluntad podrían desvanecerlo. Ahora temo que perdurará en ella y que la afectará mientras viva.

Al entrar en el cuarto, la vi agitada y sonrojada. Avanzó hacia mí y me habló antes de que yo hubiera tenido tiempo de abrir la boca. Me dijo que me necesitaba y que la escuchara.

—Dime, ¿te aconsejó Mr. Gilmore? —pregunté.

—No. Fue muy bueno y generoso conmigo, Marian. Pero no logro dominarme, y debiera tener el valor suficiente para terminar con esto. El valor para decir la verdad. —Me rodeó el cuello con sus brazos y apoyó su cabeza, serenamente, sobre mi pecho. Miraba, en ese momento, el retrato de su padre—. Quiero decirle a sir Percival que me libere si lo desea, no porque yo se lo pida, sino porque lo sabe todo.

—¿Qué quieres decir, Laura, con «todo»? Bastará que él sepa que el compromiso se halla en pugna con tus sentimientos...

—Hubiera cumplido el compromiso de no haber brotado en mí ese otro amor que no existía cuando me comprometí a ser la esposa de sir Percival. Él tiene derecho a saberlo —dijo.

—¡Ni el menor derecho tiene!

—Te equivocas. No debo engañar a nadie, y menos al hombre a quien me dio mi padre y a quien yo misma me he dado. No te enojes. He pensado en esto, Marian, durante mucho tiempo. Déjame que le hable mañana y en tu presencia. No le diré nada malo, nada de lo que tú y yo nos avergoncemos.

Me dio las gracias y pasamos a hablar gradualmente de otras cosas.

A la hora de cenar volvió a reunirse con nosotros y demostró hallarse más cómoda y ser más dueña de sí misma, frente a sir Percival, de lo que nunca la había visto antes. Luego de cenar se dirigió al piano y escogió una música nueva, complicada, disonante y audaz. Las viejas y amables melodías de Mozart, que tanto apasionaban a

Hartright, no las ha vuelto a tocar desde que él se fue. El libro de música ya no se encuentra sobre el atril. Lo ha escondido para que nadie pueda encontrarlo. Después de darle las buenas noches, le dijo, muy serenamente, que deseaba hablar con él luego del desayuno, y que la hallaría conmigo en su gabinete. sir Percival cambió de color ante esas palabras, y sentí que su mano temblaba ligeramente cuando se la estreché.—Deseaba conversar con usted, sir Percival, —comenzó Laura—, sobre un asunto que es de suma importancia para los dos. Hablo, créamelo, por mi propia cuenta, no por la de ella. Me enteré, por intermedio de Marian —prosiguió muy tranquila—, de que no tengo más que reclamar mi liberación de nuestro compromiso para obtenerla. Pero no he olvidado que usted le pidió permiso a mi padre, antes de honrarme con su proposición matrimonial. El consejo de mi padre me impulsa a darle a usted mi palabra. Nada he hallado en su conducta —continuó —que sea condenable. No me ha dado usted motivo alguno para pedirle que me libere de mi compromiso. La ruptura de nuestro compromiso, sir Percival, debe ser obra exclusiva de sus deseos y acciones, no de los míos.

—¿Qué motivo puedo tener, por mi parte, para abandonar mi actual posición? —preguntó muy inquieto. Movía nerviosamente los pies.—Se ha producido en mí un cambio muy profundo, sir Percival, como para justificar la ruptura de nuestro compromiso...

Sir Percival palideció intensamente.

—¿Qué cambio? —interrogó.

Laura se inclinó levemente hacia mí. Advertí que temblaba.

—Creo que el más leal de los afectos es el que toda mujer debe sentir por su marido. ¿Me perdonará, sir Percival, si le confieso que esta situación ya no existe?

Sir Percival no pronunció palabra. Laura movió la mano en que tenía apoyada la cabeza y se ocultó el rostro con ella. A sir Percival no se le movía un músculo de la cara.

—¡Sir Percival —me interpuse abruptamente—, ¿no tiene usted nada que decir luego de lo mucho que ha dicho mi hermana? En mi opinión —añadí—, más de lo que cualquier hombre en su situación tiene derecho de oír de sus labios...

—Usted dispense, Miss Halcombe, si le recuerdo que no he pretendido poseer ese derecho.

Dejó caer, en tanto hablaba, su mano sobre la mesa, y nuevamente se volvió a nosotras. Su rostro tenía una expresión de ansiosa expectación.

—Si me deja usted, sir Percival, después de lo que acaba de escuchar, no lo hará para que me case con otro hombre; sólo me permitirá usted que permanezca soltera por el resto de mis días. Mi falta ha comenzado y concluido en mis propios pensamientos. Ni una sola palabra hemos intercambiado... yo y la persona a la cual me estoy refiriendo por primera y última vez ante usted, en lo que atañe a los sentimientos que experimento yo por ella y ella por mí. Tampoco es probable que volvamos a encontrarnos, él y yo, en este mundo. Le ruego que me ahorre el tener que decirle algo más y que crea cuanto acabo de contarle...

—Ha dicho usted —dijo sir Percival, interrumpiéndola- más de lo necesario para que yo considere el más caro deseo de mi vida el *mantenimiento* del compromiso. Ha dejado usted entregado a mi criterio, Miss Fairlie, el decidir si renuncio o no a usted —continuó y se acercó a Laura—. No tengo un corazón tan duro como para renunciar a la mujer que acaba de demostrarme que es la más noble de las de su sexo. Acepto con gratitud su fidelidad y lealtad, y lo menos que puede usted ofrecerme es para mí superior a lo más que puedo aguardar de cualquier otra mujer...

Cogió una mano de Laura, la levantó suavemente hasta la altura de sus labios y, más que besarla, la rozó con ellos; me hizo una reverencia, y luego, con la mayor delicadeza y discreción, abandonó en silencio el cuarto. Sentí que era inútil hablar a Laura. Permanecimos juntas durante un espacio de tiempo que me pareció prolongado y fatigoso.—Debo someterme, Marian —dijo rompiendo el silencio. Debo alejarme de todo lo que me recuerde. Dile, cuando le escribas, que estoy bien; nunca que soy desdichada. Si muero antes, prométeme que le entregarás este pequeño libro que guarda sus dibujos. Y dile lo que jamás pude decirle: que lo he amado...

ALEJANDRO DUMAS
Francia (1824-1895)

Nació en París. Hijo natural del inolvidable autor de Los tres mosqueteros, de nombre también Alejandro Dumas quien lo reconoció cuando ése tenía 15 años. Abandonó la casa paterna a los 18 años y tuvo una juventud borrascosa. Luego con su padre viajó a España y Argelia. Murió en Marly-Le-Roy.

Su novela La dama de las camelias fue convertida en ópera por Verdi en La traviata y luego llevada al cine con Greta Garbo. La novela fue prohibida para los lectores. Narra la vida de Margarita Gautier, la cortesana más célebre del siglo XIX. Sus amores con Armando Duval marcaron un hito en la literatura universal.

LA DAMA DE LAS CAMELIAS

Ser amado por una muchacha casta, ser el primero en revelarle el extraño misterio del amor, supone, en verdad, una gran felicidad, pero es lo más fácil del mundo. Apoderarse de un corazón no habituado a los ataques, es entrar a una ciudad abierta y sin guarnición. La educación, el sentido del deber y la familia son expertos centinelas, pero no hay centinelas suficientemente avisados a los que no pueda burlar una muchacha de dieciséis años a quien la naturaleza, por medio de la voz del hombre amado, da esos primeros consejos de amor que cuanto más puros parecen más ardientes resultan.

La joven, cuanto más cree en el bien, más se abandona, si no al amante, sí, al menos, al amor; pues, privada de desconfianza, carece de fuerza, y conseguir su amor es un triunfo que cualquier hombre de veinticinco años podrá adjudicarse cuando quiera. Y tanto es así, que observad cómo se rodea de vigilancia y de baluartes a las doncellas. Los muros de los conventos no son bastante altos, las cerraduras de las madres no resultan bastante seguras, los deberes religiosos no ocupan bastante tiempo para mantener encerradas a esas encantadoras aves en su jaula, a la que no se toman la molestia de echar flores. Por eso deben de desear ese mundo que les ocultan, deben de creerlo tentador, deben de escuchar la primera voz que a través de los barrotes les cuenta sus secretos y de bendecir la primera mano que levanta una punta del misterioso velo.

Pero ser amado de verdad por una cortesana constituye un triunfo mucho más difícil. El cuerpo les ha desgastado el alma, los sentidos les han quemado el corazón, y el desenfreno ha endurecido sus sentimientos. Se saben, desde hace mucho tiempo, las palabras que les dedicamos; conocen los medios que utilizamos para conquistarlas, y han vendido amor que inspiran. El amor es para ellas un oficio, o un estreno. Están mejor custodiadas por sus cálculos que una doncella por su madre o por el convento; así, han inventado la palabra capricho para denominar esos amores exentos de todo carácter comercial que se conceden de vez en cuando como descanso, como excusa o como consuelo, al igual que esos usureros que despluman a mil individuos y creen redimirse al prestar un día veinte francos a cualquier pobre diablo que se muere de hambre, sin exigirle réditos y sin pedirle recibo.

Además, cuando Dios concede el amor a una cortesana, ese amor, que al principio parece un medio para alcanzar el perdón, se convierte casi siempre en un castigo. No hay absolución sin penitencia. Cuando una criatura, que tiene todo un pasado que reprocharse, se siente de repente presa de un amor profundo, sincero, irresistible, del que nunca se sintió capaz; cuando ha aceptado este amor, ¡cómo la domina el hombre amado! ¡Qué fuerte se siente éste con el derecho cruel de decirle: «¡Ya no haces por amor más de lo que hiciste por dinero!»

Entonces no saben qué pruebas dar. Un niño, según cuenta la fábula, después de haberse divertido mucho tiempo en un campo gritando «¡socorro!» para molestar a los trabajadores, un buen día fue devorado por un oso sin que aquellos a quienes había engañado tan a menudo creyeran, esta vez, en los verdaderos gritos que lanzaba. Lo mismo les sucede a esas desdichadas meretrices cuando aman de veras. Han mentido tantas veces que nadie quiere creerles, y, sumidas en sus remordimientos, el amor las devora.

De ahí esos grandes sacrificios, esos austeros retiros de los que algunas han dado ejemplo.

Pero cuando el hombre que inspira este amor redentor posee un alma suficientemente generosa para aceptarla sin recordar el pasado, cuando se entrega, cuando ama, en fin, como es amado, este hombre acaba de repente con todas las emociones terrenales, y, después de este amor, su corazón se cerrará a cualquier otro.

Tales reflexiones, sin embargo, no ocupaban mi mente la mañana que regresaba a mi casa. No hubieran podido ser sino el presentimiento de lo que sucedería, y, pese a mi amor por Marguerite, no entreveía yo semejantes consecuencias; las formulo hoy. Todo irrevocablemente terminado, se deducen espontáneamente de lo que ha sucedido.

Pero volvamos al primer día de aquella unión amorosa. De regreso, me sentía loco de alegría. Al pensar que habían desaparecido las barreras alzadas de Marguerite y yo por mi imaginación, que la poseía, que ocupaba un lugar en su pensamiento, que tenía en el bolsillo la llave de su piso y el derecho de usarla me sentía contento de la vida, orgulloso de mí mismo y amaba a Dios que permitía todo aquello.

Un día, un joven pasa por una calle, coincide con una mujer, la mira, se vuelve, sigue su camino. No conoce a esa mujer que tiene placeres, penas y amores de los que no forma parte. Él no existe para ella, y, quizá si le hablara, se burlaría de él como Marguerite había hecho conmigo. Transcurren semanas, meses, años, y, de repente, cuando cada cual ha seguido su destino dentro de un orden distinto, la lógica del azar los coloca de nuevo uno frente al otro. Aquella mujer se convierte en la amante de aquel hombre, y lo ama. ¿Cómo? ¿Por qué? Las dos existencias forman una sola; apenas existe la intimidad, que les parece que ha existido siempre, y todo lo anterior se borra de la memoria de los dos amantes. Resulta curioso, confesémoslo.

En cuanto a mí, no recordaba ya como había vivido hasta la víspera. Todo mi ser se exaltaba de alegría al evocar las palabras pronunciadas aquella primera noche. O Marguerite era muy hábil para engañar, o sentía por mí una de esas súbitas pasiones que se manifiestan desde el primer beso y que mueren, a veces, como han nacido.

Cuanto más reflexionaba, más llegaba a la conclusión de que Marguerite no tenía razón alguna para fingir un amor que no sintiera, y pensaba, también, que las mujeres tienen dos maneras de amar que pueden derivar una de la otra: aman con el corazón o con los sentidos. Con frecuencia ocurre que una mujer inicia relaciones con un amante obedeciendo la sola voluntad de los sentidos, y, sin haberlo previsto, descubre el misterio del amor inmaterial y ya sólo vive en función de los impulsos de su corazón; y, con frecuencia también, ocurre que una muchacha, que sólo busca en el matrimonio la unión de dos afectos puros, asiste a la repentina revelación del amor físico, este enérgico colofón de las más castas impresiones del alma.

CAMILO CASTELO BRANCO
Portugal (1825-1890)

Camilo Ferreira Botelho Branco, hijo de un hidalgo y una criada, nació en Lisboa. A los diez años ya era huérfano. Con sólo 16 años se casó con Joaquina Pereira. Estudió medicina sin concluirla, huyó con una joven huérfana a Porto. En los años de 1847 y 1848 murieron su hija y su primera esposa. Se enamoró del amor de su vida, Ana Plácido, mujer ya casada. Aquella vivió un proceso de adulterio y ambos fueron apresados. Castelo Branco perdió progresivamente la vista. Se descerrajó un disparo en la cabeza.

Amor de perdición es la historia de un amor imposible. La vida de un adolescente violento, Simón, que redime su vida en el amor a Teresa, su vecina, hija del enemigo de su padre.

AMOR DE PERDICIÓN

Decía así la carta:

«Es ya mi espíritu el que te habla, Simón. Tu amiga ha muerto. Tu pobre Teresa a la hora en que leas esta carta, si Dios no me engaña, habrá ya alcanzado el supremo descanso.

»Yo debía ahorrarte este último tormento; no debía escribirte; pero perdona a tu esposa del cielo tal culpa, por el consuelo que siento en habalr contigo a esta hora, hora final de la noche de mi vida.

»¿Quién te diría que yo he muerto, si no fuese yo misma, Simón mío? De aquí a poco perderás de vista este monasterio; correrás millares de leguas, y no hallarás en parte alguna del mundo una voz humana que te diga: la infeliz te espera en el otro mundo y pide al Señor que te rescate.

»Si te pudiese engañar, amigo mío, ¿preferirías mejor pensar que quedaba con vida y con esperanza de verte a la vuelta de la deportación? Así podrá ser, pero aún ahora, en este solemne momento, me domina el deseo de convencerte de que yo no podía vivir, porque la misma desgracia a veces tiene la vanidad de demostrar que lo es, hasta no poder llegar a más. Quiero que digas: murió; y ha muerto cuando le quité la última esperanza.

»Esto no es quejarme, Simón, no. Tal vez yo hubiese podido resistir algunos días más a la muerte, si te hubieses quedado; pero de un modo o de otro era inevitable cerrar los ojos cuando se quebrase el último hilo, y éste se está partiendo, y yo misma lo oigo romperse.

»Que no vayan estas palabras a aumentar tu pena. Líbreme Dios de añadir un remordimiento injusto a tu dolor.

»¡Si yo pudiese verte aún feliz en este mundo; si Dios permitiese a mi alma esta visión!... ¡Feliz tú, pobre condenado...! Sin quererlo, mi amor te injuriaba ahora, juzgándote capaz de la felicidad. Tú morirás de dolor, si el clima de Asia no te mata antes de sucumbir a los males del espíritu.

»La vida es bella, Simón, si la hubiésemos alcanzado como tú la pintabas en tus cartas, que leí hace poco. Estoy viendo la casita que tú describías en frente de Coimbra, cercada de árboles, flores y pájaros. Tu imaginación paseaba conmigo por la orillas del Mondego a la hora melancólica del anochecer. El cielo se llenaba de estrellas y la luna brillaba sobre la superficie de las aguas. Yo respondía con la voz de mi corazón a tu silencio, y animada por tu sonrisa inclinaba mi cabeza sobre tu seno como si fuese el de mi madre. Todo esto leía en tus cartas, y parece que cesa la angustia de la agonía en cuanto el alma se entrega al recuerdo. En otra carta me hablabas de triunfos y glorias y de inmortalidad de tu nombre. También yo corría tras tu aspiración o delante de ella, porque la mayor porción de los deleites de tu espíritu quería yo que fuese mía. Era una niña hace tres años, Simón, y ya comprendía tu anhelo de gloria y lo imaginaba realizado como obra mía, si me decías, como me dijiste muchas veces, que no serías nada sin el estímulo de mi amor.

»¡Ah, Simón! ¡De qué cielo tan bello caímos! A la hora en que te escribo, estás tú para entrar en el barco de los deportados y yo en la sepultura.

»¡Qué importa morir si no podremos jamás realizar en esta vida nuestras esperanzas de hace tres años! ¿Podrías tú con el desengaño y con la vida, Simón? Yo no podría. Los instantes del sueño eran los escasos beneficios que Dios me concedía; la muerte es más que una necesidad, es la misericordia divina, la bienaventuranza para mí.

»¿Y qué harías tú de la vida sin tu compañera de martirio? ¿Dónde irías tú a reponer tu corazón de la desgracia que lo hirió, sin el olvido de la imagen de esta dócil mujer que siguió dócilmente la estrella de tu desgraciada suerte?

»Tú ya nunca has de amar, ¿no es verdad, esposo mío? ¿Tendrías vergüenza de ti mismo si una vez vieses pasar rápidamente mi sombra por delante de tus ojos ya secos? Sufre, sufre al corazón de tu amiga estas últimas preguntas a que tú responderás en alta mar cuando leas esta carta.

»¡Está rompiendo el día, voy a ver mi última aurora... la última de mis dieciocho años!

»¡Bendito seas, Simón! Dios te proteja y te libre de una larga agonía. Todas mis angustias se las ofrezco en descuento de tus culpas.

Si a algún castigo me condena la justicia divina, ofrece tú a Dios tus padecimientos para que yo sea perdonada.

»Adiós, Simón; ya me parece que te veo a la luz de la eternidad.»

LEV TOLSTOI
Rusia (1828-1910)

El conde Mujik Lev Tolstoi nació en Yasnaia Poliana, de familia aristocrática. Liberó sus siervos en 1861. Estudió Jurisprudencia y Leyes. Combatió en la Guerra de Crimea. Rechazó a la Iglesia Ortodoxa rusa. Es de los pocos escritores universales que ya casi nadie lee: con dos gigantes obras maestras de la literatura de todos los tiempos La guerra y la paz *y* Ana Karenina.

En Ana Karenina, *Tolstoi cuenta la pasión de esta mujer, esposa de un alto funcionario, por un joven militar. Luego, el aislamiento y el desprecio de los suyos, que arruinarán su posición social y entereza cuando llega el desamor del amante. Ana, como otras heroínas tolstoianas, siente al mismo tiempo el empuje del instinto, el amor y las ataduras del mundo en que vive; actúa contra toda razón y toda conveniencia y paga la culpa.*

ANA KARENINA

Por amor! —exclamó la embajadora—. ¡Son ideas antediluvianas! ¿Quién cree en el amor en nuestros días?
—¡Qué le vamos a hacer, señora! —dijo Vronski—, esta antigua costumbre será ridícula, pero, de cualquier modo, se mantiene.

—Peor para los que la mantienen. No conozco otros matrimonios felices que los de conveniencia.

—Bien. Pero cuántas veces esos matrimonios se deshacen cuando aparece esa posición en la cual no creían.

—Por matrimonio de conveniencia entiendo yo los que se celebran cuando los dos, el marido y la mujer, no hallan ya ningún aliciente en la vida. El amor es como la escarlatina, que todos han de pasar por ella.

—Debiera hallarse un medio de inocularlo, una especie de vacuna.

—En mi juventud estuve enamorada de un sacristán —manifestó la princesa Miagki—. No sé qué efectos pudo eso tener sobre mí.

—Bromas aparte —comentó Betsy—, creo que para conocer el amor hay que equivocarse primero y corregir después el error.

—¿También después del matrimonio? —interrogó la embajadora, riendo.

—Nunca es tarde para arrepentirse —sentenció el diplomático, citando el proverbio inglés.

—Precisamente —convino Betsy—. Cometer un error para corregirlo después. Ésa es la manera. ¿Qué opina usted de eso? —preguntó a Ana, que escuchaba tranquilamente la conversación, con una ligera sonrisa en los labios.

—Yo pienso —contestó Ana, jugueteando con uno de sus guantes— que si hay tantas opiniones como cabezas, hay igualmente tantas maneras de amar como corazones.

Vronski había esperado ansiosamente su respuesta, con los ojos fijos en ella. Y luego, cuando Ana hubo hablado, respiró, como si acabara de salir de un gran peligro.

—He recibido noticias de Moscú —declaró Ana, volviéndose de repente hacia él—. Kitty está muy enferma.

—¿De veras? —preguntó Vronski, afectando seriedad.

Ella le lanzó una severa mirada.

—Parece que eso le tiene sin cuidado.

—Al contrario, me apena mucho. ¿Puedo saber exactamente qué le dicen en la carta?

Ana se levantó, y se acercó a Betsy.

—¿Quiere darme una taza de té? —solicitó, parándose detrás de su silla.

Mientras Betsy vertía el té, Vronski se acercó a Ana.

—¿Qué le dicen? —insistió.

—Pienso que los hombres no tienen en el fondo esos buenos sentimientos que tanto se complacen en ostentar —comentó Ana, sin responder a su pregunta—. Hace mucho tiempo que quería decirle eso —añadió.

Y fue a sentarse ante una mesa llena de álbumes, a poca distancia de allí.

—No comprendo muy bien el significado de sus palabras —dijo Vronski, ofreciéndole la taza.

Ella miró al diván, y Vronski, siguiendo la indicación de su mirada, se sentó allí a su lado.

—Quería decirle —continuó ella, en el mismo tono— que ha obrado usted mal, muy mal.

—¿Cree usted que no lo sé? Pero ¿quién tiene la culpa de ello?

—¿Por qué me dice eso? —repuso Ana, dirigiéndole una penetrante mirada.

—Usted lo sabe bien —respondió él, en alegre tono, encontrando la mirada de Ana y sin desviar la suya.

Fue ella la que se turbó.

—Eso demuestra que usted no tiene corazón —reprochó Ana.

Pero sus ojos daban a entender lo contrario: sabía que él tenía corazón y acaso eso mismo le producía un vago temor.

—La cosa a que usted aludía era una equivocación y no amor.

—Recuerde que le he prohibido pronunciar esa palabra, esa aborrecible palabra —dijo Ana, con un ligero estremecimiento.

Pero comprendió en seguida que con la simple palabra «prohibido» sugería la idea de que se reconocía con ciertos derechos sobre él y que lo animaba así a hablarle de amor.

—Hace tiempo que deseaba tener una conversación seria con usted —prosiguió ella, mirándole el rostro y cubriéndose el suyo de un vivo rubor—. Hoy he venido aquí expresamente, sabiendo que le encontraría. Esto debe terminar. Jamás he tenido que ruborizarme ante nadie, y ahora usted me hace sentir culpable.

Mientras hablaba, la belleza de su rostro tomaba una nueva y espiritual expresión, que sorprendió a Vronski.

—¿Qué desea usted que haga? —preguntó él, con sencillez y seriedad.

—Que vaya a Moscú y pida perdón a Kitty.

—Usted no desea eso.

Vronski comprendía que Ana, en el fondo, no deseaba que hiciera lo que le estaba diciendo, y que con sus palabras expresaba sólo lo que consideraba su obligación.

—Si me ama usted como dice, hágalo para mi tranquilidad —murmuró ella.

El rostro de Vronski se animó, expresando una intensa alegría.

—Sabe que usted lo representa todo para mí. Pero no conozco la tranquilidad, y eso no podría dárselo. Me entrego a usted por completo, sí. Le doy mi amor. No puedo pensar en usted como un ser separado de mí. A mis ojos los dos no somos más que uno. Y no veo tranquilidad posible para usted ni para mí. Sólo desesperación e infortunio nos esperan... ¿O acaso la felicidad? ¡Y qué felicidad! ¿Es imposible esa felicidad? —preguntó, moviendo apenas los labios.

Pero ella le entendió.

Reunió toda la fuerza de su voluntad para dar a Vronski la respuesta que su conciencia le dictaba. Pero en vez de ello posó sobre él una mirada que expresaba intenso amor.

«Dios mío —pensaba él, con inefable gozo—. En el momento en que yo desesperaba, en que no acertaba a ver el fin de mis tormentos..., percibo un rayo de luz y se disipan mis dudas. Ella me ama, me lo confiesa.»

—Hágalo por mí. No me hable más de esa manera y sigamos siendo buenos amigos —suplicó Ana.

Pero sus ojos expresaban lo contrario.
—No podemos ser simplemente amigos. Bien lo sabe. De usted depende que seamos los seres más dichosos o los más infortunados.
Ella iba a hablar, pero él la interrumpió:
—No es mi deseo que usted se vaya.
—Todo lo que le pido es que me dé el derecho de esperar y sufrir como hasta ahora. Si ni siquiera eso es posible, ordéneme desaparecer y desapareceré. Si mi presencia le es penosa, no me verá usted más.
—Entonces no cambie nada, deje las cosas tal como están —pidió él, con voz temblorosa—. ¡Ah, ahí viene su marido!

PEDRO ANTONIO DE ALARCÓN
España (1833-1891)

Nació en Guadix, Granada. De familia noble venida económicamente a menos. Estudió filosofía en el seminario de su pueblo y se graduó de bachiller a los 14 años. Abandonó por su pobreza la carrera de leyes y regresó al seminario donde estudió teología. A los veinte años encabezó un movimiento insurreccional en Granada. Fundó periódicos y se estableció en Madrid. Murió de hemiplejía.

Escribió Alarcón: «Cuentos amatorios se titula una serie de novelillas y amatorios; son efectivamente, hasta rayar en lo alegre y en lo picante. Mis cuentos son amatorios a la antigua española.»

CUENTOS AMATORIOS

SINFONÍA
CONJUGACIÓN DEL VERBO «AMAR»

CORO DE ADOLESCENTES.—Yo amo, tú amas, aquél ama; nosotros amamos, vosotros amáis; ¡todos aman!

CORO DE NIÑAS *(A media voz).*—Yo amaré, tu amarás, aquélla amará; ¡nosotras amaremos!; ¡vosotras amaréis!; ¡todas amarán!

UNA FEA Y UNA MONJA *(A dúo).*—¡Nosotras hubiéramos, habríamos y hubiésemos amado!

UNA COQUETA.—¡Ama tú! ¡Ame V.! ¡Amen ustedes!

UN ROMÁNTICO *(Desaliñándose el cabello).*—¡Yo amaba!

UN ANCIANO *(Indiferentemente).*—Yo amé.

UNA BAILARINA *(Trenzando delante de un banquero).*—Yo amara, amaría... y amase.

DOS ESPOSOS *(En la menguante de la luna de miel).*—Nosotros habíamos amado.

UNA MUJER HERMOSÍSIMA *(Al tiempo de morir).*—¿Habré yo amado?

UN POLLO.—Es imposible que yo ame, aunque me amen.

EL MISMO POLLO *(De rodillas ante una titiritera).*—¡Mujer amada, sea V. amable, y permítame ser su amante!

UN NECIO.—¡Yo soy amado!

UN RICO.—¡Yo seré amado!

UN POBRE.—¡Yo sería amado!

UN SOLTERÓN *(Al hacer testamento).*—¿Habré yo sido amado?

UNA LECTORA DE NOVELAS.—¡Si yo fuese amada de este modo!

UNA PECADORA *(En el hospital).*—¡Yo hubiera sido amada!

EL AUTOR *(Pensativo).*—¡AMAR! ¡SER AMADO!

JORGE ISAACS
Colombia (1837-1895)

Nació en Cali, de padre judío-inglés quien emigró desde Jamaica al Chocó colombiano en busca de minas de oro. Se convirtió al catolicismo para casarse con Manuela Ferrer. Compraron las fincas «El Paraíso», escenario de la novela, y «La Manuelita». El novelista estudió en Bogotá y fue congresista por el partido conservador en 1866. Cónsul en Chile. La iglesia lo tildó de ateo. Dirigió el periódico La República. María fue un suceso editorial; en vida del autor se editó 29 veces. Fue éxito en México, Barcelona, Buenos Aires y París. Político apasionado, participó en cuanta guerra civil se presentara. Se autoproclamó Presidente de Antioquia. Murió en la pobreza.

María es un relato amoroso que se sitúa en el romanticismo, donde la sociedad impone condiciones implacables a los amantes. El padre de María los aleja al requerirles que antes de casarse debe el novio contar con algunos bienes y la naturaleza también los separa con la enfermedad mortal de María, epilepsia heredada de su madre.

MARÍA

A mi regreso, que hice lentamente, la imagen de María volvió a asirse a mi memoria. Aquellas soledades, sus bosques silenciosos, sus flores, sus aves y sus aguas, ¿Por qué me hablaban de ella? ¿Qué había allí de María? En las sombras húmedas, en la brisa que movía los follajes, en el rumor del río... Era que veía el Edén, pero faltaba ella; era que no podía dejar de amarla, aunque no me amase. Y aspiraba el perfume del ramo de azucenas silvestres que las hijas de José habían formado para mí, pensando yo que acaso merecerían ser tocadas por labios de María: así se habían debilitado en tan pocas horas mis propósitos heroicos de la noche. Apenas llegué a casa, me dirigí al costurero de mi madre: María estaba con ella; mis hermanas se habían ido al baño. María, después de contestarme el saludo, bajó los ojos sobre la costura. Mi madre se manifestó regocijada por mi vuelta; pues alarmados en casa con la demora, habían enviado a buscarme en aquel momento. Hablaba con ellas ponderando los progresos de José, y Mayo quitaba con la lengua a mis vestidos los cadillos que se les habían prendido en las malezas.

Levantó María otra vez los ojos, fijándolos en el ramo de azucenas que tenía yo en la mano izquierda, mientras me apoyaba con la derecha en la escopeta: creí comprender que las deseaba, pero un temor indefinible, cierto respeto a mi madre y a mis propósitos de por la noche, me impidieron ofrecérselas. Mas me deleitaba imaginando cuán bella quedaría unas de mis pequeñas azucenas sobre sus cabellos de color castaño luciente. Para ella debían ser, porque habría recogido durante la mañana azahares y violetas para el florero de mi mesa. Cuando entré a mi cuarto no vi una flor allí. Si hubiese encontrado enrollada sobre la mesa una víbora, no hubiera yo sentido emoción igual a la que me ocasionó la ausencia de las flores: su fragancia había llegado a ser algo del espíritu de María que vagaba a mi alrededor en las horas de estudio, que se mecía en las cortinas de mi lecho durante la noche... ¡Ah! ¿Conque era verdad que no me amaba? ¡Conque había podido engañarme tanto mi imaginación visionaria! Y de ese ramo que había traído para ella, ¿qué podía yo hacer? Si otra mujer, pero bella y seductora, hubiese estado allí en ese momento, en ese instante de resentimiento contra mi orgullo, de resentimiento con María, a ella lo habría dado a condición de que lo mostrase a todos y se embelleciera con él. Lo llevé a mis labios como para despedirme por última vez de una ilusión querida, y lo arrojé por la ventana.

Hice esfuerzos para mostrarme jovial durante el resto del día. En la mesa hablé con entusiasmo de las mujeres hermosas de Bogotá, y ponderé intencionadamente las gracias y el ingenio de P***. Mi padre se complacía oyéndome; Eloísa habría querido que la sobremesa durase hasta la noche. María estuvo callada; pero me pareció que sus mejillas palidecían algunas veces, y que su primitivo color no había vuelto a ellas, así como el de las rosas que durante la noche han engalanado un festín. Hacia la última parte de mi conversación, María había fingido jugar con la cabellera de Juan, hermano mío de tres años de edad y a quien ella mimaba.

Soportó hasta el fin; mas tan luego como me puse en pie, se dirigió ella con el niño al jardín.

Todo el resto de la tarde y en la prima noche, fue necesario ayudar a mi padre en sus trabajos de escritorio.

A las ocho, y luego que las mujeres habían ya rezado sus oraciones de costumbre, nos llamaron al comedor. Al sentarnos a la mesa quedé sorprendido, viendo una de las azucenas en la cabeza de María. Había en su rostro bellísimo tal aire noble, inocente y dulce resignación, que como magnetizado por algo desconocido hasta entonces para mí en ella, no me era posible dejar de mirarla.

Niña cariñosa y risueña, mujer tan pura y seductora como aquellas con quienes yo había soñado, así la conocía; pero resignada ante mi desdén, era nueva para mí. Divinizada por la resignación, me sentía indigno de fijar una mirada sobre su frente.

Respondí mal a unas preguntas que se me hicieron sobre José y su familia. A mi padre no se le podía ocultar mi turbación; y dirigiéndose a María, le dijo sonriendo:

—Hermosa azucena tienes en los cabellos: yo no he visto de esas en el jardín.

María, tratando de disimular su desconcierto, respondió con voz casi perceptible:

—Es que de estas azucenas sólo hay en la montaña.

Sorprendí en aquel momento una sonrisa bondadosa en los labios de Emma.

—¿Y quién las ha enviado? —preguntó mi padre.

El desconcierto de María era ya notable. Yo la miraba; y ella debió de hallar algo nuevo y animador en mis ojos, pues respondió con acento más firme:

—Efraín botó unas al huerto; y nos pareció que siendo tan raras, era lástima que se perdiesen; ésta es una de ellas.

—María —le dije yo— si hubiese sabido que eran tan estimables esas flores, las habría guardado para vosotras; pero me han parecido menos bellas que las que se ponen diariamente en el florero de mi mesa.

Comprendió ella la causa de mi resentimiento, y me lo dijo tan claramente en una mirada suya, que temí se oyeran las palpitaciones de mi corazón.

Aquella noche, a la hora de retirarse la familia del salón, María estaba casualmente sentada cerca de mí. Después de haber vacilado mucho, le dije al fin con voz que denunciaba mi emoción: «María, eran para ti: pero no encontré las tuyas».

Ella balbucía alguna disculpa cuando tropezando en el sofá mi mano con la suya, se la retuve por un movimiento ajeno de mi voluntad. Dejó de hablar. Sus ojos me miraron asombrados y huyeron de los míos. Pasóse por la frente con angustia la mano que tenía libre, y apoyó en ella la cabeza, hundiendo el brazo desnudo en el almohadón inmediato. Haciendo al fin un esfuerzo para deshacer ese doble lazo de la materia y del alma que en tal momento nos unía, púsose en pie; y como concluyendo una reflexión empezada, me dijo tan quedo que apenas pude oírla: «Entonces yo recogeré todos los días las flores más lindas». Y desapareció.

Las almas como la de María ignoran el lenguaje mundano del amor: pero se doblegan entremeciéndose a la primera caricia de aquél a quien aman, como la adormidera de los bosques bajo el ala de los vientos.

Acababa de confesar mi amor a María; ella me había animado a confesárselo, humillándose como una esclava a recoger esas flores.

Me repetí con deleite sus últimas palabras; su voz susurraba aún en mi oído: «Entonces, yo recogeré todos los días las flores más lindas».

La luna, que acababa de elevarse llena y grande bajo un cielo profundo sobre los montes enlutados, iluminaba las faldas de las montañas, blanqueadas a trechos por las copas de los yarumos, argentando las espumas de los torrentes y difundiendo su claridad melancólica hasta el fondo del valle. Las plantas exhalaban sus más suaves y misteriosos aromas. Ese silencio, interrumpido solamente por el bramido del río, era más grato que nunca en mi alma.

Apoyado de codos sobre el marco de mi ventana, me imaginaba verla en medio de los rosales entre los cuales la había sorprendido en aquella mañana primera; estaba allí recogiendo el ramo de azucenas, sacrificando su orgullo a su amor. Era yo quien iba a turbar en adelante el sueño infantil de su corazón: podría ya hablarle de mi amor, hacerla el objeto de mi vida. ¡Mañana! ¡Mágica palabra la noche en que se nos ha dicho que somos amados! Sus miradas, al encontrarse con las mías, no tendrían ya nada que ocultarme; ella se embellecería para felicidad y orgullo mío.

Nunca las auroras de julio en el Cauca fueron tan bellas como estaba María cuando se me presentó al día siguiente, momentos después de salir del baño, la cabellera de carey sombreado suelta y a medio rizar, las mejillas tintas de color de rosa suavemente desvanecido, pero en algunos momentos avivado por el rubor; y jugando en sus labios cariñosos aquella sonrisa castísima que revela en las mujeres como María una felicidad que no les es posible ocultar. Sus miradas, ya más dulces que brillantes, mostraban que su sueño no era tan apacible como había solido. Al acercármele noté en su frente una contracción graciosa y apenas perceptible, especie de fingida severidad de que usó muchas veces para conmigo cuando después de deslumbrarme con toda la luz de su belleza, imponía silencio a mis labios, próximos a repetir lo que ella tanto sabía.

Era ya para mí una necesidad tenerla constante a mi lado; no perder un solo instante de su existencia abandonada a mi amor, y dichoso con lo que poseía y ávido aún de dicha, traté de hacer un paraíso de la casa paterna. Hablé a María y a mi hermana del deseo que habían manifestado de hacer algunos estudios elementales bajo mi dirección: ellas volvieron a entusiasmarse con el proyecto, y se decidió que desde ese mismo día se daría principio.

Convirtieron uno de los ángulos del salón en gabinete de estudio; desclavaron algunos mapas de mi cuarto; desempolvaron el globo geográfico que en el escritorio de mi padre había permanecido hasta entonces ignorado; fueron despejadas de adornos dos consolas para hacer de ellas mesas de estudio. Mi madre sonreía al presenciar todo aquel desarreglo que nuestro proyecto aparejaba. Nos reunimos todos los días dos horas, durante las cuales les explicaba yo algún capítulo de geografía, leíamos algo de historia universal, y las más veces muchas páginas del «Genio del Cristianismo». Entonces puede evaluar todos los talentos de María: mis frases quedaban grabadas indeleblemente en su memoria, y su comprensión se adelantaba casi siempre con triunfo infantil a mis explicaciones.

Emma había sorprendido el secreto y se complacía en nuestra inocente felicidad. ¿Cómo ocultarle yo en aquellas frecuentes conferencias lo que en mi corazón pasaba? Emma debió de observar mi mirada inmóvil sobre el rostro hechicero de su compañera mientras daba ésta una explicación pedida.

Había visto ella temblarle la mano a María si yo se la colocaba sobre algún punto buscado inútilmente en el mapa. Y cuántas veces, sentado cerca de la mesa, ellas en pie a uno y otro lado de mi asiento, se inclinaba María para ver mejor algo que estaba en mi libro o en las cartas, y su aliento rozando mis cabellos, sus trenzas, al rodar de sus hombros, turbaron mis explicaciones. Emma pudo verla enderezarse pudorosa.

En ocasiones, quehaceres domésticos llamaban la atención a mis discípulas y mi hermana tomaba siempre a su cargo ir a desempeñarlos para volver un rato después a reunírsenos. Entonces mi corazón palpitaba fuertemente. María, con la frente infantilmente grave y los labios casi risueños, abandonaba a las mías alguna de sus manos aristocráticas sembradas de hoyuelos, hechas para oprimir frentes como la de Byron; y su acento, sin dejar de tener aquella música que le era peculiar, se hacía lento y profundo al pronunciar palabras suavemente articuladas que en vano probaría yo a recordar hoy; porque no he vuelto a oírlas, porque pronunciadas por otros labios no son las mismas, y escritas en estas páginas aparecerían sin sentido. Pertenecen a otro idioma, del cual hace algunos años no viene a mi memoria ni una frase.

ÉMILE ZOLA
Francia (1840-1902)

Nació en París de padre italiano. Fracasó dos veces en su intento por aprobar el bachillerato y se empleó en la aduana. En 1862 fue admitido en la Editorial Hachette. Triunfó como novelista y creó la escuela del *naturalismo*, con un realismo narrativo con pretensiones de ciencia, inspirado en la vida de las clases populares. Para Zola la ciencia ocupó el lugar de Dios. En 1870 se casó y 18 años más tarde, con 48 años, se enamoró de Jeanne Rozerot, de 20 años, con quien tuvo dos hijos que luego de su muerte los reconoció su primera mujer, Madame Zola; (algo típico en Francia que las viudas reconozcan a la amante de su marido, como sucedió hace pocos años con Madame Miterrand). Mujer asfixiada por el humo de su chimenea.

Naná, escandalosa historia de una cortesana, tuvo un éxito literario clamoroso. Anne Copeau, llamada Naná desde la infancia, actriz de variedades, famosa por su belleza y su desnudez, es una propiedad colectiva de todos los hombres que la abordan, pero no se inclina por ninguno.

Ama con frenesí que los hombres rivalicen por ella, pero detesta el matrimonio. Fabrica celos pasionales y termina patéticamente desfigurada por la viruela como crítica a la fealdad de una sociedad en descomposición.

NANÁ

Por prudencia, en la antesala, le ordenó a Zoé:

— Lo esconderás y le recomendarás que no haga ruido si el otro sigue conmigo.

—¿Pero dónde lo meto, señora?

—Escóndelo en la cocina. Es lo más seguro.

Muffat, en la habitación, se quitaba la levita. Ardía un buen fuego. Siempre la misma alcoba, con sus muebles de palisandro, sus colgaduras y sus sillas de damasco bordado con grandes flores azules sobre fondo gris. Por dos veces Naná había soñado renovarla, la primera en terciopelo negro y la segunda en raso blanco y con rosas enlazadas, pero desde que Steiner consentía, el dinero que eso costaría lo exigía para comer. Sólo tuvo el capricho de una piel de tigre delante de la chimenea, y de una lamparilla de cristal, colgada del techo.

—Ya no tengo sueño y no me acuesto —dijo Naná cuando se encerraron.

El conde le obedecía con una sumisión de hombre que ya no teme ser visto. Su único cuidado era no enojarla.

—Como quieras —murmuró.

No obstante, aún se quitó los botines antes de sentarse frente al fuego.

Uno de los placeres de Naná consistía en desvestirse ante el espejo de su armario, en el que se veía de pies a cabeza. Dejaba caer hasta la camisa; luego, totalmente desnuda, se olvidaba de lo demás y se contemplaba largamente. Era una pasión de su cuerpo, un arrobamiento por la tersura de su piel y la línea ondulante de su talle, y se quedaba alelada, y absorta en un amor a sí misma. Con frecuencia el peluquero la encontraba así, sin que ella volviese la cabeza. Entonces Muffat se enfadaba y ella se sorprendía. ¿Qué le importaba? Aquello no era para los demás, sino para ella.

Aquella noche, queriéndose contemplar mejor, encendió las seis velas de los apliques, pero cuando dejaba resbalar la camisa, se detuvo, preocupada desde hacía un momento con una pregunta que tenía en la punta de la lengua.

—¿No has leído el artículo de *Figaro*? El periódico está sobre la mesa.

La risa de Daguenet le volvía a la memoria, y la asaltaba cierta duda. Si ese Fauchery la había criticado, se vengaría.

—Dicen que trata de mí el artículo —repuso ella afectando un aire indiferente—. ¿Qué opinas tú, querido?

Y soltando su camisa, esperando que Muffat acabase la lectura, permaneció desnuda.

Muffat leía lentamente. La crónica de Fauchery, titulada *La mosca de oro*, era la historia de una muchacha nacida de cuatro o cinco generaciones de borrachos, la sangre viciada por una larga herencia de miseria y embriaguez, que en ella se transformaba en una degradación nerviosa de su sexo. Había crecido en un arrabal, en el arroyo parisiense, y alta, hermosa, de carne soberbia como planta de estercolero, vengaba a los indigentes y a los abandonados, a los cuales pertenecía. Con ella, la podredumbre que se dejaba fermentar en el pueblo ascendía y pudría a la aristocracia. Ella se convertía en una fuerza de la naturaleza, en un fermento de destrucción, sin quererlo ella misma, corrompiendo y desorganizando París entre sus muslos de nieve. Y al final del artículo aparecía la comparación de la mosca, una mosca de color de sol y envuelta en basura, una mosca que tomaba la muerte de las carroñas toleradas a lo largo de los caminos y que, zumbando, bailando, lanzando brillos de joya, envenenaba a los hombres con sólo ponerse sobre ellos, en los palacios que invadía entrando por las ventanas.

Muffat levantó la cabeza, con los ojos fijos, mirando al fuego.

—¿Y qué?— preguntó Naná.

Pero no respondió. Pareció que quería releer la crónica. Una sensación de frío recorría su espalda desde la nuca. Aquella crónica estaba escrita diabólicamente, con un cabrioleo de frases, una exageración de palabras imprevistas y de reproches barrocos. No obstante, quedó impresionado por una lectura que de golpe le acababa de despertar todo lo que no quería remover desde hacía unos meses.

Entonces levantó la mirada. Naná se había absorbido en su arrobamiento de sí misma. Inclinaba el cuello, mirando con atención en el espejo un pequeño lunar que tenía encima de la cadera derecha, y se lo tocaba con la punta de un dedo, haciéndolo resaltar más, sin duda porque lo encontraba gracioso y bonito en aquel sitio... Luego estudió otras partes de su cuerpo, divertida y dominada por sus curiosidades viciosas de chiquilla. Siempre la sorprendía al contemplarse; tenía el aspecto asombrado y seducido de una muchacha que descubre su pubertad... Lentamente abrió los brazos para descartar su busto de Venus mórbida, doblando la cintura para examinarse de frente y de espalda, deteniéndose en el perfil de sus senos y en las redondeces fugitivas de sus muslos. Y acabó por recrearse en el singular juego del balanceo, a derecha e izquierda, las rodillas separadas y el talle girando sobre sus riñones, con el estremecimiento continuo de una almea bailando la danza del vientre.

Muffat la contemplaba. Ella le daba miedo. El periódico había caído de sus manos. En aquel minuto de visión clara, se despreciaba. Eso era: en tres meses ella había corrompido su vida, y ya se sentía viciado hasta la médula por suciedades que jamás habría sospechado. Todo iba a pudrirse en él en aquellos momentos. Y por un instante tuvo conciencia del mal, vio la desorganización aportada por aquel fermento: él envenenado, su familia deshecha, y un rincón de la sociedad que crujía y se desvanecía. Y, no pudiendo apartar los ojos, la miró con fijeza y trató de saciarse con la visión de su desnudez.

Naná no se movía. Un brazo tras la nuca y una mano cogiendo la otra, echaba hacia atrás la cabeza, separando los codos. Muffat veía de soslayo sus ojos entornados, su boca entreabierta y su rostro ahogado en una risa amorosa; y por detrás, su mata de cabellos rubios destrenzada que le caía sobre la espalda como la melena de una leona. Doblada y el flanco tendido, mostraba sus riñones sólidos, sus senos duros de guerrera y los músculos fuertes bajo la blancura satinada de la piel.

Una línea fina, apenas ondulada por el hombro y la cadera, la recorría desde uno de sus codos a los pies. Muffat seguía con la vista aquel perfil tan tierno, aquellas fugas de carne rubia, ahogándose en sus luminosidades doradas, en aquellas redondeces donde la llama de las bujías ponía reflejos de seda. Pensaba en su antiguo horror a la mujer, al monstruo de la Escritura: lúbrica, oliendo a fiera.

Naná era velluda; una pelusa rubia le dejaba un cuerpo de terciopelo, mientras que en su torso y en sus muslos de hembra, en los relieves carnosos cruzados de pliegues profundos, que daban al sexo el velo turbador de su sombra, había la bestia. Era una bestia de oro, inconsciente como una fuerza y cuyo solo aroma envilecía al mundo. Muffat continuaba mirando, obsesionado, poseído, hasta el punto de que habiendo cerrado los párpados para no ver más, el animal reapareció en el fondo de las tinieblas, agrandado, terrible, exagerando su postura. Ahora permanecería allí, delante de sus ojos, en su carne, para siempre.

Naná se apelotonaba sobre sí misma. Un estremecimiento de ternura pareció recorrer todos sus miembros; con los ojos húmedos, se encogía como para sentirse mejor. Luego, separando las manos, las deslizó a lo largo de sus flancos, hasta los senos, que oprimió en un ademán nervioso. Y arrogante, se fundía en una caricia de todo su cuerpo, frotándose las mejillas, a derecha e izquierda, contra sus hombros, con mimo gatuno. Su boca golosa soplaba sobre sí el deseo. Alargó los labios, se besó largamente junto a una axila, riendo a la otra Naná, que, como ella, también se besaba en el espejo.

Entonces Muffat exhaló un suspiro fatigado y largo. Ese placer solitario lo exasperaba. Bruscamente se sintió arrebatado como por un fuerte viento. Cogió a Naná entre sus brazos, en un arranque de brutalidad, y la arrojó sobre la alfombra.

—Déjame —gritó ella—; me haces daño.

Él tenía conciencia de su derrota; la sabía estúpida, soez y embustera, y la quería, aunque estuviese envenenada.

—¡Qué bruto! —exclamó furiosa cuando dejó que se levantase.

No obstante, se calmó. Ahora se iría. Después de ponerse una camisa de noche de encajes, se sentó en el suelo, delante del fuego. Era su sitio preferido. Al preguntarle de nuevo a Muffat sobre la crónica de Fauchery, él contestó con vaguedad, deseando evitar una escena. Además, ella declaró que a Fauchery se lo pasaba por cierta parte. Luego cayó en un largo silencio, pensando en el medio de despedir al conde. Quería encontrar una manera amable, porque en el fondo era una buena muchacha, y le molestaba disgustar a las personas, sobre todo cuando ese era cornudo, idea que concluyó por enternecerla.

—Entonces —dijo al fin—, ¿mañana esperas a tu esposa?

Muffat se había estirado en un sillón, con aire adormilado y los miembros laxos. Dijo sí con un gesto. Naná lo contemplaba, seria y cavilando. Sentada sobre una pierna, se cogía el otro pie con las manos y maquinalmente le daba la vuelta de un lado a otro.

—¿Hace tiempo que estás casado?

—Diecinueve años.

—Ya... ¿Y tu mujer es amable? ¿Os lleváis bien?

Él se calló. Luego, con tono distante, le dijo:

—Sabes que te he rogado que no hables nunca de esas cosas.

—¡Vaya! ¿Y por qué no? —replicó Naná molesta—. No me comeré a tu mujer hablando de ella, puedes estar seguro... Querido, todas las mujeres valen...

BENITO PÉREZ GALDÓS
España (1843-1920)

Nació en Las Palmas, Gran Canaria, décimo hijo de un teniente coronel. Enviado a Madrid a estudiar Derecho. Periodista de la Nación. En 1905 el partido republicano lo eligió candidato pero fracasó y perdió su fortuna. Murió de pobreza.

Marianela *narra la historia de una niña huérfana y sufrida, por un accidente en la infancia al caer de un puente, que le ha dejado una deformidad permanente. Sin belleza física pero gigante espiritualmente. Lazarilla del ciego Pablo Penáguilas, quien en su ceguera se enamora de Marianela. Al recuperar la vista la rechaza, por su fealdad, y Marianela muere de pena moral.*

MARIANELA

Ya te quitaré yo de la cabeza esos pensamientos absurdos, dijo el ciego, tomándole la mano. Hemos de vivir juntos toda la vida. ¡Oh, Dios mío! Si no he de adquirir la facultad de que me privaste al nacer, ¿para qué me has dado esperanzas? Infeliz de mí si no nazco de nuevo en manos del doctor Golfín. Porque esto será nacer otra vez. ¡Y qué nacimiento! ¡Qué nueva vida! Chiquilla mía, juro por la idea de Dios que tengo dentro de mí, clara, patente, inmutable, que tú y yo no nos separaremos jamás por mi voluntad. Yo tendré ojos, Nela, tendré ojos para poder recrearme en tu celestial hermosura, y entonces me casaré contigo.

Serás mi esposa querida..., serás la vida de mi vida, el recreo y el orgullo de mi alma. ¿No dices nada a esto? La Nela oprimía contra sí la hermosa cabeza del joven. Quiso hablar, pero su emoción no se lo permitía.—Y si Dios no quiere otorgarme ese don —añadió el ciego—, tampoco te separarás de mí, también serás mi mujer, a no ser que te repugne enlazarte con un ciego. No, no, chiquilla mía, no quiero imponerte un yugo tan penoso. Encontrarás hombres de mérito que te amarán y que podrán hacerte feliz. Tu extraordinaria bondad, tus nobles prendas, tu belleza han de cautivar corazones y encender el más puro amor en cuantos te traten; asegurando un porvenir risueño. Yo te juro que te querré mientras viva, ciego o con vista, y que estoy dispuesto a jurarte delante de Dios un amor grande, insaciable, eterno. ¿No me dices nada? —Sí; que te quiero mucho, muchísimo —dijo la Nela, acercando su rostro al de su amigo—. Pero no te afanes por verme. Quizás no sea yo tan guapa como tú crees.

Diciendo esto, la Nela, rebuscando en su faltriquera, sacó un pedazo de cristal azogado, resto inútil y borroso de un fementido espejo que se rompiera en casa de la Señana la semana anterior. Miróse en él; mas por causa de la pequeñez del vidrio, érale forzoso mirarse por partes, sucesivas y gradualmente, primero un ojo, después la nariz. Alejándose, pudo abarcar la mitad del conjunto. ¡Ay! ¡Cuán triste fue el resultado de su examen! Guardó el espejillo y gruesas lágrimas brotaron de sus ojos.

—Nela, sobre mi frente ha caído una gota. ¿Acaso llueve?

—Sí, niño mío, parece que llueve —dijo la Nela, sollozando.

—¿No, es que lloras? Pues has de saber que me lo decía el corazón. Tú eres la misma bondad; tu alma y la mía están unidas por un lazo misterioso y divino; no se pueden separar, ¿verdad? Son dos partes de una misma cosa, ¿verdad?

—Verdad.

—Tus lágrimas me responden más claramente que cuanto pudieras decir. ¿No es verdad que me querrás mucho, lo mismo si me dan vista que si continúo privado de ella?

—¿Y me acompañarás?

—Siempre, siempre.

—Oye tú, —dijo el ciego con amoroso arranque—: si me dan a escoger entre no ver y perderte, prefiero...

—Prefieres no ver... ¡Oh! ¡Madre de Dios divino, qué alegría tengo dentro de mí!

—Prefiero no ver con los ojos tu hermosura, porque la veo dentro de mí, clara como la verdad que proclamo interiormente. Aquí dentro estás, y tu persona me seduce y enamora más que todas las cosas.

—Sí, sí, sí —afirmó la Nela con desvarío—: yo soy hermosa, soy muy hermosa.

—Oye, tú, tengo un presentimiento..., sí, un presentimiento. Dentro de mí parece que está Dios hablándome y diciéndome que tendré ojos, que te veré, que seremos felices... ¿No sientes tú lo mismo?

—Yo... El corazón me dice que me verás...; pero me lo dice partiéndoseme.

—Veré tu hermosura, ¡qué felicidad! —exclamó el ciego, con la expresión delirante, que era su expresión más propia en ciertos momentos—. Pero si ya la veo; si la veo dentro de mí, clara, como la verdad que proclamo y que me llena el alma...—Sí, sí, sí... —repitió la Nela con desvarío, espantados los ojos, trémulos los labios—. Yo soy hermosa, soy muy hermosa.

—Bendita seas tú...

—¡Y tú! —añadió ella, besándole en la frente—. ¿Tienes sueño?

—Sí, principio a tener sueño. No he dormido anoche. Estoy tan bien aquí...

—Duérmete.

Principió a cantar con arrullo, como se canta a los niños soñolientos. Poco después, Pablo dormía. La Nela oyó de nuevo la voz de la Trascava, diciéndole: «Hija mía..., aquí, aquí».

Encerrándose en sus conchas, Marianela habló así:

«Madre de Dios y mía, ¿por qué no me hiciste hermosa? ¿Por qué cuando mi madre me tuvo no me miraste desde arriba...? Mientras más me miro, más fea me encuentro. ¿Para qué estoy yo en el mundo?, ¿para qué sirvo?, ¿a quién puedo interesar? A uno solo, Señora Madre mía, a uno solo, que me quiere porque no me ve. ¿Qué será de mí cuando me vea y deje de quererme...?; porque, ¿cómo es posible que me quiera viendo este cuerpo chico, esta figurilla de pájaro, esta tez pecosa, esta boca sin gracia, esta nariz picuda, este pelo descolorido, esta persona mía que no sirve sino para que todo el mundo le dé con el pie? ¿Quién es la Nela? Nadie. La Nela sólo es algo para el ciego. Si sus ojos nacen ahora y los vuelve hacia mí y me ve, me caigo muerta... Él es el único para quien la Nela no es menos que los gatos y los perros. Me quiere como quieren los novios a sus novias, como Dios manda que se quieran las personas... Señora Madre mía, ya que vas a hacer el milagro de darle la vista, hazme hermosa a mí o mátame, porque para nada estoy en el mundo.. Yo no soy nada ni nadie más que para uno solo... ¿Siento yo que recobre la vista? No, eso no, eso no. Yo quiero que vea. Daré mis ojos por que él vea con los suyos; daré mi vida toda. Yo quiero que don Teodoro haga el milagro que dicen. ¡Benditos sean los hombres sabios! Lo que no quiero es que mi amo me vea, no. Antes de consentir que me vea, ¡Madre mía!, me enterraré viva; me arrojaré al río... Sí, sí; que se trague la tierra mi fealdad. Yo no debí haber nacido».

Y luego, dando una vuelta en la cesta, proseguía:

«Mi corazón es todo para él. Este crieguecito que ha tenido el antojo de quererme mucho, es para mí lo primero en el mundo después de la Virgen María. ¡Oh! ¡Si yo fuese grande y hermosa; si tuviera el talle, la cara y el tamaño..., sobre todo el tamaño, de otras mujeres; si yo pudiese llegar a ser señora y componerme!... ¡Ay!, entonces mi mayor delicia sería que sus ojos se recrearan en mí... Si yo fuera como las demás, siquiera como Mariuca..., ¡qué pronto buscaría el modo de instruirme, de afinarme, de ser una señora...! ¡Oh! ¡Madre y Reina mía, lo único que tengo me lo vas a quitar...! ¿Para qué permitiste que le quisiera y que él me quisiera a mí? Esto no debió ser así».

Y derramando lágrimas y cruzando los brazos, añadió medio vencida por el sueño:

«¡Ay! ¡Cuánto te quiero, niño de mi alma! Quiere mucho a la Nela, a la pobre Nela, que no es nada... Quiéreme mucho... Déjame darte un beso en tu preciosísima cabeza...; pero no abras los ojos, no me mires..., ciérralos, así, así».

EÇA DE QUEIROZ
Portugal (1845-1900)

José María Eça de Queiroz nació en Povóa de Varzim. Su padre era juez. La infancia la vivió con sus abuelos. Interno en Oporto. En 1961 estudió Derecho en la Universidad de Coimbra. Ejerció la carrera de diplomático portugués.

El primo Basilio presenta una situación análoga a la de Madame Bovary, con un adulterio que da pie a trazar personajes inolvidables, como el de la resentida criada Juliana, que se mueve en un ambiente burgués de Lisboa, objeto de una durísima sátira por parte del escritor. Espléndido análisis psicológico unido a una crítica social, en la mejor prosa portuguesa de su siglo, rica, flexible y musical, no siempre habitual en los autores naturalistas.

EL PRIMO BASILIO

Luisa fue por fin con Basilio al campo. Consintió en ello la víspera, diciendo que «sería sólo para dar un paseo en carruaje y sin apearse».
Basilio insistió, hablando de «frescas sombras, de meriendas, del césped...»; pero ella rehusó toda asustada.
—¡Nada de céspedes! —decía riéndose.
Habían convenido en encontrarse en la plaza de Alegría. Ella llegó tarde, después de las dos y media, con la sombrilla abierta y algo asustada.

Basilio esperaba fumando dentro de un cupé, bajo un árbol a la derecha de la plaza; abrió la portezuela, y entró Luisa, cerrando la sombrilla; su vestido se enganchó en el estribo, tiró con fuerza, y rompió el volante de seda. Luego se sentó a su lado, muy nerviosa, jadeante, ruborizada, y murmuró:

—¡Qué locura!

No podía hablar. El cupé partió al trote. El cochero era Pinteos, un camorrista.

—¡Qué fatigada estás, pequeña mía! —dijo Basilio dulcemente.

Le levantó el velo. Sudaba copiosamente; brillaban sus ojazos por la excitación y la prisa con que había venido, por el miedo...

—¡Qué calor hace, Basilio!...

Él quiso bajar uno de los cristales.

—No, ahora no. Pueden vernos... Cuando estemos en las afueras...

—¿Adónde vamos?

Luisa miraba, levantando la cortinilla.

—Vamos hacia Lumiares; es el mejor sitio. ¿Quieres?

Él se encogió de hombros. ¿Qué más le daba?

Luisa se tranquilizó. Se quitó el velo y los guantes, y sonrió, abanicándose con el pañuelo, del que se desprendía fresco perfume.

Basilio cogió una mano, y depositó sobre la fina piel de venas azules besos largos y ansiosos.

—Me has prometido tener juicio —le dijo ella sonriendo y mirándolo de soslayo.

—¡Un beso, un solo beso en el brazo! ¿Qué mal hay en ello? No te hagas la melindrosa.

Y la miró ávidamente.

Las cortinillas del cupé eran de seda roja, y la luz que filtraba la envolvía en una aureola igual, mate y color rosáceo, sus labios eran de un rojo húmedo como el pétalo de una rosa, y en el fondo de los ojos un punto luminoso se movía como un dulce fluido.

No pudo contenerse él, y pasó los temblorosos dedos sobre las sienes y cabellos de ella con cierta ternura cobarde.

—¿Ni siquiera un beso en la mejilla? —dijo con tono humilde.

—¿Uno nada más? —preguntó Luisa.

La besó suavemente junto a la oreja; pero aquel contacto excitó brutalmente sus deseos. La cogió con ardor y la besó como un loco en el cuello, en el rostro, en el sombrero...

—¡No! ¡no! —murmuró ella resistiéndose—. ¡Quiero bajar! —gritó.

Golpeó los cristales y forcejeó por abrir uno, lastimándose los dedos sobre la sucia y dura correa.

Basilio le pidió perdón. ¡Qué bobada, enfadarse por un beso! ¡Era tan bonita!... Aquello lo ponía loco; pero juró ser juicioso...

El carruaje rodaba a sacudidas cerca de las afueras; a cada lado se veían, inmóviles bajo el sol, los olivares de un verde polvoriento; el astro rey derramaba con fuerza sus rayos sobre la hierba quemada.

Basilio había abierto un cristal y la cortinilla flotaba blandamente. Se puso a hablar de él, de su amor, de sus proyectos. Había resuelto establecerse en Lisboa, decía. No quería casarse; la amaba y sólo deseaba vivir siempre a sus pies. Decía que estaba cansado, desilusionado. ¿Qué podía ofrecer la vida? Había experimentado la sensación de los amores efímeros y las aventuras de largos viajes; se sentía viejo.

—No tanto —dijo Luisa con los ojos húmedos.

¡Ah, sí, lo estaba! Ya sólo quería vivir para ella, descansar en las dulzuras de su intimidad... Ella era su sola familia.

Se llamaba *su pariente*. La familia era lo mejor que había.

—¿Me permites que fume? —dijo encendiendo un cigarro.

Lo mejor de la vida no es una afección profunda como la nuestra, ¿no es cierto? Me contento con poco; verte todos los días, hablar mucho, saber que me quieres... ¡Eh, Pinteos! — gritó por la portezuela—. ¡Entra por el paseo del Campo!

El cochero obedeció. Basilio levantó las cortinas, y un aire más vivo penetró en el coche. El sol reverberaba en los árboles, y su luz brillante hendía el follaje, que formaba sobre el suelo sombras aún ardientes. Alrededor todo tenía aspecto agostado. Sobre la tierra agrieteada, la hierba tostada tenía la apariencia de la ceniza. A los lados del camino había montones de polvo amarillento. Los aldeanos pasaban caídos sobre la grupa de sus caballerías, las piernas colgando, resguardados por grandes quitasoles encarnados, y la luz que bajaba de aquel cielo azul obscuro, hacía brillar con reflejos que cegaban las tapias encaladas, el agua de las cubas olvidadas delante de las puertas y las blancas piedras.

—Vendo todo lo que tengo en el extranjero —dijo Basilio— me establezco en Lisboa, en una casita del barrio de Buenos Aires... ¿Te gusta? Dí.

Ella calló; aquellas palabras y promesas, a las que la voz vibrante de Basilio daba un vigor apasionado, la turbaban como la embriaguez del licor; su pecho palpitaba.

—Cuando estoy cerca de ti —dijo Basilio—, me siento tan feliz... me parece tan bueno todo...

—¡Si pudiera ser verdad!... —repuso Luisa, recostándose en el fondo del cupé.

Basilio la cogió por la cintura y le juró que lo sería. Iba a convertir su fortuna en renta. Comenzó a probarlo; ya tenía hablado a un procurador. Le citó el nombre; un tío seco, con la nariz puntiaguda...

Y estrechándola contra él, llena de deseos la mirada, preguntó:

—Y si fuera verdad, ¿qué harías?

—Yo misma no lo sé —murmuró Luisa.

Llegaron a Lumiares y bajaron por prudencia las cortinillas. Ella alzó un poco una de ellas y mirando afuera vio pasar a cada lado de los árboles cubiertos de polvo, la tapia de una quinta pintada de rosa sucio, casas pobres, un ómnibus vacío, mujeres sentadas ante las puertas, a la sombra, quitando los piojos a sus chicos, y un mozo vestido de blanco y sombrero de paja que se paró a mirar fijamente las cortinillas bajadas del cupé. Luisa soñaba vivir allí, en una quinta, lejos del camino; tendría una casita bien fresca, con plantas trepadoras en las ventanas, parras sostenidas por pilastras de piedra, plantas de rosal, alamedas de árboles formando bóvedas, un pequeño manantial bajo un tilo, al que irían las criadas por la mañana a lavar la ropa cantando. Y por las noches él y ella, un poco cansados de las dichas de la siesta, irían a través de los campos escuchando silenciosos, bajo el estrellado del cielo, el monótono chirriar de las ranas.

Cerró los ojos. El lento movimiento del coche, la presencia de Basilio, el contacto de su mano y de su rodilla, encendían su sangre. Sentía crecer un deseo en el pecho, como el viento que hincha la vela, y palideció.

—¿En qué piensas? —le preguntó él.

Luisa enrojeció y no dijo nada.

Le daba vergüenza hablar, y decirle...

Basilio le cogió dulcemente la mano, con respeto y ternura, cual si fuese cosa preciosa y santa, y la besó suavemente, con la humildad de un esclavo y la unción de un devoto. Esta dulzura tan humilde, tan conmovedora, la emocionaron, distendiéronse sus nervios, y se dejó caer en el rincón del cupé, llorando...

¿Qué era aquello? ¿Qué tenía?

La cogió en sus brazos, la abrazó, hablándole como loco.

—¿Quieres que huyamos los dos?

Las lágrimas, rodando brillantes sobre aquel hermosos rostro, la hacían más interesante, y daban a los deseos de él un tinte casi de dolor.

—¡Ven conmigo! ¡Ven! ¡Vamos al fin del mundo!

—No digas locuras —murmuró ella sollozando.

Se calló, cubriéndose los ojos con las manos, en actitud melancólica.

—El hecho es —pensó él—, que digo muchas necedades.
Luisa secóse las lágrimas y se sonó.
—Esto es nervioso —dijo—. Volvamos, ¿quieres? No me siento bien. Di al cochero que dé la vuelta.

Basilio obedeció.

Regresaron un poco silenciosos. Luisa se quejaba de un principio de jaqueca. Él le tomó las manos y le dijo las misma ternezas; la llamó su *paloma*, su *ideal*. Y se decía por lo bajo: «Eres mía».

Pararon en la plaza de Alegría. Luisa miró afuera, y saltó del coche vivamente.

—Hasta mañana —dijo—; no faltes

EMILIA PARDO BAZÁN
España (1851-1921)

Nació en la Coruña, hija única de un matrimonio pudiente. Educada en un colegio francés, en Madrid. A los diecisiete años, en 1868, vivió al tiempo tres experiencias: su primer traje largo que terminaba su niñez, su matrimonio inmediato y la revolución de septiembre. Lectora ávida, devino en escritora febril. Profesora de literatura en la Universidad de Madrid, publicó quince novelas, 250 cuentos y crítica literaria.

Su narrativa se caracterizó por un realismo impregnado de naturalismo decimonónico. Un mundo semifeudal con primitivas pasiones. He aquí uno de sus cuentos.

«SARA Y AGAR»

Explíqueme usted —dije al señor de Bernárdez— una cosa que siempre me infundió curiosidad. ¿Por qué en su sala tiene usted, bajo marcos gemelos, los retratos de su difunta esposa y de un niño desconocido, que según usted asegura ni es hijo, ni sobrino, ni nada de ella? ¿De quién es otra fotografía de mujer, colocada enfrente, sobre el piano?... ¿No sabe usted?: una mujer joven, agraciada, con flecos de ricillos a la frente.

El septuagenario parpadeó, se detuvo, y una matiz rosa cruzó por sus mustias mejillas. Como íbamos subiendo un repecho de la carretera, lo atribuí a cansancio y le ofrecí el brazo, animándole a continuar el paseo, tan conveniente para su salud; como que, si no paseaba, solía acostarse sin cenar y dormir mal y poco. Hizo seña con la mano de que podía seguir la caminata, y anduvimos unos cien pasos más, en silencio. Al llegar al pie de la iglesia, un banco, tibio aún del sol y bien situado para dominar el paisaje, nos tentó, y a un mismo tiempo nos dirigimos hacia él. Apenas hubo reposado y respirado un poco Bernárdez, se hizo cargo de mi pregunta.

—Me extraña que no sepa usted la historia de esos retratos; ¡en poblaciones como Goyán, cada quisque mete la nariz en la vida del vecino, y glosa lo que ocurre y lo que no ocurre, y lo que no averigua lo inventa! Comprendí que al buen señor debían de haberle molestado mucho antaño las curiosidades y chismografías del lugar, y callé, haciendo un movimiento de aprobación con la cabeza. Dos minutos después pude convencerme de que, como casi todos los que han tenido alegrías y penas de cierta índole. Bernárdez disfrutaba puerilmente en referirlas; porque no son numerosas las almas altaneras que prefieren ser para sí propios y a la par Cristo y Cirineo y echarse a cuestas su historia. He aquí la de Bernárdez, tal cual me la refirió mientras el sol se ponía detrás del verde monte en que se asienta Goyán:

—Mi mujer y yo nos casamos muy jovencitos: dos nenes, con la leche en los labios. Ella tenía quince años; yo, dieciocho. Una muchacha, quién lo duda. Lo que pasó con tanto madrugar fue que, queriéndonos y llevándonos como dos ángeles, de puro bien avenidos que estábamos, al entrar yo en los treinta y cinco mi mujer empezó a parecerme así..., vamos, como mi hermana. Le profesaba una ternura sin límites; no hacía nada sin consultarla; no daba un paso que ella no me aconsejase, no veía sino por sus ojos..., pero todo fraternal, todo muy tranquilo.

No teníamos sucesión, y no la echábamos de menos. Jamás hicimos rogativa ni oferta a ningún santo para que nos enviase tal dolor de cabeza. La casa marchaba lo mismo que un cronómetro:

mi notaría prosperaba; tomaba incremento nuestra hacienda; adquiríamos tierras; gozábamos de mil comodidades; no cruzábamos una palabra más alta que otra, y veíamos juntos aproximarse la vejez sin desazón ni sobresalto, como el marino que se acerca al término de un viaje feliz,emprendido por iniciativa propia, por gusto y por deber.

Cierto día, mi mujer me trajo la noticia de que había muerto la inquilina de una casucha de nuestra pertenencia. Era esta inquilina una pobretona, viuda de un guardia civil, y quedaba sola en el mundo la huérfana, criatura de cinco años.

—Podíamos recogerla, Hipólito —añadió Romana—. Parte el alma verla así. Le enseñaríamos a plachar, a coser, a guisar, y tendríamos, cuando sea mayor, una criadita fiel y humilde.

—Di que haríamos una obra de misericordia y que tú tienes el corazón de manteca.

Esto fue lo que respondí, bromeando. ¡Ay! ¡Si el hombre pudiese prever dónde salta su destino!

Recogimos, pues, la criatura, que se llamaba Mercedes, y así que la lavamos y la adecentamos, amaneció una divinidad, con un pelo ensortijado como virutas de oro, y unos ojos que parecían dos violetas, y una gracia y una zalamería... Desde que la vimos... ¡adiós planes de enseñarle a planchar y a poner el puchero! Empezamos a educarla del modo que se educan las señoritas..., según educaríamos a una hija, si la tuviésemos. Claro que en Goyán no la podíamos afinar mucho; pero se hizo todo lo que permite el rincón éste. Y lo que es mimarla... ¡Señor! ¡En especial Romana..., un desastre! Figúrese usted que la pobre Romana, tan modesta para sí que jamás la vi encaprichada con un perifollo..., encargaba los trajes y los abriguitos de Mercedes a la mejor modista de Marineda. ¿Qué tal?

Cuando llegó la chiquilla a presumir de mujer, empezaron también a requebrarla y a rondarla los señoritos en los días de ferias y fiestas, y yo a rabiar cuando notaba que le hacían cocos. Ella se reía y me decía siempre, mirándome mucho a la cara:

—Padrino —me llamaba así—, vamos a burlarnos de esos tontos; a usted le quiero más que a ninguno.

Me complacía tanto que me lo dijese (¡cosas del demonio!), que le reñía sólo por oírla repetir:

—Le quiero más a usted...

Hasta que una vez, muy bajito, al oído:

—¡Le quiero más y me gusta más... y no me casaré nunca, padrino!

¡Por éstas, que así habló la rapaza!

Se me trastornó el sentido. Hice mal, muy mal, y, sin embargo, no sé, en mi pellejo, lo que harían más de cien santones. En fin: repito que me puse como lunático, y sin intención, sin premeditar las consecuencias (porque repito que perdí la chaveta completamente), yo, que había vivido más de veinte años como hombre de bien y marido leal, lo eché a rodar todo en un día..., en un cuarto de hora...

Todo a rodar, no; porque tan cierto como que Dios nos oye, yo seguía consagrando un cariño profundo, inalterable, a mi mujer, y si me proponen que la deje y me vaya con Mercedes por esos mundos —se lo confesé a Mercedes misma, no crea usted, y lloró a mares—, antes me aparto de cien Mercedes que de mi esposa. Después de tantos años de vida común, se me figuraba que Romana y yo habíamos nacido al mismo tiempo, y que reunidos y cogidos de las manos debíamos morir. Sólo que Mercedes me sorbía el seso, y cuando la sentía acercarse a mí, la sangre me daba una sola vuelta de arriba abajo, y se me abrasaba el paladar, y en los oídos me parecía que resonaba galope de caballos, un estrépito que me aturdía.

—¿Es de Mercedes el retrato que está sobre el piano? —pregunté al viejo.

—De Mercedes es. Pues verá usted: Romana se malició algo, y los chismosos intrigantes se encargaron de lo demás. Entonces, por evitar disgustos, conté una historia: dije que unos señores de Marineda, que iban a pasar larga temporada en Madrid, querían llevarse a Mercedes, y lo que hice fue amueblar en Marineda un piso, donde Mercedes se estableció decorosamente, con una criadita. A pretexto de asuntos, yo veía a la muchacha una vez por semana lo menos. Así, la situación fue mejor..., vamos, más tolerable que si estuviesen las dos bajo un mismo techo, y yo entre ellas.

Romana callaba —era muy prudente—, pero andaba inquieta, pensativa, alterada. Y decía yo: ¿por dónde estallará la bomba? Y estalló... ¿Por dónde creerá usted?

Una tarde que volví de Marineda, mi mujer, sin darme tiempo a soltar la capa, se encerró conmigo en mi cuarto, y me dijo que no ignoraba el estado de Mercedes... (¡Ya supondrá usted cuál sería el estado de Mercedes!...), y que, pues había sufrido tanto y con tal paciencia, lo que naciese, para ella, para Romana, tenía que ser en toda propiedad..., como si lo hubiese parido Romana misma.

Me quedé tonto... Y el caso es que mi mujer se expresaba de tal manera, ¡con un tono y unas palabras!, y tenía además tanta razón y tal sobra de derecho para mandar y exigir, que apenas nació el niño y lo vi empañado, lo envolví en un chal de calceta que me dio Romana para ese fin, y en el coche de Marineda a Goyán hizo su primer viaje de este mundo.

—¿Ese niño es el que está retratado al lado de su esposa de usted, dentro de los marcos gemelos?

—¡Ajajá! Precisamente. ¡Mire usted: dificulto que ningún chiquillo, ni Alfonso XIII, se haya visto mejor cuidado y más estimado! Romana, desde que se apoderó del pequeño, no hizo caso de mí ni de nadie, sino de él. El niño dormía en su cuarto; ella le vestía, ella le desnudaba, ella le tenía en el regazo, ella le enseñaba a juntar las letras y ella le hacía rezar. Hasta formó resolución de testar en favor del niño... Sólo que él falleció antes que Romana; como que al rapaz le dieron las viruelas el 20 de marzo, y una semana después voló a la gloria... Y Romana..., el 7 de abril fue cuando la desahució el médico, y la perdí a la madrugada siguiente.

—¿Se le pegaron las viruelas? —pregunté al señor de Bernárdez, que se aplicaba el pañuelo sin desdoblar a los ribeteados y mortecinos ojos.

—¡Naturalmente... Si no se apartó del niño!

—Y usted, ¿cómo no se casó con Mercedes?

—Porque malo soy, pero no tanto como eso—contestó en voz temblona mientras una aguadilla que no se redondeó en lágrima asomaba a sus áridos lagrimales.

LEOPOLDO ALAS «CLARÍN»
España (1852-1901)

Nació en Zamora, Leopoldo Alas García-Urueña cuando su padre era el gobernador. Estudió en Oviedo en el colegio de los jesuitas. Cursó Derecho y lo terminó en la Universidad de Madrid. Pertenecía a un club republicano. Profesor universitario. Se alejó del catolicismo tradicional. Se casó con Orofre García Argüelles. Murió en Oviedo.

La Regenta convierte a Clarín en un gran novelista del siglo XIX. Una combinación de crítica social y análisis psicológico de los personajes por medio de una técnica impecable. El tema central de la novela es el adulterio y se trata a través de la crisis místico-sensual de la protagonista, Ana Ozores, casada con Víctor Quintana, regente de la Audiencia, de la cual le viene el nombre. La bellísima Ana Ozores comete adulterio con un donjuán desmadrado y la ciudad se vuelca contra ella. Esta novela hoy casi nadie la lee, lamentablemente.

LA REGENTA

Vamos, amigo mío. Se lo suplico yo..., acompáñeme al Vivero... Sea amable..., por caridad. El Magistral, no menos dulce, suave y pegajoso, recibía con placer aquel incienso, detrás del cual habría tantas talegas.

—Señora..., con mil amores... Si pudiera..., pero tengo que hacer, a las seis he de estar...

—Oh, no, no valen disculpas... Ayúdeme usted, Marquesa, ayúdeme usted a convencer a este pícaro. La Marquesa ayudó, pero fue inútil. Don Fermín se había propuesto no ir al Vivero aquella tarde: comprendía que eran allí todos íntimos de la casa, menos él; ya había aceptado el convite porque... no había podido menos, por una debilidad, y no quería más debilidades. ¿Qué iba a hacer él en aquella excursión? Sabía que al Vivero iban todos aquellos locos, Visitación, Obdulia, Paco, Mesía, a divertirse con demasiada libertad, a imitar muy a lo vivo los juegos infantiles. Ripamilán se lo había dicho varias veces. Ripamilán iba sin escrúpulo, pero ya sabía que el Arcipreste era como era; él, De Pas, no debía presenciar aquellas escenas, que sin ser precisamente escandalosas, no eran para vistas por un canónigo formal. No, no había que prodigarse; siempre había sabido mantenerse en el difícil equilibrio de sacerdote sociable sin degenerar en mundano; sabía conservar su buena fama. La excesiva confianza, el trato sobrado familiar, dañarían a su prestigio; no iría al Vivero. Y buenas ganas se le pasaban, eso sí; porque aquel señor Mesía se había vuelto a pegar a las faldas de la Regenta, y ya empezaba don Fermín a sospechar si tendría propósitos *non sanctos* el célebre don Juan de Vetusta.

La Marquesa, sin malicia, como ella hacía las cosas, llamó a su lado a Anita para decirle:

—Ven acá, ven acá, a ver si a ti te hace más caso que a nosotras este señor displicente.

—¿De qué se trata?

—De don Fermín, que no quiere venir al Vivero.

El don Fermín, que ya tenía las mejillas algo encendidas por culpa de las libaciones más frecuentes que de costumbre, se puso como una cereza cuando vio a la Regenta mirarle cara a cara y decir con verdadera pena:

—¡Oh, por Dios, no sea usted así!; mire que nos da a todos un disgusto. Acompáñenos usted, señor Magistral.

En el gesto, en la mirada de la Regenta, podía ver cualquiera, y lo vieron De Pas y don Álvaro, sincera expresión de disgusto: era una contrariedad para ella la noticia que le daba la Marquesa.

Por el alma de don Álvaro pasó una emoción parecida a una quemadura; él, que conocía la materia, no dudó en calificar de celos aquello que había sentido. Le dio ira el sentirlo. «Quería decirse que aquella mujer le interesaba más de veras de lo que él creyera; y había obstáculos, ¡y de qué género! ¡Un cura! Un cura guapo, había que confesarlo». Y entonces los ojos apagados del elegante Mesía brillaron al clavarse en el Magistral, que sintió el choque de la mirada y la resistió con la suya, erizando las puntas que tenía en las pupilas entre tanta blandura. A don Fermín le asustó la impresión que le produjo, más que las palabras, el gesto de Ana; sintió un agradecimiento dulcísimo, un calor en las entrañas completamente nuevo; ya no se trataba allí de la vanidad suavemente halagada, sino de unas fibras del corazón que no sabía él cómo sonaban. «¡Qué diablos es esto!», pensó De Pas. Y entonces precisamente fue cuando se encontró con los ojos de don Álvaro. Fue una mirada que se convirtió, al chocar, en un desafío; una mirada de esas que dan bofetadas; nadie lo notó más que ellos y la Regenta. Estaban ambos en pie, cerca uno de otro, los dos arrogantes, esbeltos; la ceñida levita de Mesía, correcta, severa, ostentaba su gravedad con no menos dignas y elegantes líneas que el manteo ampuloso, hierático del clérigo, que relucía al sol, cayendo hasta la tierra.

Ambos le parecieron a la Regenta hermosos, interesantes, algo como San Miguel y el Diablo, pero el Diablo cuando era Luzbel todavía; el Diablo Arcángel también; los dos pensaban en ella, era seguro; don Fermín como un amigo protector, el otro como un enemigo de su honra, pero amante de su belleza. Ella daría la victoria al que la merecía, al ángel bueno, que era un poco menos alto, que no tenía bigote —que siempre parecía bien—, pero que era gallardo, apuesto a su modo, como se puede ser debajo de una sotana. Se tenía que confesar la Regenta, aunque pensando un instante nada más en ello, que le complacía encontrar a su salvador, tan airoso y bizarro, tan distinguido, como decía Obdulia, que en esto tenía razón. Y sobre todo, aunque ellos dos hombres mirándose así por ella, reclamando cada cual con distinto fin la victoria, la conquista de su voluntad, eran algo que rompía la monotonía de la vida vetustente, algo que interesaba, que podía ser dramático, que ya empezaba a serlo. El honor, aquella quisicosa que andaba siempre en los versos que recitaba su marido, estaba a salvo, ya se sabe, que no había que pensar en él; pero bueno sería que un hombre de tanta inteligencia como el Magistral la defendiera contra los ataques más o menos temibles del buen mozo, que tampoco era rana, que estaba demostrando mucho tacto, gran prudencia y, lo que era peor, un interés verdadero por ella. Eso sí, ya estaba convencida: don Álvaro no quería vencerla por capricho, ni por vanidad, sino por verdadero amor; de fijo aquel hombre hubiera preferido encontrarla soltera. En rigor, don Víctor era un respetable estorbo. Pero ella le quería, estaba seguro de ello, le quería con un cariño filial, mezclado de cierta confianza conyugal, que valía por lo menos tanto, a su modo, como una pasión de otro género. Y además, si no fuera por don Víctor, el Magistral no tendría por qué defenderla, ni aquella lucha entre dos hombres *distinguidos* que comenzaba aquella tarde tendría razón de ser. No había que olvidar que don Fermín no la quería ni la podía querer para sí, sino para don Víctor.

KNUT HAMSUN
Noruega (1859-1952)
Premio Nóbel 1920

El escritor noruego Knut Hamsun, seudónimo de Knut Pedersen, nació en Garmostraett, cerca a Lom, Gudbrandsdal. De familia campesina, su infancia transcurrió en las lejanas islas de Lofoten, donde apenas recibió instrucción académica. En 1878, cuando comenzó a escribir, era aprendiz en una zapatería de Bodo. Autor de la inolvidable novela "Hambre". Durante la segunda guerra mundial dio respaldo a los nazis. Fue juzgado y dejado libre por su avanzada edad. Emigró a Norteamérica. Allí fue conductor de tranvías en Chicago. Murió en Mürltolm.

Su novela Victoria (1898) se puede calificar de neoromanticista por su exceso de naturalismo. Su ternura goza de gran favor en el público femenino. Un relato idílico nutrido de sus propias experiencias.

VICTORIA

Juan volvió a la ciudad. Transcurrieron días, y años, un tiempo largo y agitado, tiempo de ensueños, de estudio y de trabajo.

Se había abierto camino; había logrado escribir un poema sobre Esther, «hija de Judea y reina de Persia», obra que fue impresa y que le pagaron. Otro poema, *El laberinto del amor*, descrito por el monje Vendt, dio a conocer su nombre.

Sí, ¿qué era el amor? Un viento que susurra entre las rosas... ¡Oh, no!, una fosforescencia amarilla que recorre la sangre. El amor era una música cálida, diabólica, que hace latir hasta los corazones de los más ancianos. Era como la margarita que, en cuanto llega la noche, se abre plenamente, y era la anemone, que a un soplo de aire se cierra y muere al ser tocada.

Así era el amor.

Abatía a un hombre y de nuevo lo levantaba para volverlo a abatir; hoy me anima a mí, mañana a ti, a otro la noche siguiente: tal es su inconstancia. Pero también podía perdurar, semejante a un sello infrangible, quemar como un fuego continuo, hasta el momento supremo: de tal forma era eterno. ¿Cómo es, pues, el amor?

¡Oh! El amor es una noche estival, bajo el cielo estrellado, sobre la tierra embalsamada. Pero ¿por qué es causa de que el adolescente siga senderos escondidos y hace erguirse al anciano en su habitación solitaria? ¡Ah! El amor hace el corazón de los hombres semejante a un vivero, un jardín ubérrimo e insolente, donde crecen misteriosas y atrevidas plantas.

¿No es también la causa de que, por la noche, el monje se deslice entre los cercados jardines, con los ojos clavados en las ventanas de las hermosas que duermen? ¿Y no llena de locura a la monja, no trastorna la razón de la princesa? Humilla la cabeza del rey hasta el suelo, para hacerle barrer el polvo con sus cabellos; mientras se murmura a sí mismo palabras desvergonzadas y ríe, sacando la lengua.

Así es el amor.

No, no; todavía es otra cosa, sin parecido a nada en el mundo. Vino a la tierra en una noche de primavera, cuando un adolescente vio unos ojos, unos ojos. Los contempló, fijándolos en los suyos. Besó una boca, y fueron dos rayos de luz que se cruzaron en su corazón, un sol resplandeciendo hacia una estrella. Cayó entre dos brazos, y ya no vio ni oyó otra cosa en el mundo entero.

El amor es la primera palabra de Dios, es el primer pensamiento que cruzó por su mente. Cuando dijo: «¡Hágase la luz!», nació el amor. Y halló muy bueno todo lo que había creado; nada hubiera querido cambiar. Y el amor fue el origen del mundo, el maestro del mundo.

Mas todos sus caminos están llenos de flores y de sangre, de sangre y de flores. Un día de septiembre.

Esta calle retirada era su paseo; la recorría de un extremo a otro, como si se hallase en su habitación, pues nunca encontraba a nadie. En los jardines que bordeaban una y otra acera había árboles de follajes rojos y amarillos.

¿Por qué se pasea Victoria por este lugar? ¿Cómo es que sus pasos la conducen por aquí? Juan no se equivocaba: era ella; quizá también fuese ella la que ayer paseaba por allí cuando él miró por la ventana.

Su corazón palpitaba fuertemente. Sabía que Victoria estaba en la ciudad, lo había oído decir; pero frecuentaba unas esferas a las que no iba el hijo del molinero.

Tampoco veía a Ditlef.

Haciendo un esfuerzo, continuó delante de la dama. ¿No lo reconocía? Andaba seria y pensativa, con la cabeza erguida, el cuello estirado, altanera.

Él saludó.

—Buenos días —dijo ella muy bajo.

Como no hizo ademán de pararse, él pasó en silencio. Notó que le temblaban las piernas. Al final de la pequeña calle, dio media vuelta, como tenía por costumbre. «Mantendré los ojos fijos en el suelo, sin levantarlos», se dijo. Sólo había andado diez pasos cuando levantó la cabeza.

Victoria se había parado ante un escaparate.

¿Sería preciso esquivar el encuentro y retirarse disimuladamente por la calle vecina? ¿Por qué se quedaba allí? Era un humilde escaparate, insignificante portada de tienda, donde se veían algunas barras de jabón rosa puestas en cruz, grano mondado en un vaso y algunos sellos viejos para la venta.

¿Y si continuase unos diez pasos más antes de retroceder?

Entonces Victoria lo miró y, súbitamente, fue en derechura hacia él con pasos rápidos, como movida por una resolución heroica. Sonrió nerviosamente y dijo, no sin dificultad:

—Buenos días. ¡Qué feliz encuentro!

¡Señor, cómo palpitaba su corazón! No palpitaba: temblaba. Quiso decir algo, y no lo consiguió; sólo sus labios se movieron. Un perfume emanaba de las ropas de Victoria, de su vestido amarillo, o quizá fuese de su boca. En aquel momento no distinguía los rasgos de su cara, pero reconocía la línea fina de sus hombros, su mano larga y delgada en el puño de su sombrilla. Era la mano derecha; en ella llevaba una sortija. De momento no prestó atención; no reflexionó ni tuvo ningún presentimiento de dicha. Era su mano extrañamente hermosa.

—Estoy en la ciudad desde hace una semana —prosiguió ella—, pero no le había visto sino una vez, en la calle; alguien me dijo que era usted. ¡Se ha hecho tan alto!

—Sabía que estaba usted aquí —farfulló él—. ¿Se quedará mucho tiempo?

—¡Oh, no! Mucho tiempo, no; sólo algunos días. Regreso pronto.

—Doy gracias a la casualidad, que ha dirigido sus pasos hacia este lado, permitiéndome saludarla.

—¡Ah! ¡Si supiera cómo he pensado en usted! ¡Señor, nunca hubo otro pensamiento en mi corazón! ¡De todo cuanto veía y conocía, usted era lo único en el mundo! Me repetía sin cesar a mí mismo: Victoria es la más bella, la más espléndida, y yo la conozco. La señorita Victoria, pensaba siempre. No es que no me diese cuenta de que nadie estaba tan distante de usted como yo. Pero sabía que usted existía. ¡Ah! Sí, era mucho para mí. Sabía que vivía allí y que quizá alguna vez llegaría a acordarse... ¡Oh!, bien sé que usted no pensaba en mí; pero muchas tardes, sentado en mi silla, soñaba que de cuando en cuando me recordaría. Y, mire, señorita Victoria, entonces era como si el cielo se abriera a mis ojos. Le escribía poesías, le compraba flores con todo cuanto poseía, las llevaba a mi casa y las ponía en búcaros. Todos mis poemas están escritos pensando en usted; los que tienen otra inspiración son muy pocos y nadie los conoce. Pero usted, sin duda, no habrá leído los que se han publicado... Ahora he empezado un libro de importancia. ¡Qué reconocido le estoy; soy completamente suyo, y en esto está toda mi felicidad! Todos los días, y las noches también, veo o escucho cosas que me evocan su presencia... He escrito su nombre en el techo y, cuando estoy acostado, lo miro. La sirvienta que arregla mi cuarto no lo ve; lo he escrito muy pequeño a fin de reservármelo para mí solo. Y esto me proporciona cierta felicidad.

Ella se volvió, entreabrió su escote y sacó un papel.

—Mire —dijo, con un profundo suspiro que levantó su pecho— Lo recorté y me lo guardé. Ya puedo decírselo: por la noche lo leo. Cuando papá me lo enseñó por primera vez, me fui junto a la ventana para verlo. «¿Dónde está? No lo encuentro», dije hojeando el periódico. Pero ya lo había encontrado y lo estaba leyendo. ¡Y me sentía tan dichosa!

El papel tenía el olor de su corpiño. Ella lo desplegó y le mostró uno de sus primeros poemas: una pequeña cuarteta dedicada a la amazona del caballo blanco. Era la confesión ingenua e impetuosa de un corazón joven, sus irrefrenables impulsos, reflejados en aquellas líneas, como luceros que se encienden.

—Sí —dijo—; escribí eso hace mucho tiempo. Fue una noche, mientras las hojas de los álamos susurraban en el viento frente a mi ventana. ¡Ah! ¿De verdad lo vuelve a su pecho? Gracias por guardárselo...

Su voz era dulce y grave cuando exclamó, turbado:

—Usted ha venido, está aquí sentada a mi lado. Siento su brazo junto al mío y emana de usted un calor que penetra en mí. ¡Cuántas veces, solo, su recuerdo me ha transido de emoción!... La última vez que la vi a usted, en casa, estaba hermosa, pero hoy está más hermosa todavía. Sus ojos, sus cejas, su sonrisa, no sé; pero es todo, todo lo que es usted.

Ella sonreía mirándolo, con los ojos entornados; las sombras se azulaban bajo sus largas pestañas. Pareció abandonarse a una dicha suprema, e inconscientemente tendió la mano hacia él.

—¡Gracias! ¡Ah, gracias! —dijo.

—No me dé las gracias, Victoria.

Todo su ser se abalanzó hacia ella, en un imperioso deseo de decirle cosas y más cosas... Sus confesiones apretábanse en confusas exclamaciones; estaba como aturdido.

—¡Ah! Victoria, si me amase un poco... No lo sé, pero dígamelo, aunque no sea así. ¡Dígamelo, se lo ruego! ¡Oh!, le prometeré hacer grandes cosas, cosas casi inconcebibles. Usted no sospecha lo que yo podría hacer; hay momentos en que, llevado por mis sueños, me siento rebosante de obras a realizar... Muchas veces la copa rebosa; hay noches en las que, ebrio de visiones, voy tambaleándome por la habitación. Un hombre ocupa la pieza contigua y, como no puede dormir, golpea la pared. Al amanecer, entra furioso en mi cuarto, no me importa; yo me río de él; porque entonces he soñado ya tanto con usted que me parece tenerla cerca de mí. Voy a la ventana y canto; empieza a nacer el día; fuera, los álamos susurran en el viento. «Buenas noches», digo al alba; y es a usted a quien se lo digo. «Ahora ella duerme —pienso—; buenas noches, ¡que Dios la tenga en su guarda!» Luego me acuesto. Así se suceden las noches. Pero nunca la había creído tan hermosa; cuando se haya marchado, la recordaré así, tal como está aquí. No quiero olvidar nada...

Victoria dijo:

—¿No irá pronto allá, a su casa?

—No, no tengo medios para ello. Pero sí, iré. Y marcharé en seguida. No dispongo de medios, pero haré todo en el mundo, todo lo que usted desee... Si pasea por el jardín, si sale alguna vez por la tarde, quizá entonces pueda verla, pueda darle los buenos días, ¿no es cierto? Pero si me ama un poco, si puede aceptarme, dígamelo... ¡Oh, sí, deme esta alegría!... Mire, hay una palmera que florece una sola vez en su vida, y, no obstante, llega a los setenta años: es la palmera corifa. Ahora soy yo el que florece... Sí, me procuraré dinero y marcharé allá. Publicaré lo que tengo escrito, todo lo que está terminado. Venderé en seguida, desde mañana, un gran libro en el que trabajo y me pagarán a buen precio. ¿Quiere usted, pues, que yo regrese?

—Sí.

—¡Gracias! ¡Oh, gracias! Perdóneme si mis esperanzas son quizá desmedidas; pero ¡es tan bueno creer en posibilidades extraordinarias! Este es el día más feliz de cuantos he vivido...

ANTÓN CHÉJOV
Rusia (1860-1904)

Antón Pávlovich Chéjov nació en Taganrog, de origen humilde. Su abuelo era un siervo de la gleba y su padre también, aunque con el tiempo adquirió un negocio de comestibles. La ruina de este negocio impulsó a la familia de Chéjov a emigrar a Moscú. En 1879 se instaló en Moscú y empezó a estudiar medicina. Se hizo cargo de sus seis hermanos escribiendo cuentos y reseñas literarias en revistas de San Petesburgo.

Guy de Maupassant y Chéjov son los dos maestros universales de la narración corta. En «La dama del perrito», el protagonista Gurov ve pasar por la calle a una dama con un perrito, joven, rubia y con una boina. Al conocerla, una aventura se perfila entre ambos, con las características habituales de este tipo de lances: la amistad previa, las mutuas confidencias, la «caída»... Van al hotel donde ella se hospeda, tras lo cual ella se recrimina una conducta indigna. Los une un sentimiento mínimo, casi distraído, del que surge a los ojos del lector la verdad de un amor profundo e irremplazable.

LA DAMA DEL PERRITO

Durante el primer entreacto el marido salió a fumar, quedando ella sentada en la butaca. Gurov, que también tenía su localidad en el patio de butacas, se acercó a la que ocupaba ella, y ya a su lado le dijo con voz forzada y temblorosa y sonriendo:

—¡Buenas noches!

Ella alzó los ojos hacia él y palideció. Después volvió a mirarlo, otra vez espantada, como si no pudiera creer lo que veía. Sin duda, luchando consigo misma para no perder el conocimiento, apretaba fuertemente entre las manos el abanico y los impertinentes. Ambos callaron. Ella permanecía sentada. Él en pie, asustado de aquel azoramiento, no se atrevía a sentarse a su lado. Los violines y la flauta, que estaban siendo afinados por los músicos, empezaron a cantar, pareciéndoles de repente que desde todos los palcos los miraban. He aquí que ella, levantándose súbitamente, se dirigió apresurada hacia la salida. Él la siguió. Y ambos, con paso torpe, atravesaron pasillos y escaleras, tan pronto subiendo como bajando, en tanto que ante sus ojos desfilaban, raudas, gentes con uniformes: unos judiciales, otros correspondientes a instituciones de enseñanza, y todos ornados de insignias. Asimismo desfilaban figuras de damas; el vestuario, repleto de pellizas; mientras el soplo de la corriente les azotaba el rostro con un olor a colillas.

Gurov, que empezaba a sentir fuertes palpitaciones, pensaba:

«¡Oh Dios mío!... ¿Para qué existirá toda esta gente..., esta orquesta?»

En aquel momento acudió a su memoria la noche en que había acompañado a Anna Sergueevna a la estación, diciéndose a sí mismo que todo había terminado y que no volverían a verse... ¡Cuán lejos estaba todavía, sin embargo, del fin!

En una sombría escalera provista del siguiente letrero: «Entrada al anfiteatro», ella se detuvo.

—¡Qué susto me ha dado usted! —dijo con el aliento entrecortado y aún pálida y aturdida—. ¡Apenas si vivo! ¿Por qué ha venido? ¿Por qué...?

—¡Compréndame, Anna! ¡Compréndame! —dijo él deprisa y a media voz—. ¡Se lo suplico! ¡Vámonos!

Ella lo miraba con expresión de miedo, de súplica, de amor. Lo miraba fijamente, como si quisiera grabar sus rasgos de un modo profundo en su memoria.

—¡Sufro tanto! —proseguía sin escucharle—. ¡Durante todo este tiempo sólo he pensado en usted! ¡No he tenido más pensamiento que usted! ¡Quería olvidarlo!... ¡Oh! ¿Por qué ha venido...? ¿Por qué...?

En un descansillo de la escalera, a cierta altura sobre ellos, fumaban dos estudiantes, pero Gurov le resultaba indiferente. Atrayendo hacia sí a Anna Sergueevna, empezó a besarla en el rostro, en las mejillas, en las manos.

— ¿Qué hace usted? ¿Qué hace...? — decía ella rechazándolo presa de espanto.

— ¡Estamos locos! ¡Márchese hoy mismo! ¡Ahora mismo...! ¡Se lo suplico...! ¡Por todo cuanto le es sagrado se lo suplico...! ¡Oh! ¡Alguien viene...! —alguien subía, en efecto, por la escalera. ¡Es preciso que se marche!— proseguía Anna Sergueevna en un murmullo.

—¿Lo oye, Dimitri Dimitrich...? ¡Yo iré a verle a Moscú, pero ahora tenemos que despedirnos, amado mío...! ¡Despidámonos! Estrechándole la mano, empezó a bajar apresuradamente la escalera, pudiendo leerse en sus ojos, cuando volvía la cabeza para mirarlo, cuán desgraciada era, en efecto.

Gurov permaneció allí algún tiempo, prestando oído; luego, cuando todo quedó silencioso, recogió su abrigo y se marchó al tren.

Y Anna Sergueevna empezó a ir a visitarlo a Moscú. Cada dos o tres meses una vez y diciendo a su marido que tenía que consultar al médico, dejaba la de S***. El marido a la vez le creía y no le creía. Una vez en Moscú, se hospedaba en el hotel Slavianskii Basar, desde donde enviaba en seguida aviso a Gurov. Éste iba a verla, y nadie en Moscú se enteraba. Una mañana de invierno y acompañando a su hija al colegio, por estar éste en su camino, se dirigía lo mismo que otras veces a verla (su recado no lo había encontrado en casa la víspera). Caía una fuerte nevada.

—Estamos a tres grados sobre cero y nieva —decía Gurov a su hija—. ¡Claro que esta temperatura es sólo la de la superficie de la tierra...! ¡En las altas capas atmosféricas es completamente distinta...!

— Papá...¿por qué no hay truenos en invierno?

Gurov le explicó también esto. Mientras hablaba pensaba en que nadie sabía ni sabría, seguramente nunca, nada de la cita a la que se dirigía. Había llegado a tener dos vidas: una clara, que todos veían y conocían, llena de verdad y engaño condicionales, semejante en todo a la de sus amigos y conocidos; otra, que discurría en el misterio. Por una singular coincidencia, tal vez casual, cuanto para él era importante, interesante, indispensable..., en todo aquello en que no se engañaba a sí mismo y era sincero..., cuanto constituía la médula de su vida, permanecía oculto a los demás, mientras que lo significaba su mentira, la envoltura exterior en que se escondía, con el fin de esconder la verdad (por ejemplo, su actividad en el Banco, las discusiones del Círculo sobre la *raza inferior,* la asistencia a *jubilaciones* en compañía de su esposa), quedaba de manifiesto. Juzgando a los demás a través de sí mismo, no daba crédito a lo que veía, suponiendo siempre que en cada persona, bajo el manto del misterio como bajo el manto de la noche, se ocultaba la verdadera vida interesante. Toda existencia individual descansa sobre el misterio y quizá es en parte por eso por lo que el hombre culto se afana tan nerviosamente para ver respetado su propio misterio.

Después de dejar a su hija en el colegio, Gurov se dirigió al Slavianskii Basar. En el piso bajo se despojó de la pelliza y tras subir las escaleras llamó con los nudillos a la puerta. Anna Sergueevna, con su vestido gris, el preferido de él, cansada del viaje y de la espera, le aguardaba desde la víspera, por la noche. Estaba pálida; en su rostro, al mirarlo, no se dibujó ninguna sonrisa y apenas lo vio entrar se precipitó a su encuentro, como si hiciera dos años que no se hubieran visto.

—¿Cómo estás? —preguntó él—. ¿Qué hay de nuevo?

—Espera... Ahora te diré... ¡No puedo...!

No podía hablar, en efecto, porque estaba llorando. Con la espalda vuelta hacia él, se apretaba el pañuelo contra los ojos.

«Le dejaré que llore un poco mientras me siento», pensó él acomodándose en la butaca.

Luego llamó al timbre y encargó que trajeran el té. Mientras lo bebía, ella, siempre junto a la ventana, le daba la espalda... Lloraba con llanto nervioso, dolorosamente consciente de lo aflictiva que la vida se había hecho para ambos... ¡Para verse habían que ocultarse..., de esconderse como los ladrones...! ¿No estaban acaso deshechas sus vidas...?

—No llores más —dijo él.

Para Gurov estaba claro que aquel mutuo amor tardaría en acabar... No se sabía en realidad cuándo acabaría. Anna Sergueevna se ataba a él por el afecto, cada vez más fuertemente. Lo adoraba y era imposible decirle que todo aquello tenía necesariamente que tener un fin. ¡No le hubiera creído siquiera...!

En el momento en que, acercándose a ella, la cogía por los hombros para decirle algo afectuoso, alguna broma..., se miró en el espejo. Su cabeza empezaba a blanquear y se le antojó extraño que los últimos años pudieran haberlo envejecido y afeado tanto... Los cálidos hombros sobre los que se posaban sus manos se estremecían. Sentía piedad de aquella vida, tan bella todavía, y, sin embargo, tan próxima ya a marchitarse, sin duda, como la suya propia. ¿Por qué lo amaba tanto...? Siempre había parecido a las mujeres otra cosa de lo que era en realidad. No era a su verdadera persona a la que éstas amaban, sino a otra, creada por su imaginación, y a la que buscaban ansiosamente, no obstante lo cual, descubierto el error, seguían amándolo. Ni una sola había sido dichosa con él. Con el paso del tiempo las conocía y se despedía de ellas sin haber ni una sola vez amado. Ahora solamente, cuando empezaba a blanquearle el cabello, sentía por primera vez en su vida un verdadero amor.

El amor de Anna Sergueevna y el suyo era semejante al de dos seres cercanos, al de familiares, al de marido y mujer, al de dos entrañables amigos. Parecíales que la suerte misma les había destinado el uno al otro, resultándoles incomprensible que él pudiera estar casado y ella casada.

Eran como el macho y la hembra de esos pájaros errabundos a los que, una vez apresados, se obliga a vivir en distinta jaula.

Uno y otro se habían perdonado cuanto de vergonzoso hubiera en su pasado, se perdonaban todo en el presente y se sentían ambos transformados por su amor.

Antes, en momentos de tristeza, intentaba tranquilizarse con cuantas reflexiones le pasaban por la cabeza. Ahora no hacía estas reflexiones. Lleno de compasión, quería ser sincero y cariñoso.

—¡Basta ya, buenecita mía! —le decía a ella—. ¡Ya has llorado bastante! ¡Hablemos ahora y veamos si se nos ocurre alguna idea...!

Después invertían largo rato en discutir, en consultarse sobre la manera de liberarse de aquella indispensabilidad de engañar, de esconderse, de vivir en distintas ciudades y de pasar largas temporadas sin verse...

«¿Cómo librarse, en efecto, de tan insoportables tormentos...? ¿Cómo...? —se preguntaba él, cogiéndose la cabeza entre las manos. ¿Cómo...?»

Y les parecía que pasado algún tiempo más, la solución podría encontrarse... Que empezaría entonces una nueva vida maravillosa...

Ambos veían, sin embargo, claramente que el final estaba todavía muy lejos y que lo más complicado y difícil no había hecho más que empezar.

RABINDRANATH TAGORE
India (1861-1941)
Premio Nóbel 1913

Poeta hindú formado en Gran Bretaña, filósofo y estadista. Su obra lírica es de elevadísima altura que hace ver pobre la lírica occidental. Con su obra recogió fondos para socorrer una plaga de hambre en la India. Escribió obras de teatro, letra y música.

El cuento seleccionado hace parte de su libro La hermana mayor y otros cuentos. Se ha respetado la versión en el idioma antíguo. Publicado por primera vez en castellano en 1921.

MI BELLA VECINA

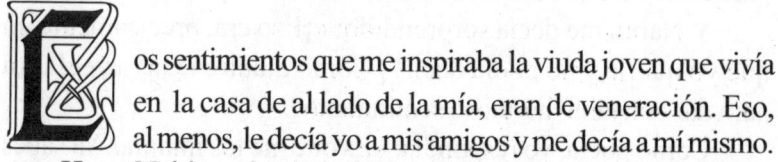

Los sentimientos que me inspiraba la viuda joven que vivía en la casa de al lado de la mía, eran de veneración. Eso, al menos, le decía yo a mis amigos y me decía a mí mismo.

Hasta Nabin, mi más íntimo amigo, ignoraba mi verdadero estado de ánimo. Y yo tenía no sé qué orgullo en poder conservar pura mi pasión, escondiéndola así en los rincones más hondos de mi pecho.

Ella parecía una flor de sefali cuajada de rocío, caída a destiempo en la tierra. Demasiado radiante y santa para el lecho nupcial ornado de flores, había sido consagrada al Cielo.

Pero la pasión es como un torrente montañés, y no quiere quedarse presa en donde nace; tiene que buscar salida. Por eso, yo intentaba dar expresión en poemas a mis emociones. Mi pluma, sin embargo, se negaba a cometer sacrilegio con el objeto de mi adoración.

¡Cosa singular! Por aquel mismo tiempo, mi amigo Nabin se vio afligido de la manía del verso, que se le vino encima como un terremoto. Era el primer ataque que sufría el pobrecillo, y lo cogió igualmente desprevenido para la rima que para el ritmo; a pesar de lo cual, no pudo contenerse, y sucumbió a la tentación, como viudo a su segunda mujer.

De modo que Nabin vino a pedirme socorro. El asunto de sus poemas era ese tan viejo, tan viejo que es nuevo siempre; todas sus canciones iban disparadas a la amada. Le di una palmadita en la espalda, y le pregunté bromeando: «Bueno, compadre; ¿quién es ella?» Nabin contestó riéndose: «¡Eso es lo que me falta que poner en claro!»

Confieso que encontré un considerable consuelo en prestar auxilio a mi amigo. Como una gallina que estuviera sacando huevos de pato, dispendié en las efusiones de Nabin todo el calor de mi pasión oculta; y con tal ahínco revisé y corregí sus verdes producciones, que la mayor cantidad de cada poema fue mía.

Y Nabin me decía sorprendido: «¡Eso era, precisamente, lo que yo quería y no podía decir! ¿Cómo diantre te las arreglas tú para dar con tanto hermoso sentimiento?»

Como poeta, yo respondía: «Es que me los imajino. Ya sabes que la verdad es muda y que la fantasía es solamente la que sabe de elocuencia. Lo real obstruye, como una roca, el fluir del sentimiento; la imajinación se abre paso a pico.»

Y el pobre Nabin se decía perplejo: «Sí...í...í, ¡ya lo veo! ¡Claro está!» Y, después de pensarlo un rato, murmuraba otra vez: «¡Sí, claro, tienes razón!»

Ya he dicho que en mi propio amor había un sentimiento de delicada reverencia que me impedía espresarlo en palabras; pero con Nabin por pantalla, no había nada que estorbase el volar de mi pluma; y estos poemas apócrifos mandaban una calidez verdadera de amor.

Nabin, en sus instantes lúcidos, decía: «¡Pero si son tuyos! ¡Déjame que los publique con tu nombre!»

«¡Qué disparate!», contestaba yo. «Son tuyos, hijo; yo no he hecho más que ponerles alguna que otra comilla.»

Y Nabin, poco a poco, llegó a creérselo.

No negaré que, poseído de un sentimiento semejante al de un astrónomo que contempla el cielo estrellado, yo dirijía, a veces, mis ojos hacia la ventana de la casa de junto. También es verdad que, de cuando en cuando, mis miradas furtivas eran recompensadas con una rápida aparición. Y el más lijero vislumbre de la pura luz de aquel rostro, apaciguaba y clarificaba en el acto todo lo que había de turbulento e indigno en mis emociones.

Pero un día tuve un sobresalto. ¿Sería verdad lo que veían mis ojos? Era una tarde tórrida del verano, y amenazaba un fiero noroeste huracanado. Nubes oscuras se habían acumulado hacia el poniente; y contra la estraña y pavorosa luz de aquel fondo, se destacaba mi bella vecina, mirando, de pie, los espacios vacíos. ¡Y qué mundo de anhelo desconsolado descubría yo en la mirada lejana de aquellos lustrosos ojos negros! ¿Quedaba, entonces, todavía, algún volcán vivo bajo la serena irradiación de aquella luna mía? ¡Ay! ¡Aquella mirada de nostaljia infinita, que perdía su vuelo entre las nubes, como un pájaro vehemente, buscaba sin duda, no el cielo, sino el nido de algún corazón humano!

Viendo la inefable pasión de aquella mirada, apenas podía contenerme. Ya no tenía yo bastante con correjir poemas burdos; todo mi ser anhelaba manifestarse en alguna acción digna. Por fin, decidí dedicarme a hacer propaganda en mi país, para que las viudas volvieran a casarse. Yo me encontraba dispuesto, no sólo a hablar y a escribir sobre el asunto, sino también a gastar mi dinero en la causa.

Nabin se puso a discutir conmigo: «La viudez perpetua», decía, «encierra un sentido de pureza y paz inmensas; una belleza tranquila, como la de los lugares callados de los muertos, luciendo temblorosamente a la tenue luz de la luna oncena[1]. La mera posibilidad de volverse a casar una viuda, ¿no destruiría su divina belleza?»

Bueno; esta clase de sentimentalismo me ha sacado siempre de quicio. Sí, en días de hambre, un hombre bien harto, habla desdeñosamente de la comida y aconseja a uno que está a punto de morirse de hambre, que la satisfaga con el aroma de las flores y el canto de los pájaros, ¿qué diríamos de él? Yo dije con cierto calor: «Mira, Nabin; para el artista, una ruina puede ser una cosa bella; pero las casas no sólo se hacen para contemplación de los artistas, sino para que la jente pueda vivir dentro de ellas; por lo tanto, es necesario conservarlas, mal que le pese a las artísticas susceptibilidades. Bien está que idealices la viudez desde tu segura distancia; pero debieras recordar que dentro de una viuda hay un corazón humano y sensitivo, que palpita de dolor y de deseo.»

Me parecía que la conversión de Nabin era asunto difícil; de modo que quizás estuve más fuerte de lo que hubiera sido necesario. Al terminar mi pequeño discurso, me quedé algo sorprendido viendo que Nabin, tras un único suspiro melancólico, se puso ya completamente de acuerdo conmigo. ¡La peroración definitiva que yo me sentía capaz de haber desembuchado, holgaba en absoluto!

Una semana después, Nabin vino a decirme que si le quería ayudar, que estaba dispuesto a romper el fuego casándose con una viuda.

No podré explicar lo que aquello me alegró. Lo abracé efusivamente, y le prometí todo el dinero que le hiciera falta. Nabin, entonces, me contó la historia.

La amada de Nabin no era ningún ser imajinario. Al parecer, él también había estado amando desde lejos, por algún tiempo, a una viuda, sin demostrar a nadie absolutamente sus sentimientos. Luego, las revistas donde las poesías de Nabin, digo, mis poesías, solían publicarse, habían llegado a manos de la bella, y los versos no habían dejado de surtir su efecto.

No es que, en conciencia, Nabin hubiera pretendido —él tenía buen cuidado de advertirlo— llevar sus pretensiones en esta forma. Dijo que, en realidad, no tenía idea de que la viuda supiera leer. Él acostumbraba echar al correo la revista, dirijida al hermano de la viuda, sin decir quién la enviaba. Aquello era sólo una especie de fantasía suya, un desahogo de su amor sin esperanza; era tirar guirnaldas de flores a una diosa; y a un adorador no incumbe si el dios lo conoce o no, si acepta o no la ofrenda.

Especialmente, Nabin se esforzaba en hacerme comprender que no tenía ningún plan concreto cuando, con diferentes pretestos, trabó conocimiento con el hermano de la viuda. Un pariente cercano de la amada, sea el que sea, ha de tener necesariamente un interés particular para el amante.

Vino después de un largo cuento de cómo una enfermedad del hermano le hizo, al fin, encontrase con la viuda. Naturalmente, la presencia del poeta los llevó a hablar largo y tendido de los poemas, sin restrinjir necesariamente la cuestión al asunto de donde emanaba.

Cuando, discutiendo conmigo, hacía poco, nuestro pleito, fue derrotado por mí, Nabin se había revestido de valor y se había declarado a la viuda. Primero, no pudo ganar su consentimiento; pero el buen uso de mis elocuentes palabras, con el suplemento de una o dos lágrimas propias, consiguieron hacer capitular incondicionalmente a la hermosa. Ya sólo faltaba algún dinerillo para que el tutor de ella arreglara el negocio.

«Tenlo ahora mismo», le dije.

«Únicamente», continuó Nabin, «que ahora no sé el tiempo que tardaré en conseguir que mi padre se calme lo suficiente para seguirme mandando mi mensualidad. ¿Cómo nos las vamos a arreglar mientras tanto?»

Sin chistar, le hice un cheque de lo que necesitaba, y luego le dije: «Ahora me dirás quién es ella. No tienes que mirarme como un posible rival, porque te juro que no le escribiré poemas; y aunque lo haga, no se los mandaré a su hermano, sino a ti.»

«No seas tonto», contestó Nabin. «¿Crees tú que me he callado su nombre porque te temiera? Es que ella estaba muy avergonzada de dar este paso inusitado, y me había pedido que no le contase nada a mis amigos. Pero ya no importa, puesto que todo se ha arreglado satisfactoriamente. Pues vive en el 19, la casa de junto a la tuya.»

Si mi corazón hubiera sido una caldera de hierro, habría estallado. Pregunté solamente: «¿De modo que no se opone a volverse a casar?»

«Es que mis poemas no eran tan malos, ¿verdad?»

Maldije en mi pensamiento. Pero, ¿a quién maldecía? ¿A él? ¿A mí mismo? ¿A la Providencia? De todos modos, maldije.

JOSÉ MARÍA VARGAS VILA
Colombia (1863-1933)

José María Vargas Vila nació en Bogotá. Uno de los escritores más leídos en su época. Controvertido por su anticlericalismo. Fundó revistas y publicaciones.

Flor de fango alcanzó un gran éxito. Es un canto a la pureza, el dolor y el sufrimiento. Con una riqueza literaria sorprendente.

FLOR DE FANGO

Como una corza blanca que abandona con la primera luz del alba, el lecho tibio de hierbas y de musgo en que dormía Luisa arrojó a sus pies los cobertores y ligera saltó del lecho suyo; en pie, sobre la alfombra, dejó caer la túnica importuna, que rodó a sus plantas cubriéndolas por completo; y así, parecía como emergiendo de la espuma inmaculada del níveo hielo polar; cual si apoyase sus plantas en una concha marina; y semejaba a Febea, erguida sobre el vellón de una nube, marcando el carro lunar, rumbo al Latmos lejano; y, quedó allí desnuda, casta, impotente; la estancia toda parecía fulgente, al resplandor radioso de su cuerpo; ¡deidad terrible, la mujer desnuda! terrible, porque así es omnipotente.

Luisa, en su casta desnudez de diosa, sola en este templo sin creyentes, sobre el ara misma de su altar, se entregó a una inocente contemplación de su belleza, en la atmósfera calmada, tibia con los perfumes de su cuerpo, se sentía algo como las vibraciones del himno triunfal de su hermosura, del poema armonioso de las carnes; como un anciano lascivo, el sol, en ondas luminosas, cubrió de besos su adorable cuerpo, y de la cabeza a los pies, lo envolvió en una larga y apasionada caricia lujuriante; se estremeció al contacto de aquel ósculo, sintiendo sobre su seno y sus riñones, una extraña sensación; algo como la mordedura de un áspid; con una voluptuosidad de gata joven, se desperezó indolente, echando hacia atrás una negra cabellera, que rodó por sus espaldas como un manto sedeño y azulado.

Venus surgiendo de las espumas del mar, no fue más bella que aquella casta virgen, surgiendo así de las níveas blancuras de su lecho, donde aún quedaban impresas, tibias todavía, las huellas de su cuerpo perfumado; arrojando a un lado y a otro la mirada acariciadora de sus grandes ojos, aún somnolientos, avanzó unos pasos y se halló frente al espejo, que parecía temblar ante el encanto de aquella belleza desnuda; se contempló extasiada; la Eva de la leyenda mosaica, antes de pecar, debió contemplarse así, descuidada y espléndida en las ondas del primer arroyo que corrió a sus plantas; y estaba hermosa en un inocente abandono, en el esplendor magnífico de su desnudez paradisíaca; las líneas de su cuerpo se destacaban netas y fuertes, como en un mármol de Pradier, y los contrastes de la sombra y de la luz apenas se atrevían a llegar como con un respeto religioso; sus pechos pequeños, erectos, duros, con tenues venas azules terminando con un botón cinabrio vivo, color de sangre joven; por su perfección podrían, como los de Helena, haber servido de modelo para las copas del altar; de su cuello, largo y redondo como la columnata de un sagrario, asida a una cinta negra, pendía una cruz de acero húmeda todavía por los besos de que la había cubierto en aquella noche de angustia; y, al verla pensaba uno en la virgen descrita por Musset:

Suelta la larga cabellera
que cubre sus encantos por completo,
y en la cruz del collar puesta la mano
como indicando que acató sus rezos,

y que lo mismo rezará mañana
cuando huya de sus párpados el sueño.

Fuerte y grande, como una Eva de Lucas de Leyder, las caderas amplias y curvas, hechas por la maternidad robusta y feliz; vaso de amor; sus piernas duras, torneadas, poco mórbidas, piernas de Diana cazadora, fuertes y rectas, como las de un Hermes, rematando en pies diminutos de talones rojos como claveles del valle, y dedos que semejaban botones de rosa aún sin abrir; una como suprema calidad rosada se escapaba de su cuerpo febril y tibio; y prestaba como gasas misteriosas de luz vesperal a sus carnes magníficas, desnudas; frente al espejo, se contemplaba serena; aquella autoadoración, era inocente: se veía y se admiraba; tenía el casto impudor de la infancia; era descuidada, porque era pura; y, sin embargo, en aquella hermosura se sentía atracción de abismo; serenidad de océano en la pupila; serenidad de la ola glauca, que mañana traerá la tempestad; la tormenta dormía en aquella carne calmada; tenía en sus movimientos indolentes y rítmicos, algo como de serpentino; ondulaciones de follaje; flexibilidades de liana;en aquella virgen se reflejaba la pasión, como la llama a través de una lámpara de alabastro; se comprendía que al beso del placer, aquel mármol hecho carne, debía tornarse en fuego, como la víspera mágica de los faraones, que el día del combate se tornaba en llama; libre ya de los últimos aleteos del sueño, se entregó a los cuidados de su toilette; después pensó en vestirse; necesitaba aumentar su hermosura por el tocado, para aparecer deslumbradora y esquiva, a los ojos del hombre a quien amaba tanto, y de quien estaba celosa; necesitaba vengarse, seducir, brillar, se creía abandonada, y quería como una estrella lucir aún más en la soledad el resplandor de su belleza astral; Doña Mercedes había estado aquella mañana en su aposento para suplicarle que, a pesar de su enfermedad, la acompañara esa noche en el salón, pues venía el cura de Serrezuela a ver el Palio, y señalar los altares que la familia debía hacer abandonar para la fiesta del Corpus.

—Además —añadió—, vienen los Quinteros, que van de paso

por Villeta, y como llegan con el novio de Paquita, que es un político de éstos de hoy —e hizo un mohín de desprecio—, quiero que usted me ayude a atenderlos, porque las niñas todavía no entienden nada de eso.

Luisa había prometido hacerlo; y de ahí por qué frente a su espejo se preparaba a vestirse; como la nieve blanca de la mañana envuelve la blancura de los lises, así sus tenues ropas interiores, y ondas de encajes la cubrieron pronto; ciñó su talle de corset lujoso, forrado en seda azul, lleno de blondas, que, al sostener sus pechos, prominentes, formaban con la albura de la carne y la albura inferior de los encajes, cuna de nácar el amor dormido sobre el níveo plumón de esas palomas: las palomas de Venus Citerea; recogió luego su cabello undoso formando una diadema a su cabeza, sobre su frente pálida de diosa, y dejando en descubierto su nuca escultural, nuca inquietante, con su nube de vellos descendiendo el arco dorsal, se escapaban rizos locos, como para ser aprisionados por un beso; calzó sus pies con botas negras; y con la mano en la mejilla, pensó entonces qué traje se pondría.

—Éste —parecía decirle su corazón, indicándole en el armario, aquél de seda de color crema traído por Arturo de Bogotá.

—No, no —dijo hablando consigo misma; y empezó a vestirse uno azul pálido, que le habían regalado sus discípulas; pronto las elegantes faldas la cubrieron, como un ropaje clásico a una estatua; y ya vestida se miró al espejo; no llevaba flor, ni en los cabellos ni en el pecho; la sombra de la melancolía le daba una como transparencia ideal; y, su tristeza, como una nube de otoño, prestaba un color pálido a su hermosura; vestida ya, se reclinó en el sofá; la ola inagotable del recuerdo brotó en su alma, y absorta se quedó en sus pensamientos... ideas tristes vinieron a su cerebro, y sus dolores todos llegaron a hacerle compañía como grandes pájaros volando en su rededor; y, allá lejos Delos, su isla soñada, se alejaba, se alejaba perdiéndose en la bruma silenciosa...

MIGUEL DE UNAMUNO
España (1864-1936)

Miguel de Unamuno y Jugo nació en Bilbao el 29 de septiembre. Miembro de una familia de comerciantes vascos, a los veinte años ya era doctor en Filosofía y Letras por la Universidad de Madrid, y a los veintisiete, catedrático de griego en la Universidad de Salamanca. Rector de esta universidad desde 1900, se enfrentó al gobierno y fue cesado en 1914. Seis años más tarde escribió un artículo contra la monarquía de Alfonso XIII y fue procesado. Unamuno se opuso en 1924 a la dictadura del general Primo de Rivera y, a consecuencia de ello, fue deportado a la isla de Fuerteventura. Allí consiguió evadirse y hasta 1930 vivió exilado en Francia. Al establecerse la II República española, fue restituido en su cargo de rector de la Universidad de Salamanca (1931). Pero al estallar la guerra civil (1936), se pasó del campo republicano al nacional, aunque poco tiempo después se enfrentó a los generales golpistas: «Venceréis, pero no convenceréis», les dijo. Murió en Salamanca.

La tía Tula es una novela de la feminidad, una reactualización del mito de Antígona ubicada en una ciudad española de provincia. Unamuno hurga aquí en la psicología profunda de la mujer, en su arcaísmo, en su dotación instintiva hecha para asegurar el dominio del Eros. Gertrudis, Tula, asegura, como Antígona, la cohesión familiar y tutela, cual una diosa de los lares, la pervivencia de una familia. El drama *de Tula es entonces haber nacido para ser tía, su trágica condición existencial es la de no poder llegar a ser madre, aun haciendo de madre.*

LA TÍA TULA

Ahora, que se había quedado viudo, era cuando Ramiro sentía todo lo que sin él siquiera sospecharlo había querido a Rosa, su mujer. Uno de sus consuelos, el mayor, era recogerse en aquella alcoba en que tanto habían vivido amándose, y repasar su vida de matrimonio.

Primero el noviazgo, aquel noviazgo, aunque no muy prolongado, de lento reposo, en que Rosa parecía como que le hurtaba el fondo del alma siempre, y como si por acaso no la tuviese o haciéndole pensar que no la conocería hasta que fuese suya del todo y por entero; aquel noviazgo de recato y de reserva, bajo la mirada de Gertrudis, que era todo alma. Repasaba en su mente Ramiro, lo recordaba bien, cómo la presencia de Gertrudis, la tía Tula de sus hijos, le contenía y le desasosegaba, cómo ante ella no se atrevía a soltar ninguna de esas obligadas bromas entre novios, sino a medir sus palabras.

Vino luego la boda y la embriaguez de los primeros meses, de las lunas de miel; Rosa iba abriéndole el espíritu, pero era éste tan sencillo, tan transparente, que cayó en la cuenta Ramiro de que no le había velado ni recatado nada. Porque su mujer vivía con el corazón en la mano y extendía ésta en gesto de oferta, y con las entrañas espirituales al aire del mundo, entregada por entero al cuidado del momento, como viven las rosas del campo y las alondras del cielo. Y era a la vez el espíritu de Rosa como un reflejo del de su hermana, como el agua corriente al sol de que aquél era el manantial cerrado.

Llegó, por fin, una mañana en que se le desprendieron a Ramiro las escamas de la vista y, purificada ésta, vio claro con el corazón. Rosa no era una hermosura cual él se la había creído y antojado, sino una figura vulgar, pero con todo el más dulce encanto de vulgaridad recogida y mansa; era como el pan de cada día, como el pan casero y cotidiano, y no un raro manjar de turbadores jugos. Su mirada, que sembraba paz, su sonrisa, su aire de vida, eran encarnación de un ánimo sedante, sosegado y doméstico. Tenía su pobre mujer algo de planta en la silenciosa mansedumbre, en la callada tarea de beber y atesorar luz con los ojos y derramarla luego convertida en paz; tenía algo de planta en aquella fuerza velada y a la vez poderosa con que de continuo, momento tras momento, chupaba jugo en las entrañas de la vida común ordinaria y en la dulce naturalidad con que abría sus perfumadas corolas.

¡Qué de recuerdos! Aquellos juegos cuando la pobre se le escapaba y la perseguía él por la casa toda, fingiendo un triunfo para cobrar como botín besos largos y apretados, boca a boca; aquel cogerle la cara con ambas manos y estarse en silencio mirándole el alma por los ojos, y, sobre todo, cuando apoyaba el oído sobre el pecho de ella, ciñéndole con los brazos el talle, y escuchándole la marcha tranquila del corazón, le decía: «¡Calla, déjale que hable!»

Y las visitas de Gertrudis, que con su cara grave y sus grandes ojazos de luto a que asomaba un espíritu embozado, parecía decirles: «Sois unos chiquillos que cuando no os veo estáis jugando a marido y mujer; no es ésta la manera de prepararse a criar hijos, pues el matrimonio se instituyó para casar, dar gracia a los casados y que críen hijos para el cielo».

¡Los hijos! Ellos fueron sus primeras grandes meditaciones. Porque pasó un mes y otro y algunos más, y al no notar señal ni indicio de que hubiese fructificado aquel amor «¿tendría razón —decíase entonces— Gertrudis? ¿Sería verdad que no estaban sino jugando a marido y mujer, y sin querer, con la fuerza toda de la fe en el deber, el fruto de la bendición del amor justo?» Pero lo que más le molestaba entonces, recordándolo bien ahora, era lo que pensarían los demás, pues acaso hubiese quien le creyera a él, por no haber podido hacer hijos, menos hombre que todos. ¿Por qué no había de hacer él, y mejor, lo que cualquier mentecato, enclenque y apocado hace? Heríale en su amor propio; habría querido que su mujer hubiese dado a luz a los nueve meses justos y cabales de haberse ellos casado. Además, eso de tener hijos o no tenerlos debía depender —decíase entonces— de la mayor o menor fuerza de cariño que los casados se tengan, aunque los hay enamoradísimos uno de otro y que no dan fruto, y otros, ayuntados por conveniencias de fortuna y ventura, que se cargan de críos. Pero —y esto sí que lo recordaba bien ahora— para explicárselo había fraguado su teoría, y era que hay un amor aparente y consciente, de cabeza, que puede mostrarse muy grande y ser, sin embargo, infecundo, y otro sustancial y oculto, recatado aun al propio conocimiento de los mismos que lo alimentan, un amor del alma y el cuerpo enteros y juntos, amor fecundo siempre. ¿No querría él lo bastante a Rosa o no le querría lo bastante Rosa a él? Y recordaba ahora cómo había tratado de descifrar el misterio mientras la envolvía en besos, a solas, en el silencio y oscuridad de la noche y susurrándola, una y otra vez al oído, en letanía, un rosario de «¿me quieres, me quieres, Rosa?», mientras a ella se le escapaban los síes desfallecidos. Aquello fue una locura, una necia locura, de la que se avergonzaba apenas veía entrar a Gertrudis derramando serena seriedad en torno, y de aquello le curó la sazón del amor cuando le fue anunciado el hijo. Fue un transporte loco..., ¡había vencido! Y entonces fue cuando vino, con su primer fruto el verdadero amor.

El amor, sí. ¿Amor? ¿Amor dicen? ¿Qué saben de él todos esos escritores amatorios, que no amorosos, que de él hablan y quieren excitarlo en quien los lee? ¿Qué saben de él los galeotos de las letras? ¿Amor? No amor, sino mejor cariño. Eso de amor —decíase Ramiro ahora— sabe a libro; sólo en el teatro y en las novelas se oye el *yo te amo*; en la vida de carne y sangre y hueso el entrañable ¡*te quiero!* y el más entrañable aún callárselo. ¿Amor? No, ni cariño siquiera, sino algo sin nombre y que no se dice por confundirse ello con la vida misma. Los más de los cantores amatorios saben de amor lo que de oración los masculla-jaculatorias, traga-novenas y engulle-rosarios. No, la oración no es tanto algo que haya de cumplirse a tales o cuales horas, en sitio apartado y recogido y en postura compuesta, cuanto es un modo de hacerlo todo votivamente, con toda el alma y viviendo en Dios. Oración ha de ser el comer, y el beber, y el pasearse, y el jugar, y leer, y el escribir, y el conversar, y hasta el dormir y el rezo todo, y nuestra vida un continuo y mudo «hágase tu voluntad», y un incesante «¡venga a nos el tu reino!», no ya pronunciados, mas ni aun pensados siquiera, sino vividos.

Así oyó la oración una vez Ramiro a un santo varón religioso que pasaba por maestro de ella, y así lo aplicó él al amor luego. Pues el que profesara a su mujer y a ella le apegaba veían bien ahora en que ella se le fue, que se le llegó a fundir con el rutinero andar de la vida diaria, que lo había respirado en las mil naderías y frioleras del vivir doméstico, que le fue como el aire que se respira y al que no se le siente sino en momentos de angustioso ahogo, cuando nos falta. Y ahora ahogábase Ramiro, y la congoja de su viudez reciente le revelaba todo el poderío del amor pasado y vivido.

Al principio de su matrimonio fue, sí, el imperio del deseo; no podía juntar carne con carne sin que la suya se le encendiese y alborotase, y empezar a martillearle el corazón, pero era porque la otra no era aún de veras y por entero suya también; pero luego, cuando ponía su mano sobre la carne desnuda de ella, era como si en la propia la hubiese puesto, tan tranquilo se quedaba; mas también si se la hubiera cortado habríale dolido como si se la cortasen a él. ¿No sintió, acaso, en sus entrañas, los dolores de los partos de su Rosa?

Cuando la vio gozar, sufriendo al darle su primer hijo, es cuando comprendió cómo es el amor más fuerte que la vida y que la muerte y domina la discordia de éstas; cómo el amor hace morirse a la vida y vivir la muerte; cómo él vivía ahora la muerte de su Rosa y se moría en su propia vida. Luego, al ver al niño dormido y sereno, con los labios en flor entreabiertos, vio el amor hecho carne que vive. Y allí sobre la cuna, contemplando a su fruto, traía a sí a la madre, y mientras el niño sonreía en sueños palpitando sus labios, besaba él a Rosa en la corola de sus labios frescos y en la fuente de paz de sus ojos. Y le decía, mostrándole dos dedos de la mano: «¡Otra vez, dos, dos...!» Y ella: «No, no, ya no más, uno y no más!» Y se reía. Y él: «¡Dos, dos; me ha entrado el capricho de que tengamos dos mellizos, una parejita, niño y niña!» Y cuando ella volvió a quedarse encinta, a cada paso y tropezón, él: «¡Qué cargado viene eso! ¡Qué granazón! ¡Me voy a salir con la mía; por lo menos dos!» «¡Uno, el último, y basta!», replicaba ella riendo. Y vino el segundo, la niña, Tulita y luego que salió con vida, cuando descansaba la madre, la besó larga y apretadamente en la boca, como en premio, diciéndose: «¡Bien has trabajado, pobrecilla!»; mientras Rosa, vencedora de la muerte y de la vida, sonreía con los domésticos ojos apacibles.

¡Y murió!; aunque pareciese mentira, se murió. Vino la tarde terrible del combate último. Allí estuvo Gertrudis, mientras el cuidado de la pobrecita niña que desfallecía del hambre se lo permitió, sirviendo medicinas inútiles, componiendo la cama, animando a la enferma, encorazonando a todos. Tendida en el lecho que había sido campo de donde brotaron tres vidas, llegó a faltarle el habla y las fuerzas, y cogida de la mano a la mano de su hombre, del padre de sus hijos, mirábale como el navegante, al ir a perderse en el mar sin orillas, mira al lejano promontorio, lengua de la tierra nativa, que se va desvaneciendo en la lontananza y junto al cielo; en los trances del ahogo miraban sus ojos, desde el borde de la eternidad, a los ojos de su Ramiro. Y parecía aquella mirada una pregunta desesperada y suprema, como si a punto de partirse para nunca más volver a tierra, preguntase por el oculto sentido de la vida. Aquellas miradas de congoja reposada, de acongojado reposo, decían: «Tú, tú, que eres mi vida; tú, que me has sacado tres vidas; tú, mi hombre, dime: ¿esto, qué es?» Fue una tarde abismática. En momentos de tregua, teniendo Rosa entre sus manos húmedas y febriles, las manos temblorosas de Ramiro, clavados en los ojos de éste sus ojos henchidos de cansancio de vida, sonreía tristemente, viéndolos luego al niño que dormía allí cerca, en su cunita, y decía con los ojos, y alguna vez con un hilito de voz:

«¡No despertarle, no! ¡Que duerma, pobrecillo! ¡Que duerma... que duerma hasta hartarse, que duerma!» Llególe por último el supremo trance, el del tránsito, y fue como si en el brocal de las eternas tinieblas, suspendida sobre el abismo, se aferrara a él, a su hombre que vacilaba sintiéndose arrastrado. Quería abrirse con las uñas la garganta la pobre, mirábale despavorida, pidiéndole con los ojos aire; y luego, con ellos le sondeó el fondo del alma y, soltando su mano, cayó en la cama donde había concebido y parido sus tres hijos. Descansaron los dos; Ramiro, aturdido, con el corazón acorchado, sumergido como en un sueño sin fondo y sin despertar, muerta el alma, mientras dormía el niño. Gertrudis fue quien, viniendo con la pequeñita al pecho, cerró luego los ojos a su hermana, la compuso un poco y fuese después a cubrir y arropar mejor al niño dormido, y a trasladarle en un beso la tibieza con que otro recogió de la vida que aún tendía sus últimos jirones sobre la frente de la rendida madre.

Pero ¿murió acaso Rosa? ¿Se murió de veras? ¿Podía haberse muerto viviendo en él, Ramiro? No; en sus noches, ahora solitarias, mientras se dormía solo en aquella cama de la muerte y de la vida y del amor, sentía a su lado el ritmo de su respiración, su calor tibio, aunque con una congojosa sensación de vacío. Y tendía la mano, recorriendo con ella la otra mitad de la cama, apretándola algunas veces. Y era lo peor que, cuando recogiéndose se ponía a meditar en ella, no se le ocurrieran sino cosas de libro, cosas de amor de libro y no de cariño de vida, y le escocía de aquel robusto sentimiento, vida de su vida y aire de su espíritu, no se le cuajara más que en abstractas lucubraciones. El dolor se le espiritualizaba, vale decir, que se le intelectualizaba, y sólo cobraba carne, aunque fuera vaporosa, cuando entraba Gertrudis.

Y todo esto sacábale aquella fresca vocecita que piaba «¡Papá!» Ya estaba, pues, allí, ella, la muerta inmortal. Y luego, la misma vocecita: «¡Mamá! Y la de Gertrudis, gravemente dulce, respondía: «¡Hijo!»

No; Rosa, su Rosa, no se había muerto, no era posible que se hubiese muerto; la mujer estaba allí, tan viva como antes y derramándo vida en torno; la mujer no podía morir.

JOSÉ ASUNCIÓN SILVA
Colombia (1865-1896)

José Asunción Silva, poeta y escritor, nació en Bogotá. Es considerado el último escritor romántico americano, al igual que el primero de los simbolistas. Se suicidó en Bogotá, en la casa que hoy cobija a la reconocida Casa de poesía Silva.

Al ser publicada, su novela De sobremesa no tuvo buena acogida. Era un diario reflexivo, a diferencia del diario cronológico conocido en la prosa literaria hasta entonces. Narraba el viaje de José Fernández por Europa, que presentaba a aquél como un dandi y el «héroe idealista» de Baudelaire —aquel que poseía una particular inclinación hacia el arte y por lo tanto se excluía de la sociedad y de la degradación de los valores morales de ésta—.

Entre los autores latinoamericanos, Silva fue el primero de su época en publicar una novela de tal índole. Helena, la amante de Fernández, simboliza la búsqueda del protagonista de un estado del bien, inalcanzable en el modelo de vida superficial de la sociedad a la que pertenecía. A diferencia de las demás mujeres que conoce el dandi y que se esmeran por reflejar una conducta moral adecuada, Helena presenta estas cualidades no porque tal es la manera esperada de comportarse en las mujeres de su época, sino porque posee realmente esos valores. Para Fernández, Helena refleja verdadera sensualidad. Silva extiende su crítica de los valores de la sociedad al sistema político. Por esta razón, De sobremesa también se puede leer desde el punto de vista político.

DE SOBREMESA

Nueve años antes, casi niños ella y yo, una tarde deliciosa, una tarde del trópico, de esas que convidan a soñar y a amar con el aroma de las brisas tibias y la frescura que cae del cielo, sonrosado por el crepúsculo, volvíamos por un camino estrecho, sombreado de corpulentos árboles y encerrado por la maleza, al pueblecillo donde salía a veranear su familia. Nos habíamos adelantado al grupo de paseantes. Yo, diciéndole que la adoraba, recitándole estrofas del *Idilio*, de Núñez de Arce, y sintiéndome el Pablo de aquella Virginia vestida de muselina blanca, que apoyaba su bracito en el mío.

—Quiero flores de ésas, me dijo, mostrándome un ramo de parásitas rosadas que colgaban de la rama de un arbusto, y al entregárselas, en la semioscuridad del camino, donde el aire era tibio y volaban las luciérnagas y aromaban los naranjos en flor, la cogí en mis brazos y la besé con todo el ardor de mis dieciocho años, y ella me devolvió los idílicos besos con su boca virgen y fresca.

—Son flores de Guaimis, Consuelo, le dije... Desde esa tarde tengo siempre plantas de esas en casa para respirar en su olor el beso de entonces, que ha sido el minuto más feliz de mi vida. Desde entonces hasta la noche en que, viviendo ya aquí, supe que usted se había casado con Rivas, no ha habido un sólo día en que no piense en usted con la misma ternura. Si su padre no se hubiera reído entonces de mi amor, porque era yo un niño, y no me hubiera prohibido volver a su casa, como lo hizo, ¡qué feliz hubiera sido y qué distinta mi suerte! Entonces me amó usted, no me lo niegue; déjeme creer que fue así; después me olvidó. Ojalá hubiera hecho yo lo mismo. Antes de anoche, al verla a usted en casa, entre las verduras del invernáculo, con ese vestido de muselina blanca que la hacía parecida a la que me hizo feliz con su cariño de niña, y al sentirme cerca de usted, me olvidé de todo, me sentí el de entonces, sentí por usted el mismo amor de ese instante, aumentado por nueve años de pensar en usted, y tuve la audacia de robarle un beso, que fue un éxtasis... Ahora vengo a pedirle a usted perdón. Consuelo, por esa audacia sin nombre, y se lo pido en nombre de nuestro amor de niños, y de rodillas... Consuelo: ¿me perdona?, continué, ya arrodillado, al pie de ella y besándole las manos, que me abandonaba, inertes. ¿Usted, con toda su dulzura, no le podrá perdonar a un hombre que la ha adorado toda su vida y que no hace más que soñar con usted, que le hable así, porque no puede callar por más tiempo? Dime, añadí, volviendo al tuteo delicioso que usábamos cuando niños; dime, Consuelo: ¿no ves que te adoro con toda mi alma?, ¿no comprendiste que la fiesta de la otra noche no tuvo más objeto que verte en casa, que sentirte cerca unos minutos, que sentir tus manos en las mías?, ¿no sientes que estas flores tienen el mismo olor de nuestras flores del Guaimis?... Respíralas; ¿no les sientes el olor del beso de entonces?...

 Ya la tenía en mis brazos, envuelta, fascinada, subyugada por mi comedia de sentimentalismos, que se transformó dentro de mí en sensual delirio al sentir que me devolvía los besos que le daba, y al oírla decirme: «La otra noche me iba muriendo en el invernáculo cuando me besaste. Yo no he hecho más que pensar en ti desde entonces. Si me casé, fue por venir a París y verte. Yo nunca le he dado un beso a Rivas. Júrame que me adoras, porque me parece un sueño oírtelo decir... ¡José, José! ¡Por Dios! Pero esto es un crimen adorarnos así; un crimen espantoso siendo yo su mujer».

 —No, no es un crimen mi amor; sería un crimen si él te quisiera, si no fuera quien es, si no se hubiera casado contigo por tu fortuna, si no te abandonara como te abandona, si yo no te adorara así, Consuelo, ¿no es cierto que es una locura que me quede aquí un segundo más?, dije, dominándome para lograr la promesa que buscaba, cuando pude volver de un momento a otro a sorprender algo en nuestras caras de la delicia que han sido estos momentos. ¿No es cierto que es una locura, cuando mañana podemos pasar horas enteras juntos, donde no tengamos que temer, en casa, donde haremos de cuenta que no estamos en París y respiraremos en el invernáculo el olor de nuestros bosques?...

¿Qué?, insistí al oír la respuesta.

¿Qué? ¿Te da miedo ir? ¿Y no te acuerdas de que estamos en París, donde nadie mira a nadie y de que vivimos a dos pasos?... ¿Alguna vez ha venido Rivas a mediodía, mientras andas tú por los almacenes, o te pregunta dónde has estado? Podemos pasar juntos seis horas, que valdrán para mí seis años de felicidad... ¿Me tienes miedo?... ¿No sabes que mi amor es tan puro como lo era entonces, que me basta verte, oírte para ser feliz y que no te daré un beso si no quieres?...

Y vino y fue mía; y después ha venido dos veces, sin pedírselo casi, porque ha querido, porque necesita caricias como necesita respirar, y porque el otro, el hombre astuto de las maquiavélicas combinaciones, anda cenando con sus *horizontales*, que le están comiendo medio lado, y tiene abandonada esa flor de sensualidad y de inocencia, que se pasa muchos días y muchas noches sola, porque no tiene casi relaciones en París.

RAMÓN DEL VALLE-INCLÁN
España (1866-1936)

El gallego Ramón María del Valle-Inclán nació en Villanueva de Arosa. De familia de hidalgos campesinos. Su vida errabunda lo llevó a los 26 años a México para retornar a Madrid en pobreza total. Posteriormente viajó por Suramérica y Cuba con una compañía de teatro. Hijo pródigo de la generación del 98. Con su novela revolucionaria Tirano Banderas se anticipó a las novelas sobre dictadores del Boom Latinoamericano (Asturias, García Márquez, Roa Bastos, Carpentier, Vargas Llosa). Tuvo tres hijos con su esposa Josefina Blanca. Fue encarcelado por el dictador Primo de Rivera. Murió en Santiago de Compostela.

En su Sonata de estío, que complementa Sonata de primavera, Sonata de otoño y Sonata de invierno, narra las memorias lujuriosas de todo un donjuán, el Marqués de Bradomin, con la Niña Chole, su amante.

SONATA DE ESTÍO

l mayordomo inclinó la cabeza tristemente:
—¡Esta noche han matado al valedor más valedor de México!
—¿Quién le mató?
—Una bala, señor.

—¿Una bala, de quién?
—Pues de algún hijo de mala madre.
—¿Ha salido mal el golpe de los plateados?
—Mal, señor.
—¿Tú llevas parte?
El mayordomo levantó hasta mí los ojos ardientes:
—Yo, jamás, señor.
La fiera arrogancia con que llevó su mano al corazón, me hizo sonreír, porque el viejo soldado de Don Carlos, con su atezada estampa y el chambergo arremangado sobre la frente, y los ojos sombríos, y el machete al costado, lo mismo parecía un hidalgo que un bandolero. Quedó un momento caviloso, y luego, manoseando la barba, me dijo:
—Sépalo vuecencia: Si tengo amistad con los plateados, es porque espero valerme de ellos... Son gente brava y me ayudarán... Desde que llegué a esta tierra tengo un pensamiento. Sépalo vuecencia: Quiero hacer Emperador a Don Carlos V.
El viejo soldado se enjugó una lágrima. Yo quedé mirándole fijamente:
—¿Y cómo le daremos un Imperio, Brión?
Las pupilas del mayordomo brillaron enfoscadas bajo las cejas grises:
—Se lo daremos, señor... Y después la Corona de España.
Volví a preguntarle con una punta de burla:
—¿Pero ese Imperio cómo se lo daremos?
—Volviéndole estas Indias. Más difícil cosa fue ganarlas en los tiempos antiguos de Hernán Cortés. Yo tengo el libro de esa Historia. ¿Ya lo habrá leído vuecencia?
Los ojos del mayordomo estaban llenos de lágrimas. Un rudo temblor que no podía dominar agitaba su barba berberisca. Se asomó a la ventana, y mirando hacia el camino guardó silencio. Después suspiró:

—¡Esta noche hemos perdido al hombre que más podía ayudarnos! A la sombra de aquel cedro está enterrado.

—¿Quién era?

—El capitán de los plateados, que halló aquí vuecencia.

—¿Y sus hombres han muerto también?

—Se dispersaron. Entró en ellos el pánico. Habían secuestrado a una linda criolla, que tiene harta plata, y la dejaron desmayada en medio del camino. Yo, compadecido, la traje hasta aquí. ¡Si quiere verla vuecencia!

—¿Es linda de veras?

—Como una santa.

Me levanté, y precedido de Brión, salí. La criolla estaba en el huerto, tendida en una hamaca colgada de los árboles. Algunos pequeñuelos indios, casi desnudos, se disputaban mecerla. La criolla tenía el pañuelo sobre los ojos y suspiraba. Al sentir nuestros pasos volvió lánguidamente la cabeza y lanzó un grito:

—¡Mi rey!... ¡Mi rey querido!...

Sin desplegar los labios le tendí los brazos. Yo he creído siempre que en achaques de amor todo se cifra en aquella máxima divina que nos manda olvidar las injurias.

Feliz y caprichosa me mordía las manos mandándome estar quieto. No quería que yo la tocase. Ella sola, lenta, muy lentamente desabrochó los botones de su corpiño y desentrenzó el cabello ante el espejo, donde se contempló sonriendo. Parecía olvidada de mí. Cuando se halló desnuda, tornó a sonreír y a contemplarse. Semejante a una princesa oriental, ungióse con esencias. Después, envuelta en seda y encajes, tendióse en la hamaca y esperó: Los párpados entornados y palpitantes, la boca siempre sonriente, con aquella sonrisa que un poeta de hoy hubiera llamado estrofa alada de nieve y rosas. Yo, aun cuando parezca extraño, no me acerqué. Gustaba la divina voluptuosidad de verla, y con la ciencia profunda, exquisita y sádica de un decadente, quería retardar todas las otras, gozarlas una a una en la quietud sagrada de aquella noche. Por el balcón abierto se alcanzaba a ver el cielo de un azul profundo apenas argentado por la luna. El céfiro nocturno traía del jardín aromas y susurros: El mensaje romántico que le daban las rosas al deshojarse. El recogimiento era amoroso y tentador. Oscilaba la luz de las bujías, y las sombras danzaban sobre los muros. Allá en el fondo tenebroso del corredor, el reloj de cuco, que acordaba el tiempo de los virreyes, dio las doce. Poco después cantó un gallo. Era la hora nupcial y augusta de la media noche. La Niña Chole murmuró a mi oído:

—¡Dime si hay nada tan dulce como esta reconciliación nuestra!

No contesté, y puse mi boca en la suya queriendo así sellarla, porque el silencio es arca santa del placer. Pero la Niña Chole tenía la costumbre de hablar en los trances supremos, y después de un momento suspiró:

—Tienes que perdonarme. Si hubiésemos estado siempre juntos, ahora no gozaríamos así. Tienes que perdonarme.

¡Aun cuando el pobre corazón sangraba un poco, yo la perdoné! Mis labios buscaron nuevamente aquellos labios crueles. Fuerza, sin embargo, es confesar que no he sido un héroe, como pudiera creerse. Aquellas palabras tenían el encanto apasionado y perverso que tienen esas bocas rampantes de voluptuosidad, que cuando besan muerden. Sofocada entre mis brazos, murmuró con desmayo:

—¡Nunca nos hemos querido así! ¡Nunca!

La gran llama de la pasión, envolviéndonos toda temblorosa en su lengua dorada, nos hacía invulnerables al cansancio, y nos daba la noble resistencia que los dioses tienen para el placer. Al contacto de la carne, florecían los besos en un mayo de amores. ¡Rosas de Alejandría, yo las deshojaba sobre sus labios! ¡Nardos de Judea, yo los deshojaba sobre sus senos! Y la Niña Chole se estremecía en delicioso éxtasis, y en sus manos adquirían la divina torpeza de las manos de una virgen. Pobre Niña Chole, después de haber pecado tanto, aún no sabía que el supremo deleite sólo se encuentra tras los abandonos crueles, en las reconciliaciones cobardes. A mí me estaba reservada la gloria de enseñárselo. Yo, que en el fondo de aquellos ojos creía ver siempre el enigma oscuro de su traición, no podía ignorar cuánto cuesta acercarse a los altares de Venus Turbulenta. Desde entonces compadezco a los desgraciados que, engañados por una mujer, se consumen sin volver a besarla. Para ellos será eternamente un misterio la exaltación gloriosa de la carne.

ENRIQUE GÓMEZ CARRILLO
Guatemala (1873-1927)

Nació en Guatemala, ciudad capital. Su madre, de origen belga a los catorce años se fugó del internado con un compañero. Fue detenida en la frontera con su salvador y regresada. Gómez también abandonó el colegio y trabajó como corrector de pruebas en El Guatemalteco. El presidente Barillas le otorgó pensión y trabajó en París, en la Editorial Garnier. Cónsul en París. Viajó por Rusia, Japón, China y Europa. Se casó tres veces. Murió en París.

¿Cómo actúa o se educa a una mujer japonesa? ¿Cómo es su luna de miel? ¿Cómo son las reglas de la perfecta mujer? ¡He aquí su radiografía escrita por un guatemalteco!

EL JAPÓN HEROICO Y GALANTE

LA MUJER

Desde hace algunos meses no puedo abrir una revista sin encontrar algunas páginas sobre la mujer japonesa.

El tema es de actualidad. En Inglaterra, en Francia, y en todas partes, se habla de la esclavitud femenina en el imperio del sol naciente. Pero quizá nadie hasta hoy haya estudiado tal asunto con la misma dureza que un japonés, Naomi Tamura, en un libro que las mujeres de Tokio leen como un evangelio. Desde las primeras líneas se nota la franqueza. Ved el primer párrafo: «En el Japón nadie se casa por amor. Cuando sabemos que un hombre se separa de esta regla, le consideramos como un ser despreciable, falto de moralidad; sus mismos padres se avergonzarán de él, pues la opinión coloca muy bajo en la escala moral el amor de la mujer.» Esta idea se encuentra en germen con el budismo, que asegura que la mujer es impura como el lodo, frase que se lee en los libros sagrados y que los niños aprenden desde que comienzan a saber hablar. Según Naomi, en efecto, tal es el verdadero origen del antifeminismo japonés. Pero en este punto no todos piensan lo mismo. Uno de los más doctos comentarios de las biblias búdicas, el francés Pery, dice con razón que en el budismo no hay ni más ni menos odio por las mujeres que en cualquiera otra religión de esencia ascética. Sin duda, los bonzos fanáticos las llaman servidoras del infierno, demonios de tentación, pozos de pecado; mas, ¿acaso los místicos del catolicismo no emplean las mismas frases y aun otras un poco más duras? Lo único que puede decirse con justicia es que la iglesia de Sakia Muni, como la de Cristo, es poco galante. Y en cuanto al desprecio de los nipones actuales, preciso será basarlo en otro origen.

En todo caso, el hecho de que para un japonés no hay diferencia ninguna entre el amor como acto material y el amor como sentimiento, es evidentísimo. Una misma palabra designa el acto brutal de la posesión y el anhelo casto e ideal. Más aun: «La palabra *horerru* —dice Naomi— (amar) aplicada a una mujer, se toma invariablemente en el mal sentido. Es deplorable que no podamos establecer una diferencia entre el amor y la pasión. Nosotros no logramos comprender las dulzuras del amor conyugal, y ese vacío en nuestros corazones y en nuestras ideas permite comprender por qué el amor está desterrado del matrimonio.» Por otra parte, los japoneses sólo ven en el matrimonio una ceremonia, importante tal vez, pero sin ningún carácter sagrado. ¿En qué principio reposa, pues, el matrimonio? Antes de explicárnoslo, el autor japonés cree necesario hacernos conocer un elemento del pensamiento nipón que desempeña papel importante en la vida social: la idea de la raza. La vida de un hombre tiene menos importancia que la vida de una familia.

Durante la época feudal, el castigo más terrible era la extinción de una familia. En nuestros días mismos, todo japonés instruido cree que la paralización de su estirpe es la calamidad más terrible que puede pesar sobre un ser humano. El japonés procura conservar su sangre en toda su pureza, huyendo, como de un pecado contra natura, de esas mezclas tan comunes en los países europeos y en América, no sólo comunes, sino universales. «Antes de concertar un matrimonio —dice Naomi— examinamos cuidadosamente la genealogía de la futura esposa; y la mujer que no puede probar su sangre pura tiene pocas probabilidades de *buen* casamiento. Los israelitas se muestran orgullosos cuando pueden demostrar que descienden de Abrahán. El japonés lo está cuando en su familia hubo un antepasado célebre; un hombre puede ser pobre, y, sin embargo, vivir orgulloso de su sangre.» Con estos principios precisos que debemos necesariamente aceptar, puesto que todos los filósofos japoneses los proclaman, tenemos ya las bases indispensables para establecer un edificio social. ¿Cómo no ver, en efecto, desde luego, lo que de tal sistema tiene que deducirse? El orgullo del hombre hace a la mujer esclava. El hogar no es un nido, es una incubadora. ¡Los hijos —he allí el fin de la unión!—; pero los hijos del macho, los hijos que deben perpetuar la raza de *él*, y en la creación de los cuales *ella* no tiene sino un empleo mecánico pasivo.

Las reglas que la perfecta casada aprende de labios de su madre la víspera de la boda, son las siguientes:

1a. Cuando estéis casada, legalmente no seréis ya mi hija, y así, debéis obedecer a vuestros suegros como habéis obedecido a vuestros padres.

2a. Después de casada, vuestro marido será vuestro solo amo. Sed humilde y cariñosa, que la estricta obediencia al esposo es en la mujer una noble virtud.

3a. Seréis siempre respetuosa con vuestros suegros y cuñados.

4a. No seréis celosa, pues con los celos no conquistaréis la afección de vuestro marido.

5a. Aunque tengáis razón, no os mostraréis colérica, sed sufrida, y sólo cuando vuestro marido esté calmado le haréis objeciones.

6a. No habléis mucho ni lo hagáis mal del vecino, y, sobre todo, no mintáis jamás.

7a. Os levantaréis temprano y os acostaréis tarde, y no dormiréis siesta. Bebed poco vino y hasta pasados cincuenta años no os mezclaréis con la multitud.

8a. No permitiréis que os digan la buenaventura.

9a. Sed económica y mujer casera.

10a. Aunque recién casada, no os reunáis con la gente moza.

11a. Vuestras *toilettes* no serán claras.

12a. No os mostréis orgullosas de las riquezas y posición de vuestros padres, ni alardeéis de ellas delante de la madre y hermanas de vuestro marido; y

13a. Tratad bien a vuestros servidores.

Entre los trece mandamientos, el más importante, el único importante tal vez, es el que establece la humilde obediencia. Toda la vida de familia está fundada en esas dos horribles virtudes: la humildad y la sumisión. La mujer habla a su marido de rodillas; la mujer no tiene derecho a quejarse; la mujer no debe ver lo que su marido hace; la mujer no es, en suma, sino la criada preferida. Desde el primer día, la disciplina es estricta. Nada de languideces amorosas en la luna de miel. ¡Luna de miel! He aquí como la pinta Naomi

Tamura: «En el Japón se ignora por completo esa frase dichosa, y los primeros meses no son muy risueños para una recién casada. Ésta debe levantarse con el día, aunque se hubiera acostado tarde; después de visitar a la familia del marido para enterarse de cómo pasaron la noche. Durante los primeros días del matrimonio, las mujeres hablan poco con sus maridos, respondiendo solamente con monosílabos, "sí" o "no", las preguntas de éstos. El quinto día, la recién casada muestra su habilidad en las labores de aguja, confeccionando algunos presentes que hace a su suegra. Y una semana después del matrimonio la esposa vuelve al hogar de sus padres, donde pasa tres o cuatro días. En este intervalo el marido viene a visitarla provisto de regalos para toda la familia, y con tal motivo se celebra una gran fiesta en honor del yerno. Sucede alguna vez que la recién casada no quiere volver a vivir con el marido. El caso es raro; sin embargo, ocurre. He ahí la luna de miel japonesa.»

Para llegar a este estado de dulce pasividad, es necesario que una preparación muy larga convierta a la niña en manso instrumento.

En efecto, todos los tratados de moral femenina, indican como primer lugar la sumisión.

El célebre filósofo Ekiken, que floreció a fines del siglo XVII, expresa en cinco artículos de un código moral, las virtudes femeninas. Helas aquí:

1a. Las primeras cualidades de la naturaleza femenina, cuando es buena, son la modestia y la sumisión.

2a. Del lenguaje: la mujer debe escoger con cuidado sus palabras para que sean decentes. No debe hablar sino cuando es necesario. En general, ha de callar y oír con respeto a los otros.

3a. Del traje: evitar los adornos inútiles e inclinarse ante el buen gusto y la elegancia.

4a. De las artes femeninas: éstas comprenden la costura, el bordado y la cocina.

5a. Es preciso que los oídos de las niñas no oigan nada.

Con una educación basada en estos principios, nada de extraño tiene que la mujer llegue al hogar como un mueble modesto y que su luna de miel sea la más triste de las iniciaciones.

¡La luna de miel!

¿No os parece triste, de una tristeza sin grandeza, de una tristeza vergonzosa, la pintura de lo que entre nosotros es paradisíaco? Al despertarse mujer, la japonesa se siente esclava. ¡Y si no fuera más que de su marido! Allí está también, más dura que las dueñas castellanas de la Edad Media, la suegra amarilla. «Entre nosotros —dice Naomi— la madre política no es tierna.» Con una solicitud insoportable cuida a su nuera como a un niño; le enseña las infinitas reglas de la buena manera de comer, de saludar, etc., y es más difícil para una mujer japonesa agradar a su suegra que a su marido. Su vida no es ociosa; se levanta la primera y se acuesta la última; trabaja todo el día; vigila la cocina, hace todos los menesteres del hogar y cuida del aseo de su marido, al que por todos los medios debe procurar ser agradable, siempre bajo la inmediata inspección de la madre política.

¡Y ay de la que se rebela! Entre las causas de divorcio la primera es «desobedecer a su suegra.»

Uno de los capítulos más pintorescos del libro de Naomi Tamura, es el que describe la manera de buscar novio. Todo se hace por medio de un agente que conoce a las familias del barrio y que entra en las casas sin dificultad. Una vez el noviazgo aceptado, en principio, se prepara la entrevista o miyai, que es la ceremonia más importante. «El intermediario conduce al pretendiente al domicilio de la joven para visitar a sus padres. Cuando un japonés va a una casa, de visita, la doméstica sale a su encuentro y conduce al visitante al salón, situado a cierta distancia de la puerta. Los huéspedes se sientan sobre las tatamis y esperan la llegada del dueño de la casa. Entretanto, la criada les hace los honores; si es en invierno, preséntales un hibachí, y si es verano, coloca ante ellos una cigarrera, té y pasteles. Terminados todos esos preparativos, aparece el dueño de la casa; se inclina y saluda finamente a sus visitantes. Se hacen las presentaciones. Si el presentado desea una segunda taza de té, llama a la doméstica, que se encuentra siempre en la sala vecina. Pero cuando el intermediario ha organizado de un modo clásico el miyai y su acompañante pide segunda taza de té, la hija del dueño de la casa reemplaza a la doméstica. Este es el único momento en que el pretendiente puede ver a su futura. ¡Momento crítico y embarazoso! El padre y el intermediario tratan de sostener animada la conversación, pero la atención del pretendiente está en otra parte... Las miradas del novio van directas a la joven que aparece ruborosa y tímida, avanzando lentamente hasta presentar su taza de té, y que después se inclina, saluda y desaparece. Su presencia no dura más de tres minutos, y durante ellos no habla ni una sola palabra. Después de esta corta aparición, el pretendiente decide si se casa o no.» Otras veces ni aun esta entrevista se permite. Los padres lo arreglan todo y los novios no se ven sino en la ceremonia misma del matrimonio. Si no simpatizan, ¡peor para la mujer! En su humildad de origen y de condición, no tiene derecho a quejarse. Su cuerpo, su alma, su voluntad, sus pensamientos, nada es de ella, todo es de él, todo es para él.

Pero no digáis que son desgraciadas. El autor japonés os lo prohibe. «Son tan felices como las demás mujeres del mundo», asegura. Y sus razones, al fin y al cabo, no son malas. Oídlas: «Entre nosotros las madres se dedican a enseñar a las niñas que son inferiores a los niños. El niño llama a su hermana por su simple nombre; pero ella no puede emplear esta familiaridad con su hermano, al que debe decir: ami san —señor hermano mío—. Si comen juntos, el varón toma asiento en el sitio de honor; generalmente los niños comen con sus padres, servidos por la madre y las hermanas.

De aquí que la mujer japonesa, desde la infancia, tenga el sentimiento de su inferioridad. Las niñas, a la edad de diez años, ya no pueden jugar con sus hermanos. Sin tratarse precisamente de una prohibición, al llegar a esa edad, los mismos niños se separan; desde ese momento el muro divisor existe.» Según Tamura, el culpable de esta costumbre, es Confucio, pues enseña «que los niños a los siete años no deben vivir en las mismas habitaciones que ocupan las niñas.» La simple designación de mujer se considera como deshonrosa y se aplica a los hombres estúpidos. A la mujer japonesa no se la juzga digna ni aun de ejercer influencia en su casa. Con tales ideas, se comprende bien por qué los niños viven separados y por qué la amistad entre varones y hembras no puede existir. «Vuestros jóvenes pueden verse, escribirse —termina diciendo Tamura— lo que les permite conocerse antes de toda proposición o promesa de matrimonio. Los padres japoneses no tienen esa confianza en sus hijos y no pueden concederles esas libertades. En Tokio, cuando se visita a una señorita, sus padres ejercen su vigilancia extremada. Imposible hablarla. En cuanto a escribirla, más imposible aún. ¿Queréis probar? Sus padres recibirán las misivas. Así, pues, hay que abandonar la partida. Eso de hacer la corte a una mujer no entrará nunca en nuestras costumbres sociales.»

Así habla el japonés que con más libertad ha estudiado la situación de la mujer en su tierra. Y luego, repitiendo lo que antes dijo, termina así: «Después de todo, no son estas mujeres nuestras, más desgraciadas que las del resto del mundo.» Puede ser. Pero hay que confesar que ya principian, por lo menos, a notar que podrían vivir de otro modo. La costura y la cocina, que Ekiken les señalara como únicas ocupaciones, no bastan a su actividad. Sus oídos no son ya sordos a toda palabra. Así, tanto como en Europa y en América, aquí florecen las utopías feministas. No hay más que leer una novela célebre de Sudo Nansui, para comprenderlo. Se titula Las Damas del nuevo género. La heroína es una lechera que estudia las obras de Hebert Spencer, que forma parte de un club de mujeres, que juega al tenis y que discute con los más doctos profesores en cuanto se ofrece la oportunidad.

COLETTE
Francia (1873-1954)

Colette es el seudónimo de Gabrielle Sidonie, escritora y periodista francesa, quien nació en Saint Saveur Yonne. Fue además cantante de Music Hall.

En la novela casi homónima de Georges Simenon *El gato,* dos ancianos que sólo esperan la muerte se pelean por culpa de un felino que el marido adora y del que la mujer está celosa hasta acribillarlo a balazos. En el corto relato de Colette, publicado en 1933, el esquema es prácticamente el mismo: Recién casados Camille y Alain, una pareja aparentemente feliz. Mas las exigencias de Camille y la debilidad de Alain no tardan en agriar la paz y la ilusión del matrimonio; Alain no tiene ojos más que para Saha, la gata. El escaso interés que siente el uno por el otro dejará lugar a un amargo sentimiento de incomprensión y carencia afectiva, que ambos interpretan como desprecio. La gata reproduce un poco el tema obsesivo de Colette: nunca se olvida un antiguo amor —tema común en las parejas discordes—.

LA GATA

Al despertar, no se sentó de un salto en la cama. Obsesionado en sus sueños por el cuarto extraño, entreabrió las pestañas, comprobó que la astucia y el embarazo no le había abandonado del todo durante el sueño, pues el brazo izquierdo extendido, relegado a los confines de una estepa de tela, se hallaba presto a reconocer y presto también a rechazar... Sin embargo, a su izquierda, el vasto lecho estaba vacío y fresco. Frente a la cama aparecía el ángulo apenas redondeado de la habitación de tres paredes y la insólita oscuridad verde y el tallo de viva claridad, amarilla como bastoncillo de ámbar, que separaba dos cortinas de tiesa sombra. Alain volvió a dormirse, arrullado por una canción negra, murmurada por unos labios cerrados.

Volvió la cabeza con precaución, entreabrió los ojos y vio, ora blanca, ora azul, según se bañara en el estrecho riachuelo de sol o volviera a la penumbra, a una mujer desnuda con un peine en la mano, entre los labios un cigarrillo, que canturriaba. «¡Es una frescura! —pensó— ¡Completamente desnuda! ¿Dónde se cree que está?»

Reconoció las hermosas piernas, desde tiempos familiares, pero el vientre, acortado por el ombligo situado algo abajo, le sorprendió. Una impersonal juventud salvaba las caderas musculadas, y los senos asomaban ligeros, encima de las costillas visibles. «¿Ha adelgazado?» Lo tosco de la espalda, tan amplia como el pecho, sorprendió a Alain. «Es cargada de espaldas.»

Y en aquel preciso momento, Camille se acodó en una de las ventanas y encogió la espalda, alzando los hombros. «Tiene espaldas de mujer que friega suelos...» Pero la muchacha se irguió súbitamente, hizo una pirueta y, con un gesto encantador, esbozó un abrazo en el aire. «No, no; no es verdad. Es hermosa. Pero, ¡qué desfachatez! ¿Se cree que estoy muerto? ¿O es que encuentra muy natural pavonearse completamente desnuda? ¡Oh!, todo esto ha de cambiar».

Como ella volvía a la cama, cerró nuevamente los ojos y, cuando los abrió otra vez, Camille estaba sentada frente al tocador, que llamaban el tocador invisible, plancha translúcida de hermoso cristal grueso montada en una armazón de acero negro. Se empolvaba el rostro, tocó con las puntas de los dedos la mejilla, la barbilla, y de pronto sonrió, apartando la mirada con una gravedad y una fatiga que desarmaron a Alain. «¿Así... es feliz? ¿Dichosa de qué? No me la merezco mucho... De todas maneras, ¿por qué está desnuda?»

—¡Camille! —exclamó.

Creyó que echaría a correr al cuarto de baño, que cruzaría las manos sobre su sexo, que velaría sus senos con una arrugada prenda interior; sin embargo, se aproximó, se inclinó sobre el muchacho tendido y le llevó, agazapado en sus brazos, refugiado en el alga de un azul oscuro que florecía en su vientrecillo insignificante, su penetrante perfume de mujer morena.

—¡Cariño! ¿Has dormido bien?—¡Completamente desnuda! —le reprochó su marido.

La joven abrió cómicamente sus grandes ojos.

—Bueno, ¿y tú...?

Descubierto hasta la cintura, no supo qué contestar. Camille se pavoneaba ante él, tan orgullosa y tan lejos del pudor, que un poco rudamente le echó el pijama arrugado que yacía sobre la cama.

—¡Anda, de prisa, ponte esto! ¡Tengo hambre!

—La *mère* Buque está en su sitio. Todo marcha, todo va sobre ruedas.

Desapareció y Alain quiso levantarse, vestirse, alisar sus revueltos cabellos, pero Camille regresó, ataviada con un grueso albornoz de baño, nuevo y demasiado largo, llevando alegremente una bandeja llena.

—¡Qué ensalada, hijo de mi alma! Hay un tazón en la cocina,

una tacita de pirex, el azúcar en la tapa de una caja... Todo amontonado... Mi jamón está reseco; estas peras cloróticas son los restos del almuerzo... La *mère* Buque se siente perdida en la cocina eléctrica. Le enseñaré a cambiar los plomos. Y he echado agua en los compartimientos del hielo de la nevera. ¡Ah, si yo no estuviese aquí! El señor tiene su café muy caliente, hirviente la leche y dura la mantequilla. No; es mi té, ¡no lo toques! ¿Qué buscas?

—Nada... nada...

Debido al olor del café, buscaba a *Saha*.

—¿Qué hora es?

—¡Al fin una palabra cariñosa! —exclamó Camille—. Tempranísimo, marido mío. He visto en el despertador de la cocina que eran sólo las ocho y cuarto.

Comieron, riendo con frecuencia y hablando poco. Por el olor creciente de las cortinas de hule verde, Alain adivinaba la fuerza del sol que les calentaba, y no podía apartar su pensamiento del sol exterior, del horizonte extraño, de los vertiginosos nueve pisos, de la extravagante arquitectura de Quart-de-Brie que les cobijaría durante cierto tiempo.

Escuchaba a Camille lo mejor que podía, conmovido porque fingiese olvido de lo que había pasado entre ellos durante la noche, porque afectase experiencia en este alojamiento ocasional, y la desenvoltura de una casada de por lo menos ocho días. Desde que compareció vestida, buscaba la manera de testimoniarle su gratitud. «No me guarda rencor por lo que hice ni por lo que no le hice, ¡pobre criatura!

En fin, ha pasado lo más fastidioso... ¿Es que, a menudo, una primera noche es este magullamiento, este semiéxito, semidesastre?» Le pasó cordialmente el brazo por el cuello y la besó.

—¡Oh, eres un encanto!

Camille dijo esto con tanto sentimiento, con expresión tal, que se ruborizó y él vio cómo se le llenaban los ojos de lágrimas. Sin embargo, eludió valerosamente su emoción y saltó de la cama con el pretexto de llevarse la fuente. Corrió a la ventana, se enredó los pies en el albornoz demasiado largo, soltó una tremenda imprecación y se asió de una cuerda de barco. Se descorrieron las cortinas de hule y París con sus alrededores, azules e ilimitados como el desierto, manchados de un verde aún claro, de vidrieras de azul de insecto, entró de un salto en la habitación triangular que sólo tenía una pared de cemento; las otras eran de vidrio a media altura.

—¡Es hermoso! —exclamó Alain a media voz.

Sin embargo mentía a medias, y su sien buscaba el apoyo de un hombre juvenil del que resbalaba el albornoz. «No es una morada humana... todo este horizonte en la casa, en la cama. ¿Y los días de tormenta? Abandonados en lo alto de un faro, entre los albatros...»

El brazo de Camille, que se había vuelto a reunir con él en la cama, le rodeaba el cuello y ella miraba sin temor, alternativamente, los vertiginosos límites de París y la rubia cabeza despeinada. Su flamante arrogancia, que parecía abrir crédito a la próxima noche, a los días siguientes, se contentaba sin duda con las licencias de hoy: hollar el lecho común, rozar con hombros y caderas un desnudo cuerpo de mozo, acostumbrarse a su color, a sus curvas, a sus salientes, apoyar firmemente la mirada en los secos pezoncillos, la cintura que ella envidiaba, el extraño motivo del sexo caprichoso...

Mordieron juntos la misma pera insípida y rieron mostrándose sus bellos dientes mojados, las encías un poco pálidas de niños fatigados.

—¡Vaya día el de ayer...! — suspiró Camille—. ¡Cuando se piensa que hay gente que se casa a menudo...! —la vanidad volvió a apoderarse de ella y añadió: — Ahora que... estuvo muy bien, ¿verdad? ¿Verdad que no hubo ningún tropiezo?

—Sí — contestó Alain blandamente.

THOMAS MANN
Alemania (1875-1955)
Premio Nóbel 1929

Thomas Mann nació en Lübeck. Empleado de seguros. Trabajó en la revista satirica Simplicissimos. Opositor al régimen nazi. Vivió en Suiza y Estados Unidos. Sufrió por el suicidio de sus dos hermanos y luego, en su vejez, por el suicidio de su hijo Klaus Mann. En carta a Hermann Hesse sobre este suicidio expresa culpa y amargura. Murió en Munich.

En La engañada, *Rosalie von Tümmler, viuda, mujer madura, se enamora de un joven profesor que frecuenta su casa. Pero su enamoramiento no trae consigo la felicidad. Resulta más una situación patética ante la cual la protagonista no se da por vencida.*

LA ENGAÑADA

Tendida sobre la otomana, manteniendo el rostro oculto entre las manos y aun entre los cojines, inundada de vergüenza, espanto y delicia, se confesó su pasión.

«¡Dios mío, lo amo, sí, lo amo como nunca amé antes! ¿Es posible concebir tal cosa? Y sin embargo la naturaleza me ha llevado al estado de paz, al suave y digno estado de matrona. ¿No es una irrisión el que me quiera aún entregar al placer, como lo hago en mis pensamientos espantosos y deleitosos, cuando lo veo, cuando veo sus brazos propios de un dios, entre los cuales quiero verme locamente abrazada, junto a su magnífico pecho que, en medio de mi miseria y mi éxtasis, vi dibujarse debajo de la camisa? Soy una vieja desvergonzada. No, no soy desvergonzada, puesto que me avergüenzo ante él y me avergüenzo frente a su juventud, y no sé cómo volver a enfrentarme con él, no sé cómo mirar a sus ojos amistosos, ingenuos, de niño, que no esperan de mí ninguna emoción ardiente. ¡Me ha golpeado con la varilla de la vida; sí, él mismo, sin darse cuenta de nada, me ha azotado y apimentado! ¿Por qué tenía que hablarme de eso en su juvenil entusiasmo por las antiguas costumbres populares? Y ahora, el pensamiento que me lo representa empuñando su vara me invade por completo, me inunda con una emoción de avergonzada dulzura. Lo deseo... ¿Es que alguna vez deseé antes? Von Tümmler me deseaba, cuando yo era joven; accedí a sus deseos, lo acepté como novio, lo tomé por esposo y me entregué a su gallardía viril y ambos nos entregábamos al placer, cuando él lo deseaba. Esta vez soy yo quien desea, yo por mí misma, por mi cuenta, y puso mis ojos sobre él como un hombre pone los ojos sobre la mujer joven que ha elegido; esto es lo que hacen los años, esto es lo que hacen mi edad y su juventud. La juventud es femenina y masculina la relación de la edad madura con ella; pero la vejez no es feliz ni puede confiar su deseo, se siente llena de vergüenza y temor frente a la juventud y frente a toda la naturaleza, a causa de su ineptitud. Ay, me aguardan muchos sufrimientos, porque, ¿cómo puedo esperar que corresponda a mi deseo? Y aun cuando le gustara, ¿cómo esperar que consienta a mis pretensiones, como yo consentí a las de Von Tümmler? Con esos firmes brazos que tiene, no es ninguna muchacha, no, no lo es; lejos de eso, es un joven que quiere desear por él mismo y que, según dicen, tiene mucho éxito, en ese respecto, con las mujeres. Aun aquí mismo, en la ciudad, tiene todas las mujeres que desea. Mi alma se retuerce y grita de celos ante semejante pensamiento. Sí, mantiene conversaciones en inglés con Louise Pfingsten en la Pempelforter Strasse, y con la Lützenkirchen, con Amélie Lützenkirchen, cuyo marido, el fabricante de cerámica, es un hombre gordo, asmático y perezoso. Louise es excesivamente alta y tiene pelo muy feo; sin embargo, cuenta sólo treinta y ocho años y puede infundir a sus ojos una expresión dulce. Amélie es sólo un poco mayor, pero bonita; sí, desgraciadamente es bonita, y su grueso marido la deja gozar de plena libertad. Es posible que sea ella a quien él abrace o a una de ellas; probablemente a Amélie, aunque también pudiera ser que simultáneamente a la alta Louise. ¿Será posible que sean estrechadas por esos brazos a los que aspiro con una vehemencia que las estúpidas almas de esas mujeres nunca alcanzarían? ¿Es posible que sean ellas las que gocen de su cálido aliento, de sus labios, y de esas manos que acarician sus cuerpos?

Mis dientes, que aún se hallan en buen estado y que raramente exigieron atención, rechinan, sí, rechinan cuando pienso en eso. También mi aspecto es mejor que el de ellas; más digno de ser acariciado por esas manos. ¡Y qué ternura sería capaz de ofrecerle, qué indecible devoción! Pero ellas son fuentes que fluyen, en tanto que yo estoy reseca. Ni tengo derecho a sentir celos por nada. ¡Oh, celos torturadores, desgarradores celos! ¿Acaso en la reunión del jardín que tuvo lugar en la casa de los Rollwagen, el fabricante de máquinas Rollwagen y su mujer, donde él también había sido invitado, no vi con mis propios ojos, que lo ven todo, que él y Amélie cambiaban una mirada y una sonrisa que indudablemente indicaba algo secreto entre ellos? Y en aquel momento se me contrajo el corazón, ahogado del dolor. Pero no comprendí el significado de aquello, no pensé que estaba celosa, porque no podía suponerme capaz de sentir todavía celos. Pero ahora los siento, ahora lo comprendo; no trato de negarlo, no. Gozo con mis tormentos, que están en un maravilloso desacuerdo con los cambios físicos que se verifican en mí. Anna dice que lo psíquico sólo es una emanación de lo físico, y que el cuerpo moldea al alma de acuerdo con sus propias condiciones. Anna sabe mucho; Anna no sabe nada. No, no quiero decir que no sepa nada. La pobre ha sufrido, ha amado locamente y ha padecido llena de vergüenza. Por eso sabe mucho. Pero que el alma y el cuerpo sean conjuntamente transferidos a la apacible y digna condición de matrona es algo en lo que se equivoca, porque Anna no cree en el milagro, porque no sabe que la naturaleza puede hacer que el alma florezca maravillosamente, aunque sea ya tarde, sí, aunque sea ya demasiado tarde; que puede hacerla florecer en el amor, en el deseo y en los celos, como lo experimento ahora en mi bendito tormento.

JAMES JOYCE
Irlanda (1882-1941)

James Augustine Aloysius Joyce nació en Rathmines, cerca de Dublín, el dos de febrero de 1882. Su familia estaba profundamente arraigada en las tradiciones católicas de Irlanda, y Joyce fue educado entre 1893 y 1898 por los jesuitas de Belvedere. Después cursó la carrera de Letras en la Universidad de Dublín. En esta ciudad conoció a la que sería la mujer de su vida: Nora Barnacle, criada de un hotel. Fue en París que Joyce pudo editar el Ulises en 1922, novela capital de la historia de la literatura contemporánea. El escritor, medio ciego, se trasladó a finales de 1940 a Zurich. Falleció en la ciudad suiza el 13 de enero de 1941, estando a punto de cumplir cincuenta y nueve años.

Dublineses es la primera obra narrativa que publicó James Joyce. Un volumen compuesto por quince relatos que, aunque aparentemente desconectados, conforman una trama que tiene por protagonista a la ciudad de Dublín.

Las primeras experiencias de la niñez, la adolescencia y el dolor de sus frustraciones, la madurez desengañada, las ilusiones rotas al final de la vida constituyen las cuatro grandes áreas temáticas en que se distribuyen los distintos relatos.

DUBLINESES
DOS GALANES

La tarde de agosto había caído, gris y cálida, y un aire tibio, un recuerdo del verano, circulaba por las calles. La calle, los comercios cerrados por el descanso dominical, bullía con una multitud alegremente abigarrada. Como perlas luminosas, las lámparas alumbraban encima de los postes estirados y por sobre la textura viviente de abajo, que variaba de forma y de color sin parar y lanzaba al aire gris y cálido de la tarde un rumor invariable que no cesa.

Dos jóvenes bajaban la cuesta de Rutland Square. Uno de ellos acababa de dar fin a su largo monólogo. El otro que caminaba por el borde del andén y que a veces se veía obligado a bajar un pie a la calzada por culpa de la grosería de su acompañante, mantenía su cara divertida y atenta. Era rubicundo y rollizo. Usaba una gorra de yatista echada frente arriba, y la narración que venía oyendo creaba olas expresivas que rompían constantemente sobre su cara desde las comisuras de los labios, de la nariz y de los ojos. Sus ojos, titilando con un contento pícaro, echaban a cada momento miradas de soslayo a la cara de su compañero. Una o dos veces se acomodó el ligero impermeable que llevaba colgado de un hombro a la torera. Sus bombachos, sus zapatos de goma blancos y su impermeable echado por encima expresaban juventud. Pero su figura se hacía rotunda en la cintura, su pelo era escaso y canoso, y su cara, cuando pasaron aquellas olas expresivas, tenía aspecto estragado.

Cuando se aseguró de que el cuento hubo acabado, se rió ruidoso por más de medio minuto. Luego dijo: —¡Vaya!... ¡Ese sí que es el copón divino!

Su voz parecía batir el aire con vigor, y, para dar mayor fuerza a sus palabras, añadió con humor:

—¡Ese sí que es el único, solitario y, si se me permite llamarlo así, *recherché* copón divino! Al decir esto se quedó callado y serio. Tenía la lengua cansada, ya que había hablado toda la tarde en el pub de Dorset Street. La mayoría de la gente consideraba a Lenehan un sanguijuela, pero a pesar de esa reputación su destreza y elocuencia evitaba siempre que sus amigos la cogieran con él. Tenía una manera atrevida de acercarse a un grupo en la barra y de mantenerse sutilmente al margen hasta que alguien lo incluía en la primera ronda. Vago por deporte, venía equipado con un vasto repertorio de adivinanzas, cuentos y cuartetas. Era, además, insensible a toda descortesía. Nadie sabía realmente cómo cumplía la penosa tarea de mantenerse, pero su nombre se asociaba vagamente a papeletas y a caballos.

—¿Y dónde fue que la levantaste, Corley? —le preguntó.

Corley se pasó rápidamente la lengua sobre el labio de arriba.

—Una noche, chico —le dijo—, que iba yo por Dame Street y me veo a esta tipa tan buena parada del reloj de Waterhouse y cojo y le doy, tú sabes, las buenas noches. Luego nos damos una vuelta por el canal y eso, y ella que me dice que es criadita en una casa de Baggot Street. Le eché el brazo por arriba y la apretujé un poco esa noche. Entonces el domingo siguiente, chico, tengo cita con ella y nos vemos. Nos fuimos hasta Donnybrook y la metí en un sembrado. Me dijo que ella salía con un lechero... ¡La gran vida, chico! Cigarrillos todas las noches y ella pagando el tranvía a la ida y a la venida. Una noche hasta me trajo dos puros más buenos que el carajo. Panetelas, tú sabes, de las que fuma el caballero... yo, que, claro, chico, tenía miedo de que saliera premiada. Pero ¡tiene una esquiva!

—A lo mejor se cree que te vas a casar con ella —dijo Lenehan.

—Le dije que estaba sin pega —dijo Corley—. Le dije que trabajaba en Pim´s. Ella ni mi nombre sabe. Estoy demasiado cujeado para eso. Pero se cree que soy de buena familia, para que tú lo sepas.

Lenehan se rió de nuevo sin hacer ruido.

—De todos los cuentos buenos que he oído en mi vida —dijo—, ése sí que de veras es el copón divino.

Corley reconoció el cumplido en su andar. El vaivén de su cuerpo macizo obligaba a su amigo a bailar la suiza del andén a la calzada, y viceversa. Corley era hijo de un inspector de policía y había heredado de su padre la caja del cuerpo y el paso. Caminaba con las manos al costado, muy derecho y moviendo la cabeza de un lado al otro. Tenía la cabeza grande, de globo, grasosa; sudaba siempre, en invierno y en verano, y su enorme bombín, ladeado, parecía un bombillo saliendo de un bombillo. La vista siempre al frente, como si estuviera en un desfile; cuando quería mirar a alguien en la calle tenía que mover todo su cuerpo desde las caderas. Por el momento estaba sin trabajo. Cada vez que había un puesto vacante, uno de sus amigos le pasaba la voz. A menudo se le veía conversando con policías de paisano, hablando con toda seriedad. Sabía dónde estaba el meollo de cualquier asunto y era dado a decretar sentencia. Hablaba sin oír lo que decía su compañía. Hablaba mayormente de sí mismo: de lo que había dicho a tal persona y lo que esa persona le había dicho y lo que él había dicho para dar por zanjado el asunto. Cuando relataba esos diálogos aspiraba la primera letra de su nombre, como hacían los florentinos.

Lenehan ofreció un cigarrillo a su amigo. Mientras los dos jóvenes paseaban por entre la gente, Corley se volvía ocasionalmente para sonreír a una muchacha que pasaba, pero la vista de Lenehan estaba fija en la larga luna pálida con su halo doble. Vio con cara seria cómo la gris telaraña del ocaso atravesaba su faz. Al cabo dijo:

—Bueno... dime, Corley, supongo que sabrás cómo manejarla, ¿no?

Corley, expresivo, cerró un ojo en respuesta.

—¿Sirve ella? —preguntó Lenehan, dudoso—. Nunca se sabe con las mujeres.

—Ella sirve —dijo Corley—. Yo sé cómo darle la vuelta, chico. Está loquita por mí.

—Tú eres lo que yo llamo un tenorio contento —dijo Lenehan— ¡Y un donjuán «muy» serio también!

Un dejo burlón quitó servilismo a la expresión. Como vía de escape tenía la costumbre de dejar su adulonería abierta a interpretaciones de burla. Pero Corley no era muy sutil que digamos.

—No hay como una buena criadita —afirmó—. Te lo digo yo.

—Es decir, uno que las ha levantado a todas —dijo Lenehan.

—Yo primero salía con muchachas de su casa, tú sabes —dijo Corley, destapándose—. Las sacaba a pasear, chico, en tranvía a todas partes, y yo era el que pagaba, o las llevaba a oír la banda, o a una obra de teatro, o les compraba chocolates y dulces y eso. Me gastaba con ellas el dinero que daba gusto —añadió en tono convincente, como si estuviera consciente de no ser creído.

Pero Lenehan podía creerlo muy bien; asintió grave.

—Conozco el juego —dijo—, y es comida de bobo.

—Y maldito sea lo que saqué de él —dijo Corley.

—Ídem de ídem —dijo Lenehan.

—Con una excepción —dijo Corley.

Se mojó el labio superior pasándole la lengua. El recuerdo lo encandiló. Él también miró al pálido disco de la luna, ya casi velado, y pareció meditar.

—Ella estaba... bastante bien —dijo con sentimiento.

De nuevo se quedó callado. Luego añadió:

—Ahora hace la calle. La vi montada en un carro con dos tipos en Earl Street abajo una noche.

—Supongo que por tu culpa —dijo Lenehan.

—Hubo otros antes que yo —dijo Corley, filosófico.

Esta vez Lenehan se sentía inclinado a no creerlo. Movió la cabeza de un lado a otro y sonrió.

—Tú sabes que tú no me puedes andar a mí con cuentos, Corley —dijo.

—¡Por lo más sagrado! —dijo Corley—. ¿No me lo dijo ella misma?

Lenehan hizo un gesto trágico.

—¡Triste traidora! —dijo.

Al pasar por las rejas de Trinity College, Lenehan saltó al medio de la calle y miró el reloj arriba.

—Hay tiempo —dijo Corley—. Ella va a estar allí. Siempre la hago esperar un poco.

Lenehan se rió entre dientes.

—¡Anda! Tú sí que sabes cómo manejarlas, Corley —dijo.

—Me sé bien todos sus truquitos —confesó Corley.

—Pero dime —dijo Lenehan de nuevo—, ¿estás seguro de que te va a salir bien? No es nada fácil, tú sabes. Tocante a eso son muy cerradas.

—¿Eh?... ¿Qué?

Lenehan no dijo más. No quería acabarle la paciencia a su amigo, que lo mandara al demonio y luego le dijera que no necesitaba para nada sus consejos. Hacía falta tener tacto. Pero el ceño de Corley volvió a la calma pronto. Tenía la mente en otra cosa.

—Es una tipa muy decente —dijo, con aprecio—, de veras que lo es.

Bajaron Nassau Street y luego doblaron por Kildare. No lejos del portal del club, un arpista tocaba sobre la acera ante un corro de oyentes. Tiraba de las cuerdas sin darle importancia, echando de vez en cuando miradas rápidas al rostro de cada recién venido y otras veces, pero con idéntico desgano, al cielo. Su arpa también, sin darle importancia al forro que le caía por debajo de las rodillas, parecía desentenderse por igual de las miradas ajenas y de las manos de su dueño. Una de estas manos bordeaba la melodía de *Silent, O Moyle*, mientras la otra, sobre las primas, le caía detrás a cada grupo de notas. Los arpegios de la melodía vibraban hondos y plenos.

Los dos jóvenes continuaron calle arriba sin hablar, seguidos por la música fúnebre. Cuando llegaron a Stephen´s Green atravesaron la calle. En este punto el ruido de los tranvías, las luces y la muchedumbre los libró del silencio.

—¡Allí está! —dijo Corley.

Una mujer joven estaba parada en la esquina de Hume Street. Llevaba un vestido azul y una gorra de marinero blanca. Estaba sobre el andén, balanceando una sombrilla en la mano. Lenehan se avivó.

—Vamos a mirarla de cerca, Corley —dijo.

Corley miró ladeado a su amigo y una sonrisa desagradable apareció en su cara.

—¿Estás tratando de colarte? —le preguntó.

—¡Maldita sea! —dijo Lenehan, osado—. No quiero que me la presentes. Nada más quiero verla. No me la voy a comer...

—Ah... ¿Verla? —dijo Corley, más amable—. Bueno... atiende. Yo me acerco a hablar con ella y tú pasas de largo.

—¡Muy bien! —dijo Lenehan.

Ya Corley había cruzado una pierna por encima de las cadenas cuando Lenehan lo llamó:

—¿Y luego? ¿Dónde nos encontramos?

—Diez y media —respondió Corley, pasando la otra pierna.

—¿Dónde?

—En la esquina de Merrion Street. Estaremos de regreso.

—Trabájala bien —dijo Lenehan con despedida.

Corley no respondió. Cruzó la calle a buen paso, moviendo la cabeza de un lado a otro. Su bulto, su paso cómodo y el sólido sonido de sus botas tenían en sí algo de conquistador. Se acercó a la joven y, sin saludarla, empezó a conversar con ella en seguida. Ella balanceó la sombrilla más rápido y dio vueltas a sus tacones. Una o dos veces que él le habló muy cerca de ella, se rió y bajó la cabeza.

Lenehan los observó por unos minutos. Luego caminó rápido junto a las cadenas guardando distancia y atravesó la calle en diagonal. Al acercarse a la esquina de Hume Street encontró el aire densamente perfumado, y rápidos sus ojos escrutaron, ansiosos, el aspecto de la joven. Tenía puesto su vestido dominguero. Su falda de sarga azul estaba sujeta a la cintura por un cinturón de cuero negro. La enorme hebilla del cinto parecía oprimir el centro de su cuerpo, cogiendo como un broche la ligera tela de su blusa blanca. Llevaba una chaqueta negra corta con botones de nácar y una desaliñada boa negra. Las puntas de su cuellito de tul estaban cuidadosamente desarregladas y tenía prendido sobre el busto un gran ramo de rosas rojas con los tallos vueltos hacia arriba.

Lenehan notó con aprobación su corto cuerpo macizo. Una franca salud rústica iluminaba su rostro, sus rojos cachetes rollizos y sus atrevidos ojos azules. Sus facciones eran toscas. Tenía una nariz ancha, una boca regada, abierta en una mueca entre socarrona y contenta, y dos dientes botados. Al pasar Lenehan se quitó la gorra, y, después de unos diez segundos, Corley devolvió el saludo al aire. Lo hizo levantando su mano vagamente y cambiando, distraído, el ángulo de caída del sombrero.

Lenehan llegó hasta el hotel Shelbourne, donde se detuvo a la espera. Después de esperar un ratico los vio venir hacia él, y cuando doblaron a la derecha los siguió, apresurándose ligero en sus zapatos blancos, hacia un costado de Merrion Square. Mientras caminaba despacio, ajustando su paso al de ellos, miraba la cabeza de Corley, que volvía a cada minuto hacia la cara de la joven como un gran balón dando vueltas sobre un pivote. Mantuvo la pareja a la vista hasta que los vio subir la escalera del tranvía a Donnybrook; entonces dio media vuelta y regresó por donde había venido. Ahora que estaba solo su cara se veía más vieja. Su alegría pareció abandonarlo, y al caminar junto a las rejas de Duke's Lawn dejó correr su mano sobre ellas. La música que tocaba el arpista comenzó a controlar sus movimientos. Sus pies, suavemente acolchados, llevaban la melodía, mientras sus dedos hicieron escalas imitativas sobre las rejas, cayéndole detrás a cada grupo de notas.

Caminó sin ganas por Stephen's Green y luego Grafton Street abajo. Aunque sus ojos tomaban nota de muchos elementos de la multitud por entre la que pasaba, lo hacían desganadamente. Encontró trivial todo lo que debía encantarle y no tuvo respuesta a las miradas que lo invitaban a ser atrevido. Sabía que tendría que hablar mucho, que inventar y que divertir, y su garganta y su cerebro estaban demasiado secos para semejante tarea. El problema de cómo pasar las horas hasta encontrarse con Corley de nuevo le preocupó. No pudo encontrar mejor manera de pasarlas que caminando. Dobló a la izquierda cuando llegó a la esquina de Rutland Square y se halló más a gusto en la tranquila calle oscura, cuyo aspecto sombrío concordaba con su ánimo. Se detuvo, al fin, ante las vitrinas de un establecimiento de aspecto miserable en que las palabras «Bar Refrescos» estaban pintadas en letras blancas. Sobre el cristal de las vitrinas había dos letreros volados: «Cerveza de Jengibre» y «Ginger Ale». Un jamón cortado se exhibía sobre una fuente azul, mientras que no lejos, en una bandeja, había un pedazo de pudín de pasas. Miró estos comestibles fijamente por espacio de un rato y luego, después de echar una mirada vigilante calle arriba y abajo, entró en la fonda rápido.

Tenía hambre, ya que, excepto una galletas que había pedido y le trajeron dos dependientes avinagrados, no había comido nada desde el desayuno. Se sentó a una mesa descubierta frente a dos obreritas y a un mecánico. Una muchacha desaliñada vino de camarera.

—¿A cómo la ración de chícharos? —preguntó.

—Tres medio-peniques, señor —dijo la muchacha.

—Tráigame un plato de chícharos —dijo— y una botella de cerveza de jengibre.

Había hablado con rudeza para desacreditar su aire urbano, ya que su entrada fue seguida por una pausa en la conversación.

Estaba abochornado... Para parecer natural, empujó su gorra hacia atrás y puso los codos en la mesa. El mecánico y las dos obreritas lo examinaron punto por punto antes de reanudar su conversación en voz baja. La muchacha le trajo un plato de guisantes calientes sazonados con pimienta y vinagre, un tenedor y su cerveza de jengibre. Comió la comida con ganas y la encontró tan buena que mentalmente tomó nota de la fonda. Cuando hubo comido los guisantes sorbió su cerveza y se quedó sentado un rato pensando en Corley y en su aventura. Vio en la imaginación a la pareja de amantes paseando por un sendero a oscuras; oyó la voz de Corley diciendo galanterías y de nuevo observó la descarada sonrisa en la boca de la joven. Tal visión le hizo sentir en lo vivo su pobreza de espíritu y de bolsa. Estaba cansado de dar tumbos, de halarle el rabo al diablo, de intrigas y picardías. En noviembre cumpliría treinta y un años. ¿No iba a conseguir nunca un buen trabajo? ¿No tendría jamás casa propia? Pensó lo agradable que sería tener un buen fuego al que arrimarse y sentarse a una buena mesa.

Ya había caminado bastante por esas calles con amigos y con amigas. Sabía bien lo que valían esos amigos: también conocía bastante a las mujeres. La experiencia lo había amargado contra todo y contra todos. Pero no lo había abandonado la esperanza. Se sintió mejor después de comer, menos aburrido de la vida, menos vencido espiritualmente. Quizá todavía podía acomodarse en un rincón y vivir feliz, con tal de que encontrara una muchacha buena y simple que tuviera lo suyo.

Pagó los dos peniques y medio a la camarera desaliñada y salió de la fonda, reanudando su errar. Entró por Capel Street y caminó hacia el Ayuntamiento. Luego dobló por Dame Street. En la esquina de George´s Street se encontró con dos amigos y se detuvo a conversar con ellos. Se alegró de poder descansar en la caminata. Sus amigos le preguntaron si había visto a Corley y que cuál era la última. Replicó que se había pasado el día con Corley. Sus amigos hablaban poco. Miraron estólidos a algunos tipos en el gentío y a veces hicieron un comentario crítico. Uno de ellos dijo que había visto a Mac una hora atrás en Westmoreland Street. A esto Lenehan dijo que había estado con Mac la noche antes de Egan´s. El joven que había estado con Mac en Westmoreland Street preguntó si era verdad que Mac había ganado una apuesta en un partido de billar. Lenehan no sabía: dijo que Holohan los había convidado a los dos a unos tragos en Egan´s.

Dejó a sus amigos a las diez menos cuarto y subió por George´s Street. Dobló a la izquierda por el Mercado Municipal y caminó hasta Grafton Street. El gentío de muchachos y muchachas había menguado, y caminando calle arriba oyó a muchas parejas y grupos darse las buenas noches unos a otros. Llegó hasta el reloj del Colegio de Cirujanos: estaban dando las diez. Se encaminó rápido por el lado norte del Green, apresurado por miedo a que Corley llegara demasiado pronto. Cuando alcanzó la esquina de Merrion Street se detuvo en la sombra de un farol y sacó uno de los cigarrillos que había reservado y lo encendió. Se recostó al poste y mantuvo la vista fija en el lado por el que esperaba ver regresar a Corley y a la muchacha.

Su mente se activó de nuevo. Se preguntó si Corley se las habría arreglado. Se preguntó si se lo habría pedido ya o si lo había dejado para lo último. Sufría las penas y anhelos de la situación de su amigo tanto como la propia. Pero el recuerdo de Corley moviendo su cabeza lo calmó un tanto: estaba seguro de que Corley se saldría con la suya. De pronto lo golpeó la idea de que quizá Corley la había llevado a su casa por otro camino, dándole el esquinazo. Sus ojos escrutaron la calle: ni señas de ellos. Sin embargo, había pasado con seguridad media hora desde que él vio el reloj del Colegio de Cirujanos. ¿Habría Corley hecho cosa semejante? Encendió el último cigarrillo y empezó a fumarlo nervioso. Forzaba la vista cada vez que paraba un tranvía al otro extremo de la plaza. Tienen que haber regresado por otro camino. El papel del cigarrillo se rompió y lo arrojó a la calle con una maldición.

De pronto los vio venir hacia él. Saltó de contento y pegándose al poste trató de adivinar el resultado de su manera de andar. Caminaban lentamente, la muchacha dando rápidos pasitos, mientras Corley se mantenía a su lado con su paso largo. No parecía que se hablaran. El conocimiento del resultado lo pinchó como la punta de un instrumento con filo. Sabía que Corley iba a fallar; sabía que no le salió bien.

Doblaron Baggot Street abajo y él los siguió en seguida, cogiendo por la otra acera. Cuando se detuvieron, se detuvo él también. Hablaron por un momento, y después la joven bajó los escalones hasta el fondo de la casa. Corley se quedó parado al borde de la acera, a corta distancia de la escalera del frente. Pasaron unos minutos. La puerta del recibidor se abrió lentamente y con cautela. Luego una mujer bajó corriendo las escaleras del frente y tosió. Corley se dio vuelta y fue hacia ella. Su cuerpazo la ocultó a su vista por unos segundos y luego ella reapareció corriendo escaleras arriba. La puerta se cerró tras ella y Corley salió caminando rápido hacia Stephen´s Green.

Lenehan se apuró en la misma dirección. Cayeron unas gotas. Las tomó por un aviso y, echando una ojeada hacia atrás, a la casa donde había entrado la muchacha, para ver si no le observaban, cruzó la calle corriendo impaciente. La ansiedad y la carrera lo hicieron acezar. Dio un grito:

—¡Hey, Corley!

Corley volteó la cabeza a ver quién lo llamaba y después siguió caminando como antes. Lenehan corrió tras él, arreglándose el impermeable sobre los hombros con una sola mano.

—¡Hey, Corley! —gritó de nuevo.

Se emparejó a su amigo y lo miró a la cara, atento. No vio nada en ella.

—Bueno, ¿y qué? —dijo—. ¿Dio resultado?

Habían llegado a la esquina de Ely Place. Sin responder aún, Corley dobló a la izquierda rápido y entró en una calle lateral. Sus facciones estaban compuestas con una placidez austera. Lenehan mantuvo el paso de su amigo, respirando con dificultad. Estaba confundido, y un dejo de amenaza se abrió paso por su voz.

—¿Vas a hablar o no? —dijo—. ¿Trataste con ella?

Corley se detuvo bajo el primer farol y miró torvamente hacia el frente. Luego, con un gesto grave, extendió una mano hacia la luz y, sonriendo, la abrió para que la contemplara su discípulo. Una monedita de oro brillaba sobre la palma.

DAVID H. LAWRENCE
Gran Bretaña (1885-1930)

David Herbert Lawrence nació en el condado de Nottinghamshire, de padre minero, inculto, áspero y de madre maestra y delicada. A los 16 años trabajó en una fábrica de material quirúrgico. En 1908 estudió magisterio. De temperamento tímido e introvertido. En 1912 conoció a Frieda von Richthofer, se casó y viajó a Italia con ella. Pasó sus últimos años enfermo y murió de tuberculosis en un sanatorio en el sur de Francia.

La ética inglesa en la era victoriana censuró El amante de lady Chatterley y le endilgó la reputación de autor pornográfico porque abordaba experiencias sexuales. Aun en 1961 su editor inglés tuvo que afrontar la justicia por publicar esta novela tachada de inmoral. En ella, la sensual e inteligente Constance Chatterley, esposa de sir Clifford, quien regresa semiparalítico de la guerra, se enamora apasionadamente del guardabosques Mellors. Al quedar embarazada exige el divorcio al marido que aún la ama.

EL AMANTE DE LADY CHATTERLEY

Envió a un sirviente a preguntar si podía hacer algo por lady Chatterley: había pensado ir a Sheffield en su coche. Llegó la respuesta diciendo que si no le importaría subir al cuarto de estar de lady Chatterley.

Connie tenía un cuarto de estar en el tercer piso, el más alto, de la parte central de la casa. Las habitaciones de Clifford estaban en la planta baja, desde luego. Para Michaelis era halagador verse invitado a subir al cuarto particular de lady Chatterley. Siguió ciegamente al criado... Nunca se daba cuenta de las cosas ni tenía contacto con lo que le rodeaba. Ya en la habitación, echó una vaga mirada a las hermosas reproducciones alemanas de Renoir y Cézanne.

—Es una habitación muy agradable —dijo con una sonrisa forzada, como si le doliera sonreír, enseñando los dientes—. Es una buena idea haberse instalado en el último piso.

—Sí, también a mí me lo parece —dijo ella.

Su habitación era la única agradable y moderna de la casa, el único lugar de Wragby en que se descubría su personalidad. Clifford no la había visto nunca y ella invitaba a muy poca gente a subir.

Ella y Michaelis estaban sentados en ese momento a ambos lados de la chimenea y conversaban. Ella le preguntó por sí mismo, su madre, su padre, sus hermanos...; los demás siempre le interesaban y cuando se despertaba su simpatía perdía por completo el sentido de clase. Michaelis hablaba con toda franqueza, sin afectación, poniendo simplemente al descubierto su alma amarga e indiferente de perro callejero y mostrando luego un reflejo de orgullo vengativo por su éxito.

—Pero ¿por qué es usted un ave tan solitaria? —le preguntó Connie; y él volvió a mirarla con su mirada avellana, intensa, interrogante.

—Algunas aves son así —contestó él.

Y luego, con un deje de ironía familiar:

—Pero, escuche, ¿y usted misma? ¿No es usted algo así como un ave solitaria también?

Connie, algo sorprendida, lo pensó un momento y luego dijo:

—¡Sólo en parte! ¡No tanto como usted!

—¿Soy yo un ave absolutamente solitaria? —preguntó él con su extraña mueca risueña, como si tuviera dolor de muelas; era tan retorcida, y sus ojos eran tan perennemente melancólicos, o estoicos, o desilusionados, o asustados...

—¿Por qué? —dijo ella, faltándole un tanto el aliento mientras le miraba—. Sí que lo es, ¿no?

Se sentía terriblemente atraída hacia él, hasta el punto de casi perder el equilibrio.

—¡Sí, tiene usted razón! —dijo él, volviendo la cabeza y mirando a un lado, hacia abajo, con esa extraña inmovilidad de las viejas razas que apenas se encuentran en nuestros días. Era aquello lo que le hacía a Connie perder su capacidad de verlo como algo ajeno a ella misma.

Él levantó los ojos hacia ella con aquella mirada intensa que lo veía todo y todo lo registraba. Al mismo tiempo el niño que lloraba en la noche gemía desde su pecho hacia ella, de una forma que producía una atracción en su vientre mismo.

—Es muy amable que se preocupe por mí —dijo él lacónicamente.

—¿Por qué no iba a hacerlo? —dijo ella, faltándole casi el aliento para hablar.

Él rió con aquella risa torcida, rápida, sibilante.

—Ah, siendo así... ¿Puedo cogerle la mano un segundo? —preguntó él repentinamente, clavando sus ojos en ella con una fuerza casi hipnótica y dejando emanar una atracción que la afectaba directamente en el vientre.

Lo miró fijamente, deslumbrada y transfigurada, y él se acercó y se arrodilló a su lado, apretó sus dos pies entre las manos y enterró la cabeza en su regazo; así permaneció inmóvil. Ella estaba completamente fascinada y transfigurada, mirando la tierna forma de su nuca con una especie de confusión, sintiendo la presión de su cara contra sus muslos. Dentro de su ardiente abandono no pudo evitar colocar su mano, con ternura y compasión, sobre su nuca indefensa, y él tembló con un profundo estremecimiento.

Luego él levantó la mirada hacia ella con aquel terrible atractivo en sus inmensos ojos brillantes. Ella era absolutamente incapaz de resistirlo. De su pecho brotó la respuesta de una inmensa ternura hacia él; tenía que darle lo que fuera, lo que fuera.

Era un amante curioso y muy delicado, muy delicado con la mujer, con un temblor incontrolable y, al mismo tiempo, distante, consciente, muy consciente de cualquier ruido exterior.

Para ella aquello no significaba nada, excepto que se había entregado a él. Y después él dejó de estremecerse y se quedó quieto, muy quieto. Luego, con dedos suaves y compasivos, le acarició la cabeza reclinada en su pecho. Cuando él se levantó, besó sus manos, luego sus pies en las pantuflas de cabritilla y, en silencio, se alejó hacia el extremo de la habitación; allí se mantuvo de espaldas a ella. Hubo un silencio de algunos minutos. Luego se volvió y se acercó de nuevo a ella, sentada en el sitio de antes, junto a la chimenea.

—¡Y ahora supongo que me odiará! —dijo él de una forma tranquila e inevitable.

Ella lanzó rápidamente los ojos hacia él.

—¿Por qué? —preguntó.

—Casi todas lo hacen —dijo; desde luego se corrigió—. Quiero decir... es lo que pasa con las mujeres.

—Nunca tendría menos motivos que ahora para odiarlo —dijo ella recriminándolo.

—¡Lo sé! ¡Lo sé! ¡Así debiera ser! Es usted terriblemente buena conmigo— gimió miserablemente.

Ella no entendía por qué se sentía desgraciado.

—¿No quiere sentarse? —dijo.

Él echó una mirada a la puerta.

—¡Sir Clifford! —dijo—, no ... ¿no estará...?

—¡Quizás! —dijo. Y lo miró—. No quiero que Clifford lo sepa... ni que lo sospeche siquiera. Le haría tanto daño... Pero no pienso que hayamos hecho mal, ¿no cree?

—¡Mal! ¡Por supuesto que no! Es usted tan infinitamente buena conmigo... que casi no puedo soportarlo.

Se volvió a un lado y ella se dio cuenta de que un momento más tarde estaría sollozando.

—Pero no hace falta que se lo contemos a Clifford, ¿no? —rogó ella—. Le haría tanto daño. Y si nunca lo sabe, nunca lo sospecha, no se hace daño a nadie.

—¡Yo! —dijo él casi con orgullo—; ¡por mí no sabrá nada! Ya lo verá, ¿Delatarme yo? ¡Ja, ja!

Soltó su risa vacía y cínica al considerar la idea.

Ella lo observaba asombrada. Él dijo:

—¿Puedo besarle la mano y retirarme? Iré a Sheffield y creo que me quedaré allí a comer, si puedo, y volveré para el té. ¿Puedo hacer algo por usted? ¿Puedo estar seguro de que no me odia?, ¿y de que no me odiará? —finalizó con una nota desesperada de cinismo.

—No, no lo odio —dijo ella—. Me gusta.

—¡Ah! —dijo él orgullosamente—, prefiero que me diga eso a que me diga que me ama. Es mucho más importante... Hasta la tarde, entonces. Tengo mucho en qué pensar hasta luego.

Le besó la mano humildemente y se fue.

BORIS PASTERNAK
Rusia (1890-1960)
Premio Nóbel 1958

Boris Leonidovich Pasternak nació en Moscú, de familia culta judía. Estudió en Rusia y en Alemania. Poeta de tendencia simbolista y futurista, y excelente traductor de Shakespeare. Mantuvo su independencia del estado soviético.

Al publicarse El doctor Jivago en la Unión Soviética, el gobierno lo prohibió y Pasternak logró sacar el manuscrito a escondidas de su país para que se publicara en el exterior. Con esta obra Pasternak obtuvo el Premio Nóbel en 1958 pero tuvo que rechazarlo bajo presión de la Unión Soviética. El doctor Jivago no sólo influyó de manera decisiva en la historia contemporánea por los temas que trata —la Revolución Rusa y el principio de la era soviética— sino también por los personajes que en ella aparecen, únicos en la literatura universal.

EL DOCTOR JIVAGO

ury Andreievitch regresaba a caballo a Varykino. Por enésima vez recorría aquellos lugares y estaba tan acostumbrado al camino que ni siquiera se fijaba en él.

Acercábase al lugar del bosque donde el camino para Varykino se bifurcaba en otro que se dirigía a Vasilevskoie, pequeña aldea de pescadores a orillas de Sakma. En la encrucijada había un poste, el tercero del lugar, con la sabida publicidad de maquinaria agrícola. Por lo general, en aquella encrucijada el crepúsculo sorprendía al doctor. También ahora oscurecía.

Habían transcurrido más de dos meses desde el día en que, en uno de sus viajes a la ciudad, no regresó a casa por la noche y se quedó en casa de Larisa Fiodorovna.

Dijo que se entretendría en la ciudad para hacer unas diligencias y que pasaría la noche en la pensión de Samdeviatov. Hacía tiempo que tuteaba a Antipova y la llamaba Lara. Ella, en cambio, lo llamaba Jivago. Engañaba a Tonia y lo que le ocultaba era cada vez más serio y grave.

Era incomprensible. Amaba a Tonia hasta la veneración. El mundo de su alma y su tranquilidad le era más querido que cualquier otra cosa en el mundo. Estaba dispuesto a defender su honor más que ella misma o su propio padre. Si alguien hubiera sido capaz de herir su orgullo, él mismo, con sus propias manos, habría estrangulado al ofensor. Y el ofensor era él.

En casa, entre sus familiares, se sentía como un delincuente que todavía no ha sido descubierto. El hecho de que ellos no supieran nada y las manifestaciones de su acostumbrada afectuosidad, lo atormentaban. Durante una conversación recordaba de pronto su culpa y parecía volverse de piedra, sintiéndose incapaz de escuchar ni comprender lo que decían.

Si ocurría esto cuando se sentaba a la mesa, no conseguía tragar un bocado, dejaba la cuchara y retiraba el plato. Las lágrimas lo ahogaban.

—¿Qué tienes? —le preguntaba Tonia, asombrada—. Seguro que en la ciudad te han dado una mala noticia. ¿Una detención? ¿Han fusilado a alguien? Dímelo, no temas preocuparme. Te sentirás mejor.

¿Había traicionado a Tonia? ¿Había preferido a otra mujer? No, no hizo elección alguna, ni estableció comparaciones. La idea del «amor libre», expresiones como «los derechos y exigencias del sentimiento», eran extrañas para él. Le parecía indigno hablar y pensar de esta manera. En su vida no había recogido «las flores del placer», no se había considerado ni un superhombre ni semidiós, ni pedido privilegios ni ventajas, y sentíase agotado bajo el peso de la conciencia inquieta.

«¿Qué va a pasar ahora?», se preguntaba a veces.

Y no encontrando la respuesta aguardaba algo imposible, la intervención de una circunstancia imprevista que aportaría la solución.

Pero ahora todo había acabado: estaba dispuesto a cortar por lo sano. Volvía a casa con la firme decisión de confesárselo todo a Tonia, de pedirle perdón y no volver a ver más a Lara.

Sin embargo, no era tan sencillo. Le parecía no haber sido lo bastante claro con Lara, no haberle hecho comprender que intentaba romper definitivamente, para siempre. Aquella mañana le había manifestado su decisión de contárselo todo a Tonia y que sería imposible que continuaran viéndose con frecuencia, pero ahora tenía la sensación de que todo esto lo había expresado de un modo muy vago, sin la suficiente resolución.

Larisa Fiodorovna no quiso amargarlo con penosas escenas. Comprendía sobradamente lo que sufría y por esto trataba de escoger su decisión con la mayor calma posible. Su conversación tuvo efecto en la habitación de los antiguos propietarios, ahora vacía, la que daba a la calle Kupietcheskaia, que Larisa Fiodorovna no habitaba. Por las mejillas de Lara corrían lágrimas silenciosas de las que ella no se daba cuenta, como la lluvia que en aquel instante caía sobre las caras de las figuras de piedra de la «Casa de las estatuas», allí delante. Dijo simplemente, sin generosidad, sumisamente:

—Haz lo que te parezca. No te preocupes por mí.

Y como no sabía que estaba llorando no se secó las lágrimas.

Ante la idea de que Larisa Fiodorovna pudo no haberle comprendido bien y que acaso le había dejado una ilusión, una vana esperanza, sentíase dispuesto a retroceder, a volver a la ciudad para decirle lo que le había dicho, pero sobre todo para despedirse de ella con mayor calor, para toda la vida, para siempre. Se dominó haciendo un esfuerzo y continuó su camino.

A medida que se ponía el sol, el bosque se llenaba de frescura, de sombra y del perfume de las hojas húmedas, como el vestíbulo de un establecimiento de baños. En el aire, como si flotaran sobre el agua, enjambres de mosquitos, zumbando a la vez la misma gota aguda, permanecían inmóviles. Yury Andreievitch los aplastaba sobre su frente y su cuello y a los sonoros golpes de su mano sobre su cuerpo sudoriento respondían los rumores de su cabalgada; el crujido de las correas de la silla, los golpes de los cascos sobre el fango y el ruido seco de las vísceras del caballo. De pronto, a lo lejos, donde parecía haberse detenido la luz del crepúsculo, gorjeó un ruiseñor.

—¡*Otch-nis*! ¡*Otch-nis*!

Esta llamada persuasiva parecía casi de la liturgia de Pascua:
Alma mía, alma mía, despiértate.

Una idea muy simple iluminó le mente de Yury Andreievitch. ¿Por qué tanta prisa? No renunciaría a su decisión y lo confesaría todo. Pero ¿por qué hacerlo hoy precisamente? Todavía no había dado a entender nada a Tonia. Podía muy bien postergar la confesión para otro momento. Mientras tanto iría de nuevo a la ciudad y daría una explicación a Lara, una explicación a fondo y tan íntimamente que compensara todo sufrimiento. ¡Sí, esto! ¡Qué cosa tan maravillosa! ¿Cómo no se le había ocurrido antes?

A la idea de volver a ver a Lara sintióse loco de felicidad. Su corazón comenzó a latir fuertemente e, imaginando el encuentro, vivía todos sus pormenores.

Las casas de troncos, las aceras de madera de los dormidos alrededores de la ciudad. Iba a su casa. En la calle Novosvalotchny terminábanse ya los espacios desiertos y las casas de troncos. Veíanse ya las primeras construcciones de piedra. Las casitas del suburbio desfilaban, como si fueran las hojas de un libro hojeado con prisa, no como cuando se vuelven las páginas con el índice, sino con la yema del pulgar, todas juntas con un susurro. El corazón parece que no alienta. Sí, ahí vive ella, en la esquina, bajo el blanco reflejo del cielo de lluvia, aclarado hacia el atardecer ¡Cuánto le gustaban las casitas a lo largo del camino que conducía a su casa! Hubiese querido cogerlas del suelo con la mano y besarlas. Aquellos desvanes de un solo ojo, colocados sobre los tejados como si fueran sombreros. La luz de las lámparas y las mariposas reflejándose en las charcas bajo la pálida cortina del cielo nuboso. Una vez más recibiría allí, como don de las manos del Creador, aquella gracia blanca creada por Dios. Le abriría la puerta una silueta envuelta en sombra. Y la promesa de su intimidad, contenida, fría como la luminosa noche del norte, de nadie más, no perteneciente a ningún otro, acudiría a su encuentro como la primera ola del mar sobre la arena de la orilla, a la que acude en sombras.

Soltó las riendas, se inclinó sobre la silla y abrazó el cuello del caballo, ocultando el rostro en sus crines. Creyendo que aquella manifestación de afecto era un llamamiento a sus fuerzas, el caballo emprendió el galope.

Al rasante vuelo del galope, en los intervalos entre los casi imperceptibles golpes de los cascos sobre el terreno que rápidamente se deslizaba bajo sus patas y volaba hacia atrás, Yury Andreievitch, además de los latidos de su corazón que saltaba de alegría, oía también como en sueños, lejanas voces.

HENRY MILLER
Estados Unidos (1891-1980)

Nació en Nueva York. Es un producto del barrio Brooklyn, donde creció, como también de la bohemia parisiense de los años treinta. Su obra es deliberadamente elemental y callejera, franca y abrupta al mismo tiempo, que aspira a rasgar el velo de una cultura represiva, o, si se quiere, de los aspectos más coercitivos de la cultura. Esta voluntad de transgresión le causó enormes problemas a Miller. Tantos que las novelas que escribió antes de la Segunda Guerra Mundial no pudieron editarse en el mundo anglosajón increíblemente hasta los años sesenta. La palabra «obscenidad» persiguió incansablemente a este escritor norteamericano, que expresaba los misterios del sexo sin pudor, de forma antipuritana. Acudió a París cuando rozaba sus 40 años y se dio a conocer allí como escritor. Exaltado por algunos amigos, como los escritores Anaís Nin y Lawrence Durrell. Murió en Los Ángeles.

TRÓPICO DE CÁNCER

Claude no era así, aunque yo la admiraba enormemente: incluso pensé por un tiempo que la amaba. Claude tenía alma y conciencia; también tenía refinamiento, lo que es bueno... en una puta. Claude comunicaba siempre una sensación de tristeza; daba la impresión, inconscientemente, desde luego, de que eras simplemente uno más añadido a la corriente que el destino había prescrito para destruirla. *Inconscientemente*, digo, porque Claude era la última persona en el mundo capaz de inspirar conscientemente semejante imagen. Era demasiado delicada, demasiado sensible para eso. En el fondo, Claude era simplemente una buena chica francesa con educación e inteligencia de tipo medio a quien la vida había estafado de algún modo; había algo en ella que no tenía fuerza suficiente para resistir el embate de la experiencia cotidiana. A ella iban dedicadas aquellas palabras terribles de Louis-Phillippe: «Y llega una noche en que todo ha acabado, cuando tantas mandíbulas se han cerrado sobre nosotros que ya no tenemos fuerza para resistir, y la carne nos cuelga del cuerpo, como si todas las bocas la hubieran masticado.» En cambio, Germaine había nacido puta; estaba plenamente satisfecha de su papel, disfrutaba con él, de hecho, excepto cuando le punzaba el estómago o tenía que tirar los zapatos por viejos; pequeñas cosas superficiales e insignificantes, nada que le royera el alma, nada que la atormentase. ¡*Ennui!* Eso era lo peor que había sentido en su vida. Indudablemente, había días en que estaba hasta la coronilla, como se suele decir... pero, ¡nada más! La mayoría de las veces disfrutaba... o daba la impresión de disfrutar. Por supuesto, no le daba igual con quién iba... o con quién *se iba*. Pero lo principal era un hombre. ¡Un hombre! Eso era lo que anhelaba. Un hombre con algo entre las piernas que pudiera hacerle cosquillas, que pudiese hacerle retorcerse en éxtasis, hacerle agarrarse el tupido coño con las dos manos y restregárselo gozosa, jactanciosa, orgullosamente, con una sensación de unión, una sensación de vida. Ése era el único sitio en que experimentaba alguna vida... ahí abajo, donde se agarraba con las dos manos.

    Germaine era una puta de pies a cabeza, hasta el fondo de su buen corazón, su corazón de puta, que no es en realidad un buen corazón, sino un corazón indolente, indiferente, blando, que puede sentirse conmovido por un momento, un corazón sin referencia a un punto fijo interior, un gran corazón blando de puta que puede separarse por un instante de su centro auténtico. Por vil y limitado que fuera aquel mundo que se había creado para sí misma, aun así funcionaba en él espléndidamente. Y eso, en sí, es algo reconfortante. Cuando, después de que llegáramos a conocernos bien, sus compañeras me pinchaban, diciendo que estaba enamorado de Germaine (situación casi inconcebible para ellas), yo solía decir: «Pues, ¡claro! ¡Claro que estoy enamorado de ella! Y, lo que es más: ¡Voy a serle fiel!» Era mentira, naturalmente, pues me resultaba más difícil imaginarme amando a Germaine que amando a una araña; y si *fui* fiel, no fue a Germaine, sino a aquella mata que llevaba entre las piernas.

Siempre que miraba a otra mujer, pensaba inmediatamente en Germaine, en aquella mata ardiente que había dejado grabada en mi mente y que parecía imperecedera. Me daba placer sentarme en la terraza del pequeño *tabac* y observarla ejercer su oficio, observar cómo recurría con otros a las mismas muecas, a los mismos trucos, que había usado conmigo. «¡Está trabajando!»... eso era lo que pensaba yo al respecto, y observaba sus transacciones con aprobación. Más adelante, cuando me hube aficionado a Claude, y la veía noche tras noche en su sitio de costumbre, con su redondo culito cómodamente hundido en el asiento de felpa, sentía una especie de rebelión inexpresable contra ella; me parecía que una puta no tenía derecho a estar allí sentada como una dama, esperando tímidamente que alguien se acercara, mientras bebía a sorbitos su *chocolat*, pero no alcohol. Germaine era una buscona. No esperaba a que te acercases a ella: era ella la que te abordaba y te capturaba. Recuerdo tan bien las carreras en sus medias, y sus zapatos rotos y desgastados; también recuerdo cómo se plantaba en la barra y con actitud desafiante, ciega y valiente, se echaba una bebida fuerte entre pecho y espalda y volvía a salir. ¡Una buscona! Quizá no fuera agradable precisamente oler su aliento alcohólico, aquel aliento compuesto de café flojo, coñac, *apéritifs*, Pernods y demás cosas que se trincaban en los intervalos, en parte para calentarse y en parte para hacer acopio de fuerza y valor, pero su fuego la penetraba, y le abrasaba ese lugar entre las piernas donde las mujeres deben abrasar, y así se establecía ese circuito que le hace a uno volver a sentir la tierra bajo los pies.

Cuando estaba tumbada con las piernas abiertas y gimiendo, aun cuando gimiese de aquel modo por todos y por cualquiera, estaba bien, era una demostración apropiada de sentimiento. No miraba fijamente al techo con ojos inexpresivos ni contaba las chinches en el empapelado de la pared; ponía los cinco sentidos en lo que estaba haciendo, decía lo que un hombre quiere oír cuando está montando a una mujer. En tanto que Claude...bueno, con Claude siempre había cierta delicadeza, hasta cuando se metía bajo las sábanas contigo. Y su delicadeza ofendía. ¿Quién va a querer una puta *delicada*? Claude te pedía incluso que volvieses la cara, cuando se ponía en cuclillas sobre el *bidet*. ¡Todo mal! Cuando un hombre está ardiendo de pasión, quiere ver las cosas; quiere verlo *todo*, verlas orinar incluso. Y, aunque es magnífico saber que una mujer tiene inteligencia, la literatura procedente del frío cadáver de una puta es lo último que se debe servir en la cama. Germaine estaba en lo cierto: era ignorante y sensual, se entregaba al trabajo con todo su corazón y con toda su alma. Era una puta de los pies a la cabeza... ¡Y ésa era su virtud!

PEARL S. BUCK
Estados Unidos (1892-1973)
Premio Nóbel 1938

Nació en Hillsboro. Misionera e hija de misioneros protestantes, vivió con ellos en China. Profesora universitaria en Nankin.

Ven, amada mía, extraña e inquietante novela sobre la India, narra una bella historia de amor. Sus páginas reflejan las pasiones y miserias del alma humana, las inquietudes espirituales de las distintas regiones, los infortunios de ese inmenso país sacudido por el destino que es la India...

VEN, AMADA MÍA

Olivia era una desconocida. David pensó que había cambiado y que su belleza aumentaba con los años. ¿Tendría él valor para besarla cuando se quedaran solos, como había soñado? El beso de sus sueños se lo iban a dar en el primer encuentro, pero entre la multitud había sido imposible darlo o recibirlo, y, naturalmente, aquel primer beso no se lo iba a dar él en presencia de su madre. Sin embargo, no iba a esperar hasta llegar a Poona. La señora Fordham le había hablado severamente sobre el amor:

—Los hindúes no están acostumbrados a nuestra libertad entre los sexos. Es importantísimo que no lo vean nunca a usted solo con su novia. Por eso creo que deben casarse cuanto antes. Entretanto, por favor, nada de demostraciones... caricias... o besos.

El coche les estaba esperando. David ayudó a la señora Dessard a subir, ocuparon su sitio Olivia y él, y se encontró con la mano firme de Olivia y la retuvo tapada en el vuelo de su falda verde. Olivia estaba fresca y lindísima con su vestido verde.

El calor no alteraba su fina palidez y el sombrero de paja sombreaba sus ojos oscuros. David, sentado junto a ella, notando la delicada presión de su cuerpo esbelto, sintió un sofocón en su corazón por tener que frenar su amor, que no podía expresar ni demostrar, y se puso a hablar de las calles por las que iban y de la gente, hindúes, musulmanes, parsis, judíos morenos, que veían con su variada vestimenta. Pero mientras hablaba para la señora Dessard estaba acariciando apasionadamente la mano de Olivia, jugando con los dedos en la palma y apretando su blancura. Olivia quedó inmóvil, sin oír lo que David decía, mirando a un lado y a otro sin encontrar nada a pesar de la atención que ponía, con todo su ser consciente fijo en las manos que tenían juntas y en los curiosos dedos de David, y sin saber si el contacto le gustaba. Pero no retiró la mano.

David encontró la ocasión cuando ya estaban en el hotel, y mientras la señora Dessard dirigía la colocación de las maletas en su cuarto, abrió la puerta de la habitación contigua.

—Este es tu cuarto, Olivia, y el mío está en el otro piso.

Luego empujó la puerta, sin cerrarla del todo, y detrás de ella tomó al fin en brazos a Olivia y le dio en la boca el largo y profundo beso en que había soñado, su primer verdadero beso.

—¡Olivia! —gritó la señora Dessard—. ¿Dónde estás? El empleado quiere llevar tus maletas a tu cuarto.

Olivia se desprendió de los brazos de David:

—Aquí, mamá.

Pero tuvieron tiempo para cambiar una mirada tan ardiente, tan rica en promesas, que a Olivia se le fue la cabeza. Siempre tomaba pronto las decisiones, siempre se enteraba pronto de las cosas. Sí, se iba a enamorar. Todo resultaría bien, y la India era un país glorioso.

Arriba, en su propio cuarto, después de pagar al empleado y de cerrar la puerta, David cayó de rodillas en una adoración sin palabras. No era pecado querer a Olivia, y Dios, que los había hecho macho y hembra, marido y mujer, comprendería. Con todo, no debía dejar que aquella felicidad le absorbiera el corazón o la mente. Al principio se le haría duro, pero, por Cristo, aprendería a dominar el amor. El sueño le había parecido intimidante en su dulce poder, pero la realidad era más dulce y más fuerte. Olivia era más atractiva de lo que él la recordaba. Al pensar en eso elevó su muda petición de fuerza, obligó a su espíritu a detenerse en Cristo, y entonces se le ocurrió algo en que hasta entonces nunca había pensado: Cristo, miembro de la Santísima Trinidad, el Único de los Tres que fue una vez hombre y a quien con la mayor naturalidad dirigía su oración, murió y volvió al cielo, pero no conoció el amor de mujer. La oración de David vaciló, perdió sus alas y cayó a tierra. No, no podía pedir ayuda para querer menos a Olivia. Debía querer a Dios más hasta que ese amor, más grande, dominara en su persona. Esa era su tarea..., no menos amor, sino más.

Intentó decir a Olivia algo de aquello al anochecer del mismo día. Olivia quería pasear, tenía curiosidad por ver las calles, y salieron del hotel y David la llevó hacia la orilla de la Back Bay. El sol se había puesto ya, pero en el horizonte se veía sobre el mar una barra roja y las olas grises rompían contra las rocas. Se veían con claridad, aunque difuminándose en el rápido anochecer, las verdes alturas de Malabar Hill. El gran reloj de la ciudad dio las siete y la gente volvía de las playas. Sacerdotes *parsis* vestidos con largas túnicas blancas contemplaban la última luz del sol sin ocuparse de quienes pasaban a su alrededor. Los ingleses, hombres y mujeres, iban hacia sus casas mientras los niños blancos, resistiéndose a perder el día, aprovechaban hasta el último momento para jugar.

—Si a veces parezco un poco distante —dijo David a Olivia cuando, agarrados de la mano, miraban hacia el sol poniente— no es porque no te quiera. Es simplemente que hay tareas de consagración que me exigen toda la atención y todo mi corazón.

—No me importa —replicó Olivia con compostura..

Por encima del mar ondulante brilló de pronto sola, dorada, dulce y clara, la estrella de la noche.

Una semana después se casaron.

ANDRÉ BRETON
Francia (1896-1966)

Nació en Tinchebray-Orne. Prosista y poeta consagrado. Autor del manifiesto surrealista que creó el movimiento artístico que reunió a René Magritte, Dalí, Paul Éluard, entre otros. Defendió el marxismo-leninismo. Murió en París.

Nadja narra uno de los mejores romances surrealistas de la literatura universal. La joven de este nombre, que obsesiona al narrador con su presencia, es más una creación de la imaginación que una persona real. La obra refleja, de principio a fin, el movimiento surrealista de la época.

NADJA

Esta es la historia que, yo también, tuve el deseo de contarte, a *ti*, cuando apenas te conocía, ¡oh tú que no puedes recordar! pero que habiendo, como por azar, conocido el principio de este libro, has intervenido tan oportunamente, tan violentamente y tan eficazmente cerca de mí, sin duda para recordarme que yo lo quería «batiente como una puerta» y que por esta puerta sin duda yo sólo te vería entrar a ti. Sólo tú entrarías y saldrías. Tú, que de todo lo que he hecho no habrás recibido más que un poco de lluvia sobre tu mano levantada hacia Las Auroras. Tú, que me haces lamentar tanto haber escrito esta frase absurda e irretractable sobre el amor, el único amor, «el que soporta todas las pruebas». Tú, que para todos los que nos escuchan no debes ser una entidad sino una mujer; tú, que más que nada eres una mujer, a pesar de todo lo que se me ha impuesto y se me impone en ti para que seas una Quimera. Tú, que haces admirablemente *todo* lo que haces y cuyas espléndidas razones, que para mí colindan con el desatino, brillan y caen mortalmente como el rayo. Tú, la criatura más viviente y que pareces haber sido puesta en mi camino sólo para que experimente con todo su rigor la fuerza de lo que no ha sufrido en ti. Tú, que sólo conoces el mal de oídas. Tú, con toda seguridad, idealmente hermosa. Tú, a quien todo conduce al alba y que por esto mismo tal vez no volveré a ver nunca...

¿Qué haré sin ti con este amor para el genio que siempre he sentido alentar en mí, y en nombre del cual lo menos que he podido hacer ha sido suscitar algunos agradecimientos, aquí y allá? Me jacto de saber dónde está el genio, de casi conocer en qué consiste, y lo consideraba capaz de conciliarse todos los otros grandes ardores. Creo ciegamente en tu genio. No sin tristeza retiraré esa palabra, si te sorprende. Pero entonces la desterraré del todo. El genio... ¡Qué podría yo esperar aún de algunos posibles intercesores que se me han prestado bajo este signo y que he cesado de tener cerca de ti!

Sin hacerlo adrede, tú has substituido a las formas que me eran más familiares y a varias figuras de mi presentimiento. Nadja era una de estas últimas, y considero perfecto que me la hayas ocultado.

Todo lo que sé es que esta substitución de personas se detiene en ti, porque nada puede substituirte, y que, para mí, esta sucesión de enigmas debía terminar para siempre ante ti.

Tú no eres un enigma para mí.

Digo que tu me desvías para siempre del enigma.

Ya no existes, como sólo tú sabes *existir*, tal vez no era muy necesario que este libro existiera. He creído poder decidir de otro modo, como recuerdo de la conclusión que deseaba darle antes de conocerte y que tu irrupción en mi vida no ha hecho inútil a mis ojos. Este final sólo cobra su verdadero sentido y toda su fuerza a través de ti.

Ella me sonríe como a veces me has sonreído tú, detrás de grandes zarzales de lágrimas. «Es todavía el amor», decías tú. Y, más injustamente, llegaste a decir también: «O todo o nada».

No me opondré nunca a esta fórmula, con que se ha armado una vez por todas la pasión, erigiéndose en defensora del mundo contra él mismo. A lo sumo, me atrevería a interrogarla sobre la naturaleza de este «todo», si, a ese respecto, por ser la pasión, no se hiciera necesario que estuviese imposibilitada de escucharme. Sus movimientos diversos, aun en la medida en que soy víctima de ellos —y que ella sea alguna vez capaz de arrebatarme la palabra, de negarme el derecho a la existencia—, ¿cómo me arrancarían todo entero del orgullo de conocerla, de la humildad absoluta con que deseo estar ante ella, sólo ante ella? No apelaré contra sus más crueles y misteriosos decretos. Sería como desear detener el curso del mundo, en virtud de no sé qué potencia ilusoria que ella me da. Sería como negar que «cada cual quiere y cree ser mejor que este mundo que es el suyo, pero aquel que es mejor no hace más que expresar mejor que otros este mismo mundo.[1]

---
1. *Hegel.*

GIUSEPPE TOMASI DI LAMPEDUSA
Italia (1896-1957)

Tomasi di Lampedusa nació en Palermo en 1896 en el seno de una de las familias de la vieja nobleza isleña. Participó en la Primera Guerra Mundial, fue hecho prisionero, y tras evadirse atravesó Europa a pie hasta llegar a Italia. Terminada la guerra, permaneció en el ejército como oficial hasta 1920. En un viaje a Londres, conoció a la baronesa letona Alessandra Wolff-Stomersee, eminente psicoanalista, con la que se casaría. En 1943, durante la Segunda Guerra Mundial, en la que participó como capitán de artillería, el palacio de los Lampedusa fue destruido en un bombardeo. Más tarde adquirió un viejo palacio en Palermo donde pasaría el resto de sus días, apartado de los círculos literarios y de la vida mundana, y entregado al estudio. Este cuento es uno de los mejores de la literatura universal.

EL PROFESOR Y LA SIRENA

Este sucedió en la mañana del cinco de agosto a las seis. Me había despertado poco antes y había montado en seguida en la barca; unos pocos golpes de remo me alejaron de los guijarros de la playa y me detuve bajo un peñasco cuya sombra debía protegerme del sol que ya subía, lleno de hermosa furia, y cambiaba en oro y azul el candor del mar auroral. Estaba yo declamando, cuando sentí inclinarse bruscamente el borde de la barca, a la derecha, detrás de mí, como si alguien se hubiese agarrado a él con las manos para subir. Me volví y la vi: el rostro liso de una joven de unos dieciséis años surgía del mar, dos pequeñas manos se cogían al borde de la barca. La adolescente sonreía, un ligero pliegue separaba los labios pálidos y dejaba ver dientecillos afilados y blancos, como los de los perros. Pero no era una de esas sonrisas que se ven entre vosotros, siempre adulteradas por una expresión accesoria de benevolencia o de ironía, de piedad, crueldad o lo que sea; se expresaba sólo a sí misma, es decir, manifestaba una casi bestial alegría de existir, un deleite casi divino. Esta sonrisa fue el primero de los sortilegios que influyó en mí revelándome paraísos de olvidadas serenidades. De los desordenados cabellos color de sal el agua del mar resbalaba sobre los ojos verdes muy abiertos y sobre las facciones de infantil pureza.

»Nuestra desconfiada razón, por muy predispuesta que esté, se irrita ante el prodigio y, cuando advierte uno, intenta apoyarse en el recuerdo de fenómenos triviales. Como cualquier otro, quise creer que había encontrado a una bañista y, moviéndome con precaución, llegué a su altura, me incliné, le tendí las manos para ayudarla a subir. Pero ella, con sorprendente vigor, surgió erguida del agua hasta la cintura, me rodeó el cuello con los brazos, me envolvió en un perfume que jamás había conocido y se deslizó en la barca: bajo la ingle, por debajo de los glúteos, su cuerpo era el de un pez, revestido con pequeñísimas escamas nacaradas y azules y terminaba en una cola bifurcada que golpeaba lentamente el fondo de la barca. Era una sirena.

»Echada, apoyada la cabeza en sus manos cruzadas, enseñaba con tranquila impudicia los delicados pelillos de las axilas, los senos separados, el vientre perfecto; de ella emanaba lo que equivocadamente he llamado un perfume, un olor mágico de mar, de voluptuosidad jovencísima. Estábamos a la sombra, pero a veinte metros de nosotros el mar se abandonaba al sol y se estremecía de placer. Mi desnudez casi total disimulaba mal mi emoción.

»Hablaba, y entonces me sumergí, después del de la sonrisa y el del olor, en el tercer y mayor sortilegio, el de la voz. Era algo gutural, velada, resonante a causa de innumerables sonidos armónicos; en ella se advertían, como fondo de las palabras, las resacas perezosas de los mares estivales, el susurro de las últimas espumas en la playa, el paso de los vientos sobre las olas lunares. El canto de las sirenas, Corbera, no existe; la música a la que no se puede escapar es solamente la de su voz.

»Hablaba griego y me costaba mucho entenderla.

»—Te oía hablar, solo, en una lengua parecida a la mía; me gustas, tómame. Soy Liguea, soy hija de Calíope. No creas en las leyendas inventadas sobre nosotras, no matamos a nadie, sólo amamos.

»Inclinado sobre ella, remaba, fijando mis ojos en los suyos risueños. Llegamos a la orilla, cogí entre mis brazos su cuerpo aromático, pasamos desde el resplandor a la sombra densa; ella derramaba ya en mi boca aquella voluptuosidad que es, frente a vuestros besos terrenales, lo que el vino frente al agua insípida.

El senador contaba en voz baja su aventura; yo que, en el fondo de mi corazón, había opuesto siempre mis diversas experiencias femeninas a las suyas, que consideraba mediocres y que de ello había deducido un estúpido sentido de distancia disminuida, me sentía humillado; también en asunto de amores sentíame hundido a distancias insondables. Ni por un momento tuve la sospecha de estar escuchando mentiras y cualquiera, el más escéptico que hubiese estado presente, hubiera advertido la verdad más firme en el tono del viejo.

—Así empezaron aquellas tres semanas. No es lícito, y por otra parte, no sería piadoso para contigo, entrar en detalles. Basta decir que en aquellos abrazos gozaba al mismo tiempo de las más altas formas de voluptuosidad espiritual y de voluptuosidad elemental, privada ésta de toda esa resonancia social que sienten nuestros pastores solitarios cuando en los montes se unen a sus cabras; si la comparación te repugna es porque no eres capaz de efectuar la transposición necesaria del plano bestial al sobrehumano, planos, en mi caso, sobrepuestos.

»Vuelve a pensar en lo que Balzac no se ha atrevido a expresar en la *Passion dans le désert*. De los miembros inmortales de ella surgía tal potencial de vida que las pérdidas de energía eran compensadas en seguida, más bien aumentadas. En aquellos días, Corbera, he amado tanto como cien de vuestros donjuánes juntos en toda la vida. ¡Y qué amores! Al abrigo de conventos y de delitos, del rencor de los comendadores y de las trivialidades de los Leporello, lejos de las exigencias del corazón, de los falsos suspiros, de las delicuescencias ficticias que manchan inevitablemente vuestros miserables besos. Un Leporello, a decir verdad, nos molestó el primer día y fue la única vez: hacia las diez oí el ruido de las botas del campesino por el sendero que conducía al mar. Tuve apenas el tiempo de cubrir con una sábana el cuerpo insólito de Liguea, cuando él llegaba a la puerta; la cabeza, el cuerpo, los brazos de ella que no estaban cubiertos, le hicieron creer que se trataba de un vulgar amorío y, por lo tanto, le inspiraron un súbito respeto; se detuvo menos de lo corriente y, al marcharse, guiñó el ojo izquierdo mientras con el pulgar y el índice de la mano derecha hacía el ademán de retorcerse en el labio un bigote imaginario y se encaramó por el sendero.

»He dicho que pasamos veinte días juntos, pero no quisiera que imaginaras que durante esas tres semanas ella y yo viviésemos «maritalmente», como se dice, teniendo en común lecho, alimento y ocupaciones. Las ausencias de Liguea eran muy frecuentes; sin anunciármelo, se zambullía en el mar y desaparecía, a veces, por muchísimas horas. Cuando volvía, casi siempre de madrugada, o bien me encontraba en la barca o si me hallaba todavía en la casita, se arrastraba por los guijarros, mitad fuera y mitad dentro del agua, sobre la espalda, haciendo fuerza con los brazos y llamándome para que la ayudara a subir la pendiente. «Sasá», me llamaba, puesto que le había dicho que éste era el diminutivo de mi nombre. En este movimiento, embarazada precisamente por la parte de su cuerpo que le daba agilidad en el mar, ofrecía el aspecto lastimoso de un animal herido, aspecto que la risa de sus ojos borraba en seguida.

»No comía más que cosas vivas; a menudo la veía surgir del mar, el torso delicado brillando al sol, mientras destrozaba con los dientes un pez plateado que se estremecía todavía; la sangre le bañaba el mentón y después de unos mordiscos, la merluza o la dorada destrozada, arrojada por detrás de su espalda y manchándola de rojo, se hundía en el agua mientras ella gritaba infantilmente, limpiándose los dientes con la lengua. Una vez le di vino; le fue imposible beber en el vaso y tuve que escanciárselo en la palma minúscula y ligeramente verdosa de la mano y lo bebió chasqueando la lengua como un perro, mientras en los ojos se le pintaba la sorpresa por el sabor desconocido. Dijo que era bueno, pero luego lo rehusó siempre. De vez en cuando venía a la orilla con las manos llenas de ostras y mejillones y mientras yo me afanaba en abrir sus conchas con un cuchillo, ella los aplastaba con una piedra y chupaba el molusco palpitante junto con trozos de concha por los que no se preocupaba.

»Ya te lo he dicho, Corbera: era un animal, pero al mismo tiempo una Inmortal y es una lástima que hablando no se pueda expresar continuamente esta síntesis tal como, con absoluta sencillez, ella la expresaba en su cuerpo. No solamente en el acto carnal manifestaba una alegría y una delicadeza opuestas a la tétrica lujuria animal, sino que su hablar era de una poderosa prontitud que sólo he encontrado en pocos grandes poetas. No se es hija de

Calíope porque sí. Ignorando todas las culturas, ignorante de toda sabiduría, desdeñosa de toda construcción moral, formaba parte, sin embargo, del manantial de toda cultura, de todo saber, de toda ética y sabía expresar su primigenia superioridad en términos de escabrosa belleza.

—Lo soy todo porque soy sólo corriente de vida sin accidentes; soy inmortal porque todas las muertes confluyen en mí, se vuelven a convertir en vida ya no individual y determinada, sino pánica y por lo tanto libre. —Luego decía: —Tú eres hermoso y joven; deberías venirte conmigo al mar y te librarías de todos los dolores y de la vejez; vendrías a mi mansión, bajo los altísimos montes de aguas inmóviles y oscuras, donde todo es silenciosa quietud, tan connatural que aquel que la posee ni siquiera la advierte. Yo te he amado, y recuérdalo: cuando estés cansado, cuando ya no puedas más, no tienes más que asomarte al mar y llamarme; yo estaré siempre allí, porque estoy en todas partes y tu sed de sueño quedará saciada.

FEDERICO GARCÍA LORCA
España (1898-1936)

Nació en Fuente Vaqueros, Granada. Inició estudios de Derecho. Ingresó al Centro Artístico Literario. En 1920 se estrenó en Madrid su primera pieza dramática. En 1933 leyó un manuscrito de los escritores españoles contra el fascismo. El tres de agosto, las tropas franquistas ocuparon Madrid. Detenido trece días más tarde por el gobierno civil. Asesinado el 19 de agosto.

En Bodas de sangre *el autor magistralmente aborda el tema del odio de familia, el honor, la pasión y la muerte.*

BODAS DE SANGRE

ACTO TERCERO

Cuadro primero

LEONARDO.—¡Calla!
NOVIA.—Desde aquí yo me iré sola.
　　　¡Vete! Quiero que te vuelvas.
LEONARDO.—¡Calla, digo!
NOVIA.—Con los dientes,
　　　con las manos, como puedas,
　　　quita de mi cuello honrado
　　　el metal de esta cadena,

dejándome arrinconada
allá en mi casa de tierra.
Y si no quieres matarme
como a víbora pequeña,
pon en mis manos de novia
el cañón de la escopeta.
¡Ay, qué lamento, qué fuego
me sube por la cabeza!
¡Qué vidrios se me clavan en la lengua!
LEONARDO.—Ya dimos el paso; ¡calla!
porque nos persiguen cerca
y te he de llevar conmigo.
NOVIA.—¡Pero ha de ser a la fuerza!
LEONARDO.—¿A la fuerza? ¿Quién bajó
primero las escaleras?
NOVIA.—Yo las bajé.
LEONARDO—¿Quién le puso
al caballo bridas nuevas?
NOVIA.—Yo misma. Verdá.
LEONARDO.—¿Y qué manos
me calzaron las espuelas?
NOVIA—Estas manos, que son tuyas,
pero que al verte quisieran
quebrar las ramas azules
y el murmullo de tus venas.
¡Te quiero! ¡Te quiero! ¡Aparta!
Que si matarte pudiera,
te pondría una mortaja
con los filos de violetas.
¡Ay, qué lamento, qué fuego
me sube por la cabeza!
LEONARDO.—¡Qué vidrios se me clavan en la lengua!

Porque yo quise olvidar
y puse un muro de piedra
entre tu casa y la mía.
Es verdad. ¿No lo recuerdas?
Y cuando te vi de lejos
me eché en los ojos arena.
Pero montaba a caballo
y el caballo iba a tu puerta.
Con alfileres de plata
mi sangre se puso negra,
y el sueño me fue llenando
las carnes de mala hierba.
Que yo tengo la culpa,
que la culpa es de la tierra
y de ese olor que te sale
de los pechos y las trenzas.

NOVIA.—¡Ay qué sinrazón!
No quiero contigo cama ni cena,
y no hay un minuto del día
que estar contigo no quiera,
porque me arrastras y voy,
y me dices que vuelva
y te sigo por el aire
como una brizna de hierba.
He dejado a un hombre duro
y a toda su descendencia
en la mitad de la boda
y con la corona puesta.
Para ti será el castigo
y no quiero que lo sea.
¡Déjame sola! ¡Huye tú!
No hay nadie que te defienda.

LEONARDO—Pájaros de la mañana
　　　　　por los árboles se quiebran.
　　　　　La noche se está muriendo
　　　　　en el filo de la piedra.
　　　　　Vamos al rincón oscuro
　　　　　donde yo siempre te quiera,
　　　　　que no me importa la gente
　　　　　ni el veneno que nos echa.
　　　　　(La abraza fuertemente.)
NOVIA.—Y yo dormiré a tus pies
　　　　　para guardar lo que sueñas.
　　　　　Desnuda, mirando al campo,
　　　　　(Dramática.)
　　　　　como si fuera una perra,
　　　　　¡porque eso soy! Que te miro
　　　　　y tu hermosura me quema.
LEONARDO.—Se abrasa lumbre con lumbre.
　　　　　La misma llama pequeña
　　　　　mata dos espigas juntas.
　　　　　¡Vamos!
　　　　　(La arrastra.)
NOVIA. —¿Adónde me llevas?
LEONARDO.—Adonde no puedan ir
　　　　　estos hombres que nos cercan.
　　　　　¡Donde yo pueda mirarte!
NOVIA *(sarcástica)*.—Llévame de feria en feria,
　　　　　dolor de mujer honrada,
　　　　　a que las gentes me vean
　　　　　con las sábanas de boda
　　　　　al aire, como banderas.
LEONARDO.—También yo quiero dejarte
　　　　　si pienso como se piensa.

Pero voy donde tú vas.
Tú también. Da un paso. Prueba.
Clavos de luna nos funden
mi cintura y tus caderas
(Toda esta escena es violenta, llena de gran sensualidad.)
NOVIA.—¿Oyes?
LEONARDO.—Viene gente.
NOVIA.—¡Huye!
Es justo que yo aquí muera
con los pies dentro del agua
y espinas en la cabeza.
Y que me lloren las hojas,
mujer perdida y doncella.
LEONARDO.—Cállate. Ya suben.
NOVIA.—¡Vete!
LEONARDO.—Silencio. Que no nos sientan.
Tú delante. ¡Vamos, digo!
(Vacila la NOVIA)
NOVIA.—¡Los dos juntos!
LEONARDO *(abrazándola).*—¡Como quieras!
Si nos separan, será
porque esté muerto.
NOVIA.—Y yo muerta.
(Salen abrazados.)

MARGARET MITCHELL
Estados Unidos (1900-1949)

Margaret Mitchell nació en Atlanta, Georgia, en una acomodada familia del sur de los Estados Unidos. Ingresó al Colegio Superior Smith de Northampton, Massachusetts, para cursar Medicina, la cual abandonó al fallecer su madre. Se vinculó a la redacción del Atlanta Journal, de 1922 a 1926. Se casó y al año se divorció. Se volvió a casar con el abogado John Marsh. Artrítica de su pie, abandonó su trabajo y se encerró a escribir diez años esta novela (1926-1936) de 1030 páginas.

La envió a la editorial MacMillan y luego, arrepentida, ordenó que se la devolvieran. El editor, haciendo caso omiso, le envió un cheque de 5000 dólares. A los seis meses de publicada, en 1936, había vendido un millón de ejemplares. Luego, ocho millones de copias. Fue su única novela por el temor de no superar el éxito de la primera. Con sólo cuarenta y nueve años de edad falleció cuando se dirigía a un cine y un taxi la arrolló.

Alrededor de la figura conmovedora de Escarlata O'Hara gira, como un enorme fresco, la historia de su país convulsionado por la Guerra de Secesión, la emancipación de los negros y la conquista de las vastas superficies vírgenes de los Estados Unidos. Este mundo pasional y violento, lleno de ternura y de maldad, de dramas familiares y de dramas apasionados, fue llevado a la pantalla por Clark

Gable, Vivian Leigh, Leslie Howard y Olivia de Hallivand, en una película inolvidable en la historia del cine.

LO QUE EL VIENTO SE LLEVÓ

La biblioteca estaba en la penumbra, pues tenía echadas las persianas. La estancia oscura, de altas paredes completamente cubiertas de libros negros, la deprimió.

No era aquél el lugar que hubiera escogido para una cita como la que esperaba. Los libros en gran cantidad siempre la deprimían, así como las personas aficionadas a leer mucho. Mejor dicho..., excepto Ashley. Los pesados muebles surgían en aquella media luz; las sillas de altos respaldos y hondos asientos, hechas para los gigantescos Wilkes: anchas y sólidas sillas de terciopelo con unas banquetas delante, tapizadas también de terciopelo, para las muchachas. En un extremo de la amplia habitación frente a la chimenea, había un sofá de dos metros —el sitio preferido de Ashley— que alzaba su macizo respaldo como un enorme animal dormitando.

Entornó la puerta, dejando una rendija, y trató de calmar los latidos de su corazón. Se esforzó en recordar con precisión lo que la noche anterior había planeado decir a Ashley, pero no lo consiguió. ¿Había pensado decirle algo realmente o había planeado hacer hablar a Ashley? No recordaba; invadióla, de repente, un escalofrío de terror. Si su corazón dejase de latir de aquel modo tan rápido, quizá podría pensar serenamente, pero el rápido latir aumentó su velocidad, al oír a Ashley decir adiós a los últimos que se marchaban y entrar en el vestíbulo.

Sólo conseguía pensar que lo amaba..., que amaba todo en él, desde las puntas de sus cabellos dorados hasta sus elegantes botas oscuras; amaba su risa aunque la desconcertara a veces, y sus extraños silencios. ¡Oh, si entrase y la cogiese entre sus brazos, entonces no tendría necesidad de decirle nada! Seguramente la amaba. «Quizá, si rezase...» Cerró los ojos y empezó a murmurar «Dios te salve, María, llena eres de gracia...»

—¡Cómo! ¡Escarlata! —Era la voz de Ashley que interrumpía su oración, sumiéndola en la mayor de las confusiones. Se había detenido en el vestíbulo, mirándola desde la puerta entornada, con una sonrisa enigmática.

—¿De quién te escondes? ¿De Carlos o de los Tarleton?

Ella se reprimió. ¡De modo que Ashley se había dado cuenta de los hombres que habían estado a su alrededor! ¡Qué admirable estaba con sus ojos tranquilos, sin notar lo más mínimo su turbación! No pudo pronunciar una sola palabra, pero lo cogió de una mano y le hizo pasar a la habitación. Él entró, algo sorprendido pero interesado.

Había en ella una tensión y en sus ojos un fulgor que él nunca había visto antes, y en la semioscuridad pudo ver también el rubor que le había subido a las mejillas. Automáticamente, él cerró la puerta y le cogió una mano.

—¿Qué pasa? —preguntó en voz baja.

Al contacto de su mano, ella empezó a temblar. Empezaba a suceder lo que había soñado. Mil pensamientos incoherentes bulleron en su mente, pero le fue imposible captar ni uno solo y expresarlo en palabras. Sólo pudo mover la cabeza y mirarlo a la cara. ¿Por qué no hablaba él?

—¿Qué pasa? —repitió Ashley—. ¿Quieres decirme un secreto?

De repente recobró el habla y, en el mismo instante, todas las enseñanzas de Elena quedaron olvidadas y la fogosa sangre irlandesa de Gerald habló por boca de su hija.

—Sí..., un secreto. Te amo.

Por un momento hubo un silencio tan profundo que pareció que ninguno de los dos respiraba. Dejó ella de temblar y la invadió, en cambio, una oleada de felicidad y de orgullo. ¿Por qué no lo había hecho antes? ¡Cuánto más sencillo que todas las tonterías propias de una dama que le habían enseñado! Y sus ojos buscaron ávidamente los de Ashley.

Había en ellos consternación, incredulidad y... algo más... ¿Qué era? Sí; Gerald tenía la misma expresión el día en que su caballo favorito se rompió una pata y fue necesario rematarlo. ¿Por qué le venía ahora esto a la mente? ¡Qué pensamiento más estúpido! ¿Por qué Ashley la miraba tan extrañamente, sin decir nada? Algo como una máscara cortés apareció ahora en la cara del muchacho, que sonrió galantemente.

—¿No te basta con la colección de corazones de todos los demás hombres? —dijo con su voz acariciadora y burlona—. ¿Quieres conquistarlos a todos? Bien; sabes que has tenido siempre mi corazón, lo sabes y has probado tus dientes en él.

No..., no era aquello. No era así como ella se lo había imaginado. En el furioso remolino de ideas que se agitaban en su cabeza, una empezaba a tomar forma.

Por alguna razón que ella ignoraba, Ashley fingía, como si estuviese coqueteando con él. Pero él sabía que no era eso. Estaba segura de que lo sabía.

—Ashley... Ashley..., dime..., tú debes... ¡Oh, por favor, no te burles ahora! ¿Tengo de verdad tu corazón? ¡Oh, querido, yo te a...!

—¡No debes decir eso, Escarlata! No debes. No te propones decirlo. Te odiarás a ti misma por haberlo dicho y me odiarás a mí por haberlo escuchado.

Ella volvió la cabeza, denegando. Una ola cálida corría velozmente por sus venas.

—No podré nunca odiarte. Te digo que te amo. Y sé que tú

también me quieres porque... —se interrumpió. No había visto jamás una expresión tan dolorosa en un rostro.

—Ashley, me quieres..., ¿verdad?

—Sí —respondió él con voz opaca—. Te quiero.

Si le hubiese dicho que la odiaba, no la hubiera aterrado tanto. Le apretó la mano en silencio.

—Escarlata —replicó él—, ¿no podríamos marcharnos de aquí y olvidar lo que hemos hablado, como si no hubiera sucedido?

—No —susurró la joven—. No puedo. ¿Qué quieres decir con eso? ¿No quieres... casarte conmigo?

Él contestó:

—Me casaré con Melania muy pronto.

Sin saber cómo, de repente, Escarlata se encontró sentada en la silla roja de terciopelo, y Ashley en la banqueta, a sus pies... Le tenía ambas manos fuertemente cogidas. Le decía cosas..., cosas que no tenían sentido. La cabeza de la muchacha estaba vacía, completamente vacía de cuantos pensamientos se agolpaban allí un momento antes y sus palabras le causaban tan poca impresión como la lluvia en los cristales. Caían en oídos que no escuchaban, eran palabras tiernas y dulces, llenas de compasión como las de una madre que habla a una niña dolida.

En su inconsciencia, al oír el nombre de Melania, miró los ojos grises, de cristal, del muchacho. Vio en ellos aquel aire distante que tanto la había atraído en otras ocasiones..., y también una expresión como de odio hacia sí mismo.

—Mi padre anunciará nuestro compromiso matrimonial esta noche. Nos casaremos pronto. Te lo debí haber dicho antes, pero creía que lo sabías ya. Creí que lo sabías todo... desde hace años. Nunca me imaginé que tú..., tú, que tienes tantos adoradores y galanes... Pensé que Stuart...

Ella recobraba ahora la vida, el sentimiento y la comprensión.

—Pero acabas de decirme que me querías.

Sus manos ardorosas la oprimían.

—Querida, ¿por qué tratas de obligarme a decir cosas que pueden herirte?

El silencio de ella lo impulsó a proseguir:

—¿Cómo podré hacerte comprender estas cosas? ¡Eres tan joven e irreflexiva que no sabes lo que significa el matrimonio!

—Sé que te amo.

—El amor no basta para hacer un matrimonio feliz, y más cuando se trata de dos personas tan diferentes como nosotros. Tú, Escarlata, debes quererlo todo de un hombre, el cuerpo, el corazón, el alma, los pensamientos. Y, si no los posees, serás desgraciada. Yo no desearía todo tu corazón y tu alma. Esto te ofendería y empezarías a odiarme...,—¡oh, amargamente! Odiarías los libros que leyera y la música que me gustase porque me apartarían de ti aunque sólo fuera por un momento, y yo..., quizá yo...

—¿Amas a Melania?

—Ella es como yo, de mi sangre, y nos comprendemos mutuamente. ¡Escarlata! ¡Escarlata! ¿Cómo podré hacerte comprender que un matrimonio sólo puede ser feliz entre dos personas parecidas?

Alguien más lo había dicho: «Cada oveja con su pareja, pues de otro modo no serán felices». ¿Quién lo había dicho? Parecíale a ella que había pasado un millón de años desde que oyera estas palabras. Pero tampoco la convencieron.

—Tú has dicho que me querías.

—No debí haberlo dicho.

En el fondo del cerebro de Escarlata se encendió una pequeña llama y, convirtiéndose en ira, empezó a abrasarla.

—Sí, has sido lo bastante insensato para decirlo...

Él palideció.

—He sido un insensato, puesto que estoy a punto de casarme con Melania. Te he hecho daño a ti, y aún más, a Melania. No debí haberlo dicho porque sé que no me comprenderás. ¿Cómo podría yo vivir contigo, contigo, que tienes toda la pasión por la vida, que yo no tengo? Tú puedes amar y odiar con una violencia para mí imposible. Porque eres elemental como el fuego, el viento y las cosas salvajes, mientras que yo...

Ella pensó en Melania y vio de repente sus tranquilos ojos castaños con su expresión distante, sus plácidas manitas en los ajustados mitones de encaje negro y sus apacibles silencios. Entonces su ira estalló, la misma ira que había hecho a Gerald matar a un hombre y a otros irlandeses a realizar actos que pagaron con su cabeza.

No había ahora, en ella, nada de los correctos y ponderados Robillard, que sabían dominar en silencio la situación más violenta.

—¿Por qué no lo dijiste, cobarde? ¡Tuviste miedo de casarte! Prefieres vivir con esa estúpida y cretina que sólo sabe abrir la boca para decir «sí» y «no» y que criará una piara de niños tan memos e insulsos como ella. Porque...

—¡No debes hablar así de Melania!

—¡Pues me da la gana! ¿Quién eres tú para decirme qué no debo? ¡Cobarde, patán!... Me hiciste creer que te casarías conmigo y...

—¡Sé justa, por favor! —rogó Ashley—. ¿Cuándo te he dicho que...?

No quería ser justa aunque supiese que no decía la verdad, pero no quería callarse. Ashley no había traspasado nunca los límites de la amistad con ella, y, al recordar esto, una nueva cólera la invadió, la cólera del orgullo herido y de la vanidad femenina. Había perdido el tiempo creyendo que la quería. Prefería a una estúpida con la cara de mosquita muerta como Melania. ¡Oh, cuánto mejor hubiera sido seguir los consejos de Elena y de Mamita! Así no le hubiese revelado nunca que lo amaba... ¡Cualquier cosa valía más que sufrir aquella vergüenza!

Se levantó con los puños apretados y él detrás con la expresión de muda angustia de quien se ve forzado a afrontar las realidades dolorosas.

—Te odiaré mientras viva, canalla..., estúpido..., sí, estúpido...
¿Qué otras palabras podía decir? No se le ocurrían otras peores.
—Escarlata..., por favor...

Extendió su mano hacia ella y, cuando lo hacía, Escarlata alzó la suya y lo abofeteó con toda su fuerza. En el silencio de la habitación, aquel ruido sonó como un latigazo. La rabia de Escarlata desapareció súbitamente dejándole el corazón desolado.

La marca roja de su mano resaltaba claramente sobre el rostro pálido y cansado de Ashley. Él no dijo nada; pero, cogiendo la mano de ella, la llevó a sus labios y la besó. Y luego, antes de que ella hubiese podido decir una palabra, salió cerrando suavemente la puerta.

Escarlata volvió a sentarse repentinamente, porque la reacción de su rabia le hizo doblar las rodillas. Se había ido de allí y el recuerdo de su rostro abofeteado la perseguiría hasta la muerte.

Oyó el suave rumor de sus pasos que se alejaban por el largo vestíbulo y se le apareció la evidente enormidad de sus actos. Lo había perdido para siempre. Ahora la odiaría cada vez que la viese, se acordaría de cómo lo buscó, cuando él no la había alentado en absoluto.

«Soy tan mala como Honey Wilkes» —pensó de improviso, y recordó que todos, y ella más que cualquiera, se habían reído desdeñosamente de la conducta descocada de Honey. Vio la torpe coquetería de Honey y oyó su necia risita cuando iba del brazo de cualquier muchacho y este pensamiento despertó en ella una nueva rabia, rabia contra ella misma, contra Ashley, contra todo el mundo. Porque, odiándose a sí misma, odiaba a todos con la furia de la humillación y el frustrado amor de sus dieciséis años. Sólo un átomo de verdadera ternura se mezclaba con aquel amor. La mayor parte se componía de vanidad y de complicada confianza en sus propios encantos. Ahora había perdido y, más que su sentimiento de perder, sentía el temor de haber dado un público espectáculo de sí misma.

¿Había sido tan descarada como Honey? ¿Se reirían de ella? Ante este pensamiento, empezó a temblar.

Apoyó su mano sobre una mesita que había a su lado, tocando un florero de porcelana, en el que sonreían dos querubines. La habitación estaba tan silenciosa que casi sintió deseos de gritar para romper el silencio. Tenía que hacer algo o volverse loca. Cogió el florero y lo lanzó rabiosamente, atravesando el cuarto, contra la chimenea. Pasó rozando el alto respaldo del sofá y se hizo pedazos con leve estrépito contra la repisa de mármol.

—Esto —dijo una voz desde las profundidades del sofá— es ya demasiado.

Nada, en su vida, la había asustado tanto, y su boca quedó tan seca que no pudo emitir ni un sonido. Se asió al respaldo de la silla sintiendo que se le doblaban las rodillas, mientras Rhett Butler se incorporaba del sofá donde estaba tumbado y le hacía una reverencia de exagerada cortesía.

—Malo es que le perturben a uno la siesta con un episodio como el que me han obligado a escuchar, pero ¿por qué ha de peligrar mi vida?

Era una realidad y no un fantasma. Pero, ¡Dios mío, lo había oído todo! Escarlata reunió sus fuerzas para lograr una digna apariencia.

—Caballero, debía usted haber hecho notar su presencia.

—¿De verdad? —Los dientes blancos de él brillaron y sus audaces ojos oscuros rieron—. ¡Pero si los intrusos fueron ustedes! Yo tenía que esperar aquí al señor Kennedy, y notando que era, quizá, persona «non grata» abajo, he sido lo suficientemente considerado para evitar mi presencia importuna y vine aquí pensando que no sería molestado. Pero, ¡ay...! —y se encogió de hombros, riendo suavemente.

Empezaba ella a irritarse al pensar que aquel hombre grosero e impertinente lo había oído todo..., había oído cosas que prefería haber muerto antes que revelarlas.

—Los que escuchan escondidos... —comenzó furiosa.

—...oyen a veces cosas muy divertidas e instructivas —dijo él con burlona sonrisa—. Con una gran experiencia de escuchar escondido, yo...

—¡No es usted un caballero! —le interrumpió Escarlata.

—Observación justísima —contestó él, sonriente—. Y usted, joven, no es una señora. —Parecía encontrar aquello muy divertido, porque volvió a reír suavemente—. Nadie puede seguir siendo señora después de haber dicho y hecho lo que acabo de oír. Aunque las señoras presentan escaso atractivo para mí, en verdad. Sé lo que piensan; pero nunca tienen el valor o la falta de educación de decir lo que piensan. Y esto, con el tiempo, es un aburrimiento. Pero usted, mi querida señora O'Hara, es una muchacha de valor, de singular carácter, de un carácter realmente admirable, y yo me descubro ante usted. Comprendo muy bien los encantos que el elegante señor Wilkes puede hallar en una muchacha de su apasionada naturaleza. Debe dar gracias a Dios, postrarse ante una muchacha son su..., ¿cómo dijo?..., con su «pasión por la vida», pero siendo un pobre de espíritu...

—¡No es usted digno de limpiarle las botas! —gritó Escarlata rabiosamente.

—¡Y usted va a odiarlo toda la vida! —y Butler volvió a sentarse en el sofá mientras ella oía su risita.

Si hubiese podido matarlo, lo hubiera hecho. En lugar de eso, salió de la habitación, con toda la dignidad que pudo conseguir, y cerró estrepitosamente la pesada puerta.

ANDRÉ MALRAUX
Francia (1901-1976)

Nació en París. Aventurero, político millonario ocioso, místico, rebelde y escritor autodidacta que se convirtió en un símbolo de la intelectualidad francesa de la época. Se preocupó por la arqueología y participó en las situaciones conflictivas del sudeste asiático y en la guerra civil española. Héroe de resistencia contra los nazis. Renunció a su tendencia izquierdista. Fue el vocero cultural del general de Gaulle. Ministro de Información y luego de Cultura.

En La Condición humana, situada en Shangai, en 1927, describe la dignidad de la lucha humana, de la condición humana, al narrar su profunda novela en medio del enfrentamiento de los comunistas chinos y los partidarios de Chang Kaisheck.

LA CONDICIÓN HUMANA

Ha leído usted *Alicia en el país de las maravillas*, querida? Despreciaba bastante a las mujeres, sin las cuales no podía pasar, para llamarlas «querida».

—Cómo, ¿lo duda usted? Me lo sé de memoria.

—Su sonrisa me hace pensar en el fantasma del gato que no se materializa nunca y del que no se veía más que una encantadora sonrisa de gato flotante en el aire. ¡Ah! ¿Por qué la inteligencia de las mujeres quiere siempre elegir otro objeto distinto al suyo?

—¿Cuál es el suyo, querido?
—El encanto y la comprensión, con toda evidencia.
Ella reflexionó.
—Lo que los hombres nombran así es la sumisión del espíritu. Usted no reconoce en una mujer más que la inteligencia que le aprueba. Eso es tan descansado...
—Entregarse, para una mujer, y poseer, para un hombre, son los dos únicos medios de que los seres puedan comprenderlo todo, sea lo que sea...
—¿No cree usted, querido, que las mujeres no se entregan nunca (o casi nunca), y que los hombres no poseen nada? Se trata de un juego: «Creo que la poseo, puesto que ella cree que es poseída...» ¿Sí? ¿Verdaderamente? Lo que voy a decir está muy mal, pero ¿no cree usted que ésa es la historia del corcho, que se creía mucho más importante que la botella?

La libertad de costumbres, en una mujer, excitaba a Ferral; pero la libertad de espíritu le irritaba. Se sintió ávido de hacer que renaciese el único sentimiento que le prestaba superioridad sobre una mujer: la vergüenza cristiana, el reconocimiento ante la vergüenza sufrida. Si Valeria no lo adivinó, adivinó que se separaba de ella, y, sensible, por otra parte, a un deseo físico que veía aumentar, recreada en la idea de que podría recuperarlo a voluntad, lo miró con la boca entreabierta (puesto que le gustaba su sonrisa...), ofreciéndole la mirada, segura de que, como casi todos los hombres, tomaría el deseo que abrigaba de seducirlo por el de un abandono.

Se reunió con ella en el lecho. Las caricias prestaban a Valeria una expresión hermética que él quiso ver transformarse. Llamaba a la otra expresión con demasiada pasión para no esperar que la voluptuosidad la fijase en el semblante de Valeria, creyendo que destruía una máscara, y que lo que tenía de más profundo, de más secreto, era necesariamente lo que prefería en ella: nunca había copulado con Valeria más que en la sombra. Pero apenas, con la mano, le apartaba suavemente las piernas, ella apagó la luz. Él volvió a encenderla.

Había buscado el interruptor a tientas, y ella tomó aquello por un desprecio. Apagaba de nuevo. Él volvió a encenderla inmediatamente. Como tenía los nervios muy sensibles, Valeria se sintió a la vez muy cerca de la risa y de la cólera; pero volvió a encontrar su mirada. Ferral había apartado el interruptor, y ella adquirió la seguridad de que él esperaba lo más claro de su placer en la transformación sensual de sus facciones. Sabía que no era verdaderamente dominada por su sexualidad sino al comienzo de una unión y en la sorpresa; cuando vio que no encontraba el interruptor, la invadió la tibieza que conocía y le subió a lo largo del torso hasta las puntas de los senos y hasta los labios, de los que adivinó, ante la mirada de Ferral, que se henchían insensiblemente. Aprovechó aquella tibieza, y oprimiéndolo entre los muslos y los brazos, se sumergió, entre prolongadas pulsaciones, lejos de una playa a donde sabía que sería arrojado al punto, con ella misma, la resolución de no perdonarlo.

Valeria dormía. La respiración regular y la dejadez del sueño henchían sus labios con dulzura y también con la expresión perdida que le suministraba el goce. «Un ser humano —pensó Ferral—; una vida individual, aislada, única, como la mía...» Se la imaginó habitando en su cuerpo, experimentando en su lugar aquel goce que él no podía volver a sentir más como una humillación; se veía él también humillado por aquella voluptuosidad pasiva, por aquel sexo de mujer. «Eso es idiota; ella siente en función de su sexo, como yo en función del mío; ni más ni menos. Siente como un nudo de deseos, de tristeza, de orgullo; como un destino... Evidentemente». Pero no en aquel momento: el sueño y sus labios la entregaban a una sensualidad perfecta, como si hubiese aceptado el no ser ya un ser vivo y libre, sino solamente aquella expresión de reconocimiento de una conquista física. El gran silencio de la noche china, con su olor a alcanfor y a hojas, adormecido él también hasta el Pacífico, la recubría fuera del tiempo: ni un navío llamaba; ni un tiro de fusil. No encerraba Valeria en su sueño los recuerdos y las esperanzas que él no poseería nunca: ella no era nada más que el otro polo de su propio placer. Jamás había vivido: nunca había sido una niña.

MARGUERITE YOURCENAR
Bélgica (1903)

Nació en Bruselas. Enseñó literatura francesa en Estados Unidos. Traductora de Virginia Woolf, Henry James y Constantin Kavafis. En 1971 ingresó a la Academia Real Belga de la Lengua y la Literatura. En 1980 fue nombrada miembro de la Academia Francesa.

Memorias de Adriano es la historia en primera persona del Emperador Adriano del siglo segundo. Sobre este siglo dice Yourcenar: «El siglo II me interesa porque fue, durante mucho tiempo, el de los hombres libres. En lo que a nosotros concierne, quizás estemos ya bastante lejos de aquel tiempo.» Traducida al castellano por el escritor Julio Cortázar. Novela histórica. Se incluye en esta antología una escena de amor homosexual.

MEMORIAS DE ADRIANO

Volvimos en barca. Soplaba un viento extrañamente frío. Sentado junto a mí, Lucio levantaba con la punta de sus finos dedos las mantas de algodón bordado; por pura cortesía seguíamos cambiando frases sobre las noticias y los escándalos de Roma.

Antínoo, tendido en el fondo de la barca, había apoyado la cabeza en mis rodillas; fingía dormir para aislarse de esa conversación que no lo incluía. Mi mano resbalaba por su nuca, bajo sus cabellos.

Así, en los momentos más vanos o más apagados, tenía la sensación de mantenerme en contacto con los grandes objetos naturales, la espesura de los bosques, el lomo musculoso de las panteras, la pulsación regular de las fuentes. Pero ninguna caricia llegaba hasta el alma. Brillaba el sol cuando arribamos al Serapeum; los vendedores de sandías anunciaban su mercancía por las calles. Dormí hasta la hora de la sesión del Senado local, a la cual asistí. Más tarde supe que Antínoo había aprovechado de esa ausencia para persuadir a Chabrias de que lo acompañara a Canope. Una vez allí volvió a casa de la maga.

El primer día del mes de Atir, el segundo año de la CCXXVI Olimpíada... era el aniversario de la muerte de Osiris, dios de las agonías; a lo largo del río, agudas lamentaciones resonaban desde hacía tres días en todas las aldeas. Mis huéspedes romanos, menos habituados que yo a los misterios de Oriente, mostraban cierta curiosidad por esas ceremonias de una raza diferente. A mí me fatigaban. Había hecho amarrar mi barca a cierta distancia de las otras, lejos de todo lugar habitado. Pero un templo faraónico semi-abandonado alzábase cerca de la ribera, y como conservaba aún su colegio de sacerdotes, no pude escapar del todo al resonar de las lamentaciones.

La noche anterior Lucio me había invitado a cenar en su barca. Me hice trasladar a ella a la caída del sol. Antínoo se negó a seguirme. Lo dejé en mi cabina de popa, tendido sobre su piel de león, ocupado en jugar a los dados con Chabrias. Media hora más tarde, ya cerrada la noche, cambió de parecer y mandó llamar una canoa. Ayudado por un solo remero, recorrió contra la corriente la distancia bastante considerable que nos separaba de las otras barcas. Su entrada en la tienda donde tenía lugar la cena interrumpió los aplausos provocados por las contorsiones de una bailarina.

Llevaba una larga vestidura siria, tenue como la gasa, sembrada de flores y de quimeras. Para remar con más soltura había dejado caer la manga derecha; el sudor temblaba en aquel pecho liso. Lucio le lanzó una guirnalda que él atrapó al vuelo; su alegría casi estridente no cesó un solo instante, sostenida apenas por una copa de vino griego. Regresamos juntos en mi canoa de seis remeros, acompañados desde lo alto por la despedida mordaz de Lucio. La salvaje alegría continuó. Pero de mañana toqué por casualidad un rostro empapado en lágrimas. Le pregunté con impaciencia por qué lloraba; contestó humildemente, excusándose por la fatiga. Acepté aquella mentira y volví a dormirme. Su verdadera agonía se cumplió en ese lecho, junto a mí. El correo de Roma acababa de llegar; la jornada transcurrió en lecturas y respuestas. Como siempre, Antínoo iba y venía silenciosamente por la habitación; nunca sabré en qué momento aquel hermoso lebrel se alejó de mi vida. Hacia la duodécima hora se presentó Chabrias muy agitado. Contrariando todas las reglas, el joven había abandonado la barca sin especificar el objeto y la duración de su ausencia; ya habían pasado más de dos horas de su partida. Chabrias se acordaba de extrañas frases pronunciadas la víspera, y de una recomendación formulada esa misma mañana y que se refería a mí. Me confesó sus temores. Bajamos presurosamente a la ribera. El viejo pedagogo se encaminó instintivamente hacia una capilla situada junto al río, pequeño edificio aislado pero dependiente del templo, que Antínoo y él habían visitado juntos. En una mesa para las ofrendas, las cenizas de un sacrificio estaban todavía tibias. Chabrias hundió en ellas los dedos y extrajo unos rizos cortados.

No nos quedaba más que explorar el ribazo. Una serie de cisternas, que habían debido de servir antaño para las ceremonias sagradas, comunicaban con un ensanchamiento del río. Al borde de la última, a la luz del crepúsculo que caía rápidamente, Chabrias percibió una vestidura plegada, unas sandalias. Bajé los resbaladizos peldaños: estaba tendido en el fondo, envuelto ya por el lodo del río. Con ayuda de Chabrias, conseguí levantar su cuerpo, que de pronto pesaba como una piedra. Chabrias llamó a los remeros, que imrpovisaron unas angarillas de tela. Reclamando con todo apuro, Hermógenes no pudo sino comprobar la muerte. Aquel cuerpo tan dócil se negaba a dejarse calentar, a revivir. Derrumbarse el Zeus Olímpico, el Amo del Todo, el Salvador del Mundo, y sólo quedó un hombre de cabellos grises sollozando en el puente de una barca.

ANAÏS NIN
Francia (1903-1977)

Anaïs Nin nació en París. Fue hija del pianista y compositor Joaquín Nin. Vivió en Barcelona hasta 1914 cuando emigró con su madre a Nueva York. Allí estableció amistad con Henry Miller y Antonin Artaud. Murió en Los Ángeles en 1977. Es autora de varias novelas.

En sus Diarios, su obra más famosa, publicada en siete volúmenes, Nin utiliza su herramienta más querida, el lenguaje, para relatar sus impresiones sobre momentos vividos durante etapas de su vida, que abarcan desde la niñez hasta la vejez.

DIARIO V

Verano de 1943

Estoy sufriendo otra vez el misterioso mal de ansiedad y me maravillo ante cualquier alquimia que la transmuta y la da a otros como fuente de vida, preguntándome si no es la alquimia misma lo que está matándome lentamente, como si conservara en mi ser las ponzoñas y los temores y sólo diera el oro a los demás. En todos los sitios a donde voy, la vida y la creación estallan relampagueantes,
pero yo permanezco desanclada, sin raíces.

La ansiedad es el mayor asesino del amor, porque es como la garra de los que se ahogan. Me costó años de dolor adivinar el significado de esas espirales aéreas que los pájaros hacen en torno de aquello que aman, con el fin de que el amor no cristalice jamás en una cárcel. Vuelos, descensos, círculos. Pues nuestra ansiedad es algo que no podemos colocar sobre los hombros de otros. Los asfixia. Es la única enfermedad contagiosa del espíritu, de la cual debemos preservar a los otros, si los amamos. Porque no tiene nada que ver con el amor, es su antítesis, y ningún amor puede prosperar entre los muros del miedo.

Este temor a una pérdida que obsesionó mi infancia, mi adolescencia, mi vida de mujer joven, el temor de que el amor estuviera condenado a desvanecerse, como había hecho mi padre, es un secreto con el que no se puede cargar a los demás, porque entonces el amor parecerá pesado y no sobrevivirá a esa ansiedad pesada de aire.

Primavera de 1953

Max subraya la «comedia» del amor, como hacen muchos cínicos, olvidando que los momentos de ilusión y de pasión son los momentos más altos de la vida, los que uno recuerda de verdad. Insistir tanto en la desintegración de la pasión, cuando ésta es probada por la realidad humana, es únicamente afirmar que la muerte acaba triunfando sobre nuestros cuerpos, pero esto no significa que debemos negarnos a vivir o amar. Estos filósofos no cuentan la duración de la pasión, sus euforias y sus éxtasis, para observar sólo su disolución. Si somos incapaces de hacer de la pasión una relación duradera, que sobreviva a la destrucción y a las erosiones de la vida diaria, esto, sin embargo, no despoja a la pasión de su poder para transformar, transfigurar, transmutar a un ser humano de una criatura limitada, mezquina, temerosa, en una figura magnífica que alcanza en ciertos momentos la categoría de mito. Mis momentos de valor y adivinación nacieron todos de la pasión. No insisto en los desiertos que siguieron después.

Lo que todo el mundo olvida es que la pasión no es solamente una fusión sensual elevada, sino una forma de vida que produce, como en los místicos, una conciencia extática del conjunto de la vida, y que es de esta manera como la poesía se convierte en la mayor verdad, por intensificación y condensación de la experiencia.

Mientras la mayoría considera que la poesía no es más que ilusión y engaño, lo cierto es que la única realidad es el momento en que estamos completamente vivos.

RAYMOND RADIGUET
Francia (1903-1923)

Nació en las afueras de París en Parc Saint-Maur, hijo mayor de un caricaturista de humor. Perezoso para el estudio y amante de la lectura bajo la asesoría de Jean Cocteau, quien lo presentó al gran director francés Bernard Grasset, quien de inmediato le firmó contrato de exclusividad. Murió, con sólo 20 años de edad, de fiebre tifoidea.

El diablo en el cuerpo, *escrita por Radiguet a sus 17 años, alcanzó un gran éxito. Narra un amor inmaduro entre dos adolescentes que despreciaron las normas sociales. Con acierto, los secretos de la adolescencia. Plasma un amor prohibido en la guerra, con tres actores: el narrador, Marthe y el esposo engañado.*

EL DIABLO EN EL CUERPO

Desde el principio de nuestro amor, Marthe me había dado una llave de su apartamento, para que no tuviese que esperar en el jardín en caso de que ella estuviera en la ciudad. Pero yo podía servirme de aquella llave menos inocentemente. Era sábado. Me despedí de Marthe prometiéndole que volvería para comer juntos, al día siguiente. Pero tenía previsto volver por la noche.

Mientras cenábamos, anuncié a mis padres que pensaba irme al día siguiente de excursión al bosque Sénart con René. Por tanto, tenía que marcharme a las cinco de la mañana. Como todo el mundo estaría durmiendo, nadie podría averiguar la hora de mi partida, ni tampoco si yo había dormido en casa.

Apenas le hube contado este plan, mi madre se empeñó en prepararme una cesta de provisiones para el camino. Aquello me consternaba; esa cesta destruía todo lo novelesco y sublime de mi acto. Después de haber disfrutado de antemano el terror de Marthe al verme aparecer en su cuarto, imaginaba ahora sus carcajadas al descubrir a su Príncipe Encantado con una cesta de cocina bajo el brazo. Por más que le dije a mi madre que ya René iba provisto de todo, no quiso escucharme. Resistir por más tiempo sólo habría supuesto despertar sospechas.

Lo que causa la desgracia de unos haría la felicidad de otros. Mientras mi madre iba llenando aquella cesta que estropeaba de antemano mi primera noche de amor, veía los ojos llenos de codicia de mis hermanos. Pensé por un momento dársela a escondidas, pero, una vez devorada, y a riesgo de llevarse unos azotes, lo hubieran contado todo por el placer de fastidiarme.

Tenía, pues, que resignarme, ya que ningún escondite me parecía lo bastante seguro.

Me había propuesto no salir antes de medianoche para estar seguro de que mis padres estarían durmiendo. Traté de leer. Pero cuando dieron las diez en el reloj de la alcaldía y puesto que mis padres se habían acostado hacía ya bastante tiempo, no pude esperar más. Su dormitorio estaba en el primer piso, el mío en la planta baja. No me había puesto los zapatos para poder escalar la tapia lo más silenciosamente posible. Llevándolos en una mano y sosteniendo con la otra la cesta, frágil a causa de las botellas, abrí con precaución una pequeña puerta de servicio. Llovía. ¡Mucho mejor!, la lluvia cubriría el ruido. Al ver que aún había luz en el cuarto de mis padres estuve a punto de volverme a la cama. Pero ya me había puesto en camino. La precaución de los zapatos resultaba ya insostenible; me los tuve que volver a poner a causa de la lluvia. A continuación debía escalar la tapia, para que no sonase la campana de la verja. Fui hasta la tapia junto a la que, después de cenar, había colocado una silla del jardín para facilitarme la evasión. La tapia tenía el remate cubierto de tejas, que con la lluvia resultaban resbaladizas. Al colgarme, se cayó una de ellas. Mi angustia multiplicó por cien el ruido de la caída. Ahora sólo tenía que saltar a la calle. Sostenía la cesta con los dientes; caí en un charco. Me quedé allí más de un minuto, de pie, con los ojos clavados en la ventana de mis padres, para ver si se habían dado cuenta de algo y hacían algún movimiento. La ventana permaneció vacía. ¡Estaba salvado!

Para llegar a casa de Marthe fui siguiendo el Marne. Había pensado esconder la cesta en un matorral y recogerla al día siguiente. La guerra convertía esto en una acción peligrosa. Efectivamente, en el único lugar en que había matorrales y, por tanto, donde se podía ocultar la cesta, había un puesto de centinela que vigilaba el puente de J... Dudé durante un largo rato, más pálido que el hombre que coloca unos cartuchos de dinamita. A pesar de todo, escondí las vituallas.

La verja de la casa de Marthe estaba cerrada. Cogí la llave que dejaban siempre en el buzón. Atravesé de puntillas el jardincito y subí después los peldaños de la escalinata. Volví a quitarme los zapatos antes de subir la escalera.

¡Marthe era tan nerviosa! A lo mejor se desmayaba al verme en su habitación. Me puse a temblar; no encontraba el ojo de la cerradura. Por fin, hice girar la llave lentamente para no despertar a nadie. En el vestíbulo tropecé con el paragüero. Temía confundir los timbres con los conmutadores. Fui a tientas hasta el dormitorio. Me detuve, todavía, con ganas de huir. Marthe podría no perdonármelo nunca. O tal vez iba a enterarme de repente que me engañaba, encontrándola con otro hombre.

Abrí la puerta. Susurré:

—¡Marthe!

Contestó:

—En vez de darme tal susto, podrías haber venido mañana temprano. ¿Conseguiste por fin el permiso ocho días antes?

¡Me había tomado por Jacques!

Si bien podía ver el recibimiento que le habría dispensado, también me enteraba de que Marthe me había ocultado algo. ¡Jacques iba a venir dentro de ocho días!

Encendí la luz. Marthe permaneció de cara a la pared. Bastaba con decir:

«Soy yo», y sin embargo no lo dije. La besé en el cuello.

—Tienes la cara mojada. Ve a secarte.

Entonces se volvió y dio un grito

Su actitud cambió en pocos segundos y, sin molestarse en hallar explicación a mi presencia nocturna, me dijo:

—¡Oh, querido, vas a enfriarte! Desnúdate rápidamente.

Se fue corriendo a avivar el fuego del salón. Cuando volvió al dormitorio, y al ver que no me había movido, dijo:

—¿Quieres que te ayude?

Y yo que, por miedo al ridículo, temía ante todo el momento de desvestirme delante de ella, bendije a la lluvia, gracias a la cual este acto adquiría ahora un sentido maternal. Marthe salía del cuarto, entraba de nuevo, se volvía a ir hacia la cocina, para ver si el agua de mi ponche estaba ya caliente. Por fin, me encontró desnudo sobre la cama, medio tapado por el edredón. Me regañó: era una locura permanecer desnudo; tendría que darme una friega de agua de colonia.

Después abrió un armario y me lanzó un pijama. «Debía de ser mi talla.» ¡Un pijama de Jacques! Pensé en la posibilidad de que el soldado llegase, puesto que Marthe nos había confundido.

Yo estaba en la cama. Marthe se acostó también. Le pedí que apagara la luz. Hasta en sus brazos desconfiaba de mi timidez. La oscuridad me daría valor. Marthe me respondió dulcemente:

—No. Quiero ver cómo te duermes.

Ante estas palabras llenas de encanto, me sentí un poco molesto. Veía en ellas la conmovedora dulzura de aquella mujer que arriesgaba todo para convertirse en mi amante y que, no pudiendo sospechar mi timidez enfermiza, se contentaba con que durmiera a su lado. Hacía ya cuatro meses que decía que la amaba, pero aún no le había dado esa prueba que los hombres suelen prodigar tanto y que, a menudo, sustituye al amor. Apagué a la fuerza.

Me encontré tan desconcertado como poco antes de entrar en su casa. Pero, al igual que la espera delante de la puerta, ésta, ante el amor, no podía prolongarse mucho más. Mi imaginación, además, se prometía tales voluptuosidades que ni siquiera alcanzaba a concebirlas. Por primera vez temí parecerme a su marido, dejando a Marthe un mal recuerdo de nuestros primeros momentos de amor.

Ella, pues, disfrutó más que yo. Pero en el instante en que cesó nuestro abrazo, sus maravillosos ojos compensaban todo mi malestar.

Su rostro se había transfigurado. Me extrañó no poder tocar la aureola que rodeaba, como en las pinturas religiosas.

Aliviado ya de mis primeros temores, otros distintos me invadían.

Y es que, comprendiendo por fin la fuerza de los gestos que mi timidez no me había permitido hasta entonces, temía que Marthe pudiera depender de su marido más de lo que ella misma declaraba.

Como siempre me ha sido imposible apreciar lo que pruebo por primera vez, fui conociendo día tras día los placeres del amor.

Mientras tanto, el placer fingido me ocasionaba un auténtico dolor de hombre: los celos.

Sentía un gran resentimiento contra Marthe cuando su rostro agradecido me hacía ver lo mucho que importan los vínculos de la carne. Maldecía al hombre que había despertado su cuerpo antes que yo. Recordé mi tontería al haber considerado a Marthe como una virgen. En cualquier otro momento, desear la muerte de su marido hubiera sido una quimera infantil; pero ahora ese deseo resultaba casi tan criminal como si realmente hubiera matado. Le debía a la guerra mi naciente felicidad; pero todavía aguardaba la apoteosis. Esperaba que favorecería mi odio del mismo modo que un asesino anónimo comete el crímen en el mismo lugar.

Los dos nos echamos a llorar; era a causa de la feliciad. Marthe me reprochaba no haber impedido su matrimonio. «¿Pero estaría yo ahora, en ese caso, en esta cama elegida por mí? Marthe viviría en casa de sus padres y no podríamos vernos. Bien es verdad que no habría sido nunca poseída por Jacques, pero tampoco yo podría poseerla. Sin él, y al no poder comparar, quizá ella echaría algo de menos esperando algo mejor. No odio a Jacques. Odio la certeza de deberle todo al hombre al que estamos engañando. Pero amo demasiado a Marthe como para encontrar criminal nuestra felicidad.»

Lloramos, también, por no ser más que unos niños que disponen de tan poco. ¡Secuestrar a Marthe! Como no pertenece a nadie más que a mí, sería en realidad raptármela a mí mismo, puesto que nos separarían. Pensamos que el final de la guerra será también el de nuestro amor. Los dos sabemos, aunque por más que Marthe me jura que lo abandonará todo, que me seguirá, yo no soy de naturaleza propensa a la rebeldía y, poniéndome en su lugar, no me imagino una ruptura tan alocada. Marthe me explica por qué se encontraba demasiado vieja para mí. Dentro de quince años, mi vida no habrá hecho más que comenzar y se enamorarán de mí mujeres que entonces tendrán la edad que ella tiene ahora. «No haré más que sufrir, añade. Si me abandonas, me moriré. Si permaneces a mi lado será por debilidad, y sufriré viendo cómo sacrificas tu felicidad».

A pesar de mi indignación, me reprochaba a mí mismo no parecer lo bastante convencido de lo contrario. Pero como Marthe no deseaba sino serlo, mis peores razones le parecían buenas. Respondía: «Ah, sí, no había pensado en eso. Veo que no me engañas». Ante los temores de Marthe sentía que mi confianza se debilitaba. Y mis consuelos resultaban, por lo tanto, poco convincentes. Daba la impresión de que no la desengañaba más que por educación. Le repetía: «Que no, que no, estás loca». Desgraciadamente, yo era demasiado sensible a la juventud para no haber previsto ya que me separaría de Marthe el día en que su juventud se marchitase, y la mía alcanzase su plenitud.

Aunque pensaba que mi amor había ya alcanzado su forma definitiva, tan sólo se trataba de un esbozo. Se debilitaba al menor obstáculo.

Y, así pues, las locuras que aquella noche cometieron nuestros espíritus nos fatigaron más que las de la carne. Las unas parecían aliviarnos de las otras; en realidad, nos desgastaban. Los gallos cantaban, más numerosos que en momentos anteriores. Habían cantado durante toda la noche. Me di cuenta de ese engaño poético: de que los gallos cantan al amanecer. No era nada extraordinario. A mi edad, desconocía el insomnio. Pero Marthe también reparó en ello, tan sorprendida, que no podía ser sino por primera vez. Aunque ella no pudiera entender por qué la abrazaba con tanta fuerza, su sorpresa me ofrecía la prueba de que aún no había pasado una sola noche en blanco con Jacques.

Mis arrebatos hacían que considerase nuestro amor como un amor excepcional. Muchas veces pensamos ser los primeros en sentir ciertas turbaciones, ignorando que el amor es como la poesía y que todos los amantes, incluso los más mediocres, se creen innovadores. Para que Marthe creyera que compartía sus inquietudes, le decía (aunque no lo pensase): «Me abandonarás tú, porque te gustarán otros hombres», pero ella afirmaba estar segura de sí misma. Yo, por mi parte, me iba convenciendo poco a poco de que le permanecería fiel, aun cuando ella hubiera envejecido, ya que mi pereza terminaría por hacer depender de su energía nuestra eterna felicidad.

El sueño nos había sorprendido en nuestra desnudez. Cuando me desperté, al verla destapada, temí que Marthe tuviera frío. Palpé su cuerpo, estaba ardiendo. Verla dormir me producía una voluptuosidad inigualable. Al cabo de diez minutos, esa voluptuosidad se me hizo insoportable. La besé en un hombro. No se despertó. Un segundo beso, menos casto, provocó el violento efecto de un despertador. Primero se sobresaltó y después, mientras se frotaba los ojos, me cubrió de besos, como a una persona amada a la que se encuentra uno en la cama después de haber soñado con su muerte. Marthe, al contrario, había creído soñar lo que era cierto y me encontraba al despertarse.

Eran ya las once. Estábamos tomando el chocolate cuando oímos el timbre. Pensé enseguida en Jacques: «Ojalá vaya armado» A pesar de temer tanto a la muerte, ni siquiera temblaba. Al contrario, habría aceptado que fuese Jacques, a condición de que nos matase. Cualquier otra solución me parecía ridícula.

Pensar en la muerte con tranquilidad sólo tiene valor si lo hacemos en solitario. La muerte en compañía ya no es muerte, ni tan siquiera para los incrédulos. Lo que realmente apena no es dejar la vida, sino abandonar lo que le da sentido. Por eso, cuando el amor fundamenta nuestra vida, ¿qué diferencia hay entre vivir juntos y morir juntos?

Pero no tuve tiempo para creerme un héroe, porque al pensar que quizá Jacques sólo mataría a uno de los dos, medía de egoísmo. ¿Acaso podía yo saber cuál de aquellos dos dramas sería el peor?

Como Marthe no se movía, creí haberme equivocado, y que habían llamado al piso de los propietarios. Pero el timbre sonó de nuevo.

—¡Cállate, no te muevas! —susurró Marthe—, debe de ser mi madre. Me había olvidado por completo de que pasaría después de misa.

Me sentía feliz de ser testigo de uno de sus sacrificios. Siempre que una amante o un amigo se retrasan algunos minutos a una cita, los imagino muertos. Atribuyendo esa misma sensación de angustia a su madre, saboreaba su temor y, sobre todo, que lo sintiera por mi culpa.

Oímos cómo se cerraba la puerta del jardín tras un breve conciliábulo (evidentemente, la señora Grangier preguntaba en la planta baja si habían visto a su hija aquella mañana). Marthe miró desde detrás de los postigos y me dijo: «Sí, era ella». No pude resistir el placer de ver con mis propios ojos a la señora Grangier marchándose con el misal en la mano, inquieta por la incomprensible ausencia de su hija. Todavía se volvió una vez más hacia los postigos cerrados.

PABLO NERUDA
Chile (1904-1973)
Premio Nóbel 1971

Ricardo Eliécer Neftalí Reyes Basualdo nació en Parral. El apellido Neruda lo eligió en 1946 por admiración al escritor checo Jan Neruda, autor de los Cuentos de la Mala Strana. Vivió su adolescencia en Temuco. Diplomático en Birmania, Annam, China, Siam, Japón, Francia, España. Senador por el partido comunista. Murió en Santiago de Chile.

Su libro Para nacer he nacido recoge prosas del poeta del amor más célebre de América Latina.

PARA NACER HE NACIDO

MUJER LEJANA

Esta mujer cabe en mis manos. Es blanca y rubia, y en mis manos la llevaría como a una cesta de magnolias. Esta mujer cabe en mis ojos. La envuelven mis miradas, mis miradas que nada ven cuando la envuelven.

Esta mujer cabe en mis deseos. Desnuda está bajo la anhelante llamarada de mi vida y la quema mi deseo como una brasa.

Pero, mujer lejana, mis manos, mis ojos y mis deseos te guardan entera su caricia porque sólo tú, mujer lejana, sólo tú cabes en mi corazón.

UN AMOR

Por ti junto a los jardines recién florecidos me duelen los perfumes de primavera. He olvidado tu rostro, no recuerdo tus manos, ¿cómo besaban tus labios?

Por ti amo las blancas estatuas dormidas en los parques, las blancas estatuas que no tienen voz ni mirada.

He olvidado tu voz, tu voz alegre, he olvidado tus ojos.

Como una flor a su perfume, estoy atado a tu recuerdo impreciso. Estoy cerca del dolor como una herida, si me tocas me dañarás irremediablemente.

Tus caricias me envuelven como las enredaderas a los muros sombríos.

He olvidado tu amor y sin embargo te adivino detrás de todas las ventanas.

Por ti me duelen los pesados perfumes del estío: por ti vuelvo a acechar los signos que precipitan los deseos, las estrellas en fuga, los objetos que caen.

JOÃO GUIMÃRAES ROSA
Brasil (1908-1967)

João Guimãraes Rosa nació en Gordisburgo, Minas Gerais, Brasil. Hijo de un comerciante, estudió medicina en Belo Horizonte, 1925-1930 y la ejerció en Sertón. Hablaba 8 idiomas. Cónsul de Hamburgo y secretario de su embajada en Bogotá y París. Ministro Plenipotenciario. Murió en Río de Janeiro.

Desde el Ulysses de Joyce, Gran sertón: Veredas es la obra más ambiciosa en el campo de la erudición lingüística. Ribaldo, su protagonista, propietario agrícola, letrado, antiguo Jagunco (bandido), en un monólogo entre el bien y el mal vive obsesionado por su secreto: un pacto firmado con el diablo, que lo vuelve invencible. Aconsejado por su amigo Diadorín, ángel guardián andrógino, entre hombre y mujer que le lee sus pensamientos y lo seduce en un amor turbio. Ribaldo en su lucha entre el bien y el mal no logra resolver sus angustias. Ni con su propia muerte.

GRAN SERTÓN: VEREDAS

Aquella Mujer no era mala, del todo. Por las lágrimas fuertes que calentaban mi rostro y salaban mi boca, pero que ya frías ya rodaban. Diadorín. Diadorín, oh, ah, mis buritizares destruidos aún verdes... Burití, del oro de la flor... Y subieron las escaleras con él, encima de una mesa fue puesto. Diadorín, Diadorín, ¿es que te merecí sólo a medias? Con mis mojados ojos no miré bien; parecían volar garzas... Y que fuesen a buscar velas o hachón de cera, y encender altas hogueras de buena leña, alrededor de la oscuridad del poblado...

Me dio un ahogo, con una estrangulación de dolor. Constante lo que la Mujer dijo: había que lavar y vestir el cuerpo. Piedad, como que ella misma, embebiendo la toalla, limpió las faces de Diadorín, corteza de tan gruesa sangre, repisada. Y su belleza permanecía, sólo permanecía, más imposiblemente. Hasta como yaciendo así, en aquel polvo de palidez, como la cosa y máscara, sin gota ninguna. Sus ojos quedados para yo verlos. La cara economizada, la boca secada. Los cabellos con marca de durables... ¡No escribo, no hablo!: ¡para así no ser: no fue, no es, no se queda siendo! Diadorín...

Yo diciendo que la Mujer iba a lavar su cuerpo de él. Ella rezaba rezos de la Bahía. Mandó a todo el mundo salir. Yo me quedé. Y la mujer meneó blandamente la cabeza, consonante dio un suspiro sencillo. Ella me malentendía. No me mostró de propósito el cuerpo. Y dijo...

Diadorín, desnudo de todo: Y ella dijo:

—«A Dios sea dada. Pobrecita...»

Y dijo. ¡Yo la conocí! Como en todo el tiempo antes no se lo conté a usted —y merced pido—: pero para que el señor distinguiese conmigo, a la par, justo el amargor de tanto secreto, sabiendo solamente en el instante en que yo también sólo supe... Que Diadorín era el cuerpo de una mujer, moza perfecta... Me aterré. El dolor no pudo más que la sorpresa. La coz del arma, de la culata...

Ella era. Tal que así se desencantaba, de un encanto tan terrible; levanté la mano para santiguarme, pero lo que con ella escondí fue un sollozo, y escondí las lágrimas mayores. Aullé. ¡Diadorín! Diadorín era una mujer. Diadorín era una mujer como el sol no incendia el agua del río Urucuia, como yo sollocé mi desesperación.

No repare usted. Espere, que yo cuente. La vida de uno nunca tiene término real.

Yo extendí las manos para tocar aquel cuerpo, y me estremecí, retirando las manos para atrás, incendiable; bajé mis ojos. Y la Mujer extendió la toalla, cubriendo las partes. Pero aquellos ojos yo besé, y las faces, la boca. Conjeturaba los cabellos. Cabellos que cortó con tijera de plata... Cabellos que, en el no ser, habían de dar por debajo de la cintura... Y yo no sabía por qué nombre llamarla; yo exclamé doliéndome:

—«¡Amor mío...!»

Fue así. Yo me había asomado a la ventana, para poder no presenciar el mundo.

La Mujer lavó el cuerpo, que revistió con la mejor pieza de ropa que sacó de su propio hato. En el pecho, entre las manos puestas, todavía depositó el cordón con el escapulario que había sido mío, un rosario, de coquitos de ouricurí y cuentas de lágrimas-de-nuestra-señora. Sólo faltó —¡ah!— la piedra de amatista, tan traída... El Quipes vino, con las velas, que encendimos en cuadro. Aquellas cosas sucedían cerca de mí. Como habían ido a abrir la sepultura, cristianamente. Por el repugnar y revolver, quise yo primero: —«Entiérrenlo separado de los otros, en un llano de vereda, donde nadie lo encuentre, nunca se sepa...» Tal dije, desbarrada. Recaí en el determinar del sufrir. En lo real me vi, que con la Mujer junto abrazado, nosotros dos llorábamos por extenso. Y todos mis yagunzos decididos lloraban. Después fuimos, y en sepultura dejamos, en el cementerio del Paredón enterrada, en campo del sertón.

Ella tenía amor de mí. Y aquella era la hora del más tarde. El cielo viene bajando. Le he narrado a usted. En lo que narré, usted tal vez encuentre más que yo, mi verdad. Fin que fue.

    Aquí la historia se acabó.

SIMONE DE BEAUVOIR
Francia (1908-1986)

Simone de Beauvoir nació en París. Novelista, intelectual, feminista defensora del amor libre, existencialista opuesta a la religión. Luchó por el pacifismo. Compañera de Jean Paul Sartre, renunció abiertamente a la maternidad. Fueron con Sartre una pareja símbolo en los años sesenta de la intelectualidad y el radicalismo. Fundadora de la famosa revista Les Temps Modernes.

En Todos los hombres son mortales *(1947), Simone de Beauvoir ilustra las ideas existencialistas acerca de la muerte. Propone la tesis de que sólo la muerte acaba por dar significado a la vida, de que ésta no se completaría si no fuera en sí misma «mortal».*

TODOS LOS HOMBRES SON MORTALES

Se puso el vestido largo de tafetán negro y eligió un collar en el joyero. Dijo en voz alta: «Esta noche llevaré trenzas». Desde hacía algún tiempo había tomado la costumbre de hablar consigo misma en voz alta. Llamaban a la puerta: los invitados empezaban a llegar. Trenzó lentamente su cabello. «Esta noche quiero mostrarles mi verdadero rostro...» Se acercó al espejo y se sonrió. Congelóse su sonrisa. Ese rostro que ella había querido tanto parecía una máscara; ya nada le pertenecía; su cuerpo también le resultaba extraño: un maniquí. De nuevo quiso sonreír y el maniquí sonrió en el espejo. Le dio la espalda: si seguía así iba a terminar por hacer muecas. Empujó la puerta: las lámparas estaban encendidas; ellos estaban sentados en los sillones y en los divanes: Sanier, Florence, Dulac, Laforet. Fosca, sentado sobre ellos, hablaba con voz animada. Annie servía los cócteles. Todo tenía un aspecto de realidad. Ella les tendió la mano sonriendo y ellos sonrieron.

—Está espléndida con ese vestido —dijo Florence.
—La que está preciosa es usted.
—Esos cócteles son maravillosos.
—Es un invento personal.

Estaban tomando cócteles y miraban a Régine. Llamaban nuevamente a la puerta; nuevamente ella sonreía, ellos sonreían y miraban y escuchaban. En sus ojos benévolos, malévolos, cautivados, su vestido, su rostro, el decorado del estudio se irisaban de mil luces. Y todo seguía teniendo un aire real. Una brillante recepción. Si tan solo hubiera podido no mirar a Fosca...

Pero volvió la cabeza. Lo sabía: tenía los ojos clavados en ella, esos ojos llenos de compasión que la desnudaban. Él veía el maniquí, veía la comedia. Ella tomó sobre la mesa una bandeja de dulces y fue pasándola.

—Sírvanse.

Dulac mordió un pastelillo de chocolate, y su boca se llenó de una crema espesa. «Es un momento precioso de mi vida —pensó Régine—, un momento precioso de mi vida en la boca de Dulac. Aspiran mi vida por la boca, por los ojos. ¿Y después?»

—¿Qué es lo que anda mal? —preguntó una voz afectuosa.

Era Sanier.

—Nada anda bien —contestó Régine.

—Mañana firma el contrato de *Tempestad*, las primeras funciones de *Berenice* son un éxito, ¿y dice que nada anda bien?

—Tengo un carácter mal conformado —dijo ella.

El rostro de Sanier adoptó una expresión grave.

—Al contrario.

—¿Al contrario?

—No me gustan las personas satisfechas.

La estaba mirando con tanta amistad que sintió que un poco de esperanza renacía en su corazón. Le ahogó el deseo de pronunciar palabras sinceras y de hacer que al menos ese instante fuera verdadero.

—Creí que me despreciaba —dijo ella.

—¿Yo?

—Sí. Cuando le hablé de Mauscot y de Florence. Fue ruin por mi parte...

—No creo que ninguno de sus actos pueda ser ruin.

Régine sonrió. Una llama nueva se alzaba en ella: «Si yo quisiera...» Tenía ganas de sentirse arder en ese corazón escrupuloso y apasionado.

—Siempre he creído que me juzgaba con severidad.

—Se equivocaba.

Le miró a los ojos.

—En el fondo, ¿qué piensa de mí?

Él vaciló.

—Hay algo trágico en usted.

—¿Qué?

—Su deseo de lo absoluto. Está usted hecha para creer en Dios y para meterse a monja.

—Hay demasiados elegidos —dijo ella—. Demasiadas santas. Hubiera sido necesario que Dios sólo me quisiera a mí.

De golpe la llama se apagó. Él estaba a pocos pasos de ella, la estaba observando. La veía mirar a Sanier, mirar a Sanier que la estaba mirando, tratando de encenderse en su corazón; veía el ir y venir de las palabras y de las miradas, el juego de los espejos, de los espejos vacíos que sólo reflejaban su mutuo vacío. Ella tendió bruscamente la mano hacia una copa de champaña.

—Tengo sed —dijo.

Vació la copa, la llenó de nuevo. Roger hubiera dicho: «No bebas», y ella habría bebido y fumado cigarrillos y su cabeza se habría vuelto pesada de asco, de rebeldía y de ruido. Pero él no decía nada, espiaba, pensaba: «Ella trata, trata». Y era verdad, trataba: el juego de la dueña de la casa, el juego de la gloria, el juego de la seducción, todo eso no era más que un único juego: el juego de la existencia.

—¿Se está divirtiendo? —dijo ella.

—El tiempo pasa —contestó él.

—Se está burlando de mí. ¡Pero no me intimida!

Le lanzó una mirada de desafío. A pesar de él, a pesar de su sonrisa compasiva, quería sentir una vez más el escozor de su vida; podía arrancarse la ropa y bailar desnuda, podía asesinar a Florence: lo que ocurriría después carecía de importancia. Aunque sólo fuera por un minuto, aunque sólo fuera por un segundo, ella sería esa llama que desgarra la noche. Se echó a reír. Si destruía en un instante el pasado y el futuro, estaría segura de que ese instante existía. Saltó sobre el sofá, alzó su ropa y empezó con voz estentórea:

—Mis queridos amigos...

Todos los rostros se volvieron hacia ella.

—...Ha llegado el momento de decirles por qué los he reunido esta noche. No es para festejar la firma del contrato *Tempestad*...

Sonrió a Dulac.

—Discúlpeme, señor Dulac, pero no firmaré ese contrato.

El rostro de Dulac se endureció y ella sonrió triunfante. Había estupor en todos los ojos.

—No rodaré esta película ni ninguna otra película. Abandono *Berenice*. Me retiro del teatro. Brindo por el final de mi carrera.

Un minuto, sólo un minuto. Ella existía. Todos la miraban sin comprender y tenían un poco de miedo; ella era el rayo, el torrente, la avalancha, el abismo que se abría de pronto bajo sus pies y desde el cual subía la angustia. Ella existía.

—Régine se ha vuelto loca —afirmó Annie.
—Todos hablaban, le hablaban: ¿Por qué? ¿Será posible? ¿No puede ser verdad? Y Annie se le colgaba del brazo con aire espantado.
—Beban conmigo —propuso Régine—. Brinden por el final de mi carrera.
Bebió y se echó a reír a carcajadas.
—Un hermoso final.
Lo miraba, lo desafiaba: ella ardía, ella existía. Luego dejó caer la mano y su copa se hizo añicos contra el suelo. Él sonreía y ella estaba desnuda hasta los huesos. Él le arrancaba todas las máscaras e incluso sus gestos, sus palabras, sus sonrisas; ella no era más que un aleteo en medio del vacío: «Ella trata, trata». Y el también veía para quién ella trataba: tras las palabras, los gestos, las sonrisas, en todos la misma impostura, el mismo vacío.
—¡Ah! —dijo ella riendo—, ¡qué comedia!
—¡Régine, ha bebido usted demasiado —insinuó Sanier suavemente—. Venga a descansar.
—No he bebido —dijo ella alegremente—. Veo muy claro.
Señaló con el dedo a Fosca, mientras seguía riendo.
—Veo por sus ojos.
Su risa se quebró. Por sus ojos ella calaba esa nueva comedia, la comedia de la risa lúcida y de las palabras sin esperanza. Las palabras se secaron en su garganta. Todo se apagó. Afuera ellos callaban.
—Venga a descansar —insistía Annie.
—Venga —dijo Sanier.
Ella los siguió:
—Diles que se vayan, Annie, diles a todos que se vayan. —Y agregó, irritada—: ¡Y ustedes dos, déjenme!
Permaneció inmóvil en medio de la habitación y luego giró sobre sí misma desorientada; miró las máscaras africanas en las paredes,

las estatuillas sobre el velador y los viejos títeres en su teatro minúsculo: «Todo mi pasado y ese prolongado amor por mí misma en estos preciosos bibelots. ¡Y son sólo objetos de bazar!» Arrojó las máscaras al suelo.

—¡Objetos de bazar! —repitió en voz alta, pisoteándolos.

Alguien le tocó el hombro.

—Régine —dijo Fosca—. ¿Para qué?

—No quiero más mentiras —soltó ella.

Se dejó caer sobre una silla y se apretó las sienes con las manos. Se sentía horriblemente cansada.

—Yo soy una mentira —afirmó ella.

Hubo un largo silencio y él declaró:

—Voy a irme.

—¿Irse? ¿Adónde?

—Lejos de usted. Usted me olvidará y podrá volver a vivir.

Lo miró con terror. Ella ya no era nada. Era necesario que él permaneciera junto a ella.

—No —dijo—. Es demasiado tarde. Nunca más olvidaré. No olvidaré nada.

—¡Pobre Régine! ¿Qué hacer?

—No hay nada que hacer. No se vaya.

—No me iré.

—Nunca —insistió ella—. No tiene que dejarme nunca.

Ella le rodeó el cuello con los brazos, apoyó sus labios en los labios de él e introdujo la lengua en su boca. Las manos de Fosca la oprimieron y ella se estremeció. Antes, con los otros hombres ella sólo sentía las caricias, no sentía las manos; en tanto que las manos de Fosca existían y Régine no era más que una presa. Febrilmente le arrancaba la ropa como si incluso a él le hubiera faltado el tiempo, como si cada segundo se hubiera convertido en un tesoro que no había que desperdiciar. La estrechó entre sus brazos y un viento de fuego se alzó en ella, barriendo las palabras, las imágenes: ya no hubo sobre la cama más que un gran estremecimiento oscuro.

Él estaba en ella, ella era la presa de ese deseo tan antiguo como la tierra misma, ese deseo salvaje y nuevo que sólo ella podía saciar, y que no era deseo de ella sino deseo de todo: ella era ese deseo, ese vacío ardiente, esa densa ausencia, ella era todo. El instante se alzaba como una llama, la eternidad había sido vencida. Tensa, crispada en una pasión de espera y de angustia, ella respiraba al mismo ritmo jadeante que Fosca. Él gimió y ella le clavó las uñas en la carne, desgarrada por el espasmo triunfante, sin esperanza, con el cual todo terminaba y todo se deshacía, arrancada a la paz ardiente del silencio, arrojada nuevamente en sí misma, Régine, inútil, traicionada. Se pasó la mano por la frente empapada de sudor, sus dientes entrechocaban.

—Régine —llamó él suavemente.

Le besaba el pelo, le acariciaba las mejillas.

—Duerma —agregó—. Nos han permitido el sueño.

Había tanta tristeza en su voz que ella estuvo a punto de abrir los ojos, de hablarle: ¿es que no existe remedio alguno? Pero él leía en ella demasiado pronto, ella adivinaba tras él demasiadas noches, demasiadas mujeres. Ella se dio la vuelta y apoyó la mejilla en la almohada.

Cuando Régine abrió los ojos empezaba a amanecer. Tendió el brazo a través de la cama. No había nadie junto a ella.

—Annie —gritó.

—Régine.

—¿Dónde está Fosca?

—Ha salido —dijo Annie.

—¿Ha salido? ¿A esta hora? ¿A dónde ha ido?

Annie apartaba la mirada.

—Ha dejado unas líneas para usted.

Ella tomó la nota; sólo un pedazo de papel doblado en dos:

«Adiós, querida Régine, olvide que existo. Después de todo la que existe es usted y yo no cuento».

—¿Dónde está? —inquirió ella.

Saltó de la cama y empezó a vestirse apresuradamente.

—¡Es imposible! Le pedí que no se fuera.

—Se ha ido esta noche —dijo Annie.

—¿Y por qué lo dejaste? ¿Por qué no me despertaste? —la recriminó Régine, sacudiéndola—. Dime, ¿eres idiota? ¿Por qué?

—Yo no sabía.

—¿Qué es lo que no sabías? ¿Te entregó esas líneas, las has leído?

La miraba con ira.

—Dejaste a propósito que se fuera; sabías y lo dejaste ir. Perra. Más que perra.

—Sí —dijo Annie—. Es verdad. Era necesario que se fuera; por el bien de usted.

—¡Mi bien! —exclamó Régine—. ¡Ah! ¡Los dos juntos habéis complotado mi bien! —la sacudió—. ¿Dónde está?

—No lo sé.

—¡No lo sabes!

Tenía los ojos fijos en Annie y pensaba: «Si ella no lo sabe, no me queda más remedio que morir». De un salto estuvo en la ventana.

—Dime dónde está o me tiro.

—¡Régine!

—No te muevas o salto. ¿Dónde está Fosca?

—En Lyons, en la posada donde pasaron tres días juntos.

—¿Es verdad? —preguntó Régine con desconfianza—. ¿Por qué iba a decírtelo?

—Quise saberlo —dijo Annie—. Yo tenía miedo de usted.

—Así que te pidió consejo —dijo Régine. Se puso el abrigo. Voy a buscarlo.

—Yo iré a buscarlo en su lugar —dijo Annie—. Usted tiene que estar en el teatro esta noche...

—Ya dije anoche que renunciaba al teatro —replicó Régine.

—Pero había bebido. Déjeme ir. Le prometo traérselo de vuelta.

—Quiero traerlo yo misma —decidió Régine. Traspuso la puerta—. Y si no lo encuentro, no volverás a verme jamás —concluyó.

Fosca estaba sentado a una mesita en la terraza de la posada; había una botella de vino blanco frente a él; fumaba. Cuando vio a Régine sonrió sin asombro.

—¡Ah! ¡Ya está aquí! —dijo—. ¡Pobre Annie! ¡No ha aguantado mucho tiempo!

—Fosca, ¿por qué se ha ido? —quiso saber ella.

—Annie me lo había pedido.

—¡Ella se lo había pedido! —Régine se sentó frente a Fosca y dijo indignada—: ¡Pero yo le pedí que se quedara!

Él sonrió.

—¿Por qué iba a tener que obedecerle a usted?

Régine se sirvió un vaso de vino y bebió ávidamente; sus manos temblaban.

—¿Ya no me quiere? —dijo.

—A ella también la quiero —dijo con suavidad.

—Pero no de la misma manera.

—¿Cómo podría marcar una diferencia? —dijo él—. Pobre Annie.

Una horrible náusea subió a los labios de Régine: en la pradera, millares de briznas de hierba, todas iguales, todas semejantes...

—Hubo un tiempo en que únicamente yo existía para usted.

—Sí. Y después usted me abrió los ojos.

Ella ocultó la cara entre las manos. Una brizna de hierba, sólo una brizna de hierba. Cada cual se creía distinto de los demás; cada cual se prefería; y todos se equivocaban; ella se había equivocado como todos los demás.

—Vuelva —rogó ella.

—No —dijo él—. Es inútil. Creí que podría volver a ser hombre una vez más: eso se me ha ocurrido después de otros sueños. Pero lo que pasa es que ya no puedo.

—Volvamos a intentarlo.

—Estoy demasiado cansado.

—Entonces estoy perdida —dijo ella.

—Sí, es una desgracia para usted —reconoció él—. Se inclinó hacia ella—. Lo lamento. Me equivoqué. Ya no debería equivocarme —dijo con una risita—. He pasado la edad. Pero pienso que eso no puede evitarse. Cuando tenga diez mil años más volveré a equivocarme: no se aprende nunca.

Ella tomó las manos de Fosca.

—Le pido veinte años de su vida. ¡Veinte años! ¿Qué son para usted?

—¡Ah! Usted no comprende —dijo él.

—¡No, no comprendo! —exclamó ella—. Si estuviese en su lugar trataría de ayudar a la gente; en su lugar...

Él la interrumpió.

—Usted no está en mi lugar. —El se encogió de hombros—. Nadie puede imaginar —dijo—. Ya se lo he dicho: la inmortalidad es una maldición.

—Usted la convierte en una maldición.

—No. He luchado —explicó él—. Uste no sabe cuánto he luchado.

—Pero ¿por qué? —preguntó ella—. Explíqueme.

—Es imposible. Tendría que contárselo todo.

—Bueno, pues cuente —pidió ella—. Tenemos tiempo, ¿no es cierto? Tenemos todo el tiempo.

—¿Para qué? —dijo él.

—Hágalo por mí, Fosca. Quizá sea menos terrible cuando comprenda.

—Siempre la misma historia —suspiró él—. Nunca cambiará. Tendré que arrastrarla conmigo para siempre jamás. —Miró a su alrededor—. Está bien. Voy a contársela —dijo.

JUAN CARLOS ONETTI
Uruguay (1909)
Premio Cervantes 1980

Nació en Montevideo, en un hogar típico de clase media. Fue portero, camarero, vendedor de boletas en un estadio y evolucionó a periodista. Vivió una época en Buenos Aires. Se casó cuatro veces. Detenido por el régimen militar uruguayo. Fué acusado por pornografía.

Cuando entonces es una dolorosa historia de amor; Magda, mística y terrible figura de mujer, buscada, amada, que desemboca en un holocausto desconcertante.

CUANDO ENTONCES

No estaba borracha pero parecía buscar, persistente, ese estado de estupidez y liberación. La distancia era corta, pero me impedía unir, dar sentido, a las frases, palabras que la voz muy ronca de la mujer iba alzando hasta la simulada aquiescencia y amistad que ofrecía la sonrisa del negro.

La mujer hablaba casi siempre para ella misma, con largos monólogos incomprensibles; se preguntaba y respondía. De vez en cuando alzaba la cabeza para decir alguna frase retórica a Simons. Simons le daba la razón con una sola palabra y cuando recibía una orden, para mí secreta, le alcanzaba otra copa. Ella fingía no darse cuenta y murmuraba quejas durante un largo rato antes de tomarse el primer nuevo trago.

De pronto, volvió la cabeza y me descubrió.

«Hola, usted» —dijo y trató de sonreír, pero ya empezaba a muequear. Algo muy desagradable y triste hay siempre en la cara de una mujer ebria. No es que se masculinice, sino que huye de lo femenino y se sitúa cada vez más lejos de toda transmisión sexual y va tomando una textura arcillosa que impone rechazo y frigidez. Estaba bien vestida, para mi gusto, y los zapatos, siempre reveladores cuando alguien pretende usurpar un nivel social superior, eran de gamuza y gran precio. Pero estoy seguro de que, aun viéndola sobria, Madre la habría juzgado una mujerzuela. Y ella nunca se equivoca.

La mujer, ahora vuelta hacia mí, roncó: «El Sim no hace otra cosa que darme la razón, como si yo estuviera loca o fuera una criatura. Lo pongo a usted por mi testigo». Fui astuto: le dije que mi oído derecho era un poco duro y que me gustaría escuchar por completo su problema. Si cambiáramos de asientos...

Primero me miró medio sonriente, como si yo hubiera dicho un chiste. Luego recogió el bolso y el paquete de cigarrillos y bajó del taburete. Le dije gracias y me corrí para ocupar mi asiento amarillo, el que me daría buena suerte para el resto de la noche. Ella se sentó en el rojo, el que había sido mío. Y hablamos o ahí empezó el monólogo que, como usted comprenderá, me es imposible repetir con total fidelidad, pero juro hacer lo posible por recordarlo de manera coherente.

«Yo sabía que la felicidad no dura, pero lo estaba sabiendo aquí —se golpeó la frente—, pero no en el corazón que siempre engaña o se deja engañar. Que él me sacó de la mala vida y yo vi la nueva vida como eterna, tan embobada que estaba como una chiquilina. Pobre idiota de mí. Pero no vaya a creer. Una mujer en estas cosas nunca se engaña. Yo, al principio no me porté del todo bien. Ya le dije de mi mala vida, que yo trabajaba en un cabaret y una noche él entró y no fue más que verme y sentarse en mi mesa donde yo esperaba, noche a noche, a los clientes. Y no fue más que sentarse y ordenar una botella entera y no abierta del whisky de verdad. Y le hicieron caso aunque estaba sin uniforme y nadie sabía si iba a poder pagar aquella locura; pero él tenía y tiene y, cuando yo me vaya, ruego a Dios que la siga teniendo y por muchos años. Tenía, le digo, una presencia, un aire de estar seguro y de saber mandar sin necesidad de grosería. Mandando con sólo estar presente. De entrada lo vi muy moreno y hasta pensé que era mulato. Pero sólo era de cara tostada por el aire y el sol de su país, que me parece que es de una altura que hace difícil respirar. En la realidad, era más blanco que yo. Abrió la botella y me sirvió, me preguntó que si quería agua o soda o hielo. A mí todo me venía bien, pero me preocupaba sentir que aquel hombre tranquilo, con un lomo de dos metros, que nunca se reía pero parecía estar siempre burlándose de algo o de todo, hombre de poco decir, me preocupaba estar ahí sentada y sonriéndole falsa, sabiendo que aquel hombre tenía misterio.

»Como le cuento. Yo haciéndome la mimosa, la difícil, y él siempre paciente y gastador, riéndose sin risa.

»Nunca hubiera pensado que esa comedia iba a ser el principio de dos años de felicidad. Dos años que, me dije, tienen que acabar esta noche por voluntad de Dios. Que yo sé que me va a perdonar» —escarbó en el escote y sacó una cruz de oro que le quedó colgando entre el bulto de sus senos. También yo tenía mi seña secreta: se la hice a Sims y nos renovó las copas.

»Porque yo sólo creo en el amor loco. Lo demás son ganitas de tratar de encontrase en una cama o un buen negocio de matrimonio. Más de parte de las mujeres y yo soy mujer y lo reconozco. Pero enseguida empezaron las amigas, se aturullaron, y también los moscas, tipos que yo sólo conocía de vista y aparecieron como amigos de siempre para chupar gratis. Me pareció grosero y lo dije, pero todos me decían lo mismo: que no me preocupara y que nada me importaba porque, a fin de cuentas, pagaba él.

Comandante, según supe, y que cobraba en dólares. El sueldo de su embajada, quiero decir. Y también quiero decir, aunque sea vergüenza, que sólo dos se acercaban cada noche por simpatía y no por los tragos: uno que escribía arriba de un diario y el otro, don Cayetano, que era un viejo marica, pero buena persona. Y para qué le voy a mentir si usted, por casualidad, es la última persona con la que hablo en este mundo. Una noche que estábamos solos en la mesa, el Comandante y yo, antes de que llegara el mosquerío, fui yo la que lo invitó a subir a los palcos. Pidió una de un cuarto y fuimos. Usted tiene que saber que en los palcos no hay camas ni sofá, nada más que una mesa que cada uno se arregle como pueda, y así sucedió. Le juro que jamás conocí hombre como ese y desde entonces, sin darme cuenta, empecé a ponerme medio loquita, empecé a quererlo para mi suerte y desgracia. ¿Tomamos otra?»

EDUARDO CABALLERO CALDERÓN
Colombia (1910-1997)

Eduardo Caballero Calderón nació en Bogotá. Estudió Derecho en el Externado de Colombia. Fue periodista de los diarios El Tiempo *y* El Espectador. *Se desempeñó, entre otros cargos, como Secretario de la Embajada de Colombia en Lima (1939-1941) y Embajador de Colombia ante la Unesco (1962-1966). Fundó la Emisora HJCK, El mundo en Bogotá, y fue socio fundador de Ediciones Guadarrama, Madrid. Autor de* Siervo sin Tierra, Tipacoque *y* Latinoamérica, un mundo por hacer. *Con su novela* El buen salvaje *obtuvo el Premio Nadal.*

Sobre Hablamientos y pensadurías *Caballero Calderón escribe: «En el texto... hay, como en el título, una constante tergiversación de recuerdos e imaginaciones, de cosas vividas y de cosas soñadas que al cabo de los años vienen a confundirse hasta el punto de que, para el hombre común que soy yo, los recuerdos son sedimentos de la imaginación y ésta es el color, el sabor, el regusto y la música de los recuerdos. [...]*

HABLAMIENTOS Y PENSADURÍAS

He llegado al convencimiento de que la pasión momentánea, o el capricho amoroso por un jardín, un bosque, una montaña, un río, una noche estrellada en el corazón de los Llanos, pueden ser todavía más fuertes, en todo caso menos deleznables que los sentimientos que algún día nos hicieron sufrir y llorar por una mujer. ¿Acaso recuerdo a estas alturas de la vida, tan distantes de la época en que pasé un tiempo en Río de Janeiro antes de costear el noroeste del Brasil e internarme Amazonas arriba; recuerdo acaso aquella niña «loura» —es decir rubia— con quien subí varias veces en funicular al morro del Corcovado para ver amanecer sobre Río, y en cable aéreo al Pan de Azúcar para contemplar su iluminación al anochecer? Había conocido a María D'Alba de Lima en la playa de Copacabana. Era una de esas criaturas ambiguas que se encuentran en los bares de los casinos y de los grandes hoteles. Niña de clase media que había escapado de su casa en Minas Gerais y se lanzó a vivir su vida, como decían entonces las mujeres que según los hombres de la época echaban por la calle de en medio o daban su brazo a torcer. Aunque vivimos juntos poco más de un mes, de día en el mar y por la noche en terrazas, bares y casinos, ya no puedo recordar su rostro. Tan enamorado debía estar que llegué a proponerle, aunque mis reservas de viaje estuvieran casi agotadas, que viajáramos juntos por el Amazonas en un barco de carga. Sólo recuerdo ahora la cantinela con que solía llamar... ¡Oh, guso!... —sustituía una erre fuerte y castellana por una ge gutural y portuguesa— al viejo inmigrante que vendía papas fritas y marañones en la terraza de un café que frecuentábamos al mediodía. De ese amor, o de ese capricho sentimental no me quedó sino eso. En cambio la doble imagen de Río flotando en la niebla del amanecer, cuando Jehová separó las aguas inferiores de las superiores y un primer rayo de sol sacó chispas de un mar azul como una plancha de acero; y Rio incendiándose al anochecer desde la plataforma del Pan de Azúcar: esa doble imagen no la puedo olvidar, tal fue la impresión que llegó a producirme. Ni la bahía de Santa Marta cuando se llega por aire o por mar, ni la de Nápoles contemplada desde Capri, o desde la autopista que viene de Roma y contornea el Vesubio, nada hay tan hermoso en el mundo como Rio de Janeiro con sus caletas redondas (Botafogo, Ipanema, Copacabana, Urca), sus morros que se disparan al cielo azul como cohetes interplanetarios (los dos Irmaos, el Pao d'Assucar, el Corcovado), y la isla de Nitcherroy, que a medio día chisporrotea a lo lejos en medio de la bahía. Yo pregunto y me pregunto: ¿No se puede amar una montaña, un río, una selva, una bahía, una noche en el llano, un amanecer sobre el Corcovado y un anochecer sobre el Pan de Azúcar, como se puede amar a una mujer? De lo contrario, ¿Por qué olvidé tan pronto y definitivamente a María D'Alba de Lima, y en cambio a la bahía de Rio de Janeiro no la puedo olvidar?

Esto me hace pensar ahora, seriamente, en el precepto evangélico, clave de la doctrina cristiana, de «amaos los unos a los otros» y «ama a tu prójimo como a ti mismo». Desde mi adolescencia yo no amaba en los otros sino a poquísimas personas que podría contar con los dedos de una mano, y me amaba a mí mismo mil veces más que al próximo de mis prójimos. En esa etapa de la vida yo no podía amar sino lo que deseaba ardientemente poseer. Confundía amor y deseo, pues aun en el más puro y deshumanizado que pudiera concebir, que era naturalmente el de mi madre, se encontraban entonces multitud de elementos sensoriales, como el placer que sentía cuando ella al regresar yo del colegio, me revolvía los cabellos con sus dedos largos y delgados, y me besaba en la nuca y en la garganta, y me miraba a los ojos con los suyos verdes y maravillosamente serenos. Sólo años después reconocí lo que tal vez ya se encontrara en mí desde cuando era muy niño, y cuya revelación la tuve en el amor como lo entendía Cristo y en mi amor por Cristo: que también es posible amar infinidad de seres y de cosas sin necesidad de adquirirlas y mucho menos poseerlas para disfrutarlas de una manera carnal. Se viene a comprender, pasado ese hervor de la sangre que estalla con la adolescencia, que entre el deseo y el amor —una de cuyas manifestaciones más misteriosas es la amistad— existe una profunda diferencia. El deseo es eminentemente receptivo, y consiste en sentir un placer puramente físico que comienza con la masturbación en la pubertad y continúa con la promiscuidad en la juventud, con cualquier tipo de mujer. En cambio el amor es darse, sin que ese darse tenga que ver con el espasmo fisiológico al emitir un chorro de esperma. El verdadero amor no es recibir sino dar, darse íntegramente a alguien determinado o a algo indeterminado e inaprensible como es la humanidad por la cual Cristo murió en la cruz. San Francisco de Asís a quien me referí muchas páginas atrás no recuerdo por cuál razón, amaba el sol, la luna, las estrellas, el agua, con más ardor que el que puede poner un adolescente en masturbarse o un joven en pasar la noche con una prostituta.

Todo esto venía a que, a imitación de Cristo y de San Francisco de Asís que ha sido su más fiel intérprete, se puede amar a la naturaleza más que a una mujer, y en el caso que aquí he contado, más que a María D'Alba de Lima a la bahía de Rio de Janeiro al amanecer y al anochecer.

ERNESTO SÁBATO
Argentina (1911)

Ernesto Sábato nació en Rojas en 1911. Sobresaliente como físico, fue premiado en varias ocasiones. Enseñó en la Universidad de La Plata. Forma parte del grupo de escritores de mayor influencia en la literatura latinoamericana contemporánea. Es autor de ensayos y novelas, entre los que se destacan Sobre héroes y tumbas, Heterodoxia y Uno y el universo.

El túnel es la confesión de Juan Pablo Castel de un crimen pasional en la que da a conocer la falta de comunicación en su relación con María Iribarne. En su relato, busca explicar la razón de su delito, dejando entender que su locura es causa de la desesperación. La intimidad de la narración de Castel compenetra aún más al lector con el carácter personal de su confesión. Ese tunel oscuro que los hombres atravesamos.

EL TÚNEL

Fue una espera interminable. No sé cuánto tiempo pasó en los relojes, de ese tiempo anónimo y universal de los relojes, que es ajeno a nuestros sentimientos, a nuestros destinos, a la formación o al derrumbe de un amor, a la espera de una muerte. Pero de mi propio tiempo fue una cantidad inmensa y complicada, lleno de cosas y vueltas atrás, un río oscuro y tumultuoso a veces, y a veces extrañamente calmo y casi mar inmóvil y perpetuo donde María y yo estábamos frente a frente contemplándonos estáticamente, y otras veces volvía a ser río y nos arrastraba como en un sueño a tiempos de infancia y yo la veía correr desenfrenadamente en su caballo, con los cabellos al viento y los ojos alucinados, y yo me veía en mi pueblo del sur, en mi pieza de enfermo, con la cara pegada al vidrio de la ventana, mirando la nieve con ojos también alucinados. Y era como si los dos hubiéramos estado viviendo en pasadizos o túneles paralelos, sin saber que íbamos el uno al lado del otro, como almas semejantes en tiempos semejantes, para encontrarnos al fin de esos pasadizos, delante de una escena pintada por mí, como clave destinada a ella sola, como un secreto anuncio de que ya estaba yo allí y que los pasadizos se habían por fin unido y que la hora del encuentro había llegado.

¡La hora del encuentro había llegado! Pero ¿realmente los pasadizos se habían unido y nuestras almas se habían comunicado? ¡Qué estúpida ilusión mía había sido todo esto! No, los pasadizos seguían paralelos como antes, aunque ahora el muro que los separaba fuera como un muro de vidrio y yo pudiese verla a María como una figura silenciosa e intocable... No, ni siquiera ese muro era siempre así: a veces volvía a ser de piedra negra y entonces yo no sabía qué pensaba del otro lado, qué era de ella en esos intervalos anónimos, qué extraños sucesos acontecían; y hasta pensaba que en esos momentos su rostro cambiaba y que una mueca de burla lo deformaba y que quizá había risas cruzadas con otro y que toda la historia de los pasadizos era una ridícula invención o creencia mía y que *en todo caso había un solo túnel, oscuro y solitario: el mío, el túnel en que había transcurrido mi infancia, mi juventud, toda mi vida.* Y en uno de esos trozos transparentes del muro de piedra yo había visto a esta muchacha y había creído ingenuamente que venía por otro túnel paralelo al mío, cuando en realidad pertenecía al ancho mundo, al mundo sin límites de los que no viven en túneles; y quizá se había acercado por curiosidad a una de mis extrañas ventanas y había entrevisto el espectáculo de mi insalvable soledad, o le había intrigado el lenguaje mudo, la clave de mi cuadro. Y entonces, mientras yo avanzaba siempre por un pasadizo, ella vivía afuera su vida normal, la vida agitada que llevan esas gentes que viven afuera, esa vida curiosa y absurda en que hay bailes y fiestas y alegría y frivolidad. Y a veces sucedía que cuando yo pasaba frente a una de mis ventanas ella estaba esperándome muda y ansiosa (¿por qué esperándome? ¿y por qué muda y ansiosa?); pero a veces sucedía que ella no llegaba a tiempo o se olvidaba de este pobre ser encajonado, y entonces yo, con la cara apretada contra el muro del vidrio, la veía a lo lejos sonreír o bailar despreocupadamente o, lo que era peor, no la veía en absoluto y la imaginaba en lugares inaccesibles o torpes. Y entonces sentía que mi destino era infinitamente más solitario que lo que había imaginado.

LAWRENCE DURRELL
Gran Bretaña (1912 - 1990)

Lawrence George Durrell fue escritor y diplomático británico de origen anglo-irlandés. Funcionario del Servicio Exterior Británico en Egipto y otros países.

Justine ha sido considerada como una obra inolvidable y extraordinaria. Hace parte del Cuarteto de Alejandría con Balthasar, Clea y Mountolive. Justine es el amor en la mítica de Alejandría; el conflicto entre la fidelidad y la amistad, la realidad y el sueño.

JUSTINE

reías que lo único que quería era hacer el amor? ¡Por Dios! ¿No hemos tenido ya bastante? Por una vez, ¿eres incapaz de *comprender* lo que siento? ¿Cómo puede ser?

Golpeó la arena húmeda con el pie. No era solamente como si una falla geológica acabara de abrirse en el terreno que habíamos pisado con tanta confianza. En mi propio carácter, una mina abandonada desde hacía mucho tiempo, una galería acababa de desplomarse. Comprendí que ese tráfico estéril de ideas y sentimientos había abierto un camino hasta las selvas más densas del corazón, y que allí nos convertíamos, en siervos de la carne, dueños de un conocimiento enigmático que sólo podía ser transmitido, recibido, descifrado, entendido, por los pocos seres que son nuestros complementarios en el mundo. (¡Cuán pocos, y qué raras veces se los encuentra!) Recuerdo que ella dijo:

—Después de todo, esto no tiene nada que ver con el sexo.

Sentí ganas de reír, aunque percibía en sus palabras la desesperada tentativa de disociar la carne del mensaje que contenía. Me imagino que estas cosas les ocurren siempre a los fracasados que se enamoran. Vi en ese momento lo que debería haber visto mucho antes: que nuestra amistad había llegado a un punto de madurez en que ya éramos parcialmente dueños el uno del otro.

Pienso que nos horrorizó este pensamiento, pues a pesar de nuestro cansancio no pudimos dejar de retroceder aterrados ante esta nueva relación. En silencio, tomados de la mano e incapaces de pronunciar una sola palabra, regresamos por la playa hasta el sitio donde habíamos dejado nuestras ropas. Justine parecía al borde del agotamiento. Los dos ansiábamos separarnos lo antes posible para poder escudriñar en nuestros sentimientos. No nos dijimos nada más. Volvimos a la ciudad, y ella me dejó en la esquina de siempre, cerca de mi departamento. Cerré la portezuela de un golpe, y la vi alejarse sin decir una palabra, sin mirar siquiera.

Cuando abrí la puerta de mi pieza todavía veía la huella del pie de Justine en la arena mojada. Melissa estaba leyendo. Me miró, y con su tranquilidad y su lucidez habituales me dijo:

—Algo ha sucedido. ¿Qué es?

Pero no podía decírselo, puesto que yo mismo no sabía. Tomé su cara entre mis manos y la examiné en silencio, con un cuidado, una atención, una tristeza y un deseo como no recordaba haber sentido antes.

—No es a mí a quien ves, sino a otra —dijo Melissa.

Y sin embargo estaba viendo a Melissa por primera vez. Paradójicamente, Justine me permitía ahora ver a Melissa tal cual era, y comprender el amor que le tenía. Sonriendo, encendió un cigarrillo y dijo:

—Te estás enamorando de Justine.

Le respondí con toda la sinceridad, la honradez y el dolor de que era capaz:

—No, Melissa, es peor que eso. Pero me hubiera sido totalmente imposible explicarle cómo y por qué.

Cuando pensaba en Justine, veía una gran composición a mano alzada, un cartón donde una figura de mujer representaba a alguien que se ha liberado de la servidumbre impuesta por el macho. «Allí donde hay carroña —dijo una vez citando orgullosamente a Boehme y refiriéndose a su ciudad natal—, las águilas se amontonan». Y en ese momento parecía verdaderamente un águila. En cambio, Melissa era la triste pintura de un paisaje invernal bajo un cielo nublado; un tiesto con unos pocos geranios, olvidado en la ventana de una fábrica de cemento.

Recuerdo ahora un pasaje del diario de Justine. Lo reproduzco aquí aunque se refiere a episodios muy anteriores al que acabo de contar, porque expresa casi exactamente esa curiosa encarnación de un amor que he llegado a considerar más propio de la ciudad que de nosotros mismos. «Es inútil —escribe— imaginar que uno se enamore por una correspondencia espiritual o intelectual; el amor es el incendio de dos almas empeñadas en crecer y manifestarse independientemente. Es como si algo explotara sin ruido en cada una de ellas. Deslumbrado e inquieto, el amante examina su experiencia o la de su amada; la gratitud de ésta, proyectándose erróneamente hacia un donante, crea la ilusión de que está en comunión con el amante, pero es falso. El objeto amado no es sino aquel que ha compartido simultáneamente una experiencia, a la manera de Narciso; y el deseo de estar junto al objeto amado no responde al anhelo de poseerlo, sino al de que dos experiencias se comparen mutuamente, como imágenes en espejos diferentes. Todo ello puede preceder a la primera mirada, al primer beso o contacto; precede a la ambición, al orgullo y a la envidia; precede a las primeras declaraciones que marcan el instante de la crisis, porque a partir de allí el amor degenera en costumbre, posesión, y regresa a la soledad.» ¡Cuán característico como descripción del don mágico, y qué falta del sentido del humor!

¡Y a la vez tan cierto... tan de Justine! «Todo hombre —escribe en otra parte, y me parece escuchar los hoscos y doloridos acentos de su voz repitiendo las palabras mientras su mano las traza—, todo hombre está hecho de barro y de *daimon*, y no hay mujer que pueda nutrir a ambos».

Aquella tarde Justine llegó a su casa y supo que Nessim había regresado en el avión vespertino. Pretextó que se sentía afiebrada, y se acostó temprano. Cuando Nessim se sentó a su lado para tomarle la temperatura, Justine le dijo algo que lo impresionó lo bastante como para recordarlo y repetírmelo mucho tiempo después: «No es un malestar que requiera medicinas, apenas un enfriamiento. Las enfermedades no se interesan por los que tienen ganas de morir». Y agregó, con una de esas características desviaciones de la asociación, como una golondrina que cambia de rumbo en pleno vuelo. «¡Ah, Nessim, siempre he sido tan fuerte! ¿Será por eso que jamás me han querido de verdad?»

JORGE AMADO
Brasil (1912-2001)

Nació en Itabuna, Brasil. Consigue hacer en su literatura, de su tierra Bahía, un territorio arcaico y marginado, un espacio de fabulación novelesca sin precedente. La obra de Amado se inserta en una tradición realista deudora del portugués Eça de Queiroz y de los naturalistas franceses.

Doña Flor y sus dos maridos, que vio la luz en 1966, describe con gracia y humor el pintoresco mundo nordestal y los personajes populares que lo pueblan. Sus páginas son antológicas, como el sentimiento que en Doña Flor recuerda el cuerpo de su primer marido.

DOÑA FLOR Y SUS DOS MARIDOS

En el patio del convento, don Clemente Nigra, contra el inmenso mar verdeazul, le dio una palmadita en la cara triste, contemplando su luto cerrado, desgarrador, su flacura, su abatimiento.

Doña Flor iba a verlo para encargarle una misa con motivo de cumplirse un mes del fallecimiento.

—Hija mía —susurró el marfileño fraile— ¿qué desesperación es esa? Vadinho era tan alegre, le gustaba tanto reír... Siempre que lo veía me daba cuenta de que el peor de los pecados mortales es la tristeza, es el único que ofende a la vida. ¿Qué diría si la viese así? No le gustaría, no le gustaba nada que fuese triste. Si usted quiere ser fiel a su memoria, enfrente la vida con alegría...

Las chismosas voceaban en el barrio:

—Ahora sí, ahora sí que ella puede estar alegre; ahora que ese perro se fue al infierno.

—Entierre la pesadumbre del tocayo en el corazón, comadre, y acuéstese y duerma.

Las figuras se movían en el fondo de la habitación como en un ballet: doña Rozilda, doña Dinorá y las beatas con su tufillo de sacristía; y doña Norma, doña Gisa, don Clemente, y Dionisia de Oxóssi sonriendo con su chico: Pero su cuerpo no se conforma, lo reclama. Ella reflexiona, piensa, oye a las amigas y les da la razón: es preciso poner término a esto, dejar de estar muriéndose todos los días, cada vez un poco más. Más su cuerpo no se conforma y lo reclama desesperadamente.

Sólo la memoria se lo devuelve, se lo trae, a su Vadinho, con su atrevido bigote, su risa zumbona, sus palabras feas pero tan lindas, su cabellera rubia y la marca del navajazo. Quiere irse con él, volver a tomar su brazo, irritarse con sus trastadas, ¡y eran tantas!, y gemir sin pudor, desfalleciente, en un beso. Pero, ¡ah!, es necesario reaccionar y vivir, abrir su casa y sus labios apretados, airear las salas y el corazón, tomar la carga de dolor que le dejara él, entera, y enterrarla bien hondo. ¿Quién sabe si así, a lo mejor, se calmaría su deseo? Siempre oyó decir que una viuda, debe ser inmune a tales apetitos, a esos pecaminosos pensamientos, que su deseo debía marchitarse como una flor seca e inútil. El deseo de las viudas se va a la fosa con el cajón del finado, se entierra con él. Sólo una mujer muy zafada, que no hubiese amado a su marido, podía seguir pensando todavía en esas desvergüenzas. ¡Qué horrible! ¿Por qué Vadinho no se habrá llevado consigo la fiebre que la consumía, la desesperación que le entumecía los senos, haciéndole doler el vientre insatisfecho? Era tiempo de que enterrase de nuevo a su muerto y con toda su carga: sus malos tratos, sus maldades, sus desvergüenzas, su alegría, su gracia, su generoso ímpetu, y todo cuanto él plantó en la mansedumbre de doña Flor, las hogueras que encendió, esa dolorida ansiedad, esa locura de amor y ese ardiente deseo, ¡ay!, ¡ese criminal deseo de viuda deshonesta! Pero antes, por lo menos una vez, una última vez, ella lo busca en la memoria y lo encuentra, y se va con él del brazo. Va muy paqueta, como en los tiempos de soltera, cuando ella y Rosalía, dos pobretonas, iban a fiestas en casas de burgueses opulentos y eran las mejor vestidas, dándose el gusto de superar en lujo a todas las demás.

¡Ah! ¡Principalmente una noche, más bella y terrible que todas, llena de novedades y sorpresas, de miedo y exaltación, de humillación y triunfo! ¡Con las emociones del salón de baile y del salón de juego, los nervios rotos, el corazón en fiesta! ¡Qué noche más maravillosa! Por última vez con él, despacito. Paso a paso, fue reconstruyendo el absurdo itinerario de aquella noche sin estrellas: la salida de casa, ellos dos, con doña Gisa, la cena, el tango, el espectáculo de las mulatas cimbreándose, el canto de las negras, la ruleta, el bacará, la fatiga, la ternura; la vuelta a casa en el taxi de Cínago como en los viejos tiempos, y Vadinho besándola con impaciencia, allí mismo, a la vista de doña Gisa, que sonreía. Con un frenesí tal que le arrancó y destruyó el lujoso vestido nada más entrar en el dormitorio:

—No sé que es lo que tienes hoy, querida, estás hecha una tentación y estoy loco por ti. Vamos, apúrate... Vas a ver lo que es gozar... como tú nunca gozaste. Hoy es el día, preparáte. Te di lo que pediste, ahora vas a tener que pagar...

Caída en la cama de hierro, doña Flor se estremeció. Aquella noche la hiel se había transformado en miel y el dolor volvió de nuevo a convertirse en su supremo placer; nunca fuera una yegua tan violentamente montada por su fogoso garañón, ni nunca poseída una perra en celo tan silenciosa; era una esclava sometida a su lascivia, una hembra recorriendo todos los caminos del deseo, campiñas de flores y dulzuras, selvas de húmedas sombras y prohibidos senderos, hasta el reducto final. Noche en que fueron cruzadas las puertas más estrechas y cerrradas, en que rindió el último bastón de su pudor. ¡Oh! ¡Deo gratias, aleluya! Fue la vez en que la hiel se transformó en miel y el dolor en raro, exquisito, divino placer: una noche de mutua, total entrega.

Fue en el cumpleaños de doña Flor, no hacía mucho, en diciembre último, en las vísperas de Navidad.

MARGUERITE DURAS
Francia (1914-1995)

Nació en Gia Dinh, Vietnam, de padres franceses. Su padre, un profesor, murió cuando ella sólo tenía cuatro años. En 1932 se trasladó a París donde estudió Derecho, Matemáticas y Ciencias Políticas. Fue alcohólica, internada en un campo nazi y golpeada por su madre. Su guión cinematográfico Hiroshima, mon amour obtuvo un reconocimiento mundial. Luego de publicar El amante, recibió el Premio Goncourt en 1984. Murió en París a los 81 años.

El amante es la historia de amor entre una adolescente de quince años y un rico comerciante chino de veintiséis años.

EL AMANTE

Ocurrió muy pronto aquel día, un jueves. Cada día iba a buscar la al instituto para llevarla al pensionado. Y luego una vez fue al pensionado un jueves por la tarde. La llevó en el automóvil negro.

Es en Cholen. Es en dirección opuesta a los bulevares que conectan la ciudad china con el centro de Saigón, esas grandes vías a la americana surcadas de tranvías, cochecillos chinos tirados por un hombre, autobuses. Es por la tarde, pronto. Ha escapado al paseo obligatorio de las chicas del pensionado.

Es un apartamento en el sur de la ciudad. El lugar es "moderno, diríase que amueblado a la ligera, con muebles modern style". El hombre dice: no he elegido yo los muebles. Hay poca luz en el estudio.

Ella no le pide que abra las persianas. Se encuentra sin sentimientos definidos, sin odio, también sin repugnancia, sin duda se trata ya del deseo. Lo ignora. Aceptó venir en cuanto él se lo pidió la tarde anterior. Está donde es preciso que esté, desterrada. Experimenta un ligero miedo. Diríase, en efecto, que eso debe corresponder no sólo a lo que espera sino también a lo que debía suceder precisamente en su caso. Está muy atenta al exterior de las cosas, a la luz, al estrépito de la ciudad en el que la habitación está inmersa.

Él tiembla. Al principio la mira como si esperara que hablara, pero no habla. Entonces, él tampoco se mueve, no la desnuda, dice que la ama con locura, lo dice muy quedo. Después se calla. Ella no le responde. Podría responder que no lo ama. No dice nada. De repente sabe, allí, en aquel momento, sabe que él no la conoce, que no la conocerá nunca, que no tiene los medios para conocer tanta perversidad. Ni de dar tantos y tantos rodeos para atraparla, nunca lo conseguirá. Es ella quien sabe. Sabe. A partir de su ignorancia respecto a él, de repente sabe: le gustaba ya en el transbordador. Él le gusta, el asunto sólo dependía de ella.

Le dice: preferiría que no me amara. Incluso si me ama, quisiera que actuara como acostumbraba a hacerlo con las mujeres. La mira como horrorizado, le pregunta: ¿quiere? Dice que sí. Él ha empezado a sufrir ahí, en la habitación, por primera vez, ya no miente sobre esto. Le dice que ya sabe que nunca le amará. Le deja hablar. Al principio ella dice que no sabe. Luego lo deja hablar.

Dice que está solo, atrozmente solo con este amor que siente por ella. Ella le dice que también está sola. No dice con qué. Él dice: me ha seguido hasta aquí como si hubiera seguido a otro cualquiera.

Ella responde que no puede saberlo, que nunca ha seguido a nadie a una habitación. Le dice que no quiere que le hable, que lo que quiere es que actúe como acostumbra a hacerlo con las mujeres que lleva a su piso. Le suplica que actúe de esta manera.

Le ha arrancado el vestido, lo tira, le ha arrancado el slip de algodón blanco y la lleva hasta la cama así desnuda. Y entonces se vuelve del otro lado de la cama y llora. Y lenta, paciente, ella lo atrae hacia sí y empieza a desnudarlo. Lo hace con los ojos cerrados, lentamente. Él intenta moverse para ayudarla. Ella pide que no se mueva. Déjame. Le dice que quiere hacerlo ella. Lo hace. Lo desnuda. Cuando se lo pide, el hombre desplaza su cuerpo en la cama, pero apenas, levemente, como para no despertarla.

La piel es de una suntuosa dulzura. El cuerpo. El cuerpo es delgado, sin fuerza, sin músculos, podría haber estado enfermo, estar convaleciente, es imberbe, sin otra virilidad que la del sexo, está muy débil, diríase estar a merced de un insulto, dolido. Ella no lo mira a la cara. No lo mira. Lo toca. Toca la dulzura del sexo, de la piel, acaricia el color dorado, la novedad desconocida. Él gime, llora. Está inmerso en un amor abominable.

Y llorando, él lo hace. Primero hay dolor. Y después ese dolor se asimila a su vez, se transforma, lentamente arrancado, transportado hacia el goce, abrazado a ella.

El mar, informe, simplemente incomparable.

JULIO CORTÁZAR
Argentina (1914-1984)

Cortázar nació en Bruselas, hijo de un diplomático argentino Bulgen. Muy joven en 1941 se graduó de maestro en Buenos Aires. En el mismo año se empleó en la Cámara Argentina del Libro. En 1951 marchó a Francia y se casó con Avorona Bernárdez. Escribió Rayuela en 1963. Cinco años más tarde optó por el socialismo. Murió en París el 12 de febrero.

En Rayuela, Horacio Oliveira argentino trasplantado a París, lleva una vida bohemia compartida con la Maga, joven uruguaya que había llegado a la capital francesa huyendo del pasado, y con Rocamadour, hijo de ésta. La novela narra el proceso de desintegración de Oliveira, un intelectual cuyos mecanismos racionales lo mantienen al margen de la vida, de su horror y de su belleza. La acción se sitúa primero en París, luego en Buenos Aires y al final vuelve a la capital francesa. El grupo de personajes que rodea a Oliveira va dando cuenta de su aventura, de su desprecio intentando aferrarse a la autenticidad de la vida. Una novela que nadie debería dejar de leerla.

RAYUELA

Ahora se daba cuenta de que en los momentos más altos del deseo no había sabido meter la cabeza en la cresta de la ola y pasar a través del fragor fabuloso de la sangre. Querer a la Maga había sido como un rito del que ya no se espera la iluminación; palabras y actos se habían sucedido con una inventiva monotonía, una danza de tarántulas sobre un piso lunado, una viscosa y prolongada manipulación de ecos. Y todo el tiempo él había esperado de esa alegre embriaguez algo como un despertar, un ver mejor lo que lo circundaba, ya fueran los papeles pintados de los hoteles o las razones de cualquiera de sus actos, sin querer comprender que limitarse a esperar abolía toda posibilidad real, como si por adelantado se condenara a un presente estrecho y nimio. Había pasado de la Maga a Pola en un solo acto, sin ofender a la Maga ni ofenderse, sin molestarse en acariciar la rosada oreja de Pola con el nombre excitante de la Maga. Fracasar en Pola era la repetición de innúmeros fracasos, un juego que se pierde al final pero que ha sido bello jugar, mientras que de la Maga empezaba a salirse resentido, con una conciencia de sarro y un pucho oliendo a madrugada en un rincón de la boca. Por eso llevó a Pola al mismo hotel de la rue Valette, encontraron a la misma vieja que los saludó comprensivamente, qué otra cosa se podía hacer con ese sucio tiempo. Seguía oliendo a blando, a sopa, pero habían limpiado la mancha azul en la alfombra y había sitio para nuevas manchas.

—¿Por qué aquí? —dijo Pola, sorprendida. Miraba el cobertor amarillo, la pieza apagada y mohosa, la pantalla de flecos rosa colgando en lo alto.

—Aquí, o en otra parte...

—Si es por esa cuestión de dinero, no había más que decirlo, querido.

—Si es por una cuestión de asco, no hay más que mandarse mudar, tesoro.

—No me da asco. Es feo, simplemente. A lo mejor...

Le había sonreído, como si tratara de comprender. A lo mejor... Su mano encontró la de Oliveira cuando al mismo tiempo se agachaban para levantar el cobertor. Toda esa tarde él asistió otra vez, una vez más, una de tantas veces más, testigo irónico y conmovido de su propio cuerpo, a las sorpresas, los encantos y las decepciones de la ceremonia.

Habituado sin saberlo a los ritmos de la Maga, de pronto un nuevo mar, un diferente oleaje lo arrancaba a los automatismos, lo confrontaba, parecía denunciar oscuramente su soledad enredada de simulacros. Encanto y desencanto de pasar de una boca a otra, de buscar con los ojos cerrados un cuello donde la mano ha dormido recogida, y sentir que la curva es diferente, una base más espesa, un tendón que se crispa brevemente con el esfuerzo de incorporarse para besar o morder. Cada momento de su cuerpo frente a un desencuentro delicioso, tener que alargarse un poco más, o bajar la cabeza para encontrar la boca que antes estaba ahí tan cerca, acariciar una cadera más ceñida, incitar a una réplica y no encontrarla, insistir, distraído, hasta darse cuenta de que todo hay que inventarlo otra vez, que el código no ha sido estatuido, que las claves y las cifras van a nacer de nuevo, serán diferentes, responderán a otra cosa. El peso, el olor, el tono de una risa o una súplica, los tiempos y las precipitaciones, nada coincide siendo igual, todo nace de nuevo siendo inmortal, el amor juega a inventarse, huye de sí mismo para volver en su espiral sobrecogedora, los senos cantan de otro modo, la boca besa más profundamente o como de lejos, y en un momento donde antes había como cólera y angustia es ahora el juego puro, el retozo increíble, o al revés, a la hora en que antes se caía en el sueño, el balbuceo de dulces cosas tontas, ahora hay una tensión, algo incomunicado pero presente que exige incorporarse, algo como una rabia insaciable. Sólo el placer en su aletazo último es el mismo; antes y después el mundo se ha hecho pedazos y hay que nombrarlo de nuevo, dedo por dedo, labio por labio, sombra por sombra.

La segunda vez fue en la pieza de Pola, en la rue Dauphine. Si algunas frases habían podido darle una idea de lo que iba a encontrar, la realidad fue mucho más allá de lo imaginable. Todo estaba en su lugar y había un lugar para cada cosa. La historia del arte contemporáneo se inscribía módicamente en tarjetas postales: un Klee, un Poliakoff, un Picasso (ya con cierta condescendencia bondadosa), un Manessier y un Fautrier.

Clavados artísticamente, con un buen cálculo de distancias. En pequeña escala ni el David de la Signoria molesta. Una botella de pernod y otra de coñac. En la cama un poncho mexicano. Pola tocaba a veces la guitarra, recuerdo de un amor de altiplanicie. En su pieza se parecía a Michele Morgan, pero era resueltamente morocha.

Dos estantes de libros incluían *El cuarteto alejandrino* de Durrell, muy leído y anotado, traducciones de Dylan Thomas manchadas de rouge, números de *Two Cities*, Christiane Rochefort, Blondi, Sarraute (sin cortar) y algunas NRF. El resto gravitaba en torno a la cama, donde Pola lloró un rato mientras se acordaba de una amiga suicida (fotos, la página arrancada a un diario íntimo, una flor seca).

Después a Oliveira no le pareció extraño que Pola se mostrara perversa, que fuese la primera en abrir el camino a las complacencias, que la noche los encontrara como tirados en una playa donde la arena va cediendo lentamente al agua llena de algas. Fue la primera vez que la llamó Pola París, por jugar, y que a ella le gustó y lo repitió, y le mordió la boca murmurando Pola París, como si asumiera el nombre y quisiera merecerlo, polo de París, París de Pola, la luz verdosa del neón encendiéndose y apagándose contra la cortina de rafia amarilla, Pola París, Pola París, la ciudad desnuda con el sexo acordado a la palpitación de la cortina, Pola París, Pola París, cada vez más suya, senos sin sorpresa, la curva del vientre exactamente recorrida por la caricia, sin el ligero desconcierto al llegar al límite antes o después, boca ya encontrada y definida, lengua más pequeña y más aguda, saliva más parca, dientes sin filo, labios que se abrían para que él le tocara las encías, entrara y recorriera cada repliegue tibio donde se olía un poco el coñac y el tabaco.

CARSON McCULLERS
Estados Unidos (1917-1967)

La escritora sureña Lilia Carson Smith nació en Columbus, Georgia. Su obra tiene como antecedente el universo faulkneriano, con sus fantasmas sexuales y seres alucinados. Afectada de parálisis desde 1947, Carson McCullers sufrió profundas depresiones que la llevaron al alcoholismo. Los últimos años de su vida pasó inmovilizada en una silla de ruedas. Murió en Nyack, estado de Nueva York.

La balada del café triste, novela corta, fue publicada en 1951. Historia de un amor apasionado, el de la señorita Amelia hacia su primo, el jorobado Lymon.

LA BALADA DEL CAFÉ TRISTE

Pero creemos que el comportamiento de miss Amelia requiere una explicación; ha llegado el momento de hablar de amor. Porque miss Amelia estaba enamorada del primo Lymon. Esto lo podía ver cualquiera. Vivían en la misma casa y nunca se les veía separados. Por lo tanto, según la señora MacPhail, mujer chata y atareada que se pasa la vida cambiando de sitio los muebles de su sala, según ella y sus amigas, aquéllos dos vivían en pecado. Si de verdad eran parientes, sólo lo eran en segundo o tercer grado, y ni siquiera eso se podía probar. Claro que miss Amelia era una mujerona inmensa, de más de seis pies de altura, y el primo

Lymon un enanillo que no le llegaba a la cintura. Pero eso era una razón de más para la señora MacPhail y sus comadres, que eran de esa clase de personas que se regodean hablando de uniones monstruosas y otras aberraciones. Dejémoslas hablar. Las buenas almas del pueblo pensaban que si aquellos dos habían encontrado alguna satisfacción de la carne, era un asunto que sólo les importaba a ellos y a Dios. Pero todas las personas sensatas estaban de acuerdo en negar aquellas relaciones. ¿Qué clase de amor era, pues, aquél?

En primer lugar, el amor es una experiencia común a dos personas. Pero el hecho de ser una experiencia común no quiere decir que sea una experiencia similar par las dos partes afectadas. Hay el amante y hay el amado, y cada uno de ellos proviene de regiones distintas. Con mucha frecuencia, el amado no es más que un estímulo para el amor acumulado durante años en el corazón del amante. No hay amante que no se dé cuenta de esto, con mayor o menor claridad; en el fondo, sabe que su amor es un amor solitario. Conoce entonces una soledad nueva y extraña, y este conocimiento le hace sufrir. No le queda más que una salida, alojar su amor en su corazón del mejor modo posible; tiene que crearse un nuevo mundo interior, un mundo intenso, extraño y suficiente. Permítasenos añadir que este amante no ha de ser necesariamente un joven que ahorra para un anillo de boda; puede ser un hombre, una mujer, un niño, cualquier criatura humana sobre la tierra.

Y el amado puede presentarse bajo cualquier forma. Las personas más inesperadas pueden ser un estímulo para el amor. Se da por ejemplo el caso de un hombre que es ya abuelo que chochea, pero sigue enamorado de una muchacha desconocida que vio una tarde en las calles de Cheehaw, hace veinte años. Un predicador puede estar enamorado de una perdida. El amado podrá ser un traidor, un imbécil o un degenerado; y el amante ve sus defectos como todo el mundo, pero su amor no se altera lo más mínimo por eso. La persona más mediocre puede ser objeto de un amor arrebatado, extravagante y bello como los lirios venenosos de las ciénagas. Un hombre bueno puede despertar una pasión violenta y baja, y en algún corazón puede nacer un cariño tierno y sencillo hacia un loco furioso. Es sólo el amante quien determina la valía y la cualidad de todo amor. Por esta razón, la mayoría preferimos amar a ser amados. Casi todas las personas quieren ser amantes. Y la verdad es que, en el fondo, el convertirse en amados resulta algo intolerable para muchos.

El amado teme y odia al amante, y con razón: pues el amante está siempre queriendo desnudar a su amado. El amante fuerza la relación con el amado, aunque esta experiencia no le cause más que dolor.

JUAN JOSÉ ARREOLA
México (1918-2001)

Nació en Zoplotán el Grande (actualmente ciudad de Guzmán, México) en época convulsionada que le impidió prolongar su instrucción escolar. A los 12 años trabajó como encuadernador y luego ayudante de imprenta. Autodidáctico, se enamoró de la lectura. Fue vendedor, mozo de cordel, cobrador de banco, periodista, maestro en Guadalajara y México. Estudió en la Escuela Teatral de Bellas Artes en Ciudad de México. Viajó a París en 1945. Trabajó en el Fondo de Cultura Económica y en la Unam. En 1979 recibió el Premio Nacional de Letras en México.

Para Arreola el tema de la mujer es tratado en repetidas ocasiones y desde diferentes ópticas, pero por lo general es siempre un elemento conflictivo. Tal vez lo más aconsejable sea eliminar a las mujeres, como Arreola sugiere irónicamente en forma de receta culinaria, «para entrar en el Jardín».

CONFABULARIO PERSONAL

«UNA MUJER AMAESTRADA»

... et nunc manet in te...

Hoy me detuve a contemplar este curioso espectáculo: en una plaza de las afueras, un saltimbanqui polvoriento exhibía una mujer amaestrada. Aunque la función se daba a ras del suelo y en plena calle, el hombre concedía la mayor importancia al círculo de tiza previamente trazado, según él, con permiso de las autoridades. Una y otra vez hizo retroceder a los espectadores que rebasaban los límites de esa pista improvisada. La cadena que iba de su mano izquierda al cuello de la mujer, no pasaba de ser un símbolo, ya que el menor esfuerzo habría bastado para romperla. Mucho más impresionante resultaba el látigo de seda floja que el saltimbanqui sacudía por los aires, orgulloso, pero sin lograr un chasquido.

Un pequeño monstruo de edad indefinida completaba el elenco. Golpeando su tamboril daba fondo musical a los actos de la mujer, que se reducían a caminar en posición erecta, a salvar algunos obstáculos de papel y a resolver cuestiones de aritmética elemental. Cada vez que una moneda rodaba por el suelo, había un breve paréntesis teatral a cargo del público.

«¡Besos! —ordenaba el saltimbanqui—. No. A ése no. Al caballero que arrojó la moneda». La mujer no acertaba, y una media docena de individuos se dejaban besar, con los pelos de punta, entre risas y aplausos. Un guardia se acercó diciendo que aquello estaba prohibido. El domador le tendió un papel mugriento con sellos oficiales, y el policía se fue malhumorado, encogiéndose de hombros.

A decir verdad, las gracias de la mujer no eran cosa del otro mundo. Pero acusaban una paciencia infinita, francamente anormal, por parte del hombre. Y el público sabe agradecer siempre tales esfuerzos. Paga por ver una pulga vestida; y no tanto por la belleza del traje, sino por el trabajo que ha costado ponérselo. Yo mismo he quedado largo rato viendo con admiración a un inválido que hacía con los pies lo que muy pocos podrían hacer con las manos.

Guiado por un ciego impulso de solidaridad, desatendí a la mujer y puse toda mi atención en el hombre. No cabe duda de que el tipo sufría. Mientras más difíciles eran las suertes, más trabajo le costaba disimular y reír. Cada vez que ella cometía una torpeza, el hombre temblaba angustiado. Yo comprendí que la mujer no le era del todo indiferente, y que se había encariñado con ella, tal vez en los años de su tedioso aprendizaje. Entre ambos existía una relación, íntima y degradante, que iba más allá del domador y la fiera. Quien profundice en ella, llegará indudablemente a una conclusión obscena. El público, inocente por naturaleza, no se da cuenta de nada y pierde los pormenores que saltan a la vista del observador destacado. Admira al autor de un prodigio, pero no le importan sus dolores de cabeza ni los detalles monstruosos que puede haber en su vida privada. Se atiene simplemente a los resultados, y cuando se le da gusto, no escatima su aplauso.

Lo único que yo puedo decir con certeza es que el saltimbanqui, a juzgar por sus reacciones, se sentía orgulloso y culpable. Evidentemente, nadie podría negarle el mérito de haber amaestrado a la mujer; pero nadie tampoco podría atender la idea de su propia vileza. (En este punto de mi meditación, la mujer daba vueltas de carnero en una angosta alfombra de terciopelo desvaído.)

El guardián del orden público se acercó nuevamente a hostilizar al saltimbanqui. Según él, estábamos entorpeciendo la circulación, el ritmo casi, de la vida normal. «¿Una mujer amaestrada? Váyanse todos ustedes al circo». El acusado respondió otra vez con argumentos de papel sucio, que el policía leyó lejos con asco. (La mujer, entre tanto, recogía monedas en su gorra de lentejuela. Algunos héroes se dejaban besar; otros se apartaban modestamente, entre dignos y avergonzados.)

El representante de la autoridad se fue para siempre, mediante la suscripción popular de un soborno. El saltimbanqui, fingiendo la mayor felicidad, ordenó al enano del tamboril que tocara un ritmo tropical. La mujer, que estaba preparándose para un número matemático, sacudía como pandero el ábaco de colores. Empezó a bailar con descompuestos ademanes difícilmente procaces. Su director se sentía defraudado a más no poder, ya que en el fondo de su corazón cifraba todas sus esperanzas en la cárcel. Abatido y furioso, increpaba la lentitud de la bailarina con adjetivos sangrientos. El público empezó a contagiarse de su falso entusiasmo, y quien más, quien menos, todos batían palmas y meneaban el cuerpo.

Para completar el efecto, y queriendo sacar de la situación el mejor partido posible, el hombre se puso a golpear a la mujer con un látigo de mentiras. Entonces me di cuenta del error que yo estaba cometiendo. Puse mis ojos en ella, sencillamente, como todos los demás. Dejé de mirarlo a él, cualquiera que fuese su tragedia. (En ese momento, las lágrimas surcaban su rostro enharinado.)

Resuelto a desmentir ante todos mis ideas de compasión y de crítica, buscando en vano con los ojos la venia del saltimbanqui, y antes de que otro arrepentido me tomara la delantera, salté por encima de la línea de tiza al círculo de contorsiones y cabriolas.

Azuzado por su padre, el enano del tamboril dio rienda suelta a su instrumento, en un crescendo de percusiones increíbles. Alentada por tan espontánea compañía, la mujer se superó a sí misma y obtuvo un éxito estruendoso. Yo acompasé mi ritmo con el suyo y no perdí pie ni pisada de aquel improvisado movimiento perpetuo, hasta que el niño dejó de tocar.

Como actitud final, nada me pareció más adecuado que caer bruscamente de rodillas.

MARIO BENEDETTI
Uruguay (1920)

Poeta, ensayista y novelista uruguayo. Su poesía es ampliamente difundida en habla hispana. Notable crítico literario, trabajó varios años en la revista Casa de las Américas en Cuba.

La tregua es el diario de un oficinista de Montevideo, próximo a jubilarse, Martín Santomé, viudo con tres hijos, que encuentra de nuevo el sentimiento del amor en Laura Avellaneda, una joven empleada que llegó a trabajar a la oficina de Martín Santomé, quien lo revive e ilusiona. Pero el mundo deprimente y mediocre de Santomé, un mundo librado a su fatal monotonía, sólo puede desembocar en la tristeza y la más profunda soledad.

LA TREGUA

Viernes 17 de mayo

Al fin sucedió. Yo estaba en el café, sentado junto a la ventana. Esta vez no esperaba nada, no estaba vigilando. Me parece que hacía números, en el vano intento de equilibrar los gastos con los ingresos de este mayo tranquilo, verdaderamente otoñal, pletórico de deudas. Levanté los ojos y ella estaba allí. Como una aparición o un fantasma o sencillamente —y cuánto mejor— como Avellaneda. «Vengo a reclamar el café del otro día», dijo. Me puse de pie, tropecé con la silla, mi cucharita de café resbaló de la mesa con un escándalo que más bien parecía provenir de un cucharón. Los mozos miraron. Ella se sentó. Yo recogí la cucharita, pero antes de poderme sentar me enganché el saco en ese maldito reborde que cada silla tiene en el respaldo. En mi ensayo general de esta deseada entrevista, yo no había tenido en cuenta una puesta en escena tan movida. «Parece que lo asusté», dijo ella, riendo con franqueza. «Bueno, un poco sí», confesé, y eso me salvó. La naturalidad estaba recuperada. Hablamos de la oficina, de algunos compañeros, le relaté varias anécdotas de tiempos idos. Ella reía. Tenía un saquito verde oscuro sobre una blusa blanca. Estaba despeinada, pero nada más que en la mitad derecha, como si un ventarrón la hubiera alcanzado sólo de ese lado. Se lo dije. Sacó su espejito de la cartera, se miró, se divirtió un rato con lo ridícula que se veía. Me gustó que su buen humor le alcanzara para burlarse de sí misma. Entonces dije: «¿Sabe que usted es culpable de una de las crisis más importantes de mi vida?» Preguntó: «¿Económicas?», y todavía reía. Contesté: «No, sentimental» y se puso seria. «Caramba», dijo, y esperó que yo continuara. Y continué: «Mire, Avellaneda, es muy posible que lo que le voy a decir le parezca una locura. Si es así, me lo dice no más. Pero no quiero andar con rodeos: creo que estoy enamorado de usted». Esperé unos instantes. Ni una palabra. Miraba fijamente la cartera. Creo que se ruborizó un poco.

No traté de identificar si el rubor era radiante o vergonzoso. Entonces seguí: «A mi edad y a su edad, lo más lógico hubiera sido que me callase la boca; pero creo que, de todos modos, era un homenaje que le debía. Yo no voy a exigir nada. Si usted, ahora o mañana o cuando sea, me dice basta, no se habla más del asunto y tan amigos. No tenga miedo por su trabajo en la oficina, por la tranquilidad en su trabajo; sé comportarme, no se preocupe». Otra vez esperé. Estaba allí, indefensa, es decir, defendida por mí contra mí mismo. Cualquier cosa que ella dijera, cualquier actitud que asumiera, iba a significar: «Este es el color de su futuro». Por fin no pude esperar más y dije: «¿Y?» Sonreí un poco forzadamente y agregué, con una voz temblona que estaba desmintiendo el chiste que pretendía ser: «¿Tiene algo que declarar?» Dejó de mirar su cartera. Cuando levantó los ojos, presentí que el momento peor había pasado. «Ya lo sabía», dijo. «Por eso vine a tomar café».

Sábado 18 de mayo

Ayer, cuando llegué a escribir lo que ella me había dicho, no seguí más. No seguí porque quise que así terminara el día, aun el día escrito por mí, con ese latido de esperanza. No dijo: «Basta». Pero no sólo no dijo: «Basta», sino que dijo: «Por eso vine a tomar café.» Después me pidió un día, unas horas por lo menos, para pensar. «Lo sabía y sin embargo es una sorpresa; debo reponerme». Mañana domingo almorzaremos en el Centro. ¿Y ahora qué? En realidad, mi discurso preparado incluía una larga explicación que ni siquiera llegué a iniciar. Es cierto que no estaba seguro de que eso fuera lo más conveniente. También había barajado la posibilidad de ofrecerme a aconsejarla, de poner a su disposición la experiencia de mis años. Sin embargo, cuando salí de mis cálculos y la hallé frente a mí, y caí en todos esos ademanes torpes e incontrolados, vislumbré por lo menos que la única salida para escaparme fructuosamente del ridículo era decir lo que dictara la inspiración del momento y nada más, olvidándome de los discursos preparados y las encrucijadas previas. No estoy arrepentido de haber seguido el impulso. El discurso salió breve y —sobre todo— sencillo, y creo que la sencillez puede ser una adecuada carta de triunfo frente a ella. Quiere pensarlo, está bien. Pero yo me digo: si sabía que yo sentía lo que siento, ¿cómo es que no tenía una opinión formada, cómo es que puede vacilar en cuanto a su actitud a asumir? Las explicaciones pueden ser varias: por ejemplo, que en realidad proyecte pronunciar el terrible «basta», pero haya encontrado demasiado cruel el decírmelo así, a quemarropa. Otra explicación: que ella haya sabido (saber, en este caso significa intuir) lo que yo sentía, lo que yo siento, pero, no obstante ello, no haya creído que yo llegara a expresarlo en palabras, en una proposición concreta. De ahí la vacilación. Pero ella vino «por eso» a tomar café. ¿Qué quiere decir? ¿Que deseaba que yo planteara la pregunta y, por lo tanto, la duda? Cuando uno desea que le planteen una pregunta de este tipo, por lo común es para responder con la afirmativa. Pero también puede haber deseado que yo formulara por fin la pregunta, para no seguir esperando, tensa e incómoda, y estar en condiciones, de una vez por todas, de decir que no y recuperar el equilibrio. Además está el novio, el ex novio. ¿Qué pasa con él? No en los hechos (los hechos, evidentemente, indican el cese de las relaciones), sino en ella misma. ¿Seré yo, en definitiva, el impulso que faltaba, el empujoncito que su duda esperaba para decidirla a volver a él? Además están la diferencia de años, mi condición de viudo, mis tres hijos, etc. Y decidirme sobre qué tipo de relación es el que verdaderamente quisiera mantener con ella. Esto último es más complicado de lo que parece. Si este diario tuviera un lector que no fuera yo mismo, tendría que cerrar el día en el estilo de las novelas por entrega: «Si quiere saber cuáles son las respuestas a estas acuciantes preguntas, lea nuestro próximo número».

Domingo 19 de mayo
La esperé en Mercedes y Río Branco. Llegó con sólo diez minutos de retraso. Su traje sastre de los domingos la mejora mucho, aunque es probable que yo estuviera especialmente preparado para encontrarla mejor, siempre mejor. Hoy sí estaba nerviosa. El trajecito era un buen augurio (quería impresionar bien); los nervios, no. Presentí

que por debajo del colorete, sus mejillas y labios estaban pálidos. En el restorán eligió una mesa del fondo, casi escondida. «No quiere que la vean conmigo. Mal augurio», pensé. No bien se sentó, abrió su cartera, sacó su espejito y se miró. «Vigila su aspecto. Buena señal». Esta vez hubo un cuarto de hora (mientras pedimos el fiambre, el vino, mientras pusimos manteca sobre el pan negro) en que el tema fue generalidades. De pronto ella dijo: «Por favor, no me acribille con esas miradas de expectativa». «No tengo otras», contesté, como un idiota. «Usted quiere saber mi respuesta», agregó, «y mi respuesta es otra pregunta».

«Pregunte», dije. «¿Qué quiere decir eso de que usted está enamorado de mí?» Nunca se me había ocurrido que esa pregunta existiera, pero ahí estaba, a mi alcance. «Por favor, Avellaneda, no me haga aparecer más ridículo aún. ¿Quiere que le especifique, como un adolescente, en qué consiste estar enamorado?» «No, de ningún modo.» «¿Y entonces?» En realidad, yo me estaba haciendo el artista; en el fondo bien sabía qué era lo que ella estaba tratando de decirme. «Bueno», dijo, «usted no quiere parecer ridículo, pero en cambio no tiene inconveniente en que yo lo parezca. Usted sabe lo que quiero decir. Estar enamorado puede significar, sobre todo en la jerga masculina, muchas cosas diferentes». «Tiene razón. Entonces póngale la mejor de esas muchas cosas. A eso me refería ayer, cuando se lo dije». No era un diálogo de amor, qué esperanza. El ritmo oral parecía corresponder a una conversación entre comerciantes, o entre profesores, o entre políticos, o entre cualesquiera poseedores de contención y equilibrio. «Fíjese», seguí, algo más animado, «está lo que se llama la realidad y está lo que se llama las apariencias». «Ajá», dijo ella, sin decidirse a parecer burlona. «Yo la quiero a usted en eso que se llama la realidad, pero los problemas aparecen cuando pienso en eso que se llama las apariencias».

«¿Qué problemas?», preguntó, esta vez creo que verdaderamente intrigada. «No me haga decir que yo podría ser su padre, o que usted tiene la edad de alguno de mis hijos. No me lo haga decir, porque ésa es la clave de todos los problemas y, además, porque entonces sí voy a sentirme un poco desgraciado». No contestó nada. Estuvo bien. Era lo menos riesgoso.«¿Comprende entonces?», pregunté, sin esperar respuesta. «Mi pretensión, aparte de la muy explicable de sentirme feliz o lo más aproximado a eso, es tratar de que usted también lo sea. Y eso es lo difícil. Usted tiene todas las condiciones para concurrir a mi felicidad, pero yo tengo muy pocas para concurrir a la suya. Y no crea que me estoy mandando la parte. En otra posición (quiero decir, más bien, en otras edades) lo más correcto sería que yo le ofreciese un noviazgo serio, muy serio, quizá demasiado serio, con una clara perspectiva de casamiento al alcance de la mano.Pero si yo ahora le ofreciese algo semejante, calculo que sería muy egoísta, porque sólo pensaría en mí, y lo que yo más quiero ahora no es pensar en mí sino pensar en usted. Yo no puedo olvidar —y usted tampoco— que dentro de diez años yo tendré sesenta. «Escasamente un viejo», podrá decir un optimista o un adulón, pero el adverbio importa muy poco. Quiero que quede a salvo mi honestidad al decirle que ni ahora ni dentro de unos meses, podré juntar fuerzas como para hablar de matrimonio. Pero —siempre hay un pero— ¿de qué hablar entonces? Yo sé que, por más que usted entienda esto, es difícil sin embargo que admita otro planteo. Porque es evidente que existe otro planteo. En ese otro planteo hay cabida para el amor, pero no la hay en cambio para el matrimonio». Levantó los ojos, pero no interrogaba. Es probable que sólo haya querido ver mi cara al decir eso. Pero, a esta altura, yo ya estaba decidido a no detenerme. «A ese otro planteo, la imaginación popular, que suele ser pobre en denominaciones, lo llama una Aventura o un Programa, y es bastante lógico que usted se asuste un poco. A decir verdad, yo también estoy asustado, nada más que porque tengo miedo de que usted crea que le estoy proponiendo una aventura. Tal vez no me apartaría ni un milímetro de mi centro de sinceridad, si le dijera que lo que estoy buscando denodadamente es un acuerdo, una especie de convenio entre mi amor y su libertad. Ya sé, ya sé. Usted está pensando que la realidad es precisamente la inversa; que lo que yo estoy buscando es justamente su amor y mi libertad. Tiene todo el derecho de pensarlo, pero reconozca que a mi vez tengo todo el derecho de jugármelo todo a una sola carta. Y esa sola carta es la confianza que usted puede tener en mí». En ese momento estábamos a la espera del postre. El mozo trajo al fin los manjares del cielo y yo aproveché para pedirle la cuenta. Inmediatamente después del último bocado, Avellaneda se limpió fuertemente la boca con la servilleta y me miró sonriendo. La sonrisa le formaba una especie de rayitos junto a las comisuras de los labios. «Usted me gusta», dijo.

PIER PAOLO PASOLINI
Italia (1922-1975)

Pier Paolo Pasolini nació en Bolonia. En 1949 viajó a Roma y dirigió con Alberto Moravia la revista Nuovi Argumenti. *Director de cine de películas hoy clásicas como* Teorema, Medeo *y* Mamma Roma. *Fue asesinado.*

Su novela autobiográfica Amado mío, precedida por Actos impuros, representa el «Eros homosexual». Sobre ella escribió Pasolini: «¿Luchan bastante contra su amor Paolo y Desiderio? Es cierto que, mientras ellos arden de pasión, arde con ellos su pecado; pero a este lado de la pasión, donde sólo hay sensualidad, ¿qué los justifica? La anormalidad de su amor es ya pena suficientemente grave, una "cadena perpetua", sin duda».

ACTOS IMPUROS

Un día, con los libros de costumbre bajo el brazo (era ésta la excusa de mis absurdos paseos en busca de Bruno, todos tumultos y conciliaciones secretas que me rebajaban, haciéndome volver a los complejos e impotencias de niño), un día, apenas pasado el túnel que conduce a Secchi, vi a mi derecha, bajo el terraplén del ferrocarril y a lo largo de la acequia, lugar que escrutaba yo a diario con los ojos implorantes, a varias personas, entre las que estaba Bruno, sentadas sobre la hierba sucia. Sofocado por los latidos de mi corazón, tomé una de esas decisiones súbitas de que tantas gracias doy luego al cielo... Estaba casi tembloroso por la preocupación de tener que justificarme ante aquellas personas en cuya intrincada intimidad me había tomado la libertad, totalmente inesperada, de introducirme. ¡No sé cuál sería mi expresión, ni deseo recordarla! Lo cierto, en cualquier caso, es que conseguí eludir la censura, el recinto cerrado que vinculaba a aquéllas cuatro o cinco personas en una complicidad casi claustral. La hierba estaba sucia y húmeda; dos ovejas, las ovejas de Bruno, pastaban algo apartadas; cerca de la escasa corriente de la acequia estaba sentado Giovacchin, un hombre de unos cuarenta años, ocupado en trenzar juncos para hacer un cestillo; dos o tres niños pequeños lo miraban, y allí cerca, inmersos en una conversación muy particular, surgida de la circunstancia y no libre de impías intemperancias y servilismo, estaban sentados Bruno y su compañero Cenciuti. Sólo pensando en la infinita desproporción entre mi timidez y mi deseo logro explicarme que consiguiera romper aquel círculo de licenciosidad meridiana, recurriendo a una especie de cordial conveniencia. No miraba a Bruno; tenía que hacer como si no existiera. En su lugar me puse a mirar el trabajo de Giovacchin, que, inmediatamente, dejó plantados a los dos niños para trabar una estrecha conversación conmigo, recién llegado, que le ofrecía sin reservas mi bondad y mi cortesía, al tiempo que, turbado por una vergüenza interior, o quizá por el terror de que Bruno y su amigo se marcharan, me hallaba al borde mismo de la desesperación. Así pasaron *dos horas*: un verdadero martirio para el recién llegado, que no cesaba un solo instante de repetirse: «Ahora mi dignidad exige que me despida», y de pensar, al mismo tiempo: «Ahora Bruno se marcha». La conversación, naturalmente, giraba en torno a cuestiones elementales, pero para las cuales era necesaria la debida dosis de seriedad, de virilidad casi, no sin la jerga de un humorismo capaz de todo; tuve que apurar el cáliz hasta las heces. Pero cuando Giovacchin, terminados sus cestillos, se levantó para irse, ¿qué razón había para seguir allí, sentado sobre la hierba? ¿Qué podía inducirme a seguir en aquel lugar húmedo y sucio? Con una nueva victoria sobre mi sentido de lo razonable conseguí hacer frente a la mirada interrogante del hombre y de su instintivo desprecio por mi conducta. Él se fue, pero los demás se quedaron. Recomencé mi lucha contra el tiempo; era un sordo devanarse de mi voluntad, una serie de movimientos, silencios en su mayor parte, dedicados a separar a Bruno de los otros, de predisponer una zona de soledad, en una hora determinada, antes de cenar..., donde nos encontrásemos solos él y yo. Y conseguí hacer el milagro; los otros se fueron yendo, dándose cuenta, quizá, por lo obstinado de mi silencio y el de Bruno, de que su presencia era indiscreta y no deseada. En cuanto estuvimos solos, Bruno se levantó ¡y se fue, conduciendo las ovejas a casa...! ¿Qué pasaba? Pero el cielo quiso que, antes de abandonarme, me diese una cita, que no dejaba lugar a dudas, para el día siguiente, a las dos.

Fue mi primera cita de amor. Nadie que viva una vida de las llamadas normales podrá comprender la sensación de milagro que atribuía yo a lo que me estaba ocurriendo. Para mí, verdaderamente, era lo increíble del infinito escindido en dos tiempos distintos. Fue un bellísimo día, de primavera ya avanzada: la hierba se empapaba de un sol ardiente, cantaban las primeras aves con chillidos desafinados y de raro acento, y en las moreras relucían las hojas ya casi adultas. En aquella plétora de luz, tan líquida y cristalina, salí de casa camino de mi aventura, en la que no me atrevía a creer; y los consabidos libros bajo el brazo amenazaban con volverse la verdadera razón de mi excursión meridiana, si, a medida que me acercaba al pueblo de Secchi, disminuía mi esperanza en la realización de lo realizable. Me desvié a escondidas, saliendo del túnel que goteaba, bajando a lo largo del terraplén, entre los arbustos, sin volver la mirada, casi como para conjurar la posibilidad de que alguien me observase y sacara conclusiones sobre mi insólito comportamiento. No estaban las ovejas, no estaba Bruno. En el silencio brutal e impasible todo parecía dispuesto de manera natural para mi desesperación o mi castigo, no sé; ciertamente, sí para mi soledad. Entre los tristes arbustos, sobre la hierba sucia, me encontré, no ya factual sino concretamente, *solo*. Como símbolos de un destino que se cumplía, realizándose puntualmente, oía los silbidos y jadeos de una locomotora que erraba por el terraplén..., las voces de los ferroviarios..., y finalmente..., el olor a estiércol que se difundía pérfidamente entre los detritus y las inmundicias de la ladera. Pero aquel día no iba a ser como tantos otros. Bruno llegó, precedido por sus ovejas, con el torso desnudo, unos pantalones sucios y pesados y grandes zuecos en los pies. No tardó en estar a mi lado, con aquel paso irregular suyo y su rostro bronceado y hosco, y me dejó apretarle un brazo, y luego la cadera, pues ya él había decidido milagrosamente que entre nosotros no tenía que haber ya reserva alguna. Por el fondo, seco, pero aún fangoso, de la acequia, nos encaminamos, deliciosamente cómplices, hacia un lugar escondido. Bruno se preocupaba muchísimo por guardar el mayor secreto y tenía bastante buen tino para escoger escondrijos donde satisfacer su lujuria. El lecho de la acequia nos llevaba precisamente al corazón de aquellos lugares silvestres que pasaban junto al terraplén del ferrocarril; aquel día de sol las zarzas que se inclinaban sobre la acequia seca estaban ya pardas de botones y formaban a manera de guaridas, de escondites, contra la orilla agrietada. Pero Bruno no tenía prisa; tan poca que se detuvo a trepar a un álamo para coger el nido lleno de huevos de un herrerillo. Luego lió uno de sus infames cigarrillos, dejándose acariciar, mientras yo, tembloroso, me aprovechaba de aquella absurda libertad. Fue quizás esta maniobra lo que me hizo perder la cabeza justo lo necesario para que el deseo, cuando por fin nos echamos entre dos arbustos tupidos, se liberase de su propia conciencia y me fuese posible conocer casi la plenitud del abandono. Pero aquella hora no fue la primera de una serie de otras semejantes, como yo, tan ávidamente, había esperado. Bruno, caprichoso y maligno, repitió con bastante frecuencia sus evasiones habituales; yo pasaba todos los días por su pueblo una y otra vez, vigilando obstinado el camino entre el terraplén y la acequia, donde, indicio triunfante de su presencia, hubieran debido estar sus ovejas pastando; durante muchos días, y varias veces al día, me lanzaba por aquel camino para explorarlo. Bruno no se dejaba ver. Estaba ausente de manera visible, provocativa. Yo pasaba horas enteras en medio de aquella desolación, mientras los silbidos de las locomotoras que hacían maniobras, y un vago, íntimo hedor de excrementos, acunaban mis celos, mis ardorosas protestas. Después cambió la escena en que hacía yo un papel tan humillante: era verano. Volvían todos a bañarse a los «Manantiales». Se organizó de nuevo la insoportable, degradante algazara de los chichos. Bruno se dejaba ver con frecuencia, pero era raro que obedeciese a una mirada de entendimiento, o que se dejase convencer por mis insistencias. Lo más corriente era que lo esperara durante horas, sentado con mi Tommaseo o con mi Tasso en algún bellísimo prado, circundado por una hilera de vides o por un foso colmado de plantas. El verano hacía sus silenciosos milagros: encendía vivas luces sobre las copas de los árboles, luces suaves, intensas y preciosas, mientras abajo, contra los huecos y los meandros de la acequia, hacía correr nítidos muros de sombra, ensortijados de oro. Miles de aves cantaban, en diversas escalas, alternándose o superponiéndose, y rasgaban dulcemente el silencio, ya con modulaciones de voz humana, ya con trinos y estridencias impecablemente animales. Todo eso me distraía un poco; pero tal distracción estaba muy lejos de liberarme de mi obsesionante espera y de la envidia que sentía por los prados que pisaba Bruno con su pie descalzo. Con frecuencia me parecía oír una voz humana que se abría paso entre la intrincada red de cantos de aves, y entonces me ponía en pie, tembloroso, ¡con la absurda idea de que era quizá Bruno quien me llamaba!

Más tarde, alrededor de un año después, Dina misma me dijo que ella iba con frecuencia a buscarme a las cercanías de los «Manantiales»: la excusa era, esta vez, que quería cerciorarse de la belleza de aquel prado que yo tanto alababa, y fue así como llegué a conocer ese pequeño detalle de su amor. E imagino que la llamada que me llegaba a través de los campos (una llamada que se alejaba insensible, como una estrella fugaz, de tal modo que, por fin, me parecía nacida en mi pecho) sería la de Diana. Sin duda, en ese ingenuo descubrimiento mío había cierta realidad, poética al menos; pero, a mí, lo único que me importaba, entonces, era una desenfrenada intimidad con Bruno.

MICHEL TOURNIER
Francia (1924)

Michel Tournier nació en París en 1924. Autor de varias novelas, es considerado uno de los escritores de gran influencia en la literatura francesa contemporánea. Obtuvo el Premio Goncourt con *El rey de los alisios* y el Prix du Roman de la Académie Française con *Viernes o los limbos del pacífico*.

En *Medianoche de amor*, Nadège e Yves, una pareja que hasta entonces había gozado de felicidad, decide separarse porque ya no se entiende. Dará la noticia a sus amigos en un «medianoche de amor» para el cual prepara una comida de infinitas exquisiteces marinas. Uno uno, los invitados relatan historias hermosas, cada una más sorprendente que la anterior, que restablecen y fortalecen la convicción de Nadège e Yves de permanecer unidos.

MEDIANOCHE DE AMOR

ÉL.—Me gustaría saber qué es lo que quieres. Ahora no paras de reprocharme mi silencio. No retrocedes ante ninguna agresión, por muy hiriente que sea.

ELLA.—Es para hacerte reaccionar. Busco la crisis, la explosión, la escena matrimonial. ¿Qué es una escena matrimonial? Es el triunfo de la mujer. Es cuando la mujer consigue por fin, a fuerza de acoso, arrancarle al hombre de su silencio. Entonces él grita, vocifera, injuria, y la mujer se deja bañar voluptuosamente por aquel aguacero verbal.

ÉL.—¿Te acuerdas de lo que cuentan del conde de Charaix-Plouguer? En sociedad, su mujer y él parecían perfectamente unidos. Intercambiaban las palabras imprescindibles para no causar sospechas. Ni una de más, es cierto. Pero sólo era una fachada. El conde se enteró de que su mujer lo engañaba y le dirigió por última vez la palabra para comunicarle su decisión de no volver a hablarle en la intimidad. Lo extraordinario es que, a pesar de aquel mutismo, encontró la manera de hacerle tres hijos.

ELLA.—Yo nunca te engañé. Pero ten en cuenta que ese mínimo necesario de intercambio de palabras para no causar sospechas a veces ni siquiera se llega a acordarlo. Habitualmente, el domingo vamos a almorzar a un restaurante de la costa. A veces siento tanta vergüenza de nuestro mutismo que muevo en silencio los labios para hacer creer a los otros clientes que te estoy hablando.

ÉL.—Una mañana en que estábamos desayunando...

ELLA.—Me acuerdo. Tú estabas sumido en la lectura del periódico. Habías desaparecido detrás del periódico, desplegado como un biombo. ¿Es posible mayor desconsideración?

ÉL.—Apretaste la tecla de reproducción de un pequeño magnetófono que acababas de dejar encima de la mesa. Entonces se oyó un concierto de silbidos, estertores, gorjeos, soplos y ronquidos, organizado como en conjunto, acompasado con vuelta a punto de partida y regreso de toda la gama. Te pregunté: «¿pero eso qué es?» Y tú me contestaste: «Eres tú, cuando duermes. Es todo lo que tienes que decirme. Entonces, lo grabo. —¿Es que yo ronco?— Evidentemente, roncas. Pero no lo sabes. Ahora, te escuchas a ti mismo. Es un avance, ¿no?»

ELLA.—Pues no lo dije todo. Animada por ti, por tu ronquido nocturno, me informé. En mí hay siempre una antigua estudiante que duerme. Descubrí una ciencia, la roncología, una definición del ronquido nocturno. Es la siguiente: «Ruido inspiratorio durante el sueño, provocado por la vibración, en el momento de la entrada del aire, del velo del paladar bajo el efecto conjugado y simultáneo del aire que llega por la nariz y el aire que se precipita por la boca». Ya ves. Por mi parte, yo añado que ese temblor del velo del paladar es muy semejante al de una vela de barco que flamea al viento. Como ves, se trata de velo o de vela.

ÉL.—Soy sensible a esa perspectiva náutica, pero te recuerdo que nunca he navegado a vela.

ELLA.—En lo que se refiere a los remedios propuestos por la roncología, el más radical es la traqueotomía, es decir, la apertura de un orificio artificial en la tráquea para que la respiración se realice fuera de las vías nasales normales. Pero también es posible la uvulopalato-faringoplastia —para los iniciados, la u.p.f.— que consiste en resecar una parte del velo del paladar, incluida la campanilla, y cortar los extremos, hasta limitar sus posibilidades vibratorias.

ÉL.—Habría que decirle a los jóvenes a lo que se exponen al casarse.

ELLA.—¡Y al contrario! ¿Cómo puede sospechar una joven que el príncipe encantador al que ama emite por la noche un ruido de locomotora de vapor? No hay nada que hacer: al cabo de las horas nocturnas transcurridas al lado de un gran roncador, ella se crea una filosofía bastante amarga.

ÉL.—¿Y qué dice esa filosofía roncológica?

ELLA.—Que una pareja se construye lentamente en el curso de los años, y que las palabras que intercambia adquieren con el tiempo una importancia creciente. Al principio bastan los gestos. Después el diálogo gana en extensión. Es necesario que gane también en profundidad. Las parejas mueren por no saber ya qué decirse. Mis relaciones con un hombre terminan el día en que al encontrarme con él tras una jornada transcurrida en otra parte ya no tengo ganas de contarle lo que he hecho ni de escuchar de sus labios cómo ha ocupado por su parte aquellas horas sin mí.

ÉL.—Es cierto que nunca he sido parlanchín. Pero a menudo interrumpes una de mis historias porque no te interesa.

ELLA.—Pero es que las has contado cien veces.

ÉL.—En ese sentido me hiciste un día una proposición diabólica, y aún me pregunto si hablabas en serio. Me propusiste que numerara mis historias. En adelante, en lugar de contarte una de principio a fin con todos los refinamientos de un buen narrador, tenía que limitarme a enunciar el número, y tú comprenderías en el acto. Yo diría 27, y tú encontrarías en tu memoria la historia del perro de mi abuela que se embarcó por error en mi barco y que volvió a Fécamp en una lancha militar. 71, y habríamos pensado juntos en silencio en la fidelidad de aquellas dos gaviotas que yo salvé y alimenté en un barco que se las arreglaron para volverme a encontrar en otra embarcación distinta. 14, y habría surgido ante nosotros la odisea de mi abuelo cuando su única visita a París. ¡Pero entonces no me reproches mi silencio!

ELLA.—Es que me conozco todas tus historias, y hasta las cuento mejor que tú. Un buen narrador tiene que saber renovarse.

ÉL.—No necesariamente. La repetición es parte del juego. Hay un ritual del relato que, por ejemplo, respetan los niños. Sin preocuparse de la novedad, exigen que se les cuente la misma historia en los mismos términos. Cualquier cambio les hace saltar de indignación. De la misma manera, hay un ritual de la vida cotidiana, de las semanas, las estaciones, las fiestas, los años. La vida feliz sabe transcurrir en esos moldes sin sentirse confinada.

ELLA.—Te equivocas si crees que mi idea de numerar las historias era para hacerte callar. Podría servirme de eso precisamente para hacerte hablar. Tú habrías dicho, simplemente, 23. Y entonces me habrías contado cómo viviste en Le Havre sitiado entre el 2 y el 13 de septiembre de 1994. Pero me pregunto honradamente: ¿habría aguantado yo la misma historia contada indefinidamente en los mismos términos? ¿Sería capaz de tener yo la imaginación infantil necesaria para eso?

ÉL.—Estoy convencido precisamente de lo contrario. Mira, o mientes o no mientes. Y existe otro punto de vista, el mío. Hay una determinada idea bastante temible para matar el diálogo de una pareja, y es la del oído virgen. Si un hombre cambia de mujer es para encontrar en la nueva un oído virgen para sus historias. Don Juan no era más que un incorregible hablador —y ésta es una palabra de origen español que quiere decir que alguien se explica muy bien—. Una mujer no le interesaba más que el tiempo —desgraciadamente breve, cada vez más breve—en que le prestaba oído a sus historias. La sombra de una duda sorprendida en su mirada arrojaba un frío mortal en su corazón y en su sexo. Entonces se iba, se marchaba a buscar en otra parte la exquisita y cálida credulidad, que era lo único que le daba auténtico peso a sus bravatas. Y eso demuestra la importancia de las palabras en la vida de una pareja. Además, cuando uno de ellos se acuesta con una tercera persona se dice que «engaña» al otro, lo cual sitúa su traición en el ámbito del lenguaje. Un hombre y una mujer que no se mintieran nunca y se confesaran inmediatamente todas sus traiciones no se engañarían nunca.

ELLA.—Sin duda, pero sería un diálogo de cínicos, y las heridas que se infligirían en nombre de la transparencia los separarían muy pronto.

ÉL.—Entonces, ¿hay que mentir?

ELLA.—Sí y no. Entre la oscuridad de la mentira y el cinismo de la transparencia hay lugar para toda una gama de claroscuros en que la verdad es conocida, pero callada, o voluntariamente ignorada. En sociedad la cortesía prohibe proferir cruelmente determinadas verdades. ¿Por qué no habría de haber también una cortesía de pareja? Tú me engañas, yo te engaño, pero no queremos saberlo. La buena intimidad sólo es crepuscular. «Baja un poco la luz de la lámpara», decía el encantador Paul Géraldy.

ÉL.—Entre las parejas tal vez, pero desde luego no entre mujeres. Ahí se instala el cinismo más crudo. ¡Señoras, entre ustedes se comportan como terribles comadres! En la peluquería me encontraba una vez en el lado de los «Señores», separado del salón de señoras por un medio tabique. Yo estaba boquiabierto por la complicidad que unía a peluqueras, manicuras, champuneras y clientes en una cháchara general en que los más íntimos secretos de los cuerpos y las parejas aparecían por allí sin el menor recato.

ELLA.—¿Es que acaso los hombres se contienen cuando están a solas?

ÉL.—Más de lo que tú crees. En cualquier caso, más que las mujeres. La vanidad masculina, en general tan ridícula, les impone en ocasiones un cierto pudor. Por ejemplo, nosotros no nos referimos de buena gana a nuestras enfermedades.

ELLA.—Sí, es cierto que eso de los «secretos íntimos», como se suele decir con linda expresión, se reduce en los hombres a bien poca cosa. Con ellos todo termina siempre en unas cifras. Tantas veces o tantos centímetros. ¡Los secretos de las mujeres son algo más sutiles y oscuros! En cuanto a nuestra complicidad, es ni más ni menos la de las oprimidas, y en consecuencia es universal, pues por todas partes la mujer sufre la voluntad del hombre. Ningún hombre conocerá jamás la profundidad del sentimiento de complicidad que puede unir a dos mujeres aunque sean completamente extrañas la una para la otra. Recuerdo un viaje a Marruecos. Yo era la única mujer de nuestro grupito. Como ocurre a menudo en el sur, nos aborda un muchacho que nos invita espontáneamente a tomar el té en su casa. El padre nos recibe rodeado de sus hijos, tres o cuatro, no me acuerdo. El más pequeño apenas si andaba. Una manta cubría la puerta de la habitación que sin duda conducía al resto de la casa. A veces se movía subrepticiamente y se podía ver un ojo negro que arriesgaba una mirada. La madre, las niñas, la abuela, la suegra, sumidas en el interior, esperaban, escuchaban, espiaban. Me acordé de las protestas de la mujeres en las casas en las que se instalaba un grifo de agua corriente. Aquello era para ellas el final de sus incursiones a la fuente del pueblo, de sus deliciosas charlas con las otras mujeres que aquella ocasión propiciaba. Cuando nos fuimos me crucé con una muchacha que entraba. Me sonrió sólo a mí, porque yo era la única mujer, y en aquella sonrisa había un mundo de calurosa fraternidad. Y cuando digo «fraternidad» debería decir tal vez «sororidad», si existiera la palabra.

ÉL.—Tal vez es que se trata de una cosa demasiado inhabitual como para que merezca un nombre.

ELLA.—Lo que pasa es que son los hombres quienes hacen el lenguaje. En una curiosa novela titulada *El milagro de la isla de las damas* Gerhart Hauptmann plantea una robinsonada a su manera. Imagina que después del naufragio de un paquebote, unas chalupas ocupadas exclusivamente por mujeres llegan a una isla desierta. El resultado es una república de mujeres, con alrededor de un centenar de ciudadan*as*.

ÉL.—¡Un infierno!

ELLA.—¡Qué va, al contrario! Es la gran sororidad. La idea que defiende Hauptmann es que si las mujeres se pelean es por culpa de los hombres. Los grandes sembradores de cizaña en las mujeres son los hombres. Hasta entre las monjas quien las perturba es su confesor común.

ÉL.—¿Es ese el milagro?

ELLA.—No, el milagro es que un día, después de algunos años de feliz comunidad sororal, resulta que una de las mujeres está inexplicablemente embarazada.

ÉL.—Sin duda fue el Espíritu Santo.

ELLA.—Todavía se hubiera podido arreglar todo si hubiera dado a luz una niña. Pero la mala suerte quiere que sea un niño. Sonó la hora final de la isla de las damas. El virus viril concluirá su obra devastadora.

ÉL.—En resumen, puesto que tú y yo tenemos la desgracia de pertenecer a sexos opuestos y ya que nada más tenemos que decirnos, sólo nos queda separarnos. Bien, pero al menos hagámoslo con brillantez. Reunamos a todos nuestros amigos para una fiesta nocturna con cena.

ELLA.—Sí, un *medianoche*, como se dice a la española.

ÉL.—Elijamos la noche más corta del año a fin de que nuestros invitados puedan irse al amanecer a la bahía. Yo me encargo del menú. Sólo habrá productos de mis incursiones de pesca a pie.

ELLA.—Les hablaremos, nos hablarán, será la gran charla sobre la pareja y el amor. Será un medianoche de amor y de mar. Cuando todo el mundo haya dicho lo que tiene que decir, tú golpearás el vaso con el cuchillo y les enunciarás solemnemente la triste noticia: «Oudale y Nadège se separan porque ya no se entienden. A veces hasta les faltan las palabras. Así que les rodea un pernicioso silencio...» Y cuando se haya ido el último invitado colocaremos un cartel en la puerta de la casa: SE VENDE, y a nuestra vez nos alejaremos en direcciones diferentes.

JOSÉ DONOSO
Chile (1924)

José Donoso nació en Santiago de Chile. Procedente de una familia burguesa, estudió en Princeton y colaboró en la revista chilena Ercilla. Se instaló en España en 1967. Ha publicado numerosas novelas y cuentos, entre ellos, El obsceno pájaro de la noche, *considerado uno de los mayores aportes a la narrativa latinoamericana contemporánea.*

El gran tema de Donoso es la crítica de la alta burguesía en su deformación humana, en el lado enfermo que enmascara socialmente. De ahí que en el mundo narrativo de Donoso se asista siempre a una dualidad, a una esquizofrénica escisión entre el ser y el parecer. El mundo al revés de la apariencia socialmente necesaria se invierte en la obra de Donoso, y el resultado es un universo poblado de personajes grotescos. El lugar sin límites *narra, en tonos a veces delirantes, la historia de un prostíbulo rural con su sórdida existencia. Donoso explora en esta novela un mundo distinto al de la alta burguesía, pero su sensibilidad en el tratamiento del tema es la misma que la de sus restantes novelas.*

EL LUGAR SIN LÍMITES

El cuerpo desnudo de la Japonesa Grande, caliente, ay, si tuviera ese calor ahora, si la Japonesita lo tuviera para así no necesitar otros calores, el cuerpo desnudo y asqueroso pero caliente de la Japonesa Grande rodeándome, sus manos en mi cuello y yo mirándole esas cosas que crecían allí en el pecho como si no supiera que existían, pesadas y con puntas rojas a la luz del chonchón que no habíamos apagado para que ellos nos miraran desde la ventana. Por lo menos esa comprobación exigieron. Y la casa sería nuestra. Mía. Y yo en medio de esa carne, y la boca de esa mujer borracha que buscaba la mía como busca un cerdo en un barrial aunque el trato fue que no nos besaríamos, que me daba asco, pero ella buscaba mi boca, no sé, hasta hoy no sé por qué la Japonesa Grande tenía esa hambre de mi boca y la buscaba y yo no quería y se la negaba frunciéndola, mordiéndole los labios ansiosos, ocultando la cara en la almohada, cualquier cosa porque tenía miedo de ver que la Japonesa iba más allá de nuestro pacto y que algo venía brotando y yo no... Yo quería no tener asco de la carne de esa mujer que me recordaba la casa que iba a ser mía con esta comedia tan fácil pero tan terrible, que no comprometía a nada pero... y don Alejo mirándonos. ¿Podíamos burlarnos de él? Eso me hacía temblar. ¿Podíamos? ¿No moriríamos, de alguna manera, si lo lográbamos? Y la Japonesa me hizo tomar otro vaso de vino para que pierdas el miedo y yo tomándomelo derramé medio vaso en la almohada junto a la cabeza de la Japonesa cuya carne me requería, y otro vaso más. Después ya no volvió a decir casi nada. Tenía los ojos cerrados y el rimmel corrido y la cara sudada y todo el cuerpo, el vientre mojado sobre todo, pegado al mío y yo encontrando que todo esto está de más, es innecesario, me están traicionando, ay qué claro sentí que era una traición para apresarme y meterme para siempre en un calabozo porque la Japonesa Grande estaba yendo más allá de la apuesta con ese olor, como si un caldo brujo se estuviera preparando en el fuego que ardía bajo la vegetación del vértice de sus piernas, y ese olor se prendía en mi cuerpo y se pegaba a mí, el olor de ese cuerpo de conductos y cavernas inimaginables, ininteligibles, manchadas de otros líquidos pobladas de otros gritos y otras bestias, y este hervor tan distinto al mío, a mi cuerpo de muñeca mentida, sin hondura, todo hacia afuera lo mío, inútil, colgando, mientras ella acariciándome con su boca y sus palmas húmedas, con los ojos terriblemente cerrados para que yo no supiera qué sucedía adentro, abierta, todo hacia adentro, pasajes y conductos y cavernas y yo allí, muerto en sus brazos, en su mano que está urgiéndome para que viva, que sí, que puedes, y yo nada, y en el cajón al lado de la cama el chonchón silbando apenas casi junto a mi oído como en un largo secreteo sin significado. Y sus manos blandas me registran, y me dice me gustas, me dice quiero esto, y comienza a susurrar de nuevo, como el chonchón, en mi oído y yo oigo esas risas en la ventana: don Alejo mirándome, mirándonos, nosotros retorciéndonos, anudados y sudorosos para complacerlo porque él nos mandó hacerlo para que lo divirtiéramos y sólo así nos daría esta casa de adobe, de vigas mordidas por los ratones, y ellos, los que miran, don Alejo y los otros que se ríen de nosotros, no oyen lo que la Japonesa Grande me dice muy despacito al oído, mijito, es rico, no tenga miedo, si no vamos a hacer nada, si es la pura comedia para que ellos crean y no se preocupe, mijito, y su voz es caliente como un abrazo y su aliento manchado de vino, rodeándome, pero ahora importa menos porque por mucho que su mano me toque no necesito hacer nada, nada, es todo una comedia, no va a pasar nada, es para la casa, nada más, para la casa. Su sonrisa pegada en la almohada, dibujada en el lienzo. A ella le gusta hacer lo que está haciendo aquí en las sábanas conmigo. Le gusta que yo no pueda: con nadie, dime que sí, Manuelita linda, dime que nunca con ninguna mujer antes que yo, que soy la primera, la única, y así voy a poder gozar mi linda, mi alma, Manuelita, voy a gozar, me gusta tu cuerpo aterrado y todos tus miedos y quisiera romper tu miedo, no, no tengas miedo, Manuela, no romperlo sino que suavemente quitarlo de donde está para llegar a una parte de mí que ella, la pobre Japonesa Grande, creía que existía pero que no existe y no ha existido nunca, y no ha existido nunca a pesar de que me toca y me acaricia y murmura... no existe, Japonesa bruta, entiende, no existe. No mijita, Manuela, como si fuéramos dos mujeres, mira, así, ves, las piernas entretejidas, el sexo en el sexo, dos sexos iguales, Manuela, no tengas miedo al movimiento de las nalgas, de las caderas, la boca en la boca, como dos mujeres cuando los caballeros en la casa de la Pecho de Palo les pagan a las putas para que hagan cuadros plásticos... no, no, tú eres la mujer, Manuela, yo soy la macha, ves cómo te estoy bajando los calzones y cómo te quito el sostén para que tus pechos queden desnudos y yo gozártelos, sí tienes Manuela, no llores, sí tienes pechos, chiquitos como los de una niña, pero tienes y por eso te quiero. Hablas y me acaricias y de repente me dices, ahora sí Manuelita de mi corazón ves que puedes... Yo soñaba mis senos acariciados, y algo sucedía mientras ella me decía sí, mijita, yo te estoy haciendo gozar porque yo soy la macha y tú la hembra, te quiero porque eres todo, y siento el calor de ella que me engulle, a mí, a un yo que no existe, y ella me guía riéndose, conmigo porque yo me río también, muertos de la risa los dos para cubrir la vergüenza de las agitaciones, y mi lengua en su boca y qué importa que estén mirándonos desde la ventana, mejor así, más rico, hasta estremecerme y quedar mutilado, desangrándome dentro de ella mientras ella grita y me aprieta y luego cae, mijito lindo, qué cosa más rica, hacía tanto tiempo, tanto, y las palabras se disuelven y se evaporan los olores y las redondeces se repliegan, quedo yo, durmiendo sobre ella, y ella me dice al oído, como entre sueños: mijita, mijito, confundidas sus palabras con la almohada.

No le contemos a nadie, mira que es una vergüenza lo que me pasó, mujer, no seas tonta, Manuela, que te ganaste la casa como una reina, me ganaste la casa para mí, para las dos. Pero júrame que nunca más, Japonesa por Dios qué asco, júrame.

CORÍN TELLADO
España (1927)

María del Socorro Tellado López, con seudónimo Corín Tellado, nació en Asturias. Después de La Biblia y El Quijote sus libros son los más vendidos en habla castellana. Centenares de novelas de amor escritas, algunas de ellas, en menos de una semana. Según sus críticos molestos, en sólo dos días. A los 40 años se separó de su marido y no volvió a casarse. Sus obras son objeto de burla por los críticos y literatos y defendidas por escritores hispanoparlantes del nivel de Guillermo Cabrera Infante.

En Tu pasado me condena, la más conocida, Carl Judson, rico armador y petrolero del estado de Wisconsin, contrata una nueva secretaria, Hedy Loder, a quien trata inicialmente en forma despectiva como a todas las mujeres que pretende usar. Esta vez se enloquece de amor y se casa.

TU PASADO ME CONDENA

El jefe de personal estaba allí, cuando se abrió la puerta y apareció Hedy con una carpeta bajo el brazo.
—¿Qué desea? —preguntó Carl secamente, como si aquella mujer le fuera totalmente desconocida.
—La lista del embarque está dispuesta.
—Déjala ahí.

Hedy lo hizo así.

—Copie las cartas que le dicté esta mañana —añadió, sin mirarla—. Tráigamelas tan pronto estén listas.

Hedy giró sin responder, con las copias taquigráficas en la mano. Carl siguió hablando con el jefe de personal, y cuando lo despidió se puso en pie.

Ya no era el hombre de antes.

El que trataba ásperamente a sus empleados. Era Carl Judson, el hombre incontenible y apasionante que ella conocía. Entró en el despacho de la joven y se quedó plantado junto a la puerta cerrada.

—Te tengo dicho que no entres en el despacho si no te llamo.

—Lo siento.

—¿Sólo... eso?

—¿Qué más... quieres?

¡Quería tanto de ella!

Pero la odiaba al mismo tiempo. La odiaba cada vez que pensaba en los hombres que habrían desfilado por su vida. Era como un suplicio. No podía disiparlo ni olvidarse.

De repente, ella dijo:

—Te voy a dejar.

—¿Cómo?

—Dejar. Está clara la palabra, ¿no? No te has cansado tú... Me he cansado yo.

—Cásate conmigo.

Una sonrisa despectiva que irritó a Carl hasta lo indecible.

En cualquier otro momento hubiese saltado. A la sazón ya no podía. ¿Con qué fuerza había calado Hedy Loder en su ser?

—No me digas que... tanto me necesitas.

Carl se inclinó sobre la mesa y metió la cabeza bajo la de ella.

—¿Y si fuera así?

—No concebiría... que lo confesases, aun siendo cierto.

—Odio tu pasado.

—Suponiendo que lo tenga.
—¿Te atreves a decirme a mí... a mí... que no lo tienes?
—No.
—Por vergüenza, ¿no es cierto?
—No la siento —mintió, y estaba muerta de ella.
—Así eres de cínica.
—Y así... me necesitas tú, pese a todo.
Carl la asió por la nuca.
Era como hacía para martirizarla. Pero... ¿la martirizaba en realidad, o se martirizaba a sí mismo?
Le echó la cabeza hacia atrás
—No te quejas nunca —gritó, excitadísimo.
Podría quejarse todos los días, pero... ante él... no. Que no lo esperase Carl Judson.
—Odio cada momento que paso a tu lado —gritó, sobre sus labios.
La miró como si fuese a matarla.
—Odio mi cariño.
—¿Cariño? ¿Tan generoso eres que lo disfrazas así para darte la satisfacción a ti mismo? Dijiste que ibas a cansarte pronto... Van meses. ¿Cuántos? Dos, por lo menos, o más...
Retrocedió como una autómata. Quedó con la espalda pegada a la pared.
—Eso... has hecho tú de mí. Y me pregunto qué puedo amar en tu persona. Eres... como un mueble. ¿Lo has sido para tu pasado?
—Me pertenece por entero —dijo ella serenamente, a punto de estallar en sollozos, pero dominando éstos con una férrea voluntad—. No tengo que dar explicaciones.
—Y, sin embargo..., tu pecado me condena. ¿Sabes por qué? ¿Lo sabes?
—Porque me amas.
Carl se derrumbó en una butaca.

¿Qué diría su personal si lo viera en aquel instante?

—Y tú... pasas por mi vida sin que te roce apenas.

No. Contra todo y contra todos, incluso contra sí misma, no era así. Le amaba. No sabía qué tenía aquel hombre. Entraba. Era fuerte, poderoso, sentimental, aunque él no lo admitiese, apasionado hasta el arrebato...

Se olvida en la vida... Todo se olvida.

Ella... no tenía pasado. Tan sólo... un presente. Carl Judson, aunque estuviese dispuesta a abandonarlo y purgar su amargura en cualquier parte.

—Di... ¿Tú a mí?

—No —ronca la voz.

—Y, sin embargo..., a veces... no te llamo y vas.

—A regalarte mi desprecio.

—Y tiemblas.

Desvió los ojos.

Iba a llorar.

¡Tantos deseos de llorar pasaba a veces!

Carl volvió a inclinarse hacia adelante

—¿Qué clase de mujer eres que ni yo..., que soy un vil gusano como hombre..., logro envilecerte? ¿Qué es lo que tienes tú para que, en el momento más ruin y más mezquino, logres mantener incólume tu dignidad? ¿Qué dignidad es esa?

—¿Qué me reprochas?, te pregunto yo. Hiciste de mí lo que querías. Me sometiste a un chantaje...

—Quise ser uno más y ahora...odio mi estúpido propósito.

—Viene... alguien.

Se enderezó.

No supo cómo desapareció de allí.

Al quedarse sola sintió que era desgraciada. Más, infinitamente más que antes.

¿Es que nunca estuvo enamorada?

Apretó los labios.

Pretendía, necia, más que necia, dominar pasiones que despertaban como llamaradas.

ALICIA YÁNEZ COSSÍO
Ecuador (1928)

Nació en Quito. Estudió periodismo en la Escuela de Periodismo de Madrid. Se radicó en Cuba cuatro años. Miembro de la Academia Ecuatoriana de la Lengua. Su novela más exitosa es Bruna, soroche y los tíos.

La Casa del Sano Placer, *fundada por la matrona del pueblo Rita Benavides, hermana del cura, busca dignificar la prostitución. Sus 30 «alumnas» reciben instrucción sexual y moral. Cultas de día y bellas de noche. El pueblo enardecido se escandaliza.*

LA CASA DEL SANO PLACER

El se metió en filosofías acerca del amor y de la sexualidad que tenían que ir juntos como quien dice cogidos de la mano. Habló maravillas del amor como el esfuerzo para restaurar la unidad originaria de la naturaleza humana. Aseguró que el amor recíproco era innato y dijo que la prostitución era una horrible caricatura del amor, que degradaba a la mujer, pero que era un mal necesario mientras la sociedad tuviera los fundamentos que tenía. Ninguna luz se hizo en la mente de doña Carmen Benavides que siguió inconsolable. Un prostíbulo era un prostíbulo, aunque de día funcionara como un colegio de severo reglamento.

Mientras las mujeres del pueblo seguían estupefactas, los hombres estaban alborotados hasta el paroxismo.

—Que si sería verdad que se trataba de una casa de mujeres públicas, o era un ardid de Doña Rita Benavides y a lo mejor, cuando estuvieran dentro los mandaba a castrar sin encomendarse a nadie.

—Que no. Que era verdad. Que se trataba de un prostíbulo con todas las de la ley y que en nada se parecía a los otros.

—Que decían que había instalado esa casa porque como ya no había nadie en Los Jazmines, a algún sitio tenían que ir los que necesitaban desahogo.

—Que eso mismo era lo raro. Que doña Rita Benavides, siendo como era, se preocupara de las debilidades masculinas. Que allí tenía que haber gato encerrado. Que tenía recelo de ir si no le daban ciertas garantías.

—Que más garantía que la palabra de un amigo y, más que amigo, compadre en las buenas y en las malas. Que tenían que ir los dos juntos.

—Que quería saber si la admisión era gratis o...

—Que cómo iba a ser gratis si todo era un puro lujo. Que ya era sabido que lo bueno costaba. Que si no fuera de ese modo la casa no estaría llena de turistas.

—Que entonces cómo dicen que entró el Pedro Pando que era mucho más pobrete que ellos.

—Que los lunes, los miércoles y los viernes, costaba un ojo de la cara, pero que así y todo la casa se llenaba. Que los martes, los jueves y los fines de semana había tarifa reducida. Que en esos días, la cola iba hasta la plaza. Que se debía ir temprano. Que muchos se quedaban sin entrar. Que en esos días no había desfile, pero sí sorteo.

—Que cómo eran el desfile y el sorteo.

—Que tocaban música y las señoritas iban saliendo una a una como si fueran flores, golondrinas, gotas de miel o qué le dice. Que para el sorteo los hombres se ponían en fila y cada cual cogía una tarjeta con el nombre de la chica.

—Que si salían vestidas o desnudas.

—Que salían muy bien vestidas, elegantísimas, como si fueran a dar un paseo por la plaza.

Que no se explicaba por qué no salían de una vez sin nada. Que eso sería el delirio.

—Que si era verdad eran una maravilla y no se sabía a cuál quedarse. Que si podía ir cualquier mortal o había que hacer solicitudes.

—Que se iba no más tranquilamente porque la casa estaba en promoción. Que sólo había que escoger qué día era más caro o más barato, pero que eso sí, eran exigentes. Que a veces los mandaban a bañarse.

—Que qué remedio. Que quién era la que mandaba a bañarse.

—Que no se le veía la cara porque había una rejilla a la entrada y que también le olían el aliento.

—Que si había que lavarse los dientes con cepillo y con dentífrico.

—Que sí. Pero que la olida del aliento era para comprobar si se había tomado algo de bebida.

—Que qué pasaba si se había tomado un poco. Una cerveza, por ejemplo.

—Que le mandaban de vuelta y no le recibían, aunque se tratara de un señorón encopetado, o aunque fuera un turista que hubiera hecho el viaje desde la ciudad o desde el extranjero.

—Que si se vendían bebidas o daban algo para entrar en trance.

—Que a veces por cortesía, o para quitar el frío le brindaban un dedalito de mistela. Pero que la mayoría de las veces lo que daban era una taza de tisana bien caliente porque doña Rita Benavides era enemiga de los tragos y no podía soportar a los borrachos.

—Que eso estaba un poco complicado, porque él no podía si no era con bebida.

—Que fuera en seguida y vería lo que podía.

—Que si era posible pasar allí toda la noche.

—Que eso no era posible. Que pensaba que a los que venían

de lejos tal vez les dieran permiso. Que había oído decir que alguna gente del pueblo estaba pensado instalar hoteles.

—Que quién era la que se ocupaba de los permisos.

—Que la que se ocupaba de todo era doña Rita Benavides.

—Que si no cohibía su presencia. Que él le tenía un poco de recelo desde que se descubrió el asunto del contrabando de licores, cuando fueron más de veinte compadres a la cárcel.

—Que apenas se entraba se evaporaban todos los recelos, pero que se olía su presencia en todos los rincones, lo cual no era obstáculo.

—Que no siguiera hablando porque le ponía en apuros.

Las mujeres del pueblo hablaban del mismo tema en las esquinas cuando se encontraban al salir de misa; en el mercado, cuando iban a comprar el hueso de la sopa; en las tertulias de la tarde, cuando tomaban chocolate con rosquillas; en la orilla del río, cuando iban a lavar la ropa y se sentaban con las piernas extendidas para que el sol les disolviera los calambres. Boca a boca se comunicaban el tremendo desafuero y se contaban detalles de la mala nueva. Se santiguaban siete veces y no sabían qué hacer sin el consejo oportuno y la ayuda de Doña Carmen Benavides que estaba resistida a salir de su retiro.

—Que se iban a quedar sin novios ni maridos. Que al menos debían protestar públicamente para que la sinvergüencería no siguiera tomando cuerpo. Que a ese paso iban de cabeza a la hecatombe. Que con lo cara que estaba la vida no era posible que los hombres gastaran el dinero en mujerzuelas. Que debían salir a protestar en masa dejando a un lado las ocupaciones. Que debían salir todas, sin faltar ninguna.

En seguida formaron comités de defensa. Se organizaron para salvar a sus hombres y a sí mismas. Armadas de coraje, se juntaron para hacer una manifestación contra el ultraje del que eran víctimas. Acordaron hacer cartelones alusivos y plantarse ante *La Casa del Sano Placer* para hablar con la dueña y para obligarla por las buenas o las malas a la inmediata clausura del antro.

Que un cliente que se sabía que era casado, sólo podía hacer uso de la casa una vez al mes. Que en lo futuro y con la ayuda de las presentes, ese aspecto tendríaque ir perfeccionándose hasta que solamente fueran admitidos los portadores de un permiso escrito de puño y letra de las que estaban alborotando y reclamando.

—Que eso nunca. Que cómo se les iba a dar permiso para que fornicaran con quien les viniera en gana. Que eso sería el acabóse. Que ninguna tenía madera de alcahueta. Que si eso llegara a suceder llovería candela como sucedió en Sodoma y Gomorra. Que la catedral quedaría en escombros.

GUILLERMO CABRERA INFANTE
Cuba (1929)

Nació el 22 de abril en Gibara, oriente de Cuba. En 1950 ingresó a una escuela de periodismo. Detenido en 1952 y multado por publicar un cuento que contenía «English profanities». Crítico de cine, fundó la Cinemateca de Cuba. Agregado cultural en Bélgica, se apartó del régimen castrista y se radicó en Londres.

La Habana para un infante difunto, *escrita en primera persona, narra la vida de un niño cubano que se instala en la Habana. Ficción novelada con referencia musical que alterna los juegos literarios y los juegos del amor.*

LA HABANA PARA UN INFANTE DIFUNTO

Julieta era bella: su belleza contradecía no sólo a Sócrates esteta sino a Aristóteles ético, y yo, entonces, le perdonaba todas sus faltas morales por sus obras físicas: con tal de que miraran sus grandes ojos color caramelo crema y yo admirara su largo pelo rubio, sus dientes deleitosos en una cualquiera de sus sonrisas, su boca tan bien dibujada que hizo desesperar a Vicente cuando Vincent en sus retratos repetidos, todos torcidos, y su figura, su cuerpo de Venus blanca —Venus venérea pues no eran Botticelli ni Velázquez quienes habían copiado sus curvas parabólicas, creadas por la naturaleza de entre la espuma de los besos, hecha de amor para el amor, geometría graciosa que se repetía en la cópula de sus senos sensibles— lo sé porque un día tuve una de esas copas en mi mano. Ese fue el momento en que juré que lograría acostarme con Julieta aunque tuviera que hacer un pacto contra natura: más decisivo que rendirle mi alma al diablo, entregarle a ella mi virginidad. Julieta sabía o sospechaba mi intención de acostarme con ella (por lo menos sabía el tamaño de mi triunfo si lo conseguía), lo que nunca adivinó es que mi virginidad, por azar o voluntad, le había sido ofrendada de antemano —creo que ni siquiera supo que yo estaba siendo desvirgado (si es que esa palabra se puede emplear en un hombre, digamos desflorado) cuando me acosté con ella por primera vez. Antes, por supuesto y para mi desespero, sucedieron otros encuentros interruptos.

Hubo uno, particularmente peligroso, que se produjo en la misma sala de su casa, allí donde yo había trucidado (no traducido) a Eliot otra tarde. Esta vez fui para visitarla y recuerdo que se sentó a conversar conmigo en una mecedora que estaba entre el sofá (memorable y deplorable) y el sillón en que yo me sentaba ahora. Conversamos (una conversación llena de espasmos: míos más que de ella) y de pronto Julieta me miró con su mirada color caramelo claro y me dijo muy bajo pero muy firme: «Dame un beso». Yo no quería creer lo que oía que era lo que quería y casi iba a hacerle repetir la oración que era una orden cuando decidí levantarme y dar crédito a mis oídos con mis labios. Ella no se movió de la mecedora, por lo que tuve que bajar hasta su boca, a borrar sus labios dibujados. Nos besamos: ella besaba fuerte, apasionada aparente, clavándome a veces los dientes en mi labio inferior. Yo respondía a sus besos con ansia y ardor cuando sentí que ella, sin dejar de besarme, tanteaba mi portañuela, esa barrera sartorial, pequeña puerta pudorosa que ella abría botón a botón. Tenía mi Sweeney erecto desde que comenzamos a besarnos y ahora ella lo sacaba y lo metía, sin pausa, en su boca. Para mí fue un acto inusitado, por lo que me enderecé, aunque ella seguía en su felación feliz.

Pero yo estaba preocupado con las distantes voces que venían del fondo familiar, ahora más nítidas no sé por qué efecto acústico. ¿Y si se apareciera alguien de la casa, de pronto, por el pasillo abierto y nos sorprendieran? ¿Qué hacer? Y lo que era todavía más difícil, ¿qué decir? Nada de esto parecía preocupar a Julieta, quien, aunque estaba de espaldas al interior de su casa, no concedía la menor importancia a lo que pudiera ocurrir allá, ocupada aquí. Seguía succionando, de vez en cuando ayudada por la mecedora, que se movía hacia atrás y hacia adelante, como todos los balances, según los movimientos de cabeza y de boca de Julieta, que tenía un ritmo ordenado, casi monocorde, pero que me exaltaba: sacaba de mí un dulce irse por una sola parte: parecía imposible que por aquel pequeño orificio pudiera salirse el ser, pero es lo que yo sentía entonces, al dar vuelta ella a su boca, al recogerla de delante a atrás, al voltear los labios, su lengua recorriendo todos los bordes balánicos, moviéndose como un dardo dulce hacia el glande, retrocediendo para dar lugar a una succión con toda la boca, mientras yo, casi inmóvil a veces, otras llevado por su euritmia, la sostenía por la cabeza, el pelo en desorden cayendo, cascada clara, sobre su cara y mi miembro, lo que quedaba de él, lo poco que no estaba dentro de su caverna carnosa. Sin embargo yo me las componía para no dejar de observar el largo pasillo hasta ahora solitario y era todo oídos (si podía ser algo que no fuera puro pene en ese momento) a los rumores remitidos desde el fondo, perifonía de onda larga. Pero Julieta me hacía atenderla con una caricia capicúa de sus labios, gruesos, de su lengua, fina, penetrante. Finalmente, casi al gritar pero conteniéndome por las voces vecinas, sentí que me iba y era que me venía ruidosamente (no en ruidos perceptibles sino en silencios epilépticos que eran como ruidos, como ríos: en un fluir) y ella la recibió toda en su boca y siguió, lollipop, lámiendola, reclamando hasta la última gota golosa —que se tragaba ávida. Cuando todo terminó, a mí me temblaban las piernas, los muslos, el tronco, los brazos y las manos mientras guardaba apresurado el cuerpo del delirio, abotonándome rápido, con más miedo al descubrimiento del crimen poluto ahora que había terminado todo que mientras estaba cometiendo el acto.

Ella me miró con intención, intensa desde su asiento (que nunca había abandonado), y me dijo:

—Háblame de El Rapao.

Me pareció increíble que ella usara esa jerga habanera para llamar al pene: La Pelona, La Calva. No lo podía creer:

—¿Qué cosa?

—Que me hables de Esrapao.

Era más increíble todavía.

—¿De Ezra Pound?

—Sí, háblame de su prisión. Tengo entendido que fue torturado en una jaula.

¡Realmente inaudito! Después de esa succión de oro, de esa mamada habanera, ella quería que le hablara de Ezra Pound. Debió decir de Rapallo. ¿Íbamos a terminar la tarde hablando de poesía, de Pound? Me interesaba, me envolvía, me obsesionaba una pregunta a su respuesta.

—¿Y si hubieran venido?

—¿Cómo dices?

—¿Y si alguien de tu familia hubiera venido a la sala?

Ella se sonrió

—No iban a venir.

—¿Cómo lo sabes?

—Yo lo sé.

—Pero, ¿y si hubieran venido?

—No iban a venir —repitió.

—¿Y si hubieran?

—Habrían visto un espectáculo hermoso —dijo y se sonrió de nuevo—. Era hermoso, ¿no? Tú que lo estabas viendo mientras participabas puedes decirlo. ¿Era hermoso o no?

—Supongo que para nosotros lo era, ¿pero para los demás?
—Ellos lo han hecho también y si no lo han hecho sabrán lo que se han perdido, al vernos. Ahora háblame de Ezra.

Lo dijo con tal encanto que no pude menos que complacerla y le hablé del pobre poeta perdedor víctima de la justicia de los ganadores, de sus seis meses en una cárcel de hierro que era una jaula a la intemperie, donde compuso sus cantos pisanos —pero no le hablé de lo que habrían hecho los perdedores de ser ganadores con los poetas (y todos los demás) del otro lado.

Mientras dictaba mi conferencia pensaba en lo segura que ella estaba de que nadie vendría a interrumpir su acto oral y sentí celos. ¿No sería la primera vez que había cometido felación no en otro sitio sino en su casa? Parecía ser una acción repetida por su sabiduría, del acto, del aprovechamiento sabio del ritmo de la mecedora —además de su conocimiento exacto de que podía hacerlo sin riesgo de ser descubierta. Todo esto entró en mis reflexiones, interrumpidas no por mi voz sino por la sensación húmeda que traspasaba los calzoncillos, señal del acontecimiento que acababa de ocurrir, y sentí entonces contento: por fin había logrado más que un contacto un acto, aunque fuera limitado, una acción sexual con ella, con Julieta que parecía ahora, oyéndome, más bella que antes: no más bella que al llegar sino más bella que cuando más bella lució, cuando la vi por primera vez: ésta era otra primera vez y se reflejaba en su rostro radiante, un tanto triunfante, conquistadora, ama absoluta de mi voluntad y de mi voz que decía: «pero si fue prisionero lo liberó la poesía». Mentira: lo liberó la locura, real o fingida, pero ese punto final era el que Julieta —sacerdotisa sexual pero amante de las artes— quería oír. No supe cómo me desprendí del sitio a que me había prendido al comenzar ese coito, ni cómo regresé a mi asiento asignado ni cuándo salí de su casa. Ahora, al tratar de recordarlo, todo es vacío y silencio desde el momento del orgasmo con la sola resonancia de nuestro dialógo cruzado sobre el temor del mío y su sed de sexo y literatura, extrayendo de mí a *Pound of flesh*.

MILAN KUNDERA
Checoslovaquia (1929)

Nació en Brno. Se afilió al partido comunista al concluir la Segunda Guerra Mundial y fue expulsado de éste en 1948. Profesor de la Escuela de Estudios Cinematográficos de Praga. Cuando Rusia invadió Checoslovaquia en 1968, sus obras fueron retiradas de la biblioteca de su país. Desde 1975 reside en Francia. En 1979 Checoslovaquia le privó de su nacionalidad por publicar El libro de la risa y el olvido.

Para Kundera, La broma, *en una sociedad que ha perdido el buen humor, es una novela de amor, un amor insatisfecho.*

LA BROMA

Desnúdese, Helena», dije en voz baja.

Se levantó del sofá, el borde de la falda arremangada volvió a resbalar hasta las rodillas. Me miró a los ojos con una mirada inmóvil y luego sin decir palabra (y sin quitarme los ojos de encima) comenzó a desabrocharse la falda junto a la cadera. La falda desabrochada resbaló por las piernas hasta el suelo, quitó la pierna izquierda y con la derecha la levantó para cogerla con la mano y ponerla sobre la silla. Ahora tenía puestos el suéter y la combinación. Después se quitó el suéter y lo tiró junto a la falda.

«No me mire», dijo.

«Quiero verla», dije yo.

«No quiero que me vea mientras me desnudo».

Me acerqué a ella. La cogí de ambos lados por debajo de los brazos y al ir bajando las manos hacia las caderas sentí, debajo de la combinación de seda, un tanto húmeda por el sudor, su cuerpo blando y grueso. Inclinó la cabeza y los labios se le entreabrieron por el viejo hábito (el vicio) del beso. Pero yo no quería besarla, más bien quería mirarla detenidamente, el mayor tiempo posible.

«Desnúdese, Helena», repetí y yo mismo me separé y me quité la chaqueta.

«Hay mucha luz», dijo.

«Así es mejor», dije y colgué la chaqueta del respaldo de la silla.

Tiró hacia arriba de la combinación y la dejó junto al suéter y la falda; se soltó las medias y se las quitó una a una; las medias no las tiró; dio dos pasos hacia la silla y las colocó allí cuidadosamente, luego echó el pecho hacia adelante y se llevó las manos hacia la espalda, pasaron varios segundos y luego los hombros estirados hacia atrás (como cuando se saca pecho) volvieron a aflojarse y a descender y junto con ellos descendió también el sujetador, resbaló de los pechos, que en estos momentos estaban un tanto oprimidos por los hombros y los brazos y se apretaban el uno contra el otro, grandes, llenos, pálidos y, claro está, un tanto pesados y caídos.

«Desnúdese, Helena», repetí por última vez. Helena me miró a los ojos y después se quitó las bragas sintéticas negras, que con su tejido elástico apretaban con firmeza sus caderas; las tiró junto a las medias y el suéter. Estaba desnuda.

Yo registré cuidadosamente cada uno de los detalles de la escena: lo que pretendía no era llegar rápidamente al placer con una mujer (es decir, con *cualquier* mujer), se trataba de apoderarse de un mundo íntimo ajeno totalmente *preciso*, y tenía que abarcar ese mundo ajeno en una sola tarde, en un solo acto sexual en el que no tenía que ser solamente aquél que se entrega a hacer el amor, sino también aquél que depreda y vigila al huidizo botín y debe estar por lo tanto absolutamente alerta.

Hasta ese momento me había apoderado de Helena sólo con la mirada. Aún ahora seguía estando a alguna distancia de ella, mientras que ella deseaba la pronta llegada de las tibias caricias que cubrieran al cuerpo expuesto al frío de las miradas. Yo casi sentía a esa distancia de varios pasos la humedad de su boca y la sensual impaciencia de su lengua. Un segundo más, dos y me acerqué a ella. Nos abrazamos, de pie en medio de la habitación, entre dos sillas llenas de ropa nuestra. «Ludvik, Ludvik, Ludvik...», susurraba. Me llevó hasta el sofá. Me acostó. «Ven, ven», dijo. «Ven junto a mí, ven junto a mí».

Es totalmente infrecuente que el amor físico coincida con el amor del alma. ¿Qué es lo que hace en realidad el alma cuando el cuerpo se funde (con un movimiento tan ancestral, genérico e invariable) con otro cuerpo? ¡Cuántas son las cosas que es capaz de inventar en esos momentos, poniendo una vez más en evidencia su superioridad sobre la uniforme inercia de la vida corporal! ¡Cómo es capaz de desdeñar al cuerpo y utilizarlo (a él y al de su acompañante) sólo como modelo para sus enloquecidas fantasías, mil veces más corpóreas que los dos cuerpos juntos! O bien al contrario: cómo sabe despreciarlo dejándolo en manos de su pendulillo, lanzando mientras tanto sus pensamientos (cansados ya de los caprichos del propio cuerpo) hacia otros sitios completamente distintos: hacia una partida de ajedrez, hacia el recuerdo del almuerzo y el libro a medio leer.

No hay nada excepcional en que se fundan dos cuerpos extraños. Y quizás alguna vez también se produce la fusión de las almas. Pero es mil veces más raro que el cuerpo se funda con su propia alma y que ambos coincidan en su apasionamiento.

¿Y qué es lo que hacía entonces mi alma en los momentos que mi cuerpo pasaba haciendo el amor físico con Helena?

Mi alma veía su cuerpo de mujer. Ese cuerpo le era indiferente. Sabía que aquel cuerpo sólo tenía para ella sentido como cuerpo que suele amar y ver precisamente de este modo un tercero, alguien que no está aquí, y por eso trató de mirar a aquel cuerpo con los ojos de ese tercero, del ausente; precisamente por eso trató de convertirse en su médium; se veía una pierna doblada, un pliegue en la barriga y en el pecho, pero todo eso adquiría su significado sólo en los momentos en que mis ojos se convertían en los ojos de ese tercero ausente; mi alma penetraba entonces de repente en esa mirada *ajena* y se convertía en ella; no se apoderaba entonces sólo de una pierna doblada, de un pliegue en la barriga y en el pecho, se apoderaba de ello tal como lo veía aquel tercero ausente.

Y no sólo se convertía mi alma en el médium de ese tercero ausente, sino que además le ordenaba a mi cuerpo que se convirtiera en médium de su cuerpo y después se alejaba y miraba ese retorcido combate de dos cuerpos, de los cuerpos de un matrimonio, para luego repentinamente darle a mi cuerpo la orden de volver a ser el mismo y entrar en este coito matrimonial e interrumpirlo brutalmente.

En el cuello de Helena se marcó el azul de una vena y un espasmo atravesó su cuerpo; torció la cabeza hacia un costado y mordió la almohada.

Después susurró mi nombre y sus ojos me rogaron unos momentos de descanso.

Pero mi alma me ordenó no parar; empujarla de un placer a otro; acosarla; cambiar las posturas de su cuerpo para que no quedara oculto ni escondido absolutamente nada de lo que veía el tercero ausente; no, no dejarla descansar y repetir una y otra vez ese espasmo en el cual es real y precisa, auténtica, en el cual no finge nada, con el cual está grabada en la memoria de ese tercero, de ese que no está, como una marca, como un sello, como una cifra, como un signo. ¡Robar así esa cifra secreta! ¡Ese sello real! ¡Desvalijar la cámara secreta de Pavel Zemanek; espiarlo todo y revolverlo todo; dejársela devastada!

Miré la cara de Helena, enrojecida y desfigurada por la gesticulación; puse la palma de la mano sobre esa cara; la puse como se pone sobre un objeto al que podemos dar vueltas, voltear, destrozar o machacar, y sentí que esa cara aceptaba la palma de mi mano precisamente de esa forma: como una cosa que quiere ser volteada y machacada; le di vuelta a su cabeza hacia un lado; luego al otro lado; volví varias veces su cabeza de ese modo hasta que de repente ese voltear se convirtió en la primera bofetada; y en la segunda; y en la tercera. Helena empezó a gemir y a gritar, pero no era un grito de dolor sino un grito de excitación, su mentón se levantaba hacia mí y yo le pegaba y le pegaba y le pegaba; y luego vi que no sólo su mentón sino también sus pechos se elevaban hacia mí y la golpeé (levantándome por encima de ella) en los brazos, en las caderas, en los pechos...

Todo tiene su fin; hasta esta hermosa devastación al final se acabó. Ella estaba acostada boca abajo a lo largo del sofá-cama, cansada, agotada. En su espalda se veía un lunar redondo marrón y más abajo, en su trasero, las marcas rojas de los golpes.

Me levanté y atravesé la habitación tambaleándome; abrí la puerta y entré al cuarto de baño; abrí el grifo y me lavé con agua fría la cara, las manos y el cuerpo. Levanté la cabeza y me miré al espejo; mi cara se sonreía; cuando la descubrí en esa actitud —sonriéndose— la sonrisa me dio risa y me eché a reír. Luego me sequé con la toalla y me senté al borde de la bañera. Tenía ganas de estar solo al menos unos segundos, ganas de saborear ese raro placer de la repentina soledad y de alegrarme de mi alegría.

Sí, estaba contento; estaba probablemente del todo feliz. Me sentía como un triunfador y los minutos y las horas me parecían inútiles y no me interesaban.

Después regresé a la habitación.

Helena ya no estaba acostada boca abajo, sino de costado y me miraba. «Ven a mi lado, querido», dijo.

Muchas personas, cuando se unen físicamente, creen (sin haberlo pensado mejor) que se han unido también espiritualmente y manifiestan esta errónea convicción sintiéndose automáticamente autorizadas a tutearse. Yo, debido a que nunca he compartido la errónea fe en la coincidencia sincrónica del cuerpo y el alma, recibí el tuteo de Helena confuso y disgustado. No hice caso de su invitación y fui hacia la silla en la que estaba mi ropa, a ponerme la camisa.

«No te vistas», me rogó Helena; extendió hacia mí la mano y dijo de nuevo: «Ven a mi lado».

Lo único que deseaba era que este rato que ahora comenzaba no existiera, si ello era posible, y si no había más remedio, que fuera al menos lo más insignificante, que pasara lo más desapercibido posible, que no pasara nada, que fuera más liviano que el polvo; no quería tocar ya el cuerpo de Helena, me horrorizaba cualquier tipo de ternura, pero me horrorizaba igualmente cualquier tensión o que se dramatizase la situación; por eso finalmente renuncié a contragusto a mi camisa y me senté junto a Helena en el sofá. Fue horrible: se puso a mi lado y apoyó la cabeza en mi pierna; se puso a besarme, al poco rato tenía la pierna húmeda; pero la humedad no procedía de los besos: Helena levantó la cabeza y vi que su cara estaba llena de lágrimas. Se las secó y dijo: «Querido, no te enfades porque llore, no te enfades, querido, porque llore» y se acercó aún más, se abrazó a mi cuerpo y se echó a llorar.

«¿Qué te pasa?», dije.

Hizo un gesto de negación con la cabeza y dijo: «Nada, nada, tontito», y empezó a besarme febrilmente en la cara y en todo el cuerpo. «Estoy enamorada», dijo luego y como no le contesté, continuó: «Te reirás de mí, pero me da lo mismo, estoy enamorada, estoy enamorada» y como yo seguía en silencio, dijo: «Soy feliz», después se levantó y señaló hacia la mesa en la que estaba la botella de vodka sin terminar: «Sabes lo que te digo, ¡sírveme un poco!»

No quería servirle a Helena ni servirme yo; tenía miedo de que el alcohol, si lo seguíamos bebiendo aumentara el peligro de que se prolongase la tarde (que había sido hermosa, pero con la imprescindible condición de que ya se hubiese acabado, de que hubiese terminado para mí).

«Querido, por favor», seguía señalando hacia la mesa y añadió a modo de disculpa: «No te enfades, simplemente soy feliz, quiero ser feliz...».

«Para eso no creo que necesites vodka», dije yo.

«No te enfades, tengo ganas».

No había nada que hacer; le serví un vasito de vodka. «¿Tú ya no bebes?», preguntó; hice un gesto de negación. Se bebió el vaso y dijo: «Déjamela aquí». Puse la botella y el vaso en el suelo junto al sofá.

Se recuperó en seguida de su cansancio momentáneo; de repente se convirtió en una chiquilla, tenía ganas de divertirse, de estar alegre y de manifestar su felicidad. Parece que se sentía completamente libre y natural en su desnudez (lo único que llevaba puesto era el reloj de pulsera, del cual colgaba tintineando la imagen del Kremlin con su cadenita) y buscaba las más diversas posturas en las que ponerse cómoda: cruzó las piernas y se sentó a la turca; después sacó las piernas de debajo y se apoyó sobre un codo; después se acostó boca abajo apoyando mi cara sobre su regazo. Me contó de las más distintas maneras lo feliz que era; mientras tanto trataba de besarme, cosa que yo soporté con considerable esfuerzo, en especial porque su boca estaba demasiado húmeda y no se contentaba sólo con mis hombros o mejillas, sino que intentaba tocar también mis labios (y a mí me repugnan los besos húmedos si no estoy precisamente ciego de deseo físico).

Después me dijo también que nunca había vivido una experiencia como aquélla; yo le respondí, sin darle mayor importancia, que exageraba. Empezó a jurar y perjurar que en el amor no mentía nunca y que yo no tenía motivos para no creerle. Siguió desarrollando su idea y afirmó que ya lo sabía de antes, que se dio cuenta ya cuando nos vimos por primera vez; que el cuerpo tiene su instinto infalible; que por supuesto le había impresionado mi inteligencia y mi vitalidad (sí, vitalidad, no sé cómo logró descubrirla), pero que además se dio cuenta (aunque hasta ahora no había empezado a perder la timidez y por eso no me lo pudo decir) que entre nuestros cuerpos había surgido también de inmediato ese pacto secreto que el cuerpo humano no suele firmar más que una vez en la vida.

TOM WOLFE
Estados Unidos (1930)

Nació en Richmond, Virginia y se doctoró en Yale. Periodista vinculado al Washintong Post y al New York Herald Tribune. Wolfe es uno de los creadores del periodismo moderno. Su novela La hoguera de las vanidades es ya un clásico, uno de los libros norteamericanos más ejemplares del siglo XX. Lamentablemente destruyó la obra al llevarla al cine, como ha sucedido con las grandes novelas.

En Todo un hombre, «¿Quién diablos es la mujer que duerme a mi lado?» es la pregunta que se hace a los sesenta años el magnate inmobiliario de Atlanta Charlie Croker al mirar dormido a su segunda y bella esposa de sólo 28 años. Al desmoronarse su imperio económico, una intriga racial facilitaría encontrar una refinanciación en su quiebra, pero la espiritualidad lo redime y termina de predicador. Claro, abandonado por la mujer del jet set. Una estupenda novela de sólo 762 páginas.

TODO UN HOMBRE

Dios... ¿Quién era esa mujer? ¿Cómo demonios había llegado hasta ahí? Las preguntas lo sorprendieron. Luego se percató de que llevaban formándose en su cabeza desde al menos los últimos treinta meses, y sólo llevaba casado con ella treinta y seis meses. Sin embargo, nunca antes habían surgido con tantas palabras. ¿Quién era? ¿Qué hacía ahí? Y lo terrible de esas preguntas, una vez formuladas, era que conocía las respuestas. Sexo y vanidad; tan simple como eso; y quizá más vanidad que sexo.

Martha se había hecho mayor, así de sencillo... Y, mientras yacía estirado en la cama, en su cabeza flotó una visión de los hombros y el cuello de Martha, sólo los hombros y el cuello. Eso fue lo que había observado, una vez que ella llegó a la cuarentena; supuso que se trataba de eso. Martha siempre había sido una chica grande, una chica grande, alegre y preciosa, pero a medida que se fue hacien-do mayor, se hizo más gruesa. Su cuerpo se hizo más grueso, y su piel se hizo más gruesa, y los hombros y la parte superior de la espalda empezaron a encorvarse un poco y hacerse más gruesos. Una noche, en una gran reunión del Tec en el Hyatt Regency, ella llevaba un vestido con los hombros descubiertos, y sucedió que él se le acercó por detrás desde cierto ángulo y, por el amor de Dios, tenía unos hombros que parecían los de un placador central de los Cowboys de Dallas, sí señor. No logró apartar esa imagen de su mente. Un placador central... ¿y cuán a menudo podía uno sentirse atraído por una mujer de más de cuarenta años con tanta carne en el cuello, los hombros y la espalda? Se odió por pensar eso, pero el animal macho estaba constituido así, ¿no?

Suspiró sin querer, tumbado como estaba con los ojos cerrados. Lo recorrió una pequeña oleada de culpa. Los carnosos hombros de Martha persistieron por un instante tras sus párpados, y luego logró ver a Serena tal como la había visto la primera vez que puso los ojos sobre ella. Estaba de pie en el sala de reuniones de Planners Bank dirigiendo una especie de «seminario de inversión en arte» orquestado por el banco. John Sycamore y Ray Peepgass lo habían convencido para que asistiera. Tenían a unas jóvenes graduadas de alguna que otra universidad de Nueva York dirigiendo esas malditas cosas, esos «seminarios», y Serena estaba ahí dando una charla con diapositivas y un puntero láser en la mano. Llevaba un vestidito negro que la hacía parecer más desnuda que si no hubiera llevado nada en absoluto. Era tan sexy que, si llega a apuntarlo con su aparatito láser y a darle al botón, se habría levantado allí mismo y habría hecho una estupidez.

La conferencia era una auténtica sandez, algo acerca de unos artistas alemanes llamados Kiefer, Baselitz y Nosecuántos y acerca de lo mucho que valdrían sus cuadros vomitivos al cabo de cinco años si uno invertía en ellos en aquel momento. Pero la conferenciante... la conferenciante, ah por ella sí que había ido. En aquel momento no había parecido nada fuera de lo habitual.

¡En Atlanta un promotor inmobiliario era una estrella!... y algunos de ellos, como Lucky Putney, Dolf Brauer y su viejo amigo Billy Bass, se dedicaban a golfear tan abierta y escandalosamente que la pequeña aventura con Serena era una insignificancia. Lo hizo sentirse como un joven, como un veinteañero en la época de la subida de la savia. A ella le gustaba hacerlo sin tapujos y de forma alocada, como aquella vez en que se escaparon un fin de semana a Myrtle Beach... otra oleada de culpa... Las tremendas mentiras que ideó ante Martha para arreglarlo todo...

...Caminaban por la playa y se colocaron detrás de unas dunas, y él no se lo podía creer... ella se puso a hacer morisquetas y se quitó el biquini, y él se quitó el bañador... ¡a pleno sol!... ¡con un faro o un observatorio, o lo que fuera, a menos de trescientos metros!... ¡podían haberlos pillado en cualquier momento!... ¡a él!... ¡la gran estrella!... ¡cincuenta y seis años!... ¡revolcándose en celo sobre la arena!, ¡cegado por el sexo, como un perro en el parque! Sin embargo, así fue... A los cincuenta y cinco o cincuenta y seis años, todavía piensas que eres joven. ¡Todavía piensas que la fuerza y la energía son ilimitadas y eternas! Y en realidad estás unido a la juventud sólo por un hilo, no un cordel ni un cable, y ese hilo puede romperse en cualquier momento, y en todo caso no tardará mucho en ocurrir. Y ¿entonces dónde quedas?

«Mía es la venganza, yo daré el pago, dice el Señor.» De eso nadie le avisaba a uno, ¿verdad? Todos esos expertos, toda esa gente que escribía los libros y artículos y presentaba programas de televisión o lo que fuera... cuando hablaban del matrimonio, siempre hablaban del primer matrimonio, del matrimonio original. Y eso que en aquel momento, pensó, tenía que haber miles de hombres como él, hombres de negocios ricos que a lo largo de los últimos diez o quince años se habían divorciado de sus viejas mujeres de hacía dos o tres décadas y tomado esposas nuevas, muchachas una generación más jóvenes. ¿Y qué decían los expertos de aquellos bocaditos irresistibles? ¡Nada! ¿Y qué ocurría si un hombre atravesaba por todo aquello, la separación, el divorcio, todo aquel infierno, aquella lucha, aquel gasto endemoniado, aquella... aquella... aquella culpa... y un día, o una noche, se despertaba y se preguntaba: «¿Quién demonios está a mi lado en la cama? ¿Por qué está aquí? ¿De dónde ha salido? ¿Qué quiere? ¿Por qué no se va?» Eso, eso no te lo dicen.

Ese pensamiento lo hizo sentirse cansado... muy cansado... muy cansado... muy cansado... En el cuarto de baño, el agua seguía corriendo y corriendo... Charlie Croker se quedó tumbado en la cama, con las grandes botas negras y brillantes puestas, con todas las luces encendidas, contemplando el mundo desde detrás de sus párpados. Al poco, mucho antes de que transcurrieran cuarenta parpadeos, se deslizó en el mundo de los sueños.

SUSAN SONTAG
Estados Unidos (1933)

Susan Sontag nació en Nueva York. Creció en Tucson, Arizona y cursó estudios de bachillerato en Los Ángeles. Estudió filosofía, literatura y teología en el College of the University of Chicago, en la Universidad de Harvard y en Saint Anne´s College. Una de las autoras de mayor prestigio de la literatura americana, ha escrito varias novelas, cuentos cortos, obras de teatro y ensayos. Su obra se ha publicado en prestigiosas revistas americanas y extranjeras, entre ellas, The New York Review of Books y el Times Literary Supplement. Además, Sontag ha escrito y dirigido varios guiones de cine y obras de teatro que se han presentado en Estados Unidos y Europa. Su obra ha sido traducida a 26 idiomas. En 1992 obtuvo el Premio Malaparte en Italia y 1984 y 1999, el gobierno francés la nombró Officier y Commandeur de l'Ordre des Arts et des Lettres, respectivamente. Actualmente vive en Nueva York.

Su novela El amante del volcán fue un bestseller nacional. Basada en la historia real de sir William Hamilton, Emma Hamilton, su esposa, y el almirante Nelson, el amante de ésta, la novela se sitúa en Nápoles a finales del siglo XVIII. Escrita por una mujer extremadamente inteligente, una figura líder de los movimientos intelectuales de nuestro tiempo, es una novela sobre la revolución, el hado, la condición femenina y sobre todo, el amor.

EL AMANTE DEL VOLCÁN

Imposible describirlo...

Es imposible describir su belleza, dijo el Cavaliere; imposible describir la felicidad que me procura. Es imposible describir lo mucho que te echo en falta, Charles, escribió la muchacha. Imposible describir lo furiosa que me siento.

Y del volcán, en erupción, por el que el Cavaliere volvía a sentir delirio: Es imposible describir la bella apariencia de las girándulas de piedras al rojo, que sobrepasan con mucho más los sorprendentes fuegos artificiales, escribió el Cavaliere, quien luego proseguía para ofrecer una tanda de comparaciones, ninguna de las cuales hace justicia a lo que él ve. Puesto que, como cualquier objeto de gran pasión, el volcán une muchos atributos contradictorios. Diversión y apocalipsis. Un ciclo de sustancia que exhibe los cuatro elementos: para empezar humo, luego fuego, luego lava fluida para acabar lava petrificada, el más sólido de todos.

De la muchacha, el Cavaliere decía a menudo, para sí y para los otros: Se parece... es como... podría interpretar. Es más que un parecido. Encarnación. La suya era la belleza que había adorado sobre tela, como estatua, en el costado de un jarrón. Ella era la Venus con las flechas, ella era la Tetis reclinada esperando a su desposado. Nada le había parecido nunca tan bello como ciertos objetos e imágenes: el reflejo, no, la evocación de una belleza que nunca existía en realidad, o que ya no existía. Ahora se percataba de que las imágenes no eran sólo un recordatorio de la belleza sino su heraldo, su precursor. La realidad se rompía en innumerables imágenes y las imágenes quemaban en el corazón de uno porque todas hablaban de una belleza única.

El Cavaliere tiene la bella *y* la bestia.

La gente diría inevitablemente, debido al sustancioso préstamo concedido a Charles, que su sobrino le había vendido la muchacha. Dejemos que piensen lo que les apetezca. Si alguna ventaja tenía vivir tan lejos de casa, en esta capital del atraso y de la indulgencia sensual, era que él podía hacer lo que quisiera.

En el paseo de coches al caer la tarde en la Chiaia, la presentaba a la sociedad local y, un domingo, al Rey y a la Reina. No podía llevarla al palacio, pero al aire libre la podía presentar a cualquiera. Cautivó a todos los sinceros amantes de la belleza, él podía advertirlo. También a la gente corriente, pordioseros y lavanderas de las calles, quienes la consideraban un ángel. Cuando le enseñó Ischia, algunos campesinos se arrodillaron delante de ella y un cura que fue a la casa se santiguó y manifestó que había sido enviada a ellos con un propósito especial. Las doncellas que el Cavaliere le había dado le pedían intercesión en sus plegarias, porque decían que parecía la Virgen. Aplaudió con júbilo ante la visión de unos caballos adornados con flores artificiales, borlas carmesí, plumas en la cabeza. El conductor se inclinó hacia delante, tiró de una pluma y se la ofreció. Cuando la gente la veía, se animaba. Era tan alegre, estaba tan llena de dicha. Quien no gustase de ella era un redomado esnob. ¿Cómo era posible no admirarla y no sentirse dichoso en su presencia?

Joven como era y sin las ventajas de cuna ni de educación, poseía una suerte de autoridad natural. Mrs. Cadogan casi parecía intimidada por ella, la trataba más como a una señora que como a una hija. Uno habría creído que aquella modesta campesina a quien gustaba beber era pariente lejana que la joven había contratado como carabina y acompañante no remunerada. El hecho de que su madre les acompañara invariablemente cuando salían le permitía a él acariciar aún más el entusiasmo que en su interior sentía. Los placeres rutinarios pasaron a ser apasionantes, adquirieron impulso e intensidad. Bajo el duro sol de una mañana de primeros de julio, cabalgaron por el camino de la colina de pequeños pinos hasta su casita de Posillipo, para esperar que pasara el calor del día en la terraza bajo las grandes cortinas de tela naranja que movía y ondulaba la brisa del mar. Arrobado, él la contemplaba saboreando la fruta helada, el fuerte vino del Vesubio; permanecía en la sombra de la terraza cuando ella bajaba las escaleras talladas en la roca para bañarse, y la contemplaba de pie con el agua hasta el pecho, primero salpicando vigorosamente el agua con sus brazos, luego mojándose la nuca con la mano húmeda.

Permanecía en aquella adorable posición un buen rato, mientras unos chicos la espiaban tras las rocas y su madre y dos doncellas la esperaban cerca con ropa y toallas. No importaba si ella lo amaba, tanto la amaba él, tanto amaba contemplarla.

Nunca se cansaba de catalogar los estados de ánimo de ella, el paso de una apariencia a otra, la variedad, la inclusividad de su apariencia. En ocasiones resultaba provocativa, en otras castamente tímida. En ocasiones llena, casi una matrona; en otras como una niñita inquieta, esperando que la colmaran de presentes. Qué encantadora resultaba cuando se probaba una gorra o un fajín o un vestido que él le había diseñado, riendo sin afectación, admirándose ella misma.

¿Debo girar la cabeza así?, decía al joven pintor alemán que el Cavaliere había instalado en la casa para que pintase su retrato.

¿O asá?

Como una actriz, estaba acostumbrada a causar efecto en la gente cuando entraba en una habitación. Ello incluía su forma de andar, la precisa lentitud en la forma en que volvía la cabeza, apoyaba la mano en la mejilla... exactamente así. La autoridad de la belleza.

¿Qué tipo de belleza?

No la belleza que es lineal y requiere depurar la carne: la belleza del contorno, del hueso, del perfil, del pelo sedoso y del temblor de las delicadas ventanas de la nariz. (La belleza que, después de la primera juventud, debe ponerse a dieta si desea ser esbelta.) Es la belleza que surge de la confianza en una misma, la confianza de clase. La que dice: No he nacido para complacer. He nacido para que me complazcan. No aquella belleza, la belleza que surge del privilegio, de la voluntad, del artificio... sino una casi tan autoritaria: la belleza de alguien que tiene que luchar por un lugar y no puede dar nada por descontado. Belleza que concierne al volumen, que está deseando ser y no puede elegir otra cosa que ser carne. (Y con el tiempo pasa a ser gordura.)

Belleza que se acaricia a sí misma con gruesos labios abiertos, invitando la caricia de otros. Belleza que es generosa y se decanta hacia el admirador. Puedo cambiar, sí, porque quiero gustarte. La belleza de ella, la segunda, tan ingenua como soberana, no precisaba ni pulido ni acabado. Sin embargo ella parecía haber ganado encanto, si ello era posible, desde su llegada; su belleza se expandía en concordancia con algo sensual, húmedo, que rutilaba en el aire, bajo un sol tan distinto al sol inglés. Tal vez precisaba de este nuevo decorado, de estas nuevas formas de apreciación; necesitaba sufrir, incluso (lloraba por Charles, ella lo quería de verdad); necesitaba el lujo del que nunca había disfrutado; necesitaba ser —en vez de la prudente, nerviosa, pequeña joya de un diletante secuestrada en un barrio residencial londinense, sirviéndole obediente el té— la orgullosa posesión, exhibida públicamente, de un gran coleccionista.

¿Qué hacemos con la belleza? La admiramos, la ensalzamos, la mejoramos (o lo intentamos), para exhibirla; o la escondemos.

¿Podríamos tener algo supremamente bello y no querer mostrarlo a otros? Posiblemente, si recelamos de su envidia, si nos preocupa que llegue alguien y se lo lleve. Quien roba un cuadro de un museo o un manuscrito medieval de una iglesia debe mantenerlo escondido. Pero aun cuán desposeído debe sentirse el ladrón. Parece lo más natural exhibir la belleza, enmarcarla, sacarla a escena... y oír que los otros la admiran, son un eco de nuestra admiración.

Sonríes. Sí. Ella es extraordinaria.

¿Extraordinaria? Es mucho más que esto.

¿Qué es la belleza sin un coro, sin murmullos, suspiros, susurros?

Pero quién mejor que el Cavaliere sabe lo que es la belleza, la belleza ante la cual caemos. Estoy partido, cegado. Caigo, cúbreme con tu boca.

FERNANDO DEL PASO
México (1935)

Nació en Ciudad de México. Vivió catorce años en Londres, donde trabajó para la BBC. Posteriormente fue nombrado como Agregado Cultural del Gobierno mexicano en Francia como un reconocimiento a su genio literario. Sus obras han sido galardonadas en México y Francia.

Noticias del Imperio *fue escrita durante diez años. Su protagonista Carlota, esposa de Maximiliano de Habsburgo, es la fugaz y sorprendente emperatriz de México del siglo pasado. Historia sarcástica, legendaria, erótica e imaginativa. Excelente.*

NOTICIAS DEL IMPERIO

Yo soy Carlota Amelia de México, Emperatriz de México y de América, Marquesa de las Islas Marías, Reina de la Patagonia, Princesa de Teotihuacán. Tengo ochenta y seis años de vida y sesenta de vivir en la soledad y el silencio. Asesinaron al presidente Garfield y al presidente McKinley y no me lo dijeron. Nacieron y murieron Rosa de Luxemburgo, Emiliano Zapata y Pancho Villa, y no me lo contaron. No sabes, no te imaginas, Maximiliano, la de cosas que han sucedido desde que tu caballo Orispelo se tropezó en el camino a Querétaro y tú y tus generales se quedaron sin agua, pero con champaña, cuando envenenaron con los cadáveres de los republicanos las aguas del Río Blanco. Gabriel D´Annunzio se apoderó de Fiume y Benito

Mussolini y sus camisas negras entraron, triunfantes, en Roma. Nacieron Kemal Atatürk y Mahatma Ghandi y descubrieron las vitaminas y los rayos ultravioleta y yo voy a ordenar una lámpara para tostarme con ella, para que la piel me quede más bonita que la piel de tu amante india, mi querido, mi adorado Max. Yo soy Carlota Amelia de Bélgica, Baronesa del Olvido y de la Espuma, Reina de la Nada, Emperatriz del Viento. Miguel Primo de Rivera derrotó a Abd-el-Krim en Alhucemas, y nadie me lo dijo, las tropas norteamericanas invadieron Nicaragua y Niels Bohr inventó el átomo y Alfredo Nóbel inventó la pólvora sin humo y nadie, nunca, me dijo nada, porque creen que estoy loca y porque me quisieran sorda, ciega, muda, tullida, como si de verdad sólo fuera yo una pobre vieja con los pechos carcomidos y fofos como los pechos de la amante de Raimundo Lulio y con almorranas del tamaño de huevos de codorniz y con uñas amarillas y quebradizas y con los pelos del pubis plateados y tiesos como fibras de alambre y sentada en mi cuarto con la cabeza baja y los ojos entrecerrados: así me quisieran ver. Y porque así me ven, Maximiliano, con las manos en el regazo y las palmas vueltas hacia arriba, piensan que no hago otra cosa todo el día que contarme las líneas del amor y de la vida, las líneas de la mentira y el olvido, del sueño y de la risa, y muerta, sí, vieja y de risa, loca de olvido, a carcajadas acordándome de nada y con las lágrimas cayendo en el cuenco de mis manos confundidas con la saliva que escurre de mis labios como una hebra de pulque llorando por la muerte de nadie —la tuya— al otro lado de ningún mar el Atlántico, o con los ojos cerrados, invertidos, mirando la oscuridad, adivinando las volutas de mi cerebro, perdida en ellas como en un laberinto, y preguntando a nadie —a todos— por un nombre jamás pronunciado —Fernando Maximiliano— y callada, sí, sin decir esta boca es mía, sin decir esta boca que una noche en el Cerro del Chiquihuite embarré con luciérnagas para que tú las apagaras con tus labios, sin decir estas manos que en la Isla de Lacroma coronaron tu frente con delirios y que estaban vivas y tibias y conocían el contorno de tu pecho y los meses más fértiles del año; sin decir estos pezones que maduraron como uvas azules en las aguas cristalizadas del Xinantécatl, sin decir estos ojos que con el luminoso reflejo de tu rostro se humedecían de esmaltados verdores, son míos.

    Y sin decir que son tuyos, que toda soy tuya, tuyas estas mis dos piernas que bañé con limón y polvo de piedra nácar y tallé con piedra pómez para que tú, cuando regresaras a México de tu viaje por las provincias, las encontraras más brillantes y lisas, tuyas las nalgas que restregué con rosas y polvos de arroz para que tú, cuando a la orilla del lago congelado te bajaras de tu caballo para montarlas y las vieras, las sintieras, las besaras más perfumadas y más blancas. Y también, también estos pechos que eran para ti y que yo los hubiera querido, redondos y macizos, que reventaran de leche para salvarte la vida con ellos: para que las señoras de Querétaro no te engañaran con sus naranjas inyectadas con agua tofana, ni las monjas con sus galletas de almendras envenenadas, ni la princesa Salm Salm con sus pasteles rellenos de adormideras. Para salvarte la vida, Maximiliano, para que tu cocinero Tüdös no te engañara con su goulasch de perro aderezado con láudano ni el padre Soria con su vino de consagrar emponzoñado, hubiera ido a verte todas las mañanas a tu celda del Convento de Teresitas, para darte de mamar de mis pechos, y para que siempre estuvieran llenos, para que nunca se le fuera la leche como se le fue a la infeliz de Concha Miramón cuando Juárez le dijo que no habría nada que salvara a Miguel de morir fusilado, le hubiera pedido al mensajero que viniera disfrazado de borrego y me los hubiera embarrado yo con sal mojada para que no se cansara de mamarlos.

    Si supieran, Maximiliano, si tan sólo se imaginaran, sabrían que no estoy loca, que las locas son ellas. Ayer vino a verme el mensajero del Imperio y me trajo, en un estuche de terciopelo, tu lengua. Y en una caja de cristal, tus dos ojos azules. Con tu lengua y con tus ojos, tú y yo juntos vamos a inventar de nuevo la historia. Lo que no quieren ellas, lo que no quiere nadie, es verte vivo de nuevo, es que volvamos a ser jóvenes, mientras ellas y todos están enterrados desde hace tanto tiempo. Levántate, Maximiliano y dime qué es lo que deseas, qué es lo que prefieres. ¿Te gustaría no haber nacido en Schönbrunn, sino en México? ¿Te gustaría no haber venido al mundo a unos cuantos pasos de distancia de la recámara donde agonizaba el duque de Reichstadt y del cuarto donde Napoleón Primero le hizo el amor a la condesa Walewska? ¿Hubieras preferido, dime, nacer en los jardines de nuestra Quinta Borda, que te dieran su sombra los flamboyanes, que te alimentaran en la boca los colibríes, que te arrullara la brisa dulce de las tierras templadas? ¿Te gustaría, Maximiliano, que no te hubieran fusilado en México, haber sido el gobernante justo y liberal de un país grande y próspero donde la paz reinara para siempre, envejecer como un patriarca de barba blanca y morir adorado por tus indios, por todos esos indios mexicanos a quienes también inventamos nosotros, y a los que nosotros mismos volvimos tan ingratos, pero tan ingratos, Max, que no hubo uno solo, uno solo, escúchame, Maximiliano, que cuando ya estabas caído, prisionero, dejado de la mano de Dios, condenado por Juárez, uno que te visitara en tu celda para llevarte una gallina, uno solo que se colgara al cuello un manojo de cactos y de rodillas fuera al templo de la Virgen de Guadalupe para pedirle que salvara tu vida y la vida del Imperio? Ándale, Maximiliano, levántate, que vamos a inventar de nuevo nuestra vida. Vamos al África de cacería con David Livingston para que adornes con cabezas de elefante la Sala Iturbide del Palacio Imperial de México. Vamos al auditorio de Boston para escuchar a Johann Strauss y sus cien orquestas y veinte mil músicos y traerlos a México para que toquen el Vals Emperador en la Plaza de Armas de la capital. Vamos, si quieres, Maximiliano, a dejar una corona de siemprevivas sobre la tumba que le hicieron a Juárez en la Rotonda de los Hombres Ilustres, para enseñarle al indio que los monarcas sabemos perdonar, y que no corre por nuestras venas el rencor. Vino el otro día el mensajero, y era Santos Dumont, ¿sabías, Maximiliano, que inventaron el zepelín y el aeroplano, y que bombardearon Londres y París, y que Santos Dumont me invitó a darle de vueltas a la Torre Eiffel en un zepelín y que desde lo alto vi París entero y me vi jugando en los Jardines de las Tullerías con una pelota roja y mi abuelito Luis Felipe espantaba a los abejorros dorados con su sombrilla negra y te vi en Satory cabalgando al lado del príncipe Óscar de Suecia, vi Versalles y el Gran Trianón donde fue juzgado el mariscal Aquiles Bazaine, el Palacio de Saint Cloud al que llegué una tarde en que hacía un calor espantoso, con el corazón hecho pedazos porque sabía que hiciéramos lo que hiciéramos sería inútil, todos nos habían ya abandonado? Levántate, maximiliano, y vamos a bombardear Sinaloa en un aeroplano con el general Pesqueira, vamos con Santos Dumont en un dirigible a darle vueltas al Valle de Anáhuac, a contemplar desde lo alto la matanza de La Ciudadela que hizo el general Sóstenes Rocha por órdenes de Benito Juárez, a ver la entrada triunfal de los Dorados del Norte, a ver la sangre de Francisco Madero y Pino Suárez regada en las calles de la ciudad de México, ven conmigo, Maximiliano, inventaron la lavadora automática, inventaron los semáforos de tres colores y los tanques de guerra, y no me lo dijeron, inventaron la ametralladora, y esas brutas piensan que porque me tienen encerrada y porque estoy siempre sola no me entero de nada, cuando que soy yo la que cada día invento de nuevo el mundo. ¿Y sabes a lo que más le tienen miedo, Maximiliano? A que te invente a ti de nuevo. A que de tu fantasma, de ese fantasma que vaga por los corredores del Hofburgo abandonado por las ratas y los halcones, y por las terrazas del Alcázar de Chapultepec y por las faldas del Cerro de las Campanas, que de ese espectro haga yo un príncipe más alto aún de lo que fuiste en vida, más alto que tu tragedia y que tu sangre. Ándale, levántate, Maximiliano. Pero eso sí, tienes que prometerme que nadie más te va a humillar, que te vas a cuidar, fíjate bien lo que te digo, de Luis Napoleón y Eugenia, de Bazaine y de Bombelles, y del conde Hadik y de todos tus amigos, porque te quieren envenenar.

Si te da catarro, escúchame, Maximiliano, no bebas bálsamo de tolú. Cuídate, Maximiliano, y cuando vayas a Puebla, no bebas rompope en la Casa de Alfeñique, y no aceptes el oporto que te ofrece el general Codrington en Gibraltar y cuando vuelvas a Esmirna, no fumes en narguile. Cuídate, cuídate, Maximiliano, de las barras de chicle que te regale el cojo Santa Anna. Y de la charanda de Michoacán cuídate, y del comiteco que te den en Chiapas. Si quieres hacer el amor con Amelia de Braganza, no bebas agua de cantáridas. No bebas, tampoco, del agua de las Fuentes Brotantes, ni comas cenizas ardientes del Popo.

Cuídate, y si regresas a Viena, no bebas café capuchino en la Blauen Flasche, y si visitas la bodega del Hofburgo, no bebas de los vinos medicinales de tu tatarabuela la emperatriz María Teresa. No comas tunas en Capri, Maximiliano, ni huevos de turrón en Mixqui. Si vas al Parián en Semana Santa, no bebas del agua carmesí coloreada con palo de Campeche. Y cuando vayas a bautizar al hijo de Miguel López, no bebas, Maximiliano, del agua bendita, ni brindes con champaña. Cuídate, Maximiliano: no comas cola de tlacuache en Colimba, y si vas a la Exposición Internacional de París, no bebas esencia de rosas de Adrianápolis ni licor de acacia de la Martinica. Y cuando vayas a Cuernavaca, no bebas de los labios de Concepción Sedano: cuídate, Maximiliano, que están envenenados.

MARIO VARGAS LLOSA
Perú (1936)
Premio Cervantes 1994

Nació en Arequipa. Cursó sus primeros estudios en Cochabamba, Bolivia y los secundarios en Lima. Licenciado en Letras en la Universidad de San Marcos, Lima y doctorado en la Complutense de Madrid. Ganador del Premio Cervantes en 1994, el Príncipe de Asturias e infinidad de otros más. Profesor universitario y un pensador latinoamericano destacado. Sus lectores esperan el premio Nobel.

Su libro La Fiesta del Chivo retrata la vida y asesinato del general y dictador dominicano «El chivo Trujillo». A los catorce años, Urania Cabral es «presentada» por su propio padre al General de setenta años. Escena pasional dramática.

LA FIESTA DEL CHIVO

l tenía setenta y yo catorce —precisa Urania, por quinta o décima vez—. Lucíamos una pareja muy dispar, subiendo esa escalera con pasamanos de metal y barrotes de madera. De las manos, como novios. El abuelo y la nieta, rumbo a la cámara nupcial.

La lamparilla de la mesa de noche estaba prendida y Urania vio la cuadrada cama de hierro forjado, con el mosquitero levantado, y sintió las aspas del ventilador girando despacio en el techo. Una colcha blanca bordada cubría la cama y muchos almohadones y almohadillas abultaban el espaldar. Olía a flores frescas y a pasto.

—No te desnudes todavía, belleza —murmuró Trujillo—. Yo te ayudaré. Espera, ya vuelvo.

—¿Te acuerdas con qué nervios hablábamos de perder la virginidad, Manolita? —se vuelve Urania hacia su prima—. Nunca imaginé que la perdería en la Casa de Caoba, con el Generalísimo. Yo pensaba: «Si salto por el balcón, papá tendrá remordimientos terribles».

Volvió al poco rato, desnudo bajo una bata de seda azul con motas blancas y unas zapatillas de raso granate. Bebió un sorbo de coñac, dejó su copa en un armario entre fotografías de él rodeado de sus nietos, y, cogiendo a Urania de la cintura, la hizo sentar a la orilla de la cama, en el espacio abierto por los tules del mosquitero, dos grandes alas de mariposa enlazadas sobre su cabeza. Comenzó a desnudarla, sin prisa. Desabotonó la espalda, botón tras botón, y retiró la cinta que ceñía su vestido. Antes de quitárselo, se arrodilló e, inclinándose con cierta dificultad, la descalzó. Con precauciones, como si la niña pudiera trizarse con un movimiento brusco de sus dedos, le retiró las medias nylon, acariciándole las piernas mientras lo hacía.

—Tienes los pies fríos, belleza —murmuró con ternura—. ¿Estás con frío? Ven para acá, deja que te los caliente.

Siempre arrodillado, le frotó los pies con las dos manos. De tanto en tanto, se los llevaba a la boca y los besaba, empezando por el empeine, bajando por los deditos hasta los talones, preguntándole si le hacía cosquillas, con una risita pícara, como si fuera él quien sintiera una alegre comezón.

—Estuvo así mucho rato, abrigándome los pies. Por si quieren saberlo, yo no sentí, ni un solo segundo, la menor turbación.

—Qué miedo tendrías, prima —la apremia Lucindita.

—En ese momento, todavía no. Después, muchísimo.

Trabajosamente, Su Excelencia se incorporó, y volvió a sentarse, al filo de la cama. Le sacó el vestido, el sostén rosado que sujetaba sus pechitos a medio salir, y el calzoncito triangular. Ella se dejaba hacer, sin ofrecer resistencia, el cuerpo muerto. Cuando Trujillo deslizaba el calzoncito rosado por sus piernas, advirtió que los dedos de Su Excelencia se apuraban; sudorosos, abrasaban la piel donde se posaban. La hizo tenderse. Se incorporó, se quitó la bata, se echó a su lado, desnudo. Con cuidado, enredó sus dedos en el ralo vello del pubis de la niña.

—Seguía muy excitado, creo. Cuando empezó a tocarme y acariciarme. Y a besarme, obligándome siempre a abrir la boca con su boca. En los pechos, en el cuello, en la espalda, en las piernas.

No se resistía; se dejaba tocar, acariciar, besar, y su cuerpo obedecía los movimientos y posturas que las manos de Su Excelencia le indicaban. Pero, no correspondía a las caricias, y, cuando no cerraba los ojos, los tenía clavados en las lentas aspas del ventilador. Entonces le oyó decirse a sí mismo: «Romper el coñito de una virgen siempre excita a los hombres».

—La primera palabrota, la primera vulgaridad de la noche —precisa Urania—. Después, diría peores. Ahí me di cuenta que algo le pasaba. Había comenzado a enfurecerse. ¿Porque yo me quedaba quieta, muerta, porque no lo besaba?

No era eso, ahora lo comprendía. Que ella participara o no en su propio desfloramiento no era algo que a Su Excelencia pudiera importarle. Para sentirse colmado, le bastaba que tuviera el coñito cerrado y él pudiera abrírselo, haciéndola gemir —aullar, gritar— del dolor, con su güevo magullado y feliz allí adentro, apretadito en las valvas de esa intimidad recién hollada. No era amor, ni siquiera placer lo que esperaba de Urania. Había aceptado que la hijita del senador Agustín Cabral viniera a la Casa de Caoba sólo para comprobar que Rafael Leonidas Trujillo Molina era todavía, pese a sus setenta años, pese a sus problemas de próstata, pese a los dolores de cabeza que le daban los curas, los yanquis, los venezolanos, los conspiradores, un macho cabal, un chivo con güevo todavía capaz de ponerse tieso y de romper los coñitos vírgenes que le pusieran delante.

—Pese a mi falta de experiencia, me di cuenta —su tía, sus primas y su sobrina acercan mucho las cabezas para oír su susurro—. Algo le sucedía, quiero decir ahí abajo. No podía. Se iba a poner bravo, iba a olvidarse de sus buenas maneras.

—Basta de jugar a la muertita, belleza —lo oyó ordenar, transformado—. De rodillas. Entre mis piernas. Así. Lo coges con tus manitas y a la boca. Y lo chupas, como te chupé el coñito. Hasta que despierte. Ay de ti si no despierta, belleza.

—Traté, traté. Pese al terror, al asco. Hice todo. Me puse en cuclillas, me lo metí en la boca, lo besé, lo chupé hasta las arcadas. Blando, blando. Yo le rogaba a Dios que se parara.

—¡Basta, Urania, basta! —la tía Adelina no llora. La mira con espanto, sin compasión. Tiene levantada la cuenca superciliar, dilatado el blanco de la esclerótica; está pasmada, convulsionada—. Para qué, hijita. ¡Dios mío, basta!

—Pero, fracasé —insiste Urania—. Se puso el brazo sobre los ojos. No decía nada. Cuando lo levantó, me odiaba.

Tenía los ojos enrojecidos y en sus pupilas ardía una luz amarilla, febril, de rabia y vergüenza. La miraba sin asomo de aquella cortesía, con una hostilidad beligerante, como si ella le hubiera hecho un daño irreparable.

—Te equivocas si crees que vas a salir de aquí virgen, a burlarte de mí con tu padre —deletreaba, con sorda cólera, soltando gallos.

Cogiéndola de un brazo la tumbó a su lado. Ayudándose con movimientos de las piernas y la cintura, se montó sobre ella. Esa masa de carne la aplastaba, la hundía en el colchón; el aliento a coñac y a rabia la mareaba. Sentía sus músculos y huesos triturados, pulverizados. Pero la asfixia no evitó que advirtiera la rudeza de esa mano, de esos dedos que exploraban, escarbaban y entraban en ella a la fuerza. Se sintió rajada, acuchillada; un relámpago corrió de su cerebro a los pies. Gimió, sintiendo que se moría.

—Chilla, perrita, a ver si aprendes —le escupió la vocecita hiriente y ofendida de Su Excelencia—. Ahora, ábrete. Déjame ver si lo tienes roto de verdad y no chillas de farsante.

—Era de verdad. Tenía sangre en las piernas; lo manchaba a él, y la colcha y la cama.

—Decía que no hay justicia en este mundo. Por qué le ocurría esto después de luchar tanto, por este país ingrato, por esta gente sin honor. Le hablaba a Dios. A los santos. A Nuestra Señora. O al diablo, tal vez. Rugía y rogaba. Por qué le ponían tantas pruebas. La cruz de sus hijos, las conspiraciones para matarlo, para destruir la obra de toda una vida. Pero, no se quejaba de eso. Él sabía fajarse contra enemigos de carne y hueso. Lo había hecho desde joven. No podía tolerar el golpe bajo, que no lo dejaran defenderse. Parecía medio loco, de desesperación. Ahora sé por qué. Porque ese güevo que había roto tantos coñitos, ya no se paraba. Eso hacía llorar al titán. ¿Para reírse, verdad?

ANTONIO SKARMETA
Chile (1940)

Antonio Skarmeta nació en Antofagasta. En 1964 obtuvo el título de doctor en Filosofía. Hasta 1966 estudió literatura en Columbia University de Nueva York. De regreso a Chile enseñó literatura latinoamericana contemporánea en la Universidad Católica. En 1973, después del golpe de Chile, vivió un año en Buenos Aires y desde 1975, en la República Democrática Alemana, donde se dedicó a la docencia. En 1969 obtuvo el premio Casa de las Américas con su libro de cuentos Desnudo en el tejado. Actualmente es crítico literario de la televisión internacional.

El autor aprovechó una entrevista a Neruda, que nunca se publicó, para regalarnos una bella ficción, escenificada en el pueblo de San Antonio, donde habitaba el gran poeta, en su residencia de Isla Negra. Allí, en aquellos días memorables cuando Salvador Allende fue elegido presidente y Neruda recibió el Nóbel, el autor crea un personaje, Mario Jiménez, cartero de la localidad, que a raíz de su trabajo, traba conocimiento con el vate, que se convierte en su amigo.

Esta amistad, decisiva en la vida del joven enamorado, marca la trama que desemboca en el comienzo del largo proceso chileno. El cartero de Neruda (Ardiente paciencia) fue llevada al cine en Italia con éxito arrollador.

ARDIENTE PACIENCIA

La noche del cuatro de septiembre, una noticia mareadora giró por el mundo: Salvador Allende había ganado las elecciones en Chile como el primer marxista votado democráticamente.

La hostería de doña Rosa se vio en pocos minutos desbordada por pescadores, turistas primaverales, colegiales con licencia para hacer la cimarra al día siguiente y por el poeta Pablo Neruda, quien con estrategia de estadista abandonó su refugio sorteando los telefonazos de larga distancia de las agencias internacionales que querían entrevistarlo. El augurio de días mejores hizo que el dinero de los clientes fuera administrado con ligereza y Rosa no tuvo más remedio que librar del cautiverio a Beatriz para que la asistiera en la celebración.

Mario Jiménez se mantuvo a imprudente distancia. Cuando el telegrafista desmontó de su impreciso Ford 40 uniéndose a la fiesta, el cartero lo asaltó con una misión que la euforia política de su jefe recibió con benevolencia. Se trataba de un pequeño acto de celestinaje consistente en susurrarle a Beatriz, cuando las circunstancias lo permitieran, que él la esperaba en el cercano galpón donde se guardaban los aparejos de pesca.

El momento crucial se produjo cuando sorpresivamente el diputado Labbé hizo su entrada al local, con un terno blanco como una sonrisa, y avanzando en medio de las pullas de los pescados que le chistaban «sácate la cola» hasta el mesón donde Neruda aligeraba unas copas, le dijo con un gesto versallesco:

—Don Pablo, las reglas de la democracia son así. Hay que saber perder. Los vencidos saludan a los vencedores.

—Salud entonces, diputado —replicó Neruda ofreciéndole un vino y levantando su propio vaso para chocarlo con el de Labbé. La concurrencia aplaudió, los pescadores gritaron «Viva Allende», luego «Viva Neruda», y el telegrafista administró con sigilo el mensaje de Mario, casi untando con sus labios el sensual lóbulo de la muchacha.

Desprendiéndose del chuico de vino y el delantal, la chica recogió un huevo del mesón, y fue avanzando descalza bajo los faroles de esa noche estrellada a la cita.

Al abrir la puerta del galpón supo distinguir entre las confusas redes al cartero sentado sobre un banquillo de zapatero, el rostro azotado por la luz naranja de una lamparilla de petróleo. A su vez, Mario pudo identificar, convocando la misma emoción de entonces, la precisa minifalda y la estrecha blusa de aquel primer encuentro junto a la mesa de futbolito. Como concertada con su recuerdo, la muchacha alzó el oval y frágil huevo, y tras cerrar con el pie la puerta lo puso cerca de sus labios. Bajándolo un poco hacia sus senos lo deslizó siguiendo el palpitante bulto con los dedos danzarines, lo resbaló sobre su terso estómago, lo trajo hasta el vientre, lo escurrió sobre su sexo, lo ocultó en medio del triángulo de sus piernas, entibiándolo instantáneamente, y entonces clavó una mirada caliente en los ojos de Mario. Este hizo ademán de levantarse, pero la muchacha lo contuvo con un gesto. Puso el huevo sobre la frente, lo pasó sobre su cobriza superficie, lo montó sobre el tabique de la nariz y al alcanzar los labios se lo metió en la boca afirmándolo entre los dientes.

Mario supo en ese mismo instante que la erección con tanta fidelidad sostenida durante meses era una pequeña colina en comparación con la cordillera que emergía desde su pubis, con el volcán de nada metafórica lava que comenzaba a desenfrenar su sangre, a turbarle la mirada, a transformar hasta su saliva en una especie de esperma. Beatriz le indicó que se arrodillara. Aunque el piso era de tosca madera, le pareció una principesca alfombra cuando la chica casi levitó hacia él y se puso a su lado.

Un ademán de sus manos le ilustró que tenía que poner las suyas en canastilla. Si alguna vez obedecer le había resultado intragable, ahora sólo anhelaba la esclavitud. La muchacha se combó hacia atrás y el huevo, cual un ínfimo equilibrista, recorrió cada centímetro de la tela de su blusa y falda hasta irse a apañar en las palmas de Mario.

Levantó la vista hacia Beatriz y vio su lengua hecha una llamarada entre los dientes, sus ojos turbiamente decididos, las cejas en acecho esperando la iniciativa del muchacho. Mario levantó delicadamente un tramo el huevo, cual si estuviera a punto de empollar. Lo puso sobre el vientre de la muchacha y con una sonrisa de prestidigitador lo hizo patinar sobre sus ancas, marcó con él perezosamente la línea del culo, lo digitó hasta el costado derecho, en tanto Beatriz, con la boca entreabierta, seguía con el vientre y las caderas sus pulsaciones. Cuando el huevo hubo completado su órbita el joven lo retornó por el arco del vientre, lo encorvó sobre la abertura de los senos, y alzándose junto con él, lo hizo recalar en el cuello. Beatriz bajó la barbilla y lo retuvo allí con una sonrisa que era más una orden que una cordialidad.

Entonces Mario avanzó con su boca hasta el huevo, lo prendió entre los dientes, y apartándose, esperó que ella viniera a rescatarlo de sus labios con su propia boca. Al sentir por encima de la cáscara rozar la carne de ella su boca dejó que la delicia lo desbordara. El primer tramo de su piel que untaba, que ungía, era aquél que en sus sueños ella cedía como el último bastión de un acoso que contemplaba lamer cada uno de sus poros, el más tenue pelillo de sus brazos, la sedosa caída de sus párpados, el vertiginoso declive de su cuello. Era el tiempo de la cosecha, el amor había madurado espeso y duro en su esqueleto, las palabras volvían a sus raíces.

Este momento, se dijo, este, este momento, este este este este este momento, este este, este momento este. Cerró los ojos cuando ella retiraba el huevo de su boca. A oscuras la cubrió por la espalda mientras en su mente una explosión de peces destellantes brotaban en un océano calmo. Una luna inconmesurable lo bañaba y tuvo la certeza de comprender, con su saliva sobre esa nuca, lo que era el infinito. Llegó al otro flanco de su amada, y una vez más prendió el huevo entre los dientes. Y ahora, como si ambos estuvieran danzando al compás de una música secreta, ella entreabrió el escote de su blusa y Mario hizo resbalar el huevo entre sus tetas. Beatriz desprendió su cinturón, levantó la asfixiante prenda, y el huevo fue a reventar al piso cuando, la chica tiró de la blusa sobre su cabeza y expuso el dorso dorado por la lámpara de petróleo. Mario le bajó la trabajosa minifalda y cuando la fragante vegetación de su chucha halagó su acechante nariz, no tuvo otra inspiración que untarla con la punta de su lengua. En ese preciso instante Beatriz emitió un grito nutrido de jadeo, de sollozo, de derroche, de garganta, de música, de fiebre, que se prolongó unos segundos en que su cuerpo entero tembló hasta desvanecerse. Se dejó resbalar hasta la madera del piso, y después de colocarle un sigiloso dedo sobre el labio que le había lamido, lo trajo húmedo hasta la rústica tela del pantalón del muchacho, y palpando el grosor de su pico, le dijo con voz ronca:

—Me hiciste acabar, tonto.

ISABEL ALLENDE
Chile (1942)

Nació en Lima por casualidad, chilena integral. Periodista en Chile y a raíz del golpe militar se radicó en Venezuela, su segunda patria. Colaboradora habitual del periódico El Nacional *y otros diarios de Suramérica. Sus libros han tenido una gigantesca acogida en decenas de idiomas.*

La casa de los espíritus *fue un suceso editorial en 1982. Narra la historia de Esteban Trueba, su mujer Clara del Valle y su nieta Alba. Historia fantástica.*

LA CASA DE LOS ESPÍRITUS

Los primeros meses Esteban Trueba estuvo tan ocupado canalizando el agua, cavando pozos, sacando piedras, limpiando potreros y reparando los gallineros y los establos, que no tuvo tiempo de pensar en nada. Se acostaba rendido y se levantaba al alba, tomaba un magro desayuno en la cocina y partía a caballo a vigilar las labores del campo. No regresaba hasta el atardecer. A esa hora hacía la única comida completa del día, solo en el comedor de casa. Los primeros meses se hizo el propósito de bañarse y cambiarse ropa diariamente a la hora de cenar, como había oído que hacían los colonos ingleses en las más lejanas aldeas del Asia y del África, para no perder la dignidad y el señorío. Se vestía con su mejor ropa, se afeitaba y ponía en el gramófono las mismas arias de sus óperas preferidas todas las noches. Pero poco a poco se dejó vencer por la rusticidad y aceptó que no tenía vocación de petimetre, especialmente si no había nadie que pudiera apreciar el esfuerzo. Dejó de afeitarse, se cortaba el pelo cuando le llegaba por los hombros, y siguió bañándose sólo porque tenía el hábito muy arraigado, pero se despreocupó de su ropa y de sus modales. Fue convirtiéndose en un bárbaro.

Antes de dormir leía un rato o jugaba ajedrez, había desarrollado la habilidad de competir contra un libro sin hacer trampas y de perder las partidas sin enojarse. Sin embargo, la fatiga del trabajo no fue suficiente para sofocar su naturaleza fornida y sensual. Empezó a pasar malas noches, las frazadas le parecían muy pesadas, las sábanas demasiado suaves. Su caballo le jugaba malas pasadas y de repente se convertía en una hembra formidable, una montaña dura y salvaje de carne, sobre la cual cabalgaba hasta molerse los huesos. Los tibios y perfumados melones de la huerta le parecían descomunales pechos de mujer y se sorprendía enterrando la cara en la manta de su montura, buscando en el agrio olor del sudor de la bestia, la semejanza con aquel aroma lejano y prohibido de sus primeras prostitutas. En la noche se acaloraba con pesadillas de mariscos podridos, de trozos enormes de res descuartizada, de sangre, de semen, de lágrimas. Despertaba tenso, con el sexo como un fierro entre las piernas, más rabioso que nunca. Para aliviarse, corría a zambullirse desnudo en el río y se hundía en las aguas heladas hasta perder la respiración, pero entonces creía sentir unas manos invisibles que le acariciaban las piernas. Vencido, se dejaba flotar a la deriva, sintiéndose abrazado por la corriente, besado por los guarisapos, fustigado por las cañas de la orilla. Al poco tiempo su apremiante necesidad era notoria, no se calmaba ni con inmersiones nocturnas en el río, ni con infusiones de canela, ni colocando piedra lumbre debajo del colchón, ni siquiera con los manipuleos vergonzantes que en el internado ponían locos a los muchachos, los dejaban ciegos y los sumían en la condenación eterna. Cuando comenzó a mirar con ojos de concupiscencia a las aves del corral, a los niños que jugaban desnudos en el huerto y hasta a la masa cruda del pan, comprendió que su virilidad no se iba a calmar con sustitutos de sacristán. Su sentido práctico le indicó que tenía que buscarse una mujer y, una vez tomada la decisión, la ansiedad que lo consumía se calmó y su rabia pareció aquietarse. Ese día amaneció sonriendo por primera vez en mucho tiempo.

Pedro García, el viejo, lo vio salir silbando camino al establo y movió la cabeza inquieto. El patrón anduvo todo el día ocupado en el arado de un potrero que acababa de hacer limpiar y que había destinado a plantar maíz. Después se fue con Pedro Segundo García a ayudar a una vaca que a esas horas trataba de parir y tenía el ternero atravesado. Tuvo que introducir el brazo hasta el codo para voltear al crío y ayudarlo a asomar la cabeza. La vaca se murió de todos modos, pero eso no le puso de mal humor. Ordenó que alimentaran al ternero con una botella, se lavó en un balde y volvió a montar. Normalmente era su hora de comida, pero no tenía hambre. No tenía ninguna prisa, porque ya había hecho su elección.

Había visto a la muchacha muchas veces cargando en la cadera a su hermanito moquillento, con un saco en la espalda o un cántaro de agua del pozo en la cabeza. La había observado cuando lavaba la ropa, agachada en las piedras planas del río, con sus piernas morenas pulidas por el agua, refregando los trapos descoloridos con sus toscas manos de campesina. Era de huesos grandes y rostro aindiado, con las facciones anchas y la piel oscura, de expresión apacible y dulce, su amplia boca carnosa conservaba todavía todos los dientes y cuando sonreía se iluminaba, pero lo hacía muy poco. Tenía la belleza de la primera juventud, aunque él podía ver que se marchitaría muy pronto, como sucede a las mujeres nacidas para parir muchos hijos, trabajar sin descanso y enterrar a su muertos. Se llamaba Pancha García y tenía quince años.

Cuando Esteban Trueba salió a buscarla, ya había caído la tarde y estaba más fresco. Recorrió con su caballo al paso las largas alamedas que dividían los potreros preguntando por ella a los que pasaban, hasta que la vio por el camino que conducía a su rancho. Iba doblada por el peso de un haz de espino para el fogón de la cocina, sin zapatos, cabizbaja. La miró desde la altura del caballo y sintió al instante la urgencia del deseo que había estado molestándolo durante tantos meses. Se acercó al trote hasta colocarse a su lado, ella lo oyó, pero siguió caminando sin mirarlo, por la costumbre ancestral de todas las mujeres de su estirpe de bajar la cabeza ante el macho.

Esteban se agachó y le quitó el fardo, lo sostuvo un momento en el aire y luego lo arrojó con violencia a la vera del camino, alcanzó a la muchacha con un brazo por la cintura y la levantó con un resoplido bestial, acomodándola delante de la montura, sin que ella opusiera ninguna resistencia. Espoleó el caballo y partieron al galope en dirección al río. Desmontaron sin intercambiar ni una palabra y se midieron los ojos. Esteban se soltó el ancho cinturón de cuero y ella retrocedió, pero la atrapó de un manotazo. Cayeron abrazados entre las hojas de los eucaliptos. Esteban no se quitó la ropa. La acometió con fiereza incrustándose en ella sin preámbulos, con una brutalidad inútil. Se dio cuenta demasiado tarde, por las salpicaduras sangrientas en su vestido, que la joven era virgen, pero ni la humilde condición de Pancha, ni las apremiantes exigencias de su apetito, le permitieron tener contemplaciones. Pancha García no se defendió, no se quejó, no cerró los ojos. Se quedó de espaldas, mirando el cielo con expresión despavorida, hasta que sintió que el hombre se desplomaba con un gemido a su lado. Entonces empezó a llorar suavemente. Antes que ella su madre, y antes que su madre su abuela, habían sufrido el mismo destino de perra. Esteban Trueba se acomodó los pantalones, se cerró el cinturón, la ayudó a ponerse de pie y la sentó en el anca de su caballo. Emprendieron el regreso. Él iba silbando.

Ella seguía llorando. Antes de dejarla en su rancho, el patrón la besó en la boca.

—Desde mañana quiero que trabajes en la casa —dijo.

Pancha asintió sin levantar la vista. También su madre y su abuela habían servido en la casa patronal.

Esa noche Esteban Trueba durmió como un bendito, sin soñar con Rosa. En la mañana se sentía pleno de energía, más grande y poderoso. Se fue al campo canturreando y a su regreso, Pancha estaba en la cocina, afanada revolviendo el manjar blanco en una gran olla de cobre. Esa noche la esperó con impaciencia y cuando se callaron los ruidos domésticos en la vieja casona de adobe y empezaron los trajines nocturnos de las ratas, sintió la presencia de la muchacha en el umbral de su puerta.—Ven, Pancha —la llamó. No era una orden, sino más bien una súplica.

Esa vez Esteban se dio tiempo para gozarla y para hacerla gozar. La recorrió tranquilamente, aprendiendo de memoria el olor ahumado de su cuerpo y de su ropa lavada con ceniza y estirada con plancha a carbón, conoció la textura de su pelo negro y liso, de su piel suave en los sitios más recónditos y áspera y callosa en los demás, de sus labios frescos, de su sexo sereno y su vientre amplio. La deseó con calma y la inició en la ciencia más secreta y más antigua. Probablemente fue feliz esa noche y algunas noches más, retozando como dos cachorros en la gran cama de fierro forjado que había sido del primer Trueba y que ya estaba medio coja, pero aún podía resistir los embistes del amor.

A Pancha García le crecieron los senos y se le redondearon las caderas. A Esteban Trueba le mejoró por un tiempo el mal humor y comenzó a interesarse en sus inquilinos.

VALERIO MASSIMO MANFREDI
Italia (1943)

Valerio Massimo Manfredi, arqueólogo y escritor, nació en Bolonia. Estudió Lenguas Clásicas y se especializó en la topografía del mundo antiguo. Ha participado en numerosas excavaciones arqueológicas en Italia y el exterior y ha enseñado en la Universidad Católica de Milano, la Universidad Loyola de Chicago y en la École Pratique des Hautes Études de la Sorbone. Actualmente vive y trabaja en su casa de campo en las afueras de Bolonia. En su obra literaria Manfredi se ha dedicado a reconstruir la vida y costumbres de la antigua Grecia no sólo desde el punto de vista antropológico, sino desde las costumbres y la vida cotidiana de la gente. Todo aquello lo ha recreado en obras ficticias que se han convertido en bestsellers a nivel mundial.

Aléxandros, la trilogía de Manfredi sobre Alejandro Magno, narra la vida de éste desde su infancia. Su padre lo entrena para la guerra desde muy pequeño y lo educa con Aristóteles. Alejandro se convierte en un dios verdadero para el pueblo griego. Aléxandros: El confín del mundo, el tercer volumen de la trilogía, se basa en la conquista del Imperio Persa por parte del ejército macedonio, liderado por Alejandro. El terreno casi impenetrable que debe vencer su ejército debilita a los soldados que se niegan a seguir. Alejandro continúa su conquista hasta la India o el confín del mundo. Sólo en Roxana encuentra la fuerza y el amor para seguir adelante y vencer las conjuras que surgen a lo largo de su aventura.

ALÉXANDROS. EL CONFÍN DEL MUNDO

Estatira bajó la cabeza con un movimiento ligero y gracioso, en señal de aprobación, pero no dijo nada. Entretanto entró una de las doncellas con una bandeja y dos copas llenas de nieve desleída con jugo de granada recién exprimido, de un brillante color rosado. La princesa ofreció una copa a su huésped, pero ella no bebió, observando las rígidas normas del luto, y se quedó mirándolo en silencio: le parecía imposible que aquel muchacho de facciones casi perfectas, de maneras tan sencillas y corteses fuera el invencible conquistador, el implacable exterminador que había arrollado a los más poderosos ejércitos de la tierra, el demonio que había quemado el palacio de Persépolis y entregado a la ciudad al saqueo. En aquel momento le parecía únicamente el joven gentil que había tratado con respeto a todas las mujeres persas que había hecho prisioneras, que había honrado a los adversarios y se había ganado el afecto de la reina madre.

—¿Cómo está la abuela? —preguntó con expresión ingenua, e inmediatamente se corrigió—: La Gran Madre Real, quería decir.

—Está bastante bien. Es una mujer noble y fuerte que soporta con gran dignidad los reveses de la fortuna. ¿Y tú cómo estás, princesa?

—Yo estoy bastante bien, mi señor, dadas las circunstancias.

Alejandro le rozó de nuevo la mano con una caricia.

—Eres hermosa, Estatira, y amable. Tu padre debía de estar orgulloso de ti.

Se le pusieron los ojos relucientes.

—Lo estaba, pobre padre mío. Hoy habría cumplido cincuenta años. Gracias por tus amables palabras.

—Son sinceras —replicó Alejandro.

Estatira inclinó la cabeza.

—Es extraño oírlas del joven que rechazó mi mano.
—No te conocía.
—¿Habría cambiado ello algo?
—Tal vez. Una mirada puede cambiar el destino de un hombre.
—O de una mujer —repuso ella mirándolo fija e intensamente con los ojos brillantes de lágrimas—. ¿Por qué has venido? ¿Por qué has dejado tu país? ¿Acaso no es hermoso?
—Oh, sí —repuso Alejandro—. Sí, mucho. Hay montañas cubiertas de nieve, rojas a la luz del sol poniente y de plata a la luz de la luna, hay lagos de aguas cristalinas como ojos de muchacha y prados floridos y bosques de abetos azules.
—¿No tienes madre, alguna hermana? ¿No piensas en ellas?
—Todas las noches. Y cada vez que el viento sopla hacia el poniente les confío las palabras que brotan de mi corazón para que las lleve a Pella, al palacio en que nací, y a Butroto, donde vive mi hermana, como una golondrina, en un nido de piedra que cae a pico sobre el mar.
—Pero ¿entonces por qué?
Alejandro dudó, como si temiera poner al desnudo su alma frente a aquella joven desconocida, y dejó vagar la mirada lejana, más allá del perfil de las murallas, en el paisaje de montañas cubiertas de bosques y de pastos verdeantes. Subían en aquel momento de la calle las voces de los hombres que negociaban sus mercancías, las de las mujeres que charlaban mientras hilaban la lana, y se oía el desagradable grito de los grandes camellos de Bactriana que caminaban pacientes en largas caravanas.
—Es difícil responderte —dijo en un determinado momento como sacudiéndose—. Siempre he soñado con ir más allá del horizonte que podía alcanzar con la mirada, de llegar al último confín del mundo, a las olas del Océano...
—¿Y luego? ¿Qué harás una vez hayas conquistado el mundo entero? ¿Crees que serás feliz? ¿Que habrás obtenido lo que verdaderamente deseas?

¿O te sentirás dominado más bien por un ansia más fuerte y profunda, esta vez invencible?

—Es posible, pero no podré saberlo nunca hasta que no haya alcanzado los límites que los dioses han asignado al ser humano.

Estatira lo miró en silencio y por un momento tuvo la sensación, con su mirada fija en sus ojos, de asomarse a un mundo misterioso y desconocido, a un desierto habitado por demonios y fantasmas. Experimentó una sensación de vértigo, pero también una atracción invencible y cerró los ojos instintivamente. Alejandro la besó y ella sintió la caricia de sus cabellos sobre su rostro y cuello. Cuando volvió a abrir los ojos, él ya no estaba.

Al día siguiente vino a verla Eumenes, el secretario general, a pedirla por esposa para su rey. El matrimonio fue oficiado a la manera macedonia: el esposo cortaba el pan con la espada y lo ofrecía a su esposa, que lo comía juntamente con él: un rito sencillo y sugerente que gustó a Estatira. También la fiesta se celebró según la usanza macedonia con grandes libaciones, un festín interminable, cantos, espectáculos y danzas. Estatira no tomó parte en él porque estaba aún de luto por la muerte de su padre y esperó al marido en su aposento, un pabellón de madera de cedro en lo alto del palacio, protegido por grandes cortinajes de lino egipcio e iluminado por velones.

Cuando Alejandro entró, se oyeron resonar aún durante un poco en los corredores las canciones obscenas de sus soldados, pero apenas la gritería se hubo apagado, ascendió un canto solitario en medio de la noche, una elegía suave que voló como el canto de un ruiseñor sobre las copas de los árboles floridos.

—¿Qué es? —preguntó el rey.

Estatira se le acercó revestida con un traje indio transparente y apoyó su cabeza en un hombro de él.

—Es un canto de amor de nuestra tierra. ¿Conoces la historia de Abrecomes y Antía?

Alejandro le pasó una mano en torno a la cintura y la estrechó contra sí.

—Claro que la conozco. Un autor nuestro la describe en una obra titulada *La educación de Ciro*, pero sería muy hermoso escucharla en persa, aunque no comprenda aún tu lengua. Es un relato maravilloso.

—Es la historia de un amor que va más allá de la muerte —dijo Estatira con un temblor en la voz.

Alejandro le desató los cordones del traje y la contempló desnuda delante de él; luego la levantó en brazos como si fuera una niña y la tendió en el lecho. La amó con ternura intensa, como para pagarle cuanto le había quitado: la patria, el padre, la juventud despreocupada. Ella respondió con ardor apasionado, guiada por su instinto de muchacha intacta y por la milenaria, sapiente experiencia que sus damas de compañía debían de haberle transmitido para que desilusionara a su esposo en el tálamo.

Y mientras él la estrechaba entre sus brazos, le besaba los pechos, el vientre suave y los largos muslos esbeltos de efebo, oía sus gemidos de placer liberarse cada vez más altos. La antigua canción de Abrecomes y Antía, los amantes perdidos, seguían resonando en el aire perfumado como el himno dulcísimo y dolorosamente conmovedor.

La poseyó varias veces, pero ninguna vez se retiró de ella antes de haber cumplido hasta el fondo su acto vital de esposo íntegro y potente. Acto seguido se dejó caer a su lado, mientras ella se acurrucaba cerca acariciándole el pecho y los brazos hasta que se durmió. También la canción se apagó lejos en la noche; durante un poco permaneció el sonido de un instrumento desconocido, semejante a una cítara, pero más suave y armonioso, y luego ya nada.

MEMPO GIARDINELLI
Argentina (1947)

Mempo Giardinelli nació en el Chaco, Argentina. Profesor en la Universidad Nacional de La Plata. Vivió diez años en México. Fundó la revista *Puro Cuento*.

Su novela *Santo oficio de la memoria* recoge escenas y memorias en 106 notas maravillosas llenas de ternura y resignación.

SANTO OFICIO DE LA MEMORIA
SILVINA

Yo sé que algunas veces, cuando me esperaba, Pedro evocaba a otra Silvina, la primera de su vida, también judía, la ruso polaca de los ojos más azules que había en el mundo, a la que en su piecita de estudiante acariciaba lentamente y

> ... que yo no tengo la culpa
> que la culpa es de la tierra
> y de ese olor que te sale
> de los pechos y las trenzas...

y a la que siempre prometía una boda que no sería de sangre sino de risas y canciones, hasta que todo acabó el horrendo día en que la atropelló el tren frente a la Escuela Normal.

Cuando me lo contó, yo sentí lo horrible que es ser la segunda persona con un mismo nombre en la vida del que se ama. Porque yo lo amé a Pedro. Frívola y egoísta como soy, creó que sí me entregué. No fue una entrega absoluta pero sí, cómo decir, una comunión. Me emocionaba pensar en él, esperaba los momentos para verlo, sufría mi imposibilidad, mis limitaciones. Y cuando iba a su departamento, la que llegaba era una Silvina adulta, adúltera y según él fascinante que lo poseía y se dejaba poseer a los gritos, felinamente, aullando *tomá incógnita despejada / tomá crítica de la razón impura / tomá caballero de la vagina* y todo un rosario de procacidades con que nos urgíamos al gozar. Pedro decía que el tiempo todo lo cubre pero a veces con un manto tan discreto y transparente que deja que todo pueda verse. Decía que entonces yo era la primera Silvina, y la única, porque era la primera mujer en toda su vida a la que podía amar sin pensar en otras mujeres, y a la vez me preguntaba si era cierto que yo lo amaba sin pensar en otros hombres. Posesivo e inseguro, necesitaba ratificaciones permanentes. Eso fue lo que arruinó todo: su inseguridad. Y claro que fue por eso que no le di todo lo que pedía: porque siempre pedía demasiado, siempre reclamaba más y más, y nunca el amor que recibía le parecía suficiente. En eso era completamente judío. Lindo dúo, hacíamos. Pero también sé que me quiso, que se enamoró de mí más allá de la aventura, de lo prohibido. Supo ser tierno y romántico; supo darme placer, bienestar, buen trato. Me ayudó a crecer en muchos aspectos y me escuchó y ayudó. Compartió conmigo sueños e ilusiones, y era hermoso oírlo planificar, fantasear una vida en común, que era lo que a mí tanto miedo me daba. Pero todo, creo, lo cubríamos con esos orgasmos monumentales que nos regalábamos, gozosos, y con las confidencias y la amistad.

Fui inmensamente feliz con él. No sólo porque era un amante excepcional y me ayudó a descubrir todo un mundo que yo no tenía contenido, sino porque era amoroso, dulce, divertido, compañero y era prácticamente imposible aburrirse con él. Pero nos distanciaba la falta de un proyecto común, es cierto. Cuando se ponía incisivo *separate y vení a vivir conmigo*, yo me escabullía *vos estás loco parece que no escarmentaste* y siempre terminábamos cogiendo a lo bestia *porque cogiendo a lo bestia la vida es hermosa y todo se arregla*, como dije una vez que me sentía optimista. Pedro me dijo te *parecés a mi abuela* y me explicó que solía citar a Elena de Sueño-de-una-noche-de-verano en aquello de que el amor puede transformar en belleza y dignidad las cosas más bajas y más viles porque no ven con los ojos sino con la mente, y por eso pintan ciego a Cupido el alado y por eso el amor es niño, porque no tiene capacidad de discernimiento y a menudo es engañado en sus elecciones. Y así como los niños traviesos perjuran, así el amor es perjurado en todas partes. Yo me reía a carcajadas con esas cosas —él tiene una fijación con esa abuela—, y volvíamos a la cama y cambiábamos de tema o nos acariciábamos mirándonos durante larguísimos minutos, en silencio. Él indagaba en mis ojos, que son marrones pero para él eran de color miel y yo averiguaba en los suyos, miopes, de pupilas que parecían ampliadas por la orla delgadísima de los lentes de contacto, hasta que volvíamos a la carga *caballería montada al ataque, defensa india de dama, vista deréch, a la carga mis valientes y tomá Piedra de Sol, tomá Asela, tomá Erótica-mía-escribiré-en-tu-espalda, tomá mi alma que gira en el cielo y canta.*

Así pasamos dos años magníficos, de un erotismo y una sensualidad formidables, hasta que una tarde Pedro dijo *no puedo más carajo ¿cuándo mierda te vas a separar de tu marido?*

Yo lo miré, primero desconcertada, luego furiosa, y al cabo le dije *no me presiones más estoy harta de que me presiones*. Él replicó preguntando *pero quién carajos te presiona si yo nunca digo nada* y argumentó con la mayor suavidad que pudo, contenidamente, que todo estaba bien, era hermoso regalarnos exquisitos vinos blancos bebidos a la luz de las velas y viendo cómo el crepúsculo opacaba la ciudad allá abajo; que era magnífico que yo llegara con pasteles cremosos, blancos y rosaditos, sibaríticos, rebosantes de fresas y zarzamoras que ingeríamos entre mate y mate hablando de laburo, de la vida cotidiana, el último libro leído, la política, la colonia de exiliados, el país lejano, el día en que cayera la dictadura y las ganas de volver, para luego hacer el amor una, dos, hasta tres veces en una misma tarde como Badral Din *vamos mi potrillo que todavía puede; venga mi yegua que me la clavo; deme verga para el Mar de los Vergazos mi príncipe; deme concha mi reina y mándeme al Cielo de los Conchazos.* Sí, todo muy bien, era fantástico que cada despedida implicara la promesa de un próximo encuentro maravilloso, sí, sí, muy bien saber que cada reencuentro sería una fiesta, *sí todo muy bien flaca yo te adoro pero dame una fecha poné una fecha.*

Qué jodida se siente una cuando el hombre amado te aprieta. Yo no estaba en condiciones de ser exigida de esa manera. Estaba paralizada en una situación que me producía mucho miedo, y lo que menos necesitaba era que Pedro me empujara. Necesitaba su sostén, que me tuviera la mano hasta tanto resolviera una cantidad de conflictos internos, primitivos, mambos y circunstancias que eran sólo míos, pero en los cuales él también tenía que ver. No era para nada ajeno a mi inseguridad, pero pretendía que yo diera un salto en el vacío y largara a Ángel como se tira un pucho. Creía que yo era una simple cagona, que no me sacaba las anteojeras porque no quería, y a veces me descalificaba de manera muy dura, autoritaria. Claro que después negaba todo y jamás asumía su responsabilidad. Y cuando terminábamos de coger se ponía tan contento y optimista que declaraba alegremente que con el amor era suficiente. Pero el amor no era suficiente. La paradoja del amor es que el amor lo es todo pero un todo nunca suficiente. ¿Qué amor era el nuestro? ¿Qué posibilidades tendría, fuera de lo clandestino, esa comunión, secreta, de puro torbellino? ¿Qué nos iba a pasar cuando saliéramos del amantazgo subrepticio al amor a la luz del día? Yo tenía mucho miedo. No me sentía segura al lado de alguien tan inseguro como exigente. Pedro era un hombre delicioso pero inmaduro, un inseguro incorregible, el nene mimado de una familia que depositó en él excesivas responsabilidades. Yo estaba muy confundida y necesitaba tiempo, cada plan que él formulaba, cada demanda, cada urgencia, lo único que conseguía era paralizarme más y más, y me provocaba siempre una misma respuesta *no me apurés / pero si no te apuro ché llevamos dos años así más paciencia no me podés pedir / pues yo necesito pedírtela y que me la tengas / es que te extraño mucho te necesito / sí y yo también pero no me apures no me exijas no me presiones.* Y hacíamos el amor y volvíamos a comprendernos, a tolerarnos, a sofocarnos, pero yo me confundía y no me separaba ni loca. A Pedro se le fueron agotando las comprensiones, aunque decía cosas que no sentía *está bien está bien la separación es cosa tuya de todos modos yo no quiero que te separes por mí sino por vos misma.* Yo me daba cuenta de que lo decía pero no lo sentía. Y eso me producía pánico y me entristecía *yo sé que me vas a abandonar si no me separo por eso me desespera que me lo pidas tanto por favor no me exijas más.* Y si me largaba a llorar, entonces él decía que era un cretino y que se moría de la culpa *confiá en mí Pedro por favor esperáme / claro que confío si yo sé que me amás lo suficiente como para terminar con ese matrimonio de mierda.* Pero yo advertía su falta de convicción, y además sus celos porque aunque le jurara que casi no hacía el amor con Ángel, que era *como un amigo un hermano,* él protestaba *ah sí un hermano las pelotas yo me cago en esa amistad / pero Pedro escúchame / lo que yo sé es que me muero de la bronca me cago de celos Silvina por favor no aguanto más*. Y entonces yo reaccionaba *vamos vamos no te pongás melodramático que bien que la vas de solterito hijo de puta y te levantás las minas que querés y yo no digo nada así que chitón que al fin y al cabo mi marido es un marido histórico y no un levante eventual.*

ÁNGELES MASTRETTA
México (1949)

Nació en Puebla. Estudió Ciencias de la Comunicación en la Universidad Nacional de México. Obtuvo en 1985 el premio Mazatlán por su novela Arráncame la Vida, de gran éxito. Directora de Difusión de la ENEP en Acatlán y del Museo del Chopo. Ganadora del premio Rómulo Gallegos en 1967.

En Mujeres de ojos grandes narra la vida tradicional de mujeres educadas para el matrimonio. La sabiduría intrínseca de cada una de ellas las hace en su cotidianidad muy superiores a sus esposos.

MUJERES DE OJOS GRANDES

El novio de Clemencia Ortega no supo el frasco de locura y pasiones que estaba destapando aquella noche. Lo tomó como a la mermelada y lo abrió, pero de ahí para adelante su vida toda, su tranquilo ir y venir por el mundo, con su traje inglés o su raqueta de frontón, se llenó de aquel perfume, de aquel brebaje atroz, de aquel veneno.

Era bonita la tía Clemencia, pero abajo los rizos morenos tenía pensamientos y eso a la larga resultó un problema. Porque a la corta habían sido sus pensamientos y no sólo sus antojos los que la llevaron sin dificultad a la cama clandestina que compartió con su novio.

En aquellos tiempos, las niñas poblanas bien educadas no sólo no se acostaban con sus novios sino que a los novios no se les ocurría siquiera sugerir la posibilidad. Fue la tía Clemencia la que desabrochó su corpiño, cuando de tanto sobarse a escondidas sintió que sus pezones estaban puntiagudos como dos pirinolas. Fue ella la que metió sus manos bajo el pantalón hasta la cueva donde guardaban los hombres la mascota que llevan a todas partes, el animal que le prestan a uno cuando se les pega la gana, y que luego se llevan, indiferente y sosegado, como si nunca nos hubiera visto. Fue ella, sin que nadie la obligara, la que acercó sus manos al aliento irregular de aquel pingo, la que lo quiso ver, la tentona.

Así que el novio no sintió nunca la vergüenza de los que abusan, ni el deber de los que prometen. Hicieron el amor en la despensa mientras la antención de todo el mundo se detenía en la prima de la tía Clemencia, que esa mañana se había vestido de novia para casarse como Dios manda. La despensa estaba oscura y en silencio al terminar el banquete. Olía a especias y nuez, a chocolate de Oaxaca y chile ancho, a vainilla y aceitunas, a panela y bacalao. La música se oía lejos, entrecortada por el griterío que pedía que se besaran los novios, que el ramo fuera para una pobre fea, que bailaran los suegros. A la tía Clemencia le pareció que no podía haber mejor sitio en el mundo para lo que había elegido tener aquella tarde. Hicieron el amor sin echar juramentos, sin piruetas, sin la pesada responsabilidad de saberse mirados. Y fueron lo que se llama felices, durante un rato.

—Tienes orégano en el pelo —le dijo su madre cuando la vio pasar bailando cerca de la mesa en la que ella y el papá de Clemencia llevaban sentados cinco horas y media.

—Debe ser del ramo que cayó en mi cabeza.

—No vi que te tocara el ramo —dijo su madre—. No te vi siquiera cuando aventaron el ramo. Te estuve gritando.

—Me tocó otro ramo —contestó Clemencia con la soltura de una niña tramposa.

Su mamá estaba acostumbrada a ese tipo de respuestas. Aunque le sonaban del todo desatinadas, las achacaba al desorden mental que le quedó a su niña tras las calenturas de un fuerte sarampión. Sabía también que lo mejor en esos casos era no preguntar más, para evitar caer en un embrollo. Se limitó a discurrir que el orégano era una hierba preciosa, a la que se le había hecho poca justicia en la cocina.

—A nadie se le ha ocurrido usarlo en postres —dijo, en voz alta, para terminar su reflexión.

—Qué bonito baila Clemencia —le comentó su vecina de asiento y se pusieron a platicar.

Cuando el novio al que se había regalado en la despensa quiso casarse con la tía Clemencia, ella le contestó que eso era imposible. Y se lo dijo con tanta seriedad que él pensó que estaba resentida porque en lugar de pedírselo antes se había esperado un año de perfúmenes furtivos, durante el cual afianzó bien el negocio de las panaderías hasta tener una cadena de seis con pan blanco y pan dulce, y dos más con pasteles y gelatinas.

Pero no era por eso que la tía Clemencia se negaba, sino por todas las razones que con él no había tenido nunca ni tiempo ni necesidad de explicar.

—Yo creía que tú habías entendido hace mucho —le dijo.

—¿Entendido qué? —preguntó el otro.

—Que en mis planes no estaba casarme, ni siquiera contigo.

—No te entiendo —dijo el novio, que era un hombre común y corriente—. ¿Quieres ser una puta toda tu vida?

Cuando la tía Clemecia oyó aquello se arrepintió en un segundo de todas las horas, las tardes y las noches que le había dado a ese desconocido. Ni siquiera tuvo ánimo para sentirse agraviada.

—Vete —le dijo—. Vete, antes de que te cobre el dineral que me debes.

Él tuvo miedo, y se fue.

Poco después, se casó con la hija de unos asturianos, bautizó seis hijos y dejó que el tiempo pasara sobre sus recuerdos, enmoheciéndolos igual que el agua estancada en las paredes de una fuente. Se volvió un enfurecido fumador de puros, un bebedor de todas las tardes, un insomne que no sabía qué hacer con las horas de la madrugada, un insaciable buscador de negocios. Hablaba poco, tenía dos amigos con los que iba al club de tiro los sábados en la tarde y a los que nunca pudo confiarles nada más íntimo que la rabia infantil que lo paralizaba cuando se le iban vivos más de dos pichones. Se aburría.

La mañana de un martes, diecinueve años después de haber perdido el perfume y la boca de la tía Clemencia, un yucateco se presentó a ofrecerle en venta la tienda de abarrotes mejor surtida de la ciudad. Fueron a verla. Entraron por la bodega de la trastienda, un cuarto enorme lleno de semillas, sacos de harina y azúcar, cereales, chocolate, yerbas de olor, chiles y demás productos para llenar despensas.

De golpe el hombre sintió un desorden en todo el cuerpo, sacó su chequera para comprar la tienda sin haberla visto entera, le pagó al yucateco el primer precio, y salió corriendo, hasta la casa de tres patios donde aún vivía la tía Clemencia. Cuando le avisaron que en la puerta la buscaba un señor, ella bajó corriendo las escaleras que conducían a un patio lleno de flores y pajáros.

Él la vio acercarse y quiso besar el suelo que pisaba aquella diosa de armonía en que estaba convertida la mujer de treinta y nueve años que era aquella Clemencia. La vio acercarse y hubiera querido desaparecer pensando en lo feo y envejecido que él estaba. Clemencia notó su turbación, sintió pena por su barriga y su cabeza medio calva, por las bolsas que empezaban a crecerle bajo los ojos, por el rictus de tedio que él hubiera querido borrarse de la cara.

—Nos hemos hecho viejos —le dijo, incluyéndose en el desastre, para quitarle la zozobra.

—No seas buena conmigo. He sido un estúpido y se me nota por todas partes.

—Yo no te quise por inteligente —dijo la tía Clemencia con una sonrisa.

—Pero me dejaste de querer por idiota —dijo él.

—Yo nunca he dejado de quererte —dijo la tía Clemencia. No me gusta desperdiciar. Menos los sentimientos.

—Clemencia —dijo el hombre, temblando de sorpresa—. Después de mí has tenido doce novios.

—A los doce los sigo queriendo —dijo la tía Clemencia desamarrándose el delantal que llevaba sobre el vestido.

—¿Cómo? —dijo el pobre hombre.

—Con todo el escalofrío de mi corazón —contestó la tía Clemencia, acercándose a su ex novio hasta que lo sintió temblar como ella sabía que temblaba.

—Vamos —dijo después, tomándolo del brazo para salir a la calle. Entonces él dejó de temblar y la llevó de prisa a la tienda que acababa de comprarse.

—Apaga la luz —pidió ella cuando entraron a la bodega y el olor del orégano envolvió su cabeza. Él extendió un brazo hacia atrás y en la oscuridad reanduvo los veinte años de ausencia que dejaron de pesarle en el cuerpo.

Dos horas después, escarmenando el orégano en los rizos oscuros de la tía Clemencia, le pidió de nuevo:

—Cásate conmigo.

La tía Clemencia lo besó despacio y se vistió aprisa.

—¿A dónde vas? —le preguntó él cuando la vio caminar hacia la puerta mientras abría y cerraba una mano diciéndole adiós.

—A la mañana de hoy —dijo la tía, mirando su reloj.

—Pero me quieres —dijo él.

—Sí —contestó la tía Clemencia.

—¿Más que a ninguno de los otros? —preguntó él.

—Igual —dijo la tía.

—Eres una... —empezó a decir él cuando Clemencia lo detuvo:

—Cuidado con lo que dices porque te cobro, y no te alcanza con las treinta panaderías.

Después abrió la puerta y se fue sin oír más.

La mañana siguiente Clemencia Ortega recibió en su casa las escrituras de treinta panaderías y una tienda de abarrotes. Venían en un sobre, junto con una tarjeta que decía: «Eres una terca».

LAURA ESQUIVEL
México (1950)

Nació en Ciudad de México. Escritora vinculada inicialmente al cine con guiones que fueron premiados.

Como agua para chocolate, *su primera novela, innova en el género cocina-ficción. Su trama gira sorprendentemente alrededor de recetas y platos de cocina. Cada capítulo inicia con una receta. Amores y desamores intensos de las hermanas de una familia narrados en 12 capítulos, de enero a diciembre, y cada uno titulado con una receta. Fue primero un éxito literario y luego cinematográfico. Inició el boom de literatura escrita por mujeres en la década de 1990.*

COMO AGUA PARA CHOCOLATE

uando Tita y Pedro se dieron cuenta, sólo quedaban en el rancho John, Chencha y ellos dos. Todos los demás, incluyendo los trabajadores del rancho, ya se encontraban en el lugar más alejado al que pudieron llegar, haciendo desenfrenadamente el amor. Algunos bajo el puente de Piedras Negras e Eagle Pass. Los más conservadores dentro de su auto mal estacionado sobre la carretera. Y los más, donde pudieron. Cualquier sitio era bueno: en el río, en las escaleras, en la tina, en la chimenea, en el horno de una estufa, en el mostrador de la farmacia, en el ropero, en las copas de los árboles. La necesidad es la madre de todos los inventos y todas las posturas. Ese día hubo más creatividad que nunca en la historia de la humanidad.

Por su parte, Tita y Pedro hacían poderosos esfuerzos por no dar rienda suelta a sus impulsos sexuales, pero éstos eran tan fuertes que transponían la barrera de su piel y salían al exterior en forma de un calor y un olor singular. John lo notó y viendo que estaba haciendo mal tercio, se despidió y se fue.

A Tita le dio pena irse solo. John debió haberse casado con alguien cuando ella se negó a ser su esposa, pero nunca lo hizo.

En cuanto John partió, Chencha pidió permiso para ir a su pueblo: hacía unos días que su esposo se había ido a levantar adobe y de pronto le habían dado unos deseos inmensos de verlo. Si Pedro y Tita hubieran planeado quedarse solos de luna de miel no lo hubieran logrado con menos esfuerzo. Por primera vez en la vida podían amarse libremente. Por muchos años fue necesario tomar una serie de precauciones para que no los vieran, para que nadie sospechara, para que Tita no se embarazara, para no gritar de placer cuando estaban uno dentro del otro. Desde ahora todo eso pertenecía al pasado.

Sin necesidad de palabras se tomaron de las manos y se dirigieron al cuarto obscuro. Antes de entrar, Pedro la tomó en sus brazos, abrió lentamente la puerta y ante su vista quedó el cuarto obscuro completamente transformado. Todos los triques habían desaparecido. Sólo estaba la cama de latón tendida regiamente en medio del cuarto. Tanto las sábanas de seda como la colcha eran de color blanco, al igual que la alfombra de flores que cubría el piso y los 250 cirios que iluminaban el ahora mal llamado cuarto obscuro. Tita se emocionó pensando en el trabajo que Pedro habría pasado para adornarlo de esta manera, y Pedro lo mismo, pensando cómo se las había ingeniado Tita para hacerlo a escondidas.

Estaban tan henchidos de placer que no notaron que en un rincón del cuarto Nacha encendía el último cirio, y haciendo mutis, se evaporaba.

Pedro depositó a Tita sobre la cama y lentamente le fue quitando una a una todas las prendas de ropa que la cubrían. Después de acariciarse y mirarse con infinita ternura, dieron salida a la pasión por tantos años contenida.

El golpeteo de la cabecera de latón contra la pared y los sonidos guturales que ambos dejaban escapar se confundieron con el ruido del millar de palomas volando sobre ellos, en desbandada. El sexto sentido que los animales tienen indicó a las palomas que era preciso huir rápidamente del rancho. Lo mismo hicieron todos los demás animales, las vacas, los cerdos, las gallinas, las codornices, los borregos y los caballos.

Tita no podía darse cuenta de nada. Sentía que estaba llegando al clímax de una manera tan intensa que sus ojos cerrados se iluminaron y ante ella apareció un brillante túnel.

Recordó en ese instante las palabras que algún día John le había dicho: «Si por una emoción muy fuerte se llegan a encender todos los cerillos que llevamos en nuestro interior de un solo golpe, se produce un resplandor tan fuerte que ilumina más allá de lo que podemos ver normalmente y entonces ante nuestros ojos aparece un túnel esplendoroso y que muestra el camino que olvidamos al momento de nacer y que nos llama a reencontrar nuestro perdido origen divino. El alma desea reintegrarse al lugar de donde proviene, dejando al cuerpo inerte»... Tita contuvo su emoción.

Ella no quería morir. Quería experimentar esta misma explosión de emociones muchas veces más. Éste sólo era el inicio. Trató de normalizar su agitada respiración y hasta entonces percibió el sonido del aleteo del último grupo de palomas en su partida. Aparte de este sonido, sólo escuchaba el de los corazones de ambos. Los latidos eran poderosos. Inclusive podía sentir el corazón de Pedro chocar sobre la piel de su pecho. De pronto este golpeteo se detuvo abruptamente. Un silencio mortal se difundió por el cuarto. Le tomó muy poco tiempo darse cuenta de que Pedro había muerto.

Con Pedro moría la posibilidad de volver a encender su fuego interior, con él se iban todos los cerillos. Sabía que el calor natural que ahora sentía se iba a ir extinguiendo poco a poco, devorando su propia substancia tan pronto como le faltara el alimento para mantenerlo.

Seguramente Pedro había muerto en el momento del éxtasis al penetrar en el túnel luminoso. Se arrepintió de no haberlo hecho ella también. Ahora le sería imposible ver nuevamente esa luz, pues ya no era capaz de sentir nada. Quedaría vagando errante por las tinieblas toda la eternidad, sola, muy sola. Tenía que encontrar una manera, aunque fuera artificial, de provocar un fuego tal que pudiera alumbrar ese camino de regreso a su origen y a Pedro. Pero primero era preciso calmar el frío congelante que la empezaba a paralizar. Se levantó, fue corriendo por la enorme colcha que había tejido noche tras noche de soledad e insomnio y se la echó encima. Con ella cubrió las tres hectáreas que comprendía el rancho en su totalidad. Sacó del cajón de su buró la caja de cerillos que John le había regalado. Necesitaba mucho fósforo en el cuerpo. Se empezó a comer uno a uno los cerillos que contenía la caja. Al masticar cada fósforo cerraba los ojos fuertemente e intentaba reproducir los recuerdos más emocionantes entre Pedro y ella. La primera mirada que recibió de él, el primer roce de sus manos, el primer ramo de rosas, el primer beso, la primera caricia, la primera relación íntima. Y logró lo que se proponía. Cuando el fósforo que masticaba hacía contacto con la luminosa imagen que evocaba, el cerillo se encendía. Poco a poco su visión se fue aclarando hasta que ante sus ojos apareció nuevamente el túnel. Ahí, a la entrada, estaba la luminosa figura de Pedro, esperándola. Tita no dudó. Se dejó ir a su encuentro y ambos se fundieron en un largo abrazo y experimentando nuevamente un clímax amoroso partieron juntos hacia el edén perdido. Ya nunca más se separarían.

En ese momento los cuerpos ardientes de Pedro y Tita empezaron a lanzar brillantes chispas. Éstas encendieron la colcha que a su vez incendió todo el rancho. ¡Qué a tiempo habían emigrado los animales, para salvarse del incendio! El cuarto obscuro se convirtió en un volcán voluptuoso. Lanzaba piedras y cenizas por doquier. Las piedras en cuanto alcanzaban altura estallaban, convirtiéndose en luces de todos los colores. Los habitantes de las comunidades cercanas observaban el espectáculo a varios kilómetros de distancia, creyendo que se trataba de los fuegos artificiales de la boda de Álex y Esperanza. Pero cuando estos fuegos se prolongaron por una semana se acercaron con curiosidad.

Una capa de ceniza de varios metros de altura cubría todo el rancho. Cuando Esperanza, mi madre, regresó de su viaje de bodas, sólo encontró, bajo los restos de lo que fue el rancho este libro de cocina que me heredó al morir y que narra en cada una de sus recetas esta historia de amor enterrada.

MARCELA SERRANO
Chile (1951)

Nació en Santiago de Chile. Licenciada en Arte. Vivió en París y cuatro años en Roma. Casada con Luis Maira, un connotado político que fue ministro en Chile y embajador en México.

Su novela es la historia de cuatro mujeres que se reúnen a la orilla del lago Llanquihue en 1990 para contarse sus vidas, amores y desamores como mujeres contemporáneas. Novela moderna.

NOSOTRAS QUE NOS QUEREMOS TANTO

Te imaginas, Ana, ¿qué subversivo resultaría que las mujeres dejaran de desear a los hombres?

La miro desde mi toalla. Estoy concentrada en mi lectura. El sol pega fuerte esta mañana y me he arrimado bajo la sombrilla. Sara e Isabel se divisan en el bote, lejos ya de la orilla. Isabel es la que rema, Sara juega con las manos en el agua.

María está tendida en la arena a mi lado, toma el sol con los ojos cerrados. Sara le ha advertido de las arrugas y del cáncer pero hace caso omiso. Continúa interrumpiéndome.

—Dime, ¿por dónde se establecería el poder si eso llegara a pasar?

No me deja responder, sigue hablando.

—De repente me imaginé un sistema sin intercambio de sexos y me entretuve pensando en la falta de conducta que les produciría a los hombres. Adiós, matrimonio. Adiós, familia. Adiós, dominio.

—¿Y los hijos?

—Nosotras SÍ podríamos seguir reproduciendo. No necesitaríamos hacer el amor con ellos. Bastaría que depositaran su semen en un banco y listo.

—Con razón, entonces, a los hombres les resulta amenazante el lesbianismo; pienso que si yo fuera de ese sexo, lo sentiría así.

—¿Sabes? Todos los hombres que he tenido se han calentado con la idea del sexo entre mujeres.

—Como fantasía, probablemente...

—Claro, la fantasía del *voyeur*. Los más osados quisieran participar, en vivo, en un *ménage à trois* con dos mujeres.

—Y esos, ¿creen estar libres del pánico? ¿Se sienten menos amenazados?

—¡Que ni lo sueñen! La amenaza es para todos, fantasiosos o no, desde lo más recóndito de sí mismos.

Carmen me llama desde la casa. Nos ha prometido un pastel de choclo para el almuerzo y debo supervisarlo. Me levanto y mientras camino por la arena río para mis adentros. María imaginando un sistema sin intercambio de sexos. ¡Ella!

Porque María no tiene ambigüedades al respecto: a María definitivamente le gustan los hombres.

Me remonto al año ochenta y tres.

—¡Pacos de mierda!

María decidió darse una ducha antes de partir a esa exposición en la galería de arte. Venía enojada del centro, había tragado mucho gas con las bombas lacrimógenas, se sentía sucia y su odio por los carabineros crecía.

Mientras le corría el agua por el cuerpo, calculó que no le quedaban más de quince minutos. El periodista éste era enervante en su puntualidad. Estaba arrepentida de haber accedido a acompañarlo, todo porque él necesitaba ser presentado a una persona que estaría allí y que María conocía bien; no era su amor al arte lo que lo llevaba a esta inauguración. Por lo menos el pintor era bueno. Pero se volvería a casa temprano. Hacía días que había comenzado el libro éste, del autor que se ponía insoportablemente de moda, Milan Kundera. El caso es que en diez días no había avanzado ni diez páginas. Demasiado de la cama, por lo tanto, mucho más larga. Lógico, María, terminaste agotada y hasta ahí llegó tu historia de a tres.

Luego, camas y más camas, un huevón tras otro. Casados, solteros, mayores, menores. Al fin, no hacen ninguna diferencia. Son todos unas latas. Si fuera justa, debiera recordar que estaba realmente ahogada en mi último tiempo con Rodolfo. La rutina me enfermaba. La cama era aburrida. Casi no tirábamos, a mí me había dejado de gustar bastante antes de separarnos. ¿Por qué el amor físico dura tan poco? ¿Cómo lo hacen las parejas estables? Sospecho que lo pasan pésimo. Que no invente Ana que Juan vive caliente con ella, ni Isabel que Hernán tira todos los días en vacaciones. Parece que no hay solución: el matrimonio es la peor de las latas. Pero no puedo mentirme, lo mío es también una lata. Es agotador estar en el mercado. Uno no descansa, siempre alerta. Siempre tratando de parecer entretenida, siempre original, siempre dándotelas de inteligente.

Que no se sueñe el periodista éste que iré a comer con él, ni menos después a un hotel. La última vez fue un desastre. Él se las da de supermacho, cree que es un verdadero logro haberse metido conmigo, como si sólo eso le diera certificado de seductor. Pero acabó apenas había comenzado. Tantos hombres que aparentan ser espléndidos para la cama, y, por Dios, qué malos son. ¿Tendrán conciencia al menos, o de verdad se creen espléndidos?

Siempre con el agua en el cuerpo, María empezó a sentir un enorme cansancio. Ya llevaba un año viviendo sola. ¿Para esto se había separado de Rodolfo? ¿Para vivir la «maravillosa y anhelada libertad»? ¿Qué tenía de buena? Es cierto que con posterioridad a la separación había vivido la singular experiencia —aquella de Ricardo, economista dedicado a la política, y Pedro, un músico que no tenía más vida que su saxo— de ser seria y públicamente mujer de dos hombres. Pero al cabo de un tiempo se extenuó. Se desgastó el doble: era un marido multiplicado por dos.

La recuerdo bien esos días.

—¡Ay, Ana, las dualidades no tienen fin! Pero me quejo. La situación es ideal para no sufrir dependencias. Si súbitamente siento que estoy amando mucho a uno, me distraigo en el amor del otro y el miedo pasa. Del punto de vista terapéutico, puede resultar de lo más insano. Puede parecer la mejor forma de no amar. Pero a veces las terapias no son más que la normativa, se clasifica de neurosis lo que no se ajusta a lo establecido. Yo sé que amo a ambos, ningún siquiatra puede ponerme eso en duda. Le tengo pavor a la simbiosis, Ana, y no se me ocurre otro modo de combatirla.

—¿El sexo? Es totalmente distinto tirar con uno que con otro. No, no tengo preferencias. El sexo con Ricardo es la fuerza, penetra como los dioses. Con Pedro es la sensualidad, es de los pocos que no entiende el acto como el solo resultado, le da tanta más importancia al proceso; en eso es más femenino que Ricardo y por tanto, mejor. No, no suelo hacer el amor dos veces al día. No, no es que lo sienta promiscuo, es un problema de energía. Significan fantasías diferentes en mi mente, ¡no tengo tantas! Y las duchas, y la doble concentración tratando de acabar... He llegado a la conclusión que a mi edad la calentura debe acumularse y hay que darle tiempo. Además, tanta intimidad me rebalsa. Porque has de saber, Ana, que la intimidad para los hombres es la cama misma, no como para nosotras que es DESPUÉS.

AMY TAN
Estados Unidos (1952)

Nació en Oakland, California. Su padre, un ingeniero de Beijing y su madre de Shangai, emigraron a Estados Unidos en 1949.

En su novela, la madre June Woo organiza en San Francisco el Club de la Buena Estrella: *cuatro mujeres, una en cada esquina de una mesa y cada semana, una de ellas prepara una fiesta para reunir dinero. Disfrutan* **comida dyansyn**, *elevan su ánimo y se cuentan historias. Cada semana se celebra la fiesta como de fin de año, impidiendo los pensamientos negativos y confiando que su vida les sonreirá una buena estrella. June Woo, la protagonista, pugna por romper con las costumbres tradicionales chinas y modernizar su vida. Poco a poco comprende los valores ancestrales.*

EL CLUB DE LA BUENA ESTRELLA

Cierta vez sacrifiqué mi vida para cumplir la promesa que hice a mis padres. Esto no significa nada para ti, pues para ti las promesas no significan nada. Una hija puede prometerte que vendrá a comer, pero si le duele la cabeza, si se encuentra con un atasco de tráfico, si quiere ver una película favorita por televisión, su promesa finalmente se queda en nada.

Cuando no viniste me quedé mirando esta misma película. El soldado norteamericano le promete a la chica que volverá y se amarán. Ella llora con un sentimiento auténtico, y él le dice: «¡Te lo prometo! Mi promesa es tan buena como el oro, cariño mío». Entonces la empuja sobre la cama. Pero luego no regresa. Su oro es como el tuyo, es sólo de catorce quilates. Para los chinos, el oro de catorce quilates no es oro de verdad. Toca mis brazaletes. Deben ser de veinticuatro quilates, oro puro por dentro y por fuera. Es demasiado tarde para que cambies, pero te digo esto porque me preocupa tu bebé, me preocupa que algún día diga: «Gracias por el brazalete de oro, abuela. Nunca te olvidaré». Pero más adelante olvidará su promesa, olvidará que tuvo una abuela.

En esta misma película de guerra, el soldado vuelve a su país y le pide de rodillas a otra chica que se case con él. Y los ojos de la muchacha miran a un lado y a otro, llenos de timidez, como si nunca hubiera pensado hasta entonces en esa posibilidad. Y de repente... baja la vista para mirarle directamente y entonces sabe que le ama, le quiere tanto que siente deseos de llorar. «Sí», le dice por fin, y se unen para siempre en matrimonio.

No fue ése mi caso. La casamentera del pueblo se entrevistó con mi familia cuando yo sólo tenía dos años. No, nadie me lo dijo, lo recuerdo todo perfectamente. Era verano, fuera hacía mucho calor y el aire estaba repleto de polvo. Llegaba desde el patio el chirriar de las cigarras. Nos encontrábamos en la huerta, bajo unos árboles. Los criados y mis hermanos estaban encaramados, por encima de mí, cogiendo peras, y mi madre me tenía en sus brazos cálidos y pegajosos. Yo agitaba la mano a uno y otro lado, porque ante mí oscilaba un pajarillo con antenas y alas muy coloridas, delgadas como el papel. Entonces el pajarillo desapareció y vi a las dos mujeres ante mí. Las recuerdo porque una de ellas producía unos sonidos acuosos, «shrrhh, shrrhh». Cuando crecí pude reconocerlos como el acento de Pekín, que resulta siempre muy extraño al oído de las gentes de Taiyuan.

Las dos señoras me miraban sin hablar. La de la voz acuosa tenía la cara embadurnada de pintura que se licuaba con el sudor. La otra mujer tenía el rostro seco como un tronco viejo. Su mirada se posó primero en mí y luego en la señora pintada. Por supuesto, ahora sé que la señora parecida a un tronco de árbol era la vieja casamentera del pueblo, y la otra era Huang Taitai, la madre del muchacho con el que me obligarían a casarme. No, no es cierto eso que dicen algunos chinos de las niñas recién nacidas, que carecen de valor. Depende de la clase de niña que seas. En mi caso, la gente distinguía mi valor. Mi aspecto y mi olor eran los de un delicioso panecillo dulce, de color limpio y atractivo.

La casamentera ensalzaba mis gracias.

—Un caballo de tierra para una oveja de tierra. Esta es la mejor combinación para un matrimonio. —Me dio unas palmaditas en el brazo y yo le aparté la mano. Huang Taitai susurró con aquel sonido shrrhh-ssrrhh que quizá tenía yo un *pichi* excepcionalmente malo, un mal carácter, pero la casamentera se rió y dijo—: Qué va, qué va. Es un caballo fuerte. Crecerá, será fuerte para el trabajo y te servirá bien en tu vejez.

Entonces Huang Taitai me miró con el semblante sombrío, como si pudiera desvelar mis pensamientos y ver en mis futuras intenciones. Nunca olvidaré su aspecto. Con los ojos muy abiertos, escudriñó mi rostro y luego sonrió. Pude ver un gran diente de oro al que el sol arrancaba destellos, y luego abrió la boca, mostrando los demás dientes, como si fuese a tragarme de un bocado. De este modo me prometieron al hijo de Huang Taitai, el cual, como descubrí más tarde, era sólo un bebé, un año menor que yo. Se llamaba Tyan-yu, *tyan*, que equivale a «cielo», porque el pequeño era muy importante, y *yu*, que significa «sobras», porque cuando nació su padre estaba muy enfermo y su familia creía que podría morir. Tyan-yu sería las sobras del espíritu de su padre. Pero éste vivió y la abuela temía que los espíritus dirigieran su atención al bebé y se lo llevaran en lugar del hombre. Por eso ahora le vigilaban continuamente, tomaban todas las decisiones por él y le mimaban demasiado. Pero aunque hubiera sabido que me habían destinado un marido tan malo, ni entonces ni más adelante tuve otra alternativa. Así eran las familias del país que vivían sumidas en un atraso tradicional. Siempre éramos los últimos en abandonar las estúpidas costumbres antiguas. Ya entonces, en otras ciudades un hombre podía elegir a su esposa, con el permiso de sus padres, naturalmente. Pero esos aires renovadores no llegaban a nosotros. Nunca oías hablar de las nuevas ideas en otra ciudad, a menos que fueran peores que las de las tuya. Nos contaban anécdotas de hijos tan influidos por sus malas esposas que echaban a la calle a sus padres ancianos y llorosos. Así pues, las madres taiyuanesas seguían eligiendo a sus nueras, aquellas que criarían hijos como es debido, cuidarían de los ancianos y, pletóricas de sentimientos filiales, barrerían el cementerio familiar mucho después de que las viejas damas hubieran descendido a sus tumbas.

Como me prometieron en matrimonio al hijo de los Huang, mi propia familia empezó a tratarme como si perteneciera a otra persona. Cuando me acercaba a los labios demasiadas veces el cuenco de arroz, mi madre me decía:

—Fijaos cuánto es capaz de comer la hija de Huang Taitai.

Mi madre no me trataba así porque no me amara. Decía esto mordiéndose luego la lengua, para no desear algo que ya no le pertenecía.

Yo era una niña muy obediente, pero a veces tenía una expresión desabrida, sólo porque estaba acalorada o fatigada o muy enferma. Entonces mi madre decía:

—Qué cara tan fea. Los Huang no te querrán y serás un oprobio para nuestra familia.

Y yo lloraba más o ponía una cara todavía más fea.

—Es inútil —decía mi madre—. Tenemos un contrato y no se puede cancelar.

Y yo seguía llorando a lágrima viva.

No vi a mi futuro marido hasta los ocho o nueve años. Mi mundo conocido era el recinto de mi familia en el pueblo cercano a Taiyuan.

Mi familia vivía en una modesta casa de dos plantas, con una vivienda más pequeña que sólo tenía un par de habitaciones para la cocinera, la sirvienta y sus familias. Nuestra casa se levantaba en una pequeña colina, a la que llamábamos Tres Escalones al Cielo, pero que en realidad estaba formada por capas de barro acarreadas por el río Fen y endurecidas en el transcurso de los siglos. El río discurría junto al muro oriental de nuestro recinto, un río al que, según decía mi padre, le gustaba engullir a los niños. Contaba que en cierta ocasión se tragó a toda la ciudad de Taiyuan. En verano las aguas del río bajaban marrones y en invierno tenían un color azul verdoso en los tramos estrechos por donde fluía con rapidez, mientras que en los lugares más anchos estaban inmóviles, congeladas, de un blanco glacial.

Recuerdo el día de Año Nuevo en que mis familiares capturaron muchos pescados, gigantescos y viscosos seres cogidos mientras aún dormían en el lecho helado del río, tan frescos que incluso después de destripados bailaban sobre sus colas cuando los echaban a la sartén caliente.

Aquel fue también el año en que vi por primera vez al niño que sería mi marido. Cuando empezaron los fuegos artificiales se puso a berrear, aunque ya no era un bebé.

Más adelante le veía en las ceremonias del huevo rojo, cuando imponían sus nombres verdaderos a los bebés de un mes. Estaba sentado sobre las viejas rodillas de su abuela, que casi crujían bajo su peso, y se negaba a comer todo lo que le ofrecían, apartando siempre la nariz como si le dieran un encurtido hediondo en vez de un dulce.

Como ves, no sentí un amor instantáneo hacia mi futuro marido, como hoy vemos que ocurre en los seriales de televisión.

GIOCONDA BELLI
Nicaragua (1952)

Nació en Managua. Ingresó en 1970 al Ejército Sandinista de Liberación de su país, en la época en que era clandestino, para derrocar al dictador Somoza. Un tribunal militar la condenó a siete años de prisión, por lo cual se exilió en México. Regresó a su país al triunfar el FSLN. Vive en California, Estados Unidos con su esposo y sus hijos.

La mujer habitada ha sido traducida a una decena de idiomas. Narra las pasiones y luchas del mundo que rodea a su protagonista. Lavinia lucha por vivir a plenitud el amor en medio de una pugna social y conflictiva.

LA MUJER HABITADA

Esa noche, mientras bailaba con Antonio en la pista del «Elefante Rosado», vio a Felipe arrimado al bar, tomándose un trago, observándola. Por un momento perdió la concentración, asombrada de verlo allí, en medio del humo y la música estridente; un gato risón apareciendo y desapareciendo tras las parejas aglomeradas en el espacio reducido de la pista.

Siguió bailando, dejándose llevar por los timbales, la percusión. Ver a Felipe mirándola desde lejos, le acicateó las piernas. Se abandonó a la sensación de sentirse observada. Veía a Felipe a través de las luces, el humo; los ojos grises penetrándola, haciéndole cosquillas. Le bailó pretendiendo no verlo, consciente de lo que hacía para provocarlo, disfrutando el exhibicionismo, la sensualidad del baile, la euforia de pensar que por fin se encontrarían fuera de la oficina. Llevaba una de sus más cortas minifaldas, tacones altos, camisa desgajada de un hombro— pura imagen del pecado, había pensado de sí misma antes de salir— y había fumado un poco de monte. De vez en cuando le gustaba hacerlo. Aunque ya en Italia había vivido y descartado el furor efímero de la evasión, aquí en Faguas, sus amigos lo estaban descubriendo y ella les seguía la corriente.

Cuando cambió la música, ya había decidido tomar la iniciativa, no arriesgar a que Felipe simplemente se quedara en el bar, observándola de lejos, atrincherado como siempre. Antonio no se sorprendió cuando ella le dijo que iría a saludar al «jefe». Regresó a la mesa de la «pandilla» de amigos, mientras Lavinia se dirigía al bar.

—Bueno, bueno —dijo Lavinia a Felipe, burlona, sentándose en el trípode vacío del bar de su lado—. Yo creía que vos eras demasiado *nice* como para aparecerte en estos centros de vicio y perdición.

—No pude resistir la curiosidad de verte funcionar en este ambiente —dijo Felipe—. Veo que estás como el pez en el agua. Bailás muy bien.

—No debo bailar tan bien como vos —respondió ella, burlona—. Yo nunca me he ganado ningún concurso.

—Porque las muchachas como vos no participan en esas cosas —dijo él, deslizándose de la silleta al suelo y extendiendo la mano.

Vamos a bailar.

La música había cambiado de ritmo. El D. J. seleccionaba un bossa nova lento. La mayoría de las parejas se retiraron de la pista de baile.

Quedaron sólo unos cuantos cuerpos abrazados. Aceptó divertida. Hablaba sin parar, odiándose por sentirse tan nerviosa. Felipe la acomodó seguro en su pecho ancho, apretándola fuerte.

Podía sentir el vello negro y abundante a través de la camisa. Empezaron a mecerse. Confundidas las pieles. Las piernas de Lavinia adheridas a los pantalones de Felipe.

—¿Ese es tu novio? —le preguntó él refiriéndose a Antonio, cuando pasaron cerca de la mesa.

—No —dijo Lavinia— los «novios» ya pasaron de moda.

—Tu amante, pues —dijo él, apretándola más fuerte contra sí.

—Es mi amigo —dijo Lavinia— y de vez en cuando me resuelve...

Sintió las vibraciones del cuerpo de Felipe, respondiendo a su intención de escandalizarlo. La llevaba tan apretada que era casi doloroso. Lavinia se preguntó qué pasaría con la mujer casada, las clases nocturnas de la universidad. Le costaba respirar. Con su boca podía tocar los botones de la camisa a mitad del pecho de él. El baile se estaba poniendo serio, pensó. Caían los diques. Se soltaban los frenos. Los corazones aceleraban. Jadeo. La respiración de Felipe, cálida, en su nuca. La música moviéndolos en la oscuridad. Apenas la esfera con los espejos bajo el haz del reflector iluminaba el ambiente, el humo, el olor dulcete de fumadores ocultos saliendo de los baños.

—Te gusta fumar monte, ¿verdad? —preguntó Felipe, desde arriba, susurrando, sin soltarla.

—De vez en cuando —asintió ella, desde abajo— pero ya pasé esa etapa. Felipe la abrazó más fuerte. Ella no entendía el cambio tan brusco. Parecía haber dejado repentinamente toda pretensión de indiferencia, lanzándose abiertamente a la seducción animal. Se sentía desconcertada. Felipe emanaba vibraciones primitivas. Una intensidad en todo el cuerpo, en los ojos grises con que ahora la miraba, separándola apenas.

—No deberías andar fumando monte —le dijo—. Vos no necesitás esos artificios. Tenés vida dentro de vos. No tenés que andarla prestando.

Lavinia no sabía qué decir. Se sentía mareada. Moviéndose prendida en sus ojos. Suspendida en aquella mirada de humo gris. Dijo algo sobre las sensaciones. La hierba aumentaba las sensaciones.

—Yo no creo que vos necesités que te aumenten nada —dijo él.

La música suave terminó. Cambió otra vez a *rock heavy*. Felipe no la soltó. Siguió bailando con una música inventada por él, moviéndose al ritmo de la necesidad de su cuerpo, ajeno al ruido. A Lavinia le pareció que estaba incluso ajeno a ella. La pegaba contra sí con la fuerza con que un náufrago abrazaría una tabla de salvación en medio del océano. La tenía nerviosa. Vio de lejos a Antonio haciéndole señas. Cerró los ojos. A ella también le gustaba Felipe. Ella había querido que esto sucediera. Una y otra vez se había repetido que algún día tendría que suceder. No se iban a pasar toda la vida en las miradas de la oficina. Tenían ese algo de animales olfateándose, las emanaciones del instinto, la atracción eléctrica, inconfundible. No pensó más. No podía. Las olas de su piel la envolvían. Miraba al encontrarse entre la música, los saltos y contorsiones de Antonio, Florencia, los demás bailando, y ellos moviéndose a ritmo propio. Alucinante burbuja alejada de todos. Globo. Nave espacial perdiéndose en el vacío. Lavinia olía, tocaba, percibía solamente el absoluto del cuerpo de Felipe, meciéndola de un lado a otro.

Antonio consideró que debía rescatarla. Se acercó buscando quebrar el hechizo. Celoso. Felipe lo miró. Lavinia pensó que se veía tan frágil Antonio al lado de Felipe, tan volátil.

Ella divertida, excitada, ausente, femenina en el borde de la pista de baile, escuchó a Felipe decir a Antonio que se iban a ir, que tenían una cita, que Antonio no debía preocuparse por ella.

Después le dijo que buscara su bolso y ella obedeció, sin poder resistir la fascinación de aquel aire de autoridad, dejando atrás la mirada atónita de Antonio.

Entraron a la casa a oscuras. Todo sucedió con gran rapidez. Las manos de Felipe subían y bajaban por su espalda, deslizándose hacia todas las fronteras de su cuerpo, multiplicadas, vivaces, explorándola, abriéndose paso por el estorbo de la ropa. Ella se oyó responder en la penumbra, todavía consciente de que una región de su cerebro buscaba asimilar lo que estaba sucediendo sin conseguirlo, enceguecida por la piel formando mareas de estremecimientos.

En la plateada luz encontraron el cambio hacia el dormitorio, mientras él desgajaba totalmente su blusa, el *zipper* de la minifalda hasta llegar al territorio colchón, la cama bajo la ventana, las cerraduras de la desnudez. Otra vez, Lavinia dejó de pensar. Se hundió en el pecho de Felipe, se dejó ir con él en la marea de calor que emanaba de su vientre, ahogándose en las olas sobreponiéndose unas a otras, las ostras, moluscos, anturios, palmeras, los pasadizos subterráneos cediendo, el movimiento del cuerpo de Felipe, el de ella, arqueándose, tensándose y los ruidos, los jaguares, hasta el pico de la ola, el arco soltando las flechas, las flores abriéndose y cerrándose. Apenas si hablaron entre un ataque y otro. Lavinia hacía el intento de fumar un cigarrillo, de hablar bajo los besos de Felipe, pero él no la dejaba. De nuevo sintió como si ella no estaba allí. Se lo dijo.

—Mírame —le dijo—. ¿Me estás viendo?

—Claro que te estoy viendo —dijo Felipe—. Por fin te estoy viendo. Creo que me hubiera enfermado si no te hubiera visto así hoy. Ya estaba pensando que me iba a tener que recetar duchas de agua fría para soportar la oficina.

Y se subió a las carcajadas de Lavinia que decidió finalmente disfrutarlo, apartarse la extrañeza del desafuero de aquella pasión liberada tan contundentemente en una sola noche agotadora en que perdió la cuenta y pensó que al amanecer los encontraría Lucrecia, muertos los dos de un ataque cardíaco.

DAI SIJIE
República Popular China (1954)

Nació en Fujian, República Popular China. Enviado a «reeducarse» a la frontera con el Tibet. Cursó Historia del Arte en la universidad. Estudió cine y ganó un concurso nacional obteniendo una beca para estudiar cine en el extranjero, por lo cual viajó a París. Ha realizado tres películas. Su libro Balzac y la joven costurera china de Éditions Gallimard, la misma donde trabajaron y publicaron Sartre y Camus, fue una sorpresa literaria en Francia en el año 2000. En dos meses vendió 100.000 ejemplares.

En la poética novela, gracias a la lectura prohibida de autores franceses como Balzac, Dumas, Sthendal..., jóvenes chinos descubren la cultura de occidente y a su vez enamoran a la sastrecilla.

BALZAC Y LA JOVEN COSTURERA CHINA

HABLA EL VIEJO MOLINERO

Sí, yo los vi, a los dos solos, en cueros vivos. Había ido a cortar leña al valle de atrás, como de costumbre, una vez por semana. Paso siempre por la pequeña poza del torrente. ¿Dónde estaba con exactitud? A uno o dos kilómetros de mi molino, aproximadamente. El torrente caía de unos veinte metros y rebotaba sobre las grandes piedras. Al pie de la cascada hay una pequeña poza, casi podríamos decir que una charca, pero el agua es profunda, verde, oscura, encajonada entre las rocas. Está demasiado lejos del sendero, pocas veces pone allí los pies la gente.

No los vi enseguida, pero unos pájaros adormecidos en los salientes rocosos parecieron asustados por algo; emprendieron el vuelo y pasaron sobre mi cabeza, lanzando grandes gritos.

Sí, eran cuervos de pico rojo, ¿cómo lo sabe? Eran unos diez. Uno de ellos, no sé si porque había despertado mal o porque era más agresivo que los demás, se lanzó hacia mí en picado, rozando mi rostro, al pasar, con la punta de sus alas. Recuerdo todavía, mientras hablo, su hedor salvaje y repugnante.

Aquellos pájaros me apartaron de mi camino habitual. Fui a echar una ojeada a la pequeña poza del torrente, y allí los vi, con la cabeza fuera del agua. Debían de haber hecho una sorprendente zambullida, un salto espectacular, para que los cuervos de pico rojo huyeran.

¿Su intérprete? No, no lo reconocí enseguida. Seguí con la mirada los dos cuerpos en el agua, enlazados, hechos un ovillo que no dejaba de girar y de dar vueltas. Me enmarañó tanto el espíritu que tardé algún tiempo en comprender que la zambullida no era su mayor hazaña. ¡No! Estaban acoplándose en el agua.

¿Cómo dice usted? ¿Coito? Es una palabra demasiado sabia para mí. Nosotros, los montañeses, decimos acoplamiento. No quería ser un mirón. Mi viejo rostro se ruborizó. Era la primera vez en toda mi vida que veía aquello, hacer el amor en el agua. No pude marcharme. Usted sabe que a mi edad ya no conseguimos protegernos. Sus cuerpos se arremolinaron en la parte más profunda, se dirigieron hacia el borde de la poza y se revolcaron sobre el lecho de piedras donde el agua transparente del torrente, abrasada por el sol, exageró y deformó sus obscenos movimientos.

Me sentí avergonzado, es cierto, no porque no quisiera renunciar a esa diversión de mis ojos, sino porque me di cuenta de que estaba viejo, que mi cuerpo, por no hablar de mis viejos huesos, estaba flojo. Sabía que nunca conocería el gozo del agua que ellos acababan de experimentar.

Tras el acoplamiento, la muchacha recogió del agua un taparrabos de hojas de árbol. Se lo anudó a las caderas. No parecía tan fatigada como su compañero, muy al contrario, rebosaba energía, trepaba a lo largo de la pared rocosa. De vez en cuando, la perdía de vista. Desaparecía tras una roca cubierta de musgo verde; luego, emergía sobre otra, como si hubiera salido de una grieta de la piedra. Se ajustó el taparrabos, para que protegiera bien su sexo. Quería subir a una gran piedra, situada a unos diez metros por encima de la pequeña poza del torrente.

Naturalmente, ella no podía verme. Yo era muy discreto, estaba oculto tras un matorral con un montón de hojas. Era una muchacha a la que no conocía, nunca había venido a mi molino. Cuando estuvo de pie en el saliente de la piedra, me hallé lo bastante cerca de ella para admirar su cuerpo desnudo, empapado. Jugaba con el taparrabos, lo enrollaba sobre su vientre, bajo sus jóvenes pechos, cuyos sobresalientes pezones eran un poco rojos.

Los cuervos de pico rojo regresaron. Se encaramaron en la piedra alta y estrecha, a su alrededor.

De pronto, abriéndose paso entre ellos, retrocedió un poco y, con un terrible impulso, se lanzó al aire con los brazos abiertos de par en par, como alas de golondrina planeando en el cielo.

Entonces los cuervos echaron también a volar. Pero, antes de alejarse, hicieron un picado junto a la muchacha, que se había convertido en una golondrina al emprender el vuelo. Tenía las alas desplegadas, horizontales, inmóviles; revoloteó hasta aterrizar en el agua, hasta que sus brazos se separaron, penetraron en el agua y desaparecieron.

Busqué a su compañero con la mirada. Estaba sentado en la ribera de la pequeña poza, desnudo, con los ojos cerrados y la espalda contra una roca. La parte secreta de su cuerpo se había ablandado, agotado, adormecido.

De momento, tuve la impresión de haber visto ya a aquel muchacho en alguna parte, pero no recordaba dónde. Me marché y fue en el bosque, mientras comenzaba a derribar un árbol, donde recordé que era el joven intérprete que lo acompañó a usted a mi casa, hace unos meses.

Tuvo suerte, su falso intérprete, de toparse conmigo. Nada me escandaliza y nunca he denunciado a nadie. De lo contrario, podría haber tenido problemas con el despacho de la Seguridad Pública, se lo garantizo.

ROSA MONTERO
España (1955)

Nació en Madrid donde estudió periodismo y psicología. Durante varios años hizo parte de grupos de teatro independiente y popular. Se vinculó al diario El País de Madrid. En 1980 obtuvo el Premio Nacional de Periodismo. Su novela más difundida y exitosa es La hija del caníbal.

Su cuento «Amor ciego» inicia: «Tengo cuarenta años, soy muy fea y estoy casada con un ciego.» No tiene espejos en su casa, pues su marido no los necesita y ella los odia. Su feminismo se rebela contra su fealdad. Llega Tomás, un auditor a su oficina, y hacen el amor delante del ciego. ¿Pasión o perversidad?

AMOR CIEGO

Repito: Tomás me había puesto una mano sobre el muslo. Y sonreía, mirándome a los ojos como nunca soñé con ser mirada. Su mano era seca, tibia, suave. La mantenía abierta, con la palma hacia abajo, su carne sobre mi carne toda quieta. O más bien su carne sobre mis medias de farmacia contra las várices (aunque eran unas medias bastante bonitas, pese a todo). Entonces Tomás lanzó una ojeada al balcón: allí al otro lado del cristal, pero apenas a cuatro metros de distancia, estaba mi marido de frente hacia nosotros, contemplándonos fijamente con sus ojos vacíos. Sin dejar de mirarle, Tomás arrastró suavemente su mano hacia arriba: la punta de sus dedos se metió por debajo del ruedo de mi falda. Yo era una tierra inexplorada de carne sensible. Me sorprendió descubrir el ignorado protagonismo de mis ingles, la furia de mi abdomen, la extrema voracidad de mi cintura. Por no hablar de esas suaves cavernas en donde todas las mujeres somos iguales (allí yo no era fea).

Hicimos el amor en el sofá, en silencio, sorbiendo los jadeos entre dientes. Sé bien que gran parte de su excitación residía en la presencia de mi marido, en sus ojos que nos veían sin ver, en el peligro y la perversidad de la situación. Todas las demás veces, porque hubo muchas otras, Tomás siempre buscó que cayera sobre nosotros esa mirada ciega; y cuando me ensartaba se volvía hacia él, hacia mi marido, y le contemplaba con cara de loco (el placer es así, te pone una expresión exorbitada). De modo que en sus brazos yo pasé en un santiamén de ser casi una virgen a ser considerablemente depravada. A gozar de la morbosa paradoja de un mirón que no mira.

Pero a decir verdad lo que a mí más me encendía no era la presencia de mi marido, sino la de mi amante. La palabra amante viene de amar, es el sujeto de la acción, aquel que ama y que desea; y lo asombroso, lo soberbio, lo inconcebible, es que al fin era *yo* el objeto de ese verbo extranjero, de esa palabra ajena en mi existencia. Yo era la amada y la deseada, yo la reina de esos instantes de obcecación y gloria, yo la dueña, durante la eternidad de unos minutos, de los dientes blancos de Tomás y de sus ojos azules maliciosos y de los cortos rizos que se le amontonaban sobre el recio cogote y de sus manos esbeltas de dedos largos y del lunar en la comisura izquierda de su boca y de los dos pelillos que asomaban por la borda de la camisa cuando se aflojaba la corbata (cuando yo se la arrancaba) y de sus sólidas nalgas y del antebrazo musculoso y de su olor de hombre y de sus ojeras y sus orejas y la anchura de sus muñecas e incluso de la ternura de su calva incipiente. Todo mío.

Pasaron las semanas y nosotros nos seguimos amando día tras día mientras mi marido escuchaba su concierto vespertino en la terraza. Al fin Tomás terminó su auditoría y tuvo que regresar a Barcelona. Nos despedimos una tarde con una intensidad carnal rayana en lo feroz, y luego, ya en la puerta, Tomás acarició mis insípidas mejillas y dijo que me echaría de menos. Y yo sé que es verdad. Así que derramé unas cuantas lágrimas y alguna que otra legaña mientras le veía bajar las escaleras, más por entusiasmo melodramático ante la escena que por un dolor auténtico ante su pérdida. Porque sé bien que la belleza es forzosamente efímera, y que teníamos que acabar antes o después con nuestra relación para que se mantuviera siempre hermosa. Aparte de que se acercaba el otoño y después vendría el invierno y mi marido ya no podía seguir saliendo a la terraza: y siempre sospeché que, sin su mirada, Tomás no me vería.

Tal vez piensen que soy una criatura patética, lo cual no me importa lo más mínimo: es un prejuicio de ignorantes al que ya estoy acostumbrada. Tal vez crean que mi historia de amor con Tomás no fue hermosa, sino sórdida y siniestra. Pero yo no veo ninguna diferencia entre nuestra pasión y la de los demás. ¿Que Tomás necesitaba para amarme la presencia fantasmal de mi marido? Desde luego; pero ¿no acarrean también los demás sus propios y secretos fantasmas a la cama? ¿Con quién nos acostamos todos nosotros cuando nos acostamos con nuestra pareja? Admito, por lo tanto, que Tomás me imaginó; pero lo mismo hizo Romeo al imaginar a su Julieta. Nunca podré agradecerle lo bastante a Tomás que se tomara el trabajo de inventarme.

Desde esta historia clandestina, mi vida conyugal marcha mucho mejor. Supongo que mi marido intuyó algo: mientras vino Tomás siguió saliendo cada tarde a la terraza, aunque el verano avanzaba y en el balcón hacía un calor achicharrante; y allí permanecía, congestionado y sudoroso, mientras mi amante y yo nos devorábamos. Ahora mi marido está moreno y guapo de ese sol implacable del balcón; y me trata con deferencia, con interés, con coquetería, como si el deseo del otro (seguro que lo sabe, seguro que lo supo) hubiera encendido su propio deseo y el convencimiento de que yo valgo algo, y de que, por lo tanto, también lo vale él. Y como él se siente valioso y piensa que vale la pena quererme, yo he empezado a apreciar mi propia valía y por lo tanto a valorarlo a él.

No sé si me siguen: es un juego de espejos. Pero me parece que he desatado un viejo nudo.

Ahora sigo siendo igual de medio monstrua, pero tengo recuerdos, memorias de la belleza que me amansan. Además, ya no se me crispa el tono casi nunca, de modo que puedo alardear de mi buena voz: el mejor atributo para que mi ciego me disfrute. ¿Quién habló de perversión? Cuando me encontraba reflejada en los ojos de Tomás, cuando me veía construida en su deseo, yo era por completo inocente. Porque uno siempre es inocente cuando ama, siempre regresa a la misma edad emocional, al umbral de la eterna adolescencia. Pura y hermosa fui porque deseé y me desearon. El amor es una mentira, pero funciona.

ALMUDENA GRANDES
España (1960)

Nació en Madrid, donde estudió Geografía e Historia en la Universidad Complutense. Atlas de geografía humana, Las edades de Lulú y Te llamaré Viernes complementaron su narrativa de mujer vibrante, moderna, intensa y escritora consumada.

En Malena es un nombre de tango, *Malena*, su protagonista, representa el amor, el sexo, la modernidad, la liberación de la mujer hacia su autenticidad. Malena es un prototipo de la mujer moderna.

MALENA ES UN NOMBRE DE TANGO

Cuando volvió a buscarme a medianoche, vencido ya el fastidioso trámite de la cena familiar, por un instante tuve la sensación de que la sonrisa con la que me saludó era distinta de la que había esbozado al despedirme en el mismo lugar a las diez y media, pero achaqué la ambigua punta de perversidad que brillaba en uno de sus colmillos a las travesuras de la luz de la luna, casi llena, que envolvía su figura en una incierta niebla de plata templada, y sólo cuando apartó mi mano con suavidad y la depositó sobre su muslo, para recuperarla un par de segundos después e introducirla con un gesto pausado en el interior de sus pantalones, sentí una oleada de auténtico terror.

—¿Y qué te parece?

—¡Oh! Pues... —me hubiera gustado detenerme a pensarlo, pero entre mis dedos latía la prueba de una intuición vieja y poderosa, la mágica potencia del deseo de los hombres, que escapa de su interior como el espíritu de un demonio ajeno y es capaz de materializarse para proclamar con soberbia que está vivo, imponiendo una metamorfosis imprevista y fascinante en un cuerpo al que le está permitido contradecir todas las reglas, y retorcerse, y cambiar, y crecer a destiempo, para regalarse a sí mismo una egoísta exhibición de plenitud que siempre estaría vedada a los invisibles repliegues de mi propio cuerpo. Intenté reunir la punta de mi pulgar con las de mis otros dedos y no lo conseguí, pero sentí que su sangre se agolpaba contra mi mano, respondiendo a mi presión, y fui sincera—, me parece muy bien.

Fernando soltó una carcajada y se desvió de la general para tomar un camino de tierra que yo no conocía. Íbamos tan despacio que todavía no comprendo cómo no nos caímos.

—Estupendo... Porque ya no sé qué hacer con ella.

Yo tampoco, podría haber contestado, pero no hallé un lugar para la ironía en el confuso campo de batalla que se había desplegado dentro de mi cabeza, y el miedo, un impulso cada vez más impreciso, paralizaba todavía mis piernas, pero no conseguía gobernar los dedos de mi mano derecha, adelantados de la poderosa alianza que lo combatía con fiereza, desarbolando su escudo de sensatez para obligarle a retroceder lentamente detrás de sus líneas, herido de muerte por la imaginación, por la edad, por la curiosidad, por mi propia voluntad, y por la sangre de Rodrigo, que hervía alrededor, y en el exacto centro de mi sexo, y entre las paredes del sexo de mi primo, que me llamaba y me respondía, imponiendo al pulso de mis muñecas el ritmo de sus propios latidos.

Cuando Fernando paró el motor, ya me asustaba más la amenaza de decepcionarle que la de salir maltrecha de aquel pequeño claro escondido, respaldado por una muralla de rocas tras una espesa empalizada de eucaliptos, como el refugio del pirata Flint, y por eso reuní mi mano izquierda con la derecha, y le aferré con fuerza, y clavé en su dorso las puntas romas de ocho de mis dedos para imprimir a mis movimientos el ritmo de una caricia deliberada, y entonces él dejó caer la cabeza, los párpados cerrados, negándome sus ojos, y apoyó la nuca en mi hombro, y nunca había estado tan guapo, y no podía dejar de mirarle. Le miraba todavía cuando entreabrió los labios para dejar escapar un sollozo roto, y aunque me sobrecogió el eco de mi propio poder, comprendí que hubiera dado la vida por escucharle gemir otra vez y que él, ni en el peor de los casos, me iba a exigir tanto a cambio.

    Después, mientras rodábamos encima de una enorme manta de lana que parecía nueva —es nueva, me confirmó Fernando, cuando la sacó de la peña tras la que la había escondido antes, pues tu abuela se va a poner contenta, respondí entre risas, y se encogió de hombros—, yo desnuda, él vestido a medias todavía, el fantasma de Rodrigo, quienquiera que hubiese sido, y cualesquiera que fueran sus pecados, la liviana carga escrita en el relieve de mis labios, me reveló que no existían secretos que yo no conociera, y me inspiró la serenidad precisa para no pensar, y entonces mi cintura ocupó el lugar de mi cerebro, y sus intuiciones desplazaron a mis pensamientos, y guiaron mis manos y mi boca, hasta que Fernando se despojó con torpeza del resto de su ropa, y entonces aquella sombra antigua, que podía elegir, me abandonó para cambiar de bando.

    Estaba sentado sobre sus talones y probablemente me contemplaba con una sonrisa divertida, pero yo, acurrucada ante sus rodillas, cautelosamente separada de él, como si su cuerpo fuera un recinto sagrado que no me atreviera siquiera a rozar, no le miraba a la cara.

    —Esto es una polla... —hablaba para mí, como si necesitara afirmar la realidad que estaba contemplando, aunque sólo fuera para romper el hechizo, la insoportable tensión que hacía vibrar, de puro tirante, el invisible hilo tendido entre mis ojos enrojecidos por el asombro y aquel pedazo de carne mineral que los atraía como si pretendiera desgajar mis pupilas para adornarse con ellas.

—Estás impresionada, ¿eh, india?

—Sí —admití, resignándome a demoler mi trabajosa impostura hasta los cimientos— es bastante impresionante.

Eso era una polla, desde luego, pero me llevaría algún tiempo aprender que la misma palabra designa conceptos mucho más pobres que aquel milagroso cilindro violáceo, que se insinuaba tras un húmedo estuche de piel viscosa para sugerirme la imagen de una cobra enfurecida cuando yergue su cuerpo, revelando a su víctima la amenaza que palpita en su cuello sólo un instante antes de henchir la garganta para ceñir su cabeza como la corola de una flor venenosa. No podía apartar la mirada de aquel prodigio que me reclamaba por completo, tan fascinada, tan conmovida por un misterio que parecía crecer a medida que se desvelaba, que no reaccioné a tiempo cuando Fernando lo liberó suavemente de mis manos para tomarlo entre las suyas, que sujetaban una especie de arrugada baba amarillenta que no conseguí identificar.

—¿Qué es eso?

Se detuvo y levantó los ojos para mirarme, pero no quiso registrar mi estupor.

—Un condón.

—Ah...

DiosmíoDiosmíoDiosmíoDiosmío,pensé,DiosmíoDiosmíoDiosmío, y mis manos empezaron a sudar, DiosmíoDiosmío, y mis piernas empezaron a temblar, Diosmío, y vi la cara de mi madre, Dios mío, recortándose contra el sol, una sonrisa de dulcísimo amor que habría hecho llorar a una piedra, pero al mismo tiempo mis oídos se rindieron al atronador galope de un caballo lejano, que se acercaba de prisa, y presentí que no hallaría ninguna banqueta donde enganchar mis pies, los dedos ya moviéndose, nerviosos, para impedir que salieran corriendo detrás de él.

—Es... español —Fernando, aun negándose a sí mismo la elemental capacidad de descifrarla, intentaba disipar mi confusión, y el torpe sonido de sus palabras, cargadas de una dulzura inmensa que yo no podía identificar y que sin embargo acerté a recibir, como el golpe definitivo, en alguna víscera que no poseía, decidió mi suerte en aquel instante—, lo he cogido en la farmacia de la tía María.

—Fernando, yo... Yo tengo que decirte... —tenía que decirlo, pero no me atrevía a hacerlo, y por eso no encontraba las palabras justas—, yo no querría que tú...

—Ya lo sé, india —me empujó blandamente hasta que me encontré tendida sobre la manta, y él se tendió a mi lado—. A mí tampoco me gusta, pero es mejor hacerlo así, ¿no? No merece la pena arriesgarse, a no ser que tomes algo y..., bueno, no creo que lo tomes.

Negué con la cabeza e intenté sonreír, pero no lo logré. Cuando se encaramó encima de mí, supe que se lo debería siempre, y jamás se lo diría a tiempo, y mientras mi cuerpo crujía bajo su peso, y dos lágrimas graves y redondas rodaban sobre mi rostro para sellar la ausencia que disolvía mi secreto, desterrando con él la angustia, le ofrecí otras palabras a cambio.

—Yo..., yo te quiero tanto Fernando.

Todo lo demás fue fácil.

LUCÍA ETXEBARRIA
España (1966)

Joven escritora española, de familia de origen vasco. En 1996, a sus treinta años inició su producción literaria con una biografía de Courtney Love. En 1997 publicó su novela Amor, curiosidad, prozac y dudas. En 1998 obtuvo el Premio Nadal con Beatriz y los cuerpos celestes.
En esta novela narra los amores pasionales de tres mujeres: Cat, Mónica y Beatriz. Se incluye en esta selección Cat y su amor lesbiano.

BEATRIZ Y LOS CUERPOS CELESTES

Yo no estaba enamorada, dirían algunos leyendo lo anterior. Es posible. No admiraba a Cat, no pensaba en ella a todas horas, no imaginaba un futuro compartido. Pero el caso es que he vivido a su lado durante tres años, así que cualquiera pensaría, y yo misma pienso, que debe haber algo que nos une; y lo hay. Existe una conexión química, un sentimiento de piel inevitable que me arrastra hacia Cat haciendo irrelevantes mis dudas o mis prejuicios. Porque de noche, junto a Cat, ya no importaba que fuera más o menos lista, más o menos fuerte. Ya no me importaba que no fuera Mónica.

Al fondo se escuchaba un murmullo de música, quizá una cinta que Aylsa nos había grabado, al que de cuando en cuando se añadía el crujido apagado de los muelles del colchón. A través de la ventana, desde la calle, nos llegaba un resto amarillento de luz de las farolas, que se dispersaba vagabundo por la habitación. Mares de sombra temblaban aquí y allá, en la oscuridad y avanzaban hacia nosotras como olas inmensas en las que nos sumergíamos ahogándonos en vacilantes dimensiones de abandono. El frío de la noche enardecía nuestros abrazos, los suspiros se estrellaban en el edredón, y ante mí se agrandaban aquellos ojos apenas perceptibles, la nariz que se frotaba con la mía. En medio del silencio nos susurrábamos promesas increíbles, niñerías absurdas, declaraciones tópicas de puro repetidas que reverberaban en múltiples vibraciones, y al tiempo se nos iba en hacer y deshacer la cama. La hice para ella alguna vez, tras de cubrir un juego de sábanas que vete a saber tú de quién habría heredado, y le enseñé lo que era un embozo, algo desconocido en aquella tierra tan amiga de los edredones. Opinó que aquello era como un sobre, un sobre diseñado para guardar tesoros. Yo era un tesoro, supongo, desnuda y pura como un recién nacido, acogida en la frialdad y la blancura de las sábanas, en un útero de tela, y ella compartía conmigo aquel refugio, patinando hacia mí a través de la llanura de hielo resbaladizo que era la ropa de cama que yo había tendido y estirado. Deslizándose en mi búsqueda, chocaba en lo oscuro, de pronto, y yo sentía su piel en contacto con la mía. Brotaban chispas eléctricas. Ella susurraba arrastrando las palabras con su voz anaranjada y me contaba las cosas que iba a hacer conmigo. Me hacía reír y mis gorjeos rebotaban en la bóveda de lienzo que me cubría entera. Y entonces sentía como entraba en mí, un ataque luminoso que alumbraba las sábanas. Buscaba con mi lengua la huella de su lengua, hundida en mis salivas. La huella de su lengua que nuevamente en ella depositaba, entre sus ingles. Era como si yo tuviera una microcámara en las yemas de mis dedos, que me permitiera ver su interior. Avanzaba, la atravesaba, vadeaba lagos, sorteaba recodos, hasta llegar a una pequeña bolita brillante que se dilataba al contacto con la yema de mi dedo, y a continuación sentía cómo se expandía toda ella, cómo su túnel se ensanchaba y se contraía, aprisionando a mi dedo y a mí misma. Yo estaba en ella, y ella en mí. La amaba porque era distinta, porque no tenía nada que ver conmigo, porque no conseguía entenderla. Todo aquel envoltorio de pliegues y remetidos que había creado yo haciendo la cama, todo aquel aparato cartesiano se desmoronaba en cuestión de segundos y todo volvía al amasijo informe que había sido antes de que yo probase mis cualidades domésticas. Las mantas resbalaban perezosas, caían al suelo desde la cama, y un trozo de sábana permanecía enrollado entre sus piernas. Y yo no deseaba plantearme, como no me planteo ahora, las razones de aquella plenitud. Era feliz, pertenecía a aquella cama y a aquel espacio, como pertenecía a la dueña de aquella casa. Y, en aquellos momentos puntuales, no sabía por qué, ni lo necesitaba. Pero cada vez que hablaba, y me tocaba, y me rodeaba con sus brazos sólidos y presentes, sabía que estaba allí porque debía estar allí, porque aquél era el sitio, la cama, el espacio y el tiempo que me correspondían. Cuando no estaba allí seguía estando, cerraba los ojos y volvía a estar allí. Mi cuerpo, mi parte física, todo lo que en mí haya de irracional e incomprensible, todo lo que no se plantea razones ni futuros, ni compromisos, era suyo, a ella volvía en sueño y en vigilia, en un lugar intangible y supuestamente irreal, en un espacio y un tiempo no encuadrables en coordenadas; en mi cabeza, en lo más profundo de mi persona. Viajaba de mí a mí misma, hacia dentro, y la encontraba. Aquella parte de mí era suya, le pertenecía. Ella era un regalo entregado en un envoltorio de sábanas y mantas, así fue desenvuelta. Yo podía utilizarla o regalarla, aparcarla quizás en un cajón, olvidarla como olvidan los niños sus juguetes, y no por eso dejaba de ser mía, pues fue un regalo concebido especialmente para mí, y como suele suceder con los regalos, no podía devolverla. No en aquel momento.

BIBLIOGRAFÍA

ALARCÓN, Pedro Antonio de. *Cuentos amatorios*.
Novelas cortas. Madrid: Rivadeneira, 1905. pp. 3-4.

ALLENDE, Isabel. *La casa de los espíritus*.
Bogotá: Oveja Negra, 1982. pp. 54-57.

AMADO, Jorge. *Doña Flor y sus dos maridos*.
Trad. Lorenzo Varela. Bogotá: Oveja Negra, 1984. pp. 474-476.

ANTOLOGÍA de las mil y una noches.
Trad. Julio Samsó. Bogotá: Oveja Negra, 1983. pp. 5-10, 188-189.

ARREOLA, Juan José. *Confabulario personal*.
Bogotá: Oveja Negra, 1985. pp. 68-70.

BALZAC, Honorato de. *Eugenia Grandet*.
Bogotá: Oveja Negra. pp. 65-69.

BEAUVOIR, Simone de. *Todos los hombres son mortales*.
Trad. Silvina Bullrich. Bogotá: Oveja Negra, 1984. pp. 330-336.

BELLI, Gioconda. *La mujer habitada*. 11a.
Navarra: Txalaparta, 1995. 36-39.

BENEDETTI, Mario. *La tregua*.
Bogotá: Oveja Negra y Nueva Imagen, 1980. pp. 54-58.

BÉROUL. *Tristán e Iseo*.
Trad. Roberto Ruiz Capellán. 2a. ed. Madrid: Cátedra, 1995. pp. 194-197. pp. 204-207.

BEYLE, Marie Henri [Stendhal]. *Rojo y negro*.
Emma Calatayud. Bogotá: Oveja Negra, 1983. pp. 130-133.

LA BIBLIA. Vol. 2. Bogotá: Oveja Negra, 1983. 2 vols. Cantares 1.1-17, 2.1-17, 3.1-5, 4.1-16.

BOCCACCIO, Giovanni. *El decamerón.*
Obras inmortales. Vol. 2. Bogotá: Montaña Mágica, 1986. 2 vols. pp. 243-245.

BRETON, André. *Nadja.* Obras maestras del siglo XX.
Trad. Agustí Bartra. Bogotá: Oveja Negra y Seix Barral, 1985. pp. 152-156.

BRONTË, Charlotte. *Jane Eyre.*
Letras universales. Trad. Elizabeth Power. 2a. ed. Madrid: Cátedra, 1999. pp. 259-260.

BUCK, Pearl S. *Ven, amada mía.*
Trad. Pedro Ibarzábal. Bogotá: Oveja Negra, 1984. pp. 121-123.

CABALLERO Calderón, Eduardo. *Hablamientos y pensadurías.*
Bogotá: Prograff, 1979. pp. 179-181.

CABRERA Infante, G. *La Habana para un infante difunto.*
Bogotá: Oveja Negra, 1987. pp. 180-183.

CAMUS, Albert. *La caída.*
Madrid: Alianza Editorial, 2001. pp 51-56.

CASTELO Branco, Camilo. *Amor de perdición (Memorias de una familia).*
Trad. Ángel Fernández de los Ríos. Barcelona: Planeta, 1990. pp. 199-202.

CERVANTES, Miguel de. *Novelas ejemplares: La gitanilla.*
Vol. 1. Maestros de la literatura universal. Bogotá: Oveja Negra, 1984. pp. 19-22.

«CLARÍN», Leopoldo Alas. *La regenta.*
Historia de la literatura española. Orbis, 1994. pp. 296-298.

COLLINS, Wilkie. *La dama de blanco.* Trad. Miguel Arteche.
Chile: Andrés Bello, 1986. pp. 80-84.

CORTÁZAR, Julio. *Rayuela.*
Bogotá: Oveja Negra, 1988. 487-490.

CHATEAUBRIAND, René. *Atala - René. El último abencerraje.*
Páginas autobiográficas. México: Porrúa, 1987. pp. 13-15.

CHÉJOV, Antón. *La dama del perrito y otros cuentos.*
Trad. E. Podgursky y A. Aguilar. Bogotá: Oveja Negra, 1982. pp. 19-24.

CHODERLOS de Laclos, Pierre. *Las amistades peligrosas.*
La sonrisa vertical. Traducción anónima del s. XIX revisada por Gabriel Ferrater.
Barcelona: Tusquets, 1989. pp. 222-228.

DAI, Sijie. *Balzac y la joven costurera china.*
Trad. Manuel Serrat Crespo. Barcelona: Salamandra, 2001. pp. 141-144.

DONOSO, José. *El lugar sin límites.*
Bogotá: Oveja Negra, 1984. pp. 353-355.

DUMAS, Alejandro. *La dama de las camelias.*
Bogotá: Oveja Negra. pp. 98-101.

DUNN Mascetti, Manuela. *Diosas: La canción de Eva.*
Trad. Teresa Camprodón. Barcelona: Robinbook y Círculo de Lectores, 1992.
pp. 21, 23, 25.

DURAS, Marguerite. *El amante.*
Trad. Ana María Moix. 17a. ed. Barcelona: Tusquets, 1992. pp. 48-52.

DURRELL, Lawrence. *El cuarteto de Alejandría. Justine.*
1983. 7a. reimpresión. México: Sudamericana y Hermes, 1998. pp. 46-49.

ESQUIVEL, Laura. *Como agua para chocolate.*
1990. 3a. reimpresión. Caracas: Mondadori y Grijalbo, 1993. pp. 170-173.

EURÍPIDES. *Hipólito.*
Trad. Francisco Rodríguez Adrados. Bogotá: Oveja Negra, 1983. pp. 182-184.

EXTEBARRIA, Lucía. *Beatriz y los cuerpos celestes. Una novela rosa.*
11a. ed. 1998. Bogotá: Planeta, 2000. pp. 50-52.

FLAUBERT, Gustave. *Madame Bovary.*
Trad. Carmen Martín Gaite. Bogotá: Oveja Negra, 1982. pp. 357-362.

FUENTES, Carlos. *Aura.*
Bogotà, Editorial Norma, 1994. pp 46-49

GARCÍA Lorca, Federico. *Bodas de sangre*.
27a. ed. Buenos Aires: Losada, 1993. pp.140-144.

GIARDINELLI, Mempo. *Santo oficio de la memoria*.
1991. 2a. reimpresión. Bogotá: Norma, 1992. pp. 390-394.

GOETHE, Johann Wolfgang. *Penas del joven Werther*.
Bogotá: Montaña Mágica, 1986. pp. 23-31.

GÓMEZ Carrillo, Enrique. *El Japón heroico y galante*.
Bogotá: Oveja Negra, 1985. pp. 123-130.

GRANDES, Almudena. *Malena es un nombre de tango*.
20a. ed. Barcelona: Tusquets, 1996. pp. 191-194.

GUIMARÃES Rosa, João. *Gran sertón: Veredas*.
Trad. Ángel Crespo. Bogotá: Oveja Negra, 1982. pp. 446-448.

HAMSUN, Knut. *Obras escogidas*.
Trad. Berta Curiel. Barcelona: Aguilar, 1957. pp. 311-313, 315-317.

ISAACS, Jorge. *María*.
Bogotá: Oveja Negra, 1993. pp. 25-30.

JOYCE, James. *Dublineses*.
Trad. Guillermo Cabrera Infante. Bogotá: Oveja Negra, 1984. pp. 26-33.

KUNDERA, Milan. *La broma*.
Trad. Fernando de Valenzuela. 1984. Barcelona: Seix Barral, 1990. pp. 213-220.

LA FAYETTE, Madame de. *La Princesa de Cleves*.
Letras universales. Trad. Ana María Holzbacher. Madrid: Cátedra, 1987. pp. 111-115.

LAWRENCE, David Herbert. *El amante de lady Chatterly*.
Trad. Bernardo Fernández. Bogotá: Oveja Negra, 1982. pp. 25-32.

LONGO. *Dafnis y Cloe*.
Trad. Juan Valera. Barcelona: Círculo de Lectores, 1969. pp. 85-88.

MALRAUX, André. *La condición humana*.
Trad. César A. Cornet. Bogotá: Oveja Negra y Seix Barral, 1983. pp. 85-86.

MANFREDI, Valerio Massimo. *Aléxandros: El confín del mundo*.
Trad. José Ramón Monreal. 1999. Barcelona: Grijalbo, 2000. pp. 173-176.

MANN, Thomas. *La engañada*.
Trad. Alberto Luis Bixio. 2a. ed. Barcelona: Edhasa, 1979. pp. 53-57.

MASTRETTA, Angeles. *Mujeres de ojos grandes*.
7a. ed. Barcelona: Seix Barral, 1996. pp. 77-81.

McCULLERS, Carson. *La balada del café triste*.
Bogotá: Oveja Negra y Seix Barral, 1985. pp. 47-50.

MÉRIMÉE, Prosper. *Carmen*. Cara y cruz. Trad. Humberto Barrera Orrego.
1990. 8a. reimpresión. Bogotá: Norma, 1998. pp. 74-80.

MILLER, Henry. *Trópico de Cáncer.*
Trad. Carlos Manzano.Bogotá: Oveja Negra y Seix Barral, 1983. pp. 44-46.

MITCHELL, Margaret. *Lo que el viento se llevó*.
Trad. Juan G. de Luaces y J. Gómez de la Serna. 11a. ed. Barcelona: Aymá, 1978. pp. 115-121.

MONTERO, Rosa. *Amantes y enemigos: Cuentos de parejas*.
Bogotá: Santillana, 1998. pp. 272-276.

MORAVIA, Alberto. *La romana*.
Bogotá: Oveja Negra , 1982. pp. 146-150

MUSSET, Alfred de. *Las dos amantes*.
Buenos Aires: Anaconda, 1939. pp. 21-24.

NERUDA, Pablo. *Para nacer he nacido*.
1978. Reimpresión. Barcelona: Seix Barral, 1978. pp. 11-12.

NIN, Anaïs. *Diario V*.
Trad. Ernestina de Champourcin y Ascensión Tudela. Vol. 5. 2a. ed. Barcelona: Bruguera, 1983. 5 vols. pp. 142-143.

ONETTI, Juan Carlos. *Cuando entonces*.
Bogotá: Oveja Negra, 1988. pp. 77-81.

PARDO Bazán, Emilia. *Obras escogidas*.
Madrid: M. Aguilar, 1943. pp. 1261-1263.

PASO, Fernando del. *Noticias del Imperio*.
1987. 2a. reimpresión. México: Diana, 1988. pp. 74-78.

PASOLINI, Pier Paolo. *Amado mío* precedido por *Actos impuros*.
Trad. Jesús Pardo y Jorge Binaghi. Barcelona: Planeta, 1984. pp. 53-57.

PASTERNAK, Boris L. *El doctor Jivago*.
Trad. Fernando Gutiérrez. Bogotá: Oveja Negra y Seix Barral, 1985. pp. 224-226.

PÉREZ Galdós, Benito. *Marianela*.
Bogotá: Oveja Negra. 74-77, 110-112.

PLATÓN. *Diálogos: El banquete. Fedro*.
Bogotá: Montaña Mágica, 1986. pp. 55-60.

POE, Edgar Allan. *Historias extraordinarias*.
Trad. Jaime Piñeiro. Bogotá: Oveja Negra, 1985. pp. 209-213.

PRÉVOST, Abate. *Manon Lescaut*.
Trad. J. Vidal. Sales. Bogotá: Oveja Negra, 1984. pp. 18-21.

PUSHKIN, Aleksandr S. *La hija del Capitán*.
Trad. Pilar Esteve Nielles. Bogotá: Oveja Negra, 1984. pp. 29-34.

QUEIROZ, Eça de. *El primo Basilio: Episodio doméstico*.
Vol. 1. Los príncipes de la literatura. Barcelona: Cervantes, 1927. 2 vols. pp. 175-181.

RACINE, Jean. *Fedra/ Andrómaca/ Los litigantes/ Británico*.
Trad. Flor Robles Villafranca. Bogotá: Oveja Negra, 1984. pp. 31-33.

RADIGUET, Raymond. *El diablo en el cuerpo*.
Letras universales. Trad. Lourdes Carriedo. Madrid: Cátedra, 1987. pp. 97-105.

SÁBATO, Ernesto. *El túnel*.
Bogotá: Oveja Negra y Seix Barral, 1984. pp. 130-131.

SERRANO, Marcela. *Nosotras que nos queremos tanto.*
18a. ed. Bogotá: Oveja Negra, 1997. pp. 93-96.

SHAKESPEARE, William. *Romeo y Julieta.*
Bogotá: Oveja Negra, 1993. pp. 29-34.

SIDONIE, Gabrielle [Colette]. *La gata.*
Trad. E. Piñas. Bogotá: Oveja Negra, 1983. pp. 39-45.

SILVA, José Asunción. *De sobremesa.*
Colombia: Imprenta Nacional de Colombia, 1996. pp. 164-167.

SKARMETA, Antonio. *Ardiente paciencia.*
Bogotá: Oveja Negra, 1985. pp. 56-59.

SONTAG, Susan. *El amante del volcán.*
Trad. Marta Pessarrodona. 2a. ed. Madrid: Santillana, 1995. pp. 139-142.

TAGORE, Rabindranath. *La hermana mayor y otros cuentos.*
Trad. Zenobia Camprubí de Jiménez. Ed. Juan Ramón Jiménez y Zenobia Camprubí de Jiménez. Madrid, 1921. pp. 145-157.

TAN, Amy. *El club de la Buena Estrella.*
Trad. Jordi Fibla. 1990. Reimpresión. Barcelona: Tusquets: 1990. pp. 56-60.

TELLADO, Corín. *Tu pasado me condena.*
Madrid: Unidad Editorial, 1996. 77-80.

TOLSTOI, Lev. *Ana Karenina.*
Trad. L. Sureda y A. Santiago. Vol 1. Madrid: Unidad Editorial, 1999. 2vols. 145-148.

TOMASI di Lampedusa, Giuseppe. *El profesor y la sirena y otros relatos.*
Trad. Adriana Malagrida. España: Noguer. pp. 53-60.

TOURNIER, Michel. *Medianoche de amor.*
Trad. Santiago Martín Bermúdez. 6a. ed. Madrid: Santillana, 1994. pp. 28-36.

TURGUÉNIEV, Iván S. *Primers amor.*
Trad. Alcaén Sánchez Sancha. 2a. ed. Madrid: Anaya, 1982. pp. 61-63.

UNAMUNO, Miguel de. *La tía Tula*.
Bogotá: Oveja Negra, 1984. pp. 649-653.

VALERA, Juan. *Novelas de D. Juan Valera: Pepita Jiménez. El comendador Mendoza*.
Vol. 1. Escritores castellanos: Novelistas. Madrid: M. Tello, 1888. pp. 98-102, 103-105.

VALLE-INCLÁN, Ramón del. *Sonata de primavera. Sonata de estío: Memorias del Marqués de Bradomín*.
13a. ed. Madrid: Espasa-Calpe, 1984. pp. 159-162.

VARGAS Llosa, Mario. *La Fiesta del Chivo*.
2000. Bogotá: Aguilar, Altea, Taurus, Alfaguara, 2000. pp. 505-510.

VARGAS Vila, José María. *Flor de fango*.
Barcelona: Montaña Mágica, 1985. pp. 67-71.

WOLFE, Tom. *Todo un hombre*.
Trad. Juan Gabriel López Guix. Barcelona: Ediciones B, 1999. pp. 168-170.

YÁNEZ Cossío, Alicia. *La Casa del Sano Placer*.
Bogotá: Oveja Negra, 1997. pp. 100-103, 106.

YOURCENAR, Marguerite. *Memorias de Adriano*.
Trad. Julio Cortázar. 1982. 10a. reimpresión.
Barcelona: Edhasa, 1984. pp. 160-162.

ZOLA, Émile. *Naná*.
Trad. Carlo de Arce. Bogotá: Oveja Negra, 1982. pp. 199-202